POSTER COLLECTION

SELF-PROMOTION

30

Herausgegeben von / Edited by Bettina Richter

Essays von / by Kerry William Purcell, Christian Brändle, Corinna Rösner

MUSEUM FÜR GESTALTUNG ZÜRICH
PLAKATSAMMLUNG / POSTER COLLECTION

LARS MÜLLER PUBLISHERS

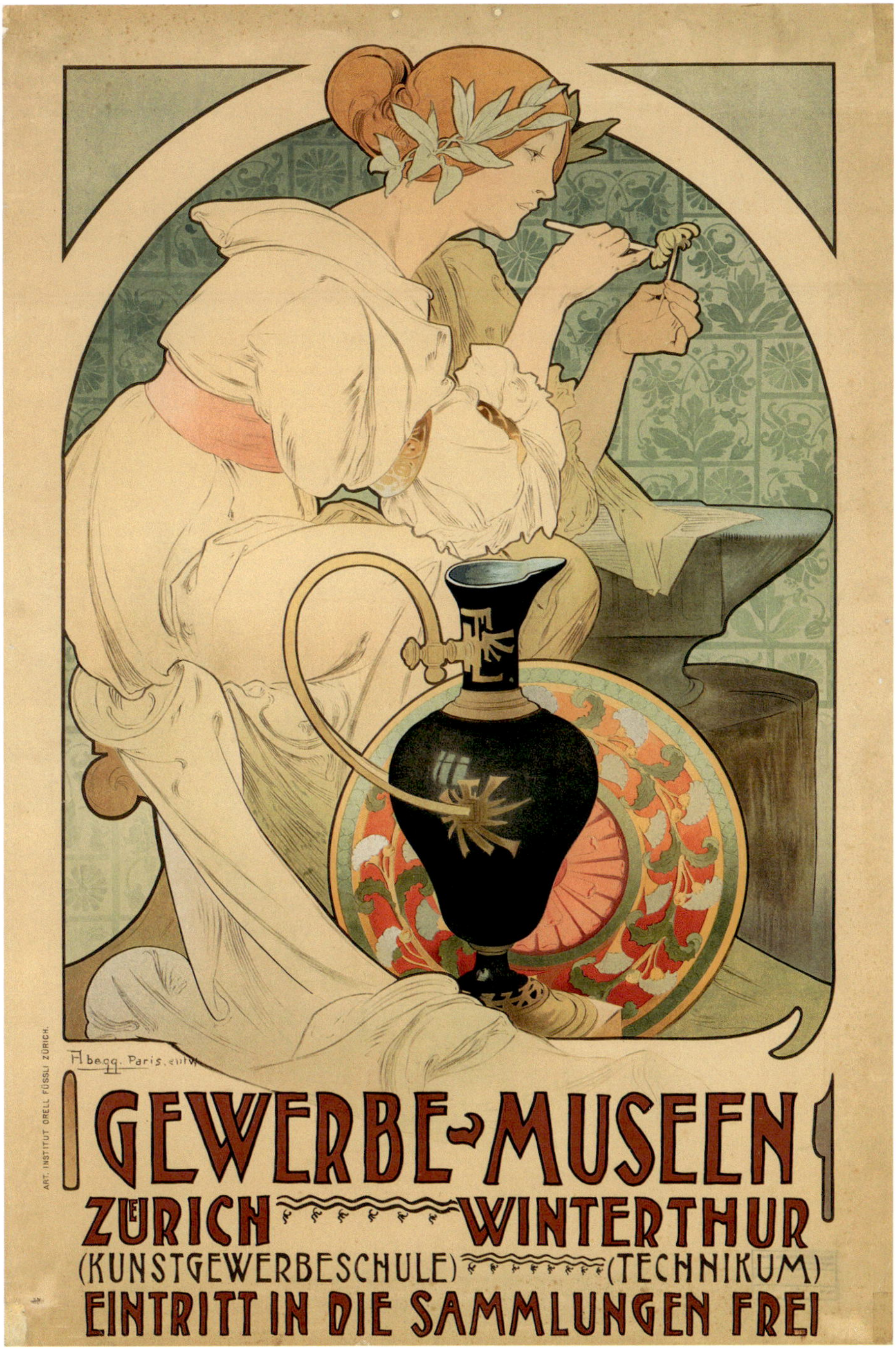

1 **Abegg**
Gewerbe-Museen / Zürich (Kunstgewerbeschule) /
Winterthur (Technikum)
1897

VORWORT

Schon 2001 würdigte das Museum für Gestaltung seine Ausstellungsplakate: *Posters for Exhibitions 1980–2000* erschien als dritte Ausgabe der noch jungen Publikationsreihe *Poster Collection.* Anlass für eine weitere Veröffentlichung zum Thema bietet nun die Wiedereröffnung des Stammhauses an der Ausstellungsstrasse. Nach sanfter Renovation und Rückbau finden in diesem Paradebeispiel des Neuen Bauens von 1933 auch die museumseigenen Sammlungen ideale Präsentationsräume.

Galt 2001 der Blick dem zeitgenössischen Plakat als Ausdruck eines neuen Verständnisses der Medien Ausstellung und Plakat, reicht die vorliegende Ausgabe bis ins Jahr 1897 zurück. Die Entwicklungen in der Plakatgestaltung und im Grafikdesign stehen damit im Fokus. Gleichzeitig reflektieren die Plakate die Inhaltsfelder des Museums und belegen dessen stetiges Aufgreifen virulenter Themen. Weit mehr als eine reine Selbstbespiegelung ist die vorliegende Publikation also eine exemplarische Darstellung von Schweizer Plakat- und Ausstellungsgeschichte.

Während das Bellerive, ehemals Sitz der Kunstgewerbesammlung am See, über viele Jahre hinweg mit denselben Gestaltern zusammenarbeitete, entwickelte das Haupthaus schon früh eine mutige Auftragspolitik: Projektspezifisch ausgewählte Grafiker entwerfen Plakate, die eine vertiefte, persönliche Auseinandersetzung mit dem jeweiligen Ausstellungsinhalt voraussetzen. Grosse kreative Freiheit liefert den privilegierten Rahmen für die Gestaltung. Diese eher aufwendige Praxis bewährt sich bis heute, auch wenn zwischenzeitlich immer mal wieder andere Modelle ausprobiert wurden. Obwohl einzelne Grafiker in regelmässigem Rhythmus für das Haus arbeiten und mit ihren Plakaten Massstäbe setzen, bemüht sich das Museum in seiner Rolle als Auftraggeber auch aktiv darum, junge Gestalter nachzuziehen. Die enge Zusammenarbeit aller Projektbeteiligten rechtfertigt dabei die Konzentration auf Schweizer Gestalter. Vereinzelt erscheinen aber auch Plakate internationaler Vertreter, die das Schweizer Plakat global verorten.

Eine visuelle Identität im öffentlichen Raum gewinnt das Museum für Gestaltung also nicht durch ein strenges Corporate Design, sondern durch hohe grafische Qualität, vielseitige gestalterische und inhaltliche Umsetzungen und den sorgfältigen Druck seiner Ausstellungsankündigungen. Die Plakatschau aus über 100 Jahren offenbart dabei spannende Wechselspiele: Ungeahnte formale Parallelen verblüffen ebenso wie subtile Neuzugriffe oder die radikale Abkehr von vermeintlich gültigen Regeln, progressive Ansätze behaupten sich neben gefälligen Konzessionen an den Zeitgeschmack. In diese lebendige Plakatkultur des Museums reihen sich nicht nur Meisterwerke ein. Und doch haben einige der Plakate – El Lissitzkys Klassiker von 1929 ebenso wie Mary Vieiras Ikone von 1954 oder Ralph Schraivogels Plakat für die Ausstellung *Henry van de Velde* 1993 – ihren festen Platz in der internationalen Plakatgeschichte erobert.

Bettina Richter

FOREWORD

The Museum für Gestaltung first celebrated its exhibition posters in 2001: *Posters for Exhibitions 1980–2000* was the third issue in the then recently launched Poster Collection publication series. A further publication on the topic now marks the reopening of the main building on Ausstellungsstrasse. Today, after sympathetic refurbishment and redevelopment, this outstanding example of *Neues Bauen* (New Building) from 1933 offers ideal spaces to present the museum's collections.

Whereas in 2001 the emphasis was on how contemporary posters expressed a new understanding of the relationship between exhibition and poster, the current show spans the period from 1897 to the present, focusing on developments in poster and graphic design. At the same time, the posters reflect the thematic areas addressed by the museum, testifying to its constant engagement with controversial issues of the day. As a result, this publication is more than an act of self-promotion by the museum, and offers an exemplary depiction of Swiss poster and exhibition history.

Whereas Bellerive, the venue by Lake Zurich that once housed the applied arts collection, worked for many years with the same graphic designers, from the outset the main museum adopted a bold commissioning policy: graphic designers chosen for each specific project created posters rooted in a detailed, personal engagement with each exhibition's content. Their design work emerged in the enviable framework of great creative freedom accorded by the museum. This rather demanding practice continues to prove its worth today, despite several experiments with other models over the years. Although certain graphic designers work regularly for the museum, setting new standards with their posters, in its commissioning role the museum also actively seeks to nurture emerging designers. Close cooperation between all the participants in these projects explains why the museum has concentrated mainly on collaborations with Swiss designers. However, it has also worked with international designers on a number of occasions, setting Swiss posters in a global context.

The Museum für Gestaltung's visual identity in public space is thus informed not by rigid corporate design, but by high-quality graphic work, manifold articulations of design, content-driven ideas, and carefully printed exhibition announcements. Embracing more than a century of poster design, the show reveals intriguing interactions. Surprising, unexpected formal parallels emerge alongside subtle interventions and radical departures from conventional tenets. Progressive approaches hold their own alongside sometimes facile concessions to the particular eras' tastes. The museum's lively poster culture is not merely a succession of masterpieces. Nevertheless, a number of the posters–El Lissitzky's 1929 classic, Mary Vieira's iconic 1954 piece, and Ralph Schraivogel's 1993 poster for the *Henry van de Velde* exhibition–have entered the annals of international poster history.

Bettina Richter

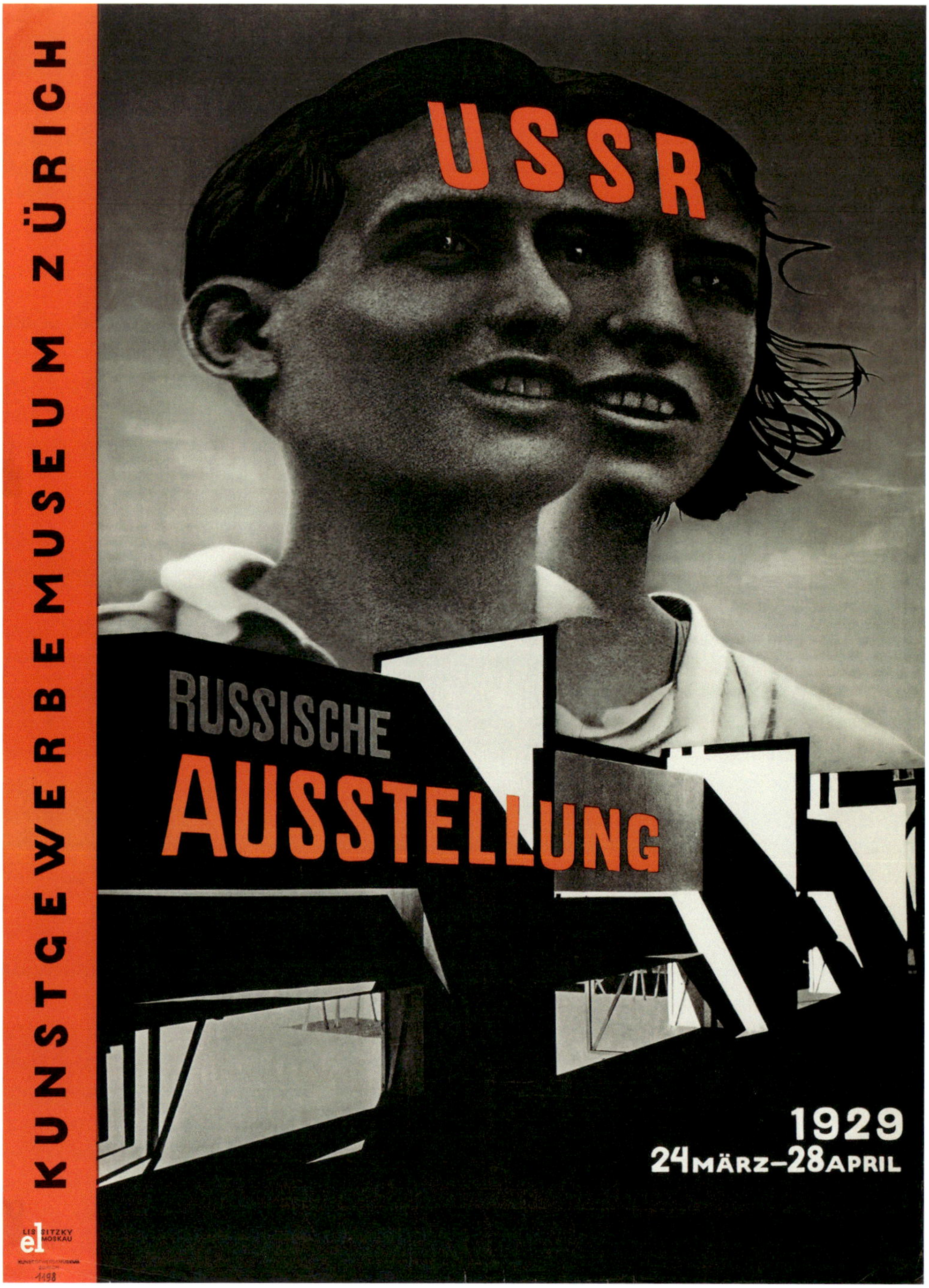

2 **El Lissitzky**
USSR / Russische Ausstellung
1929

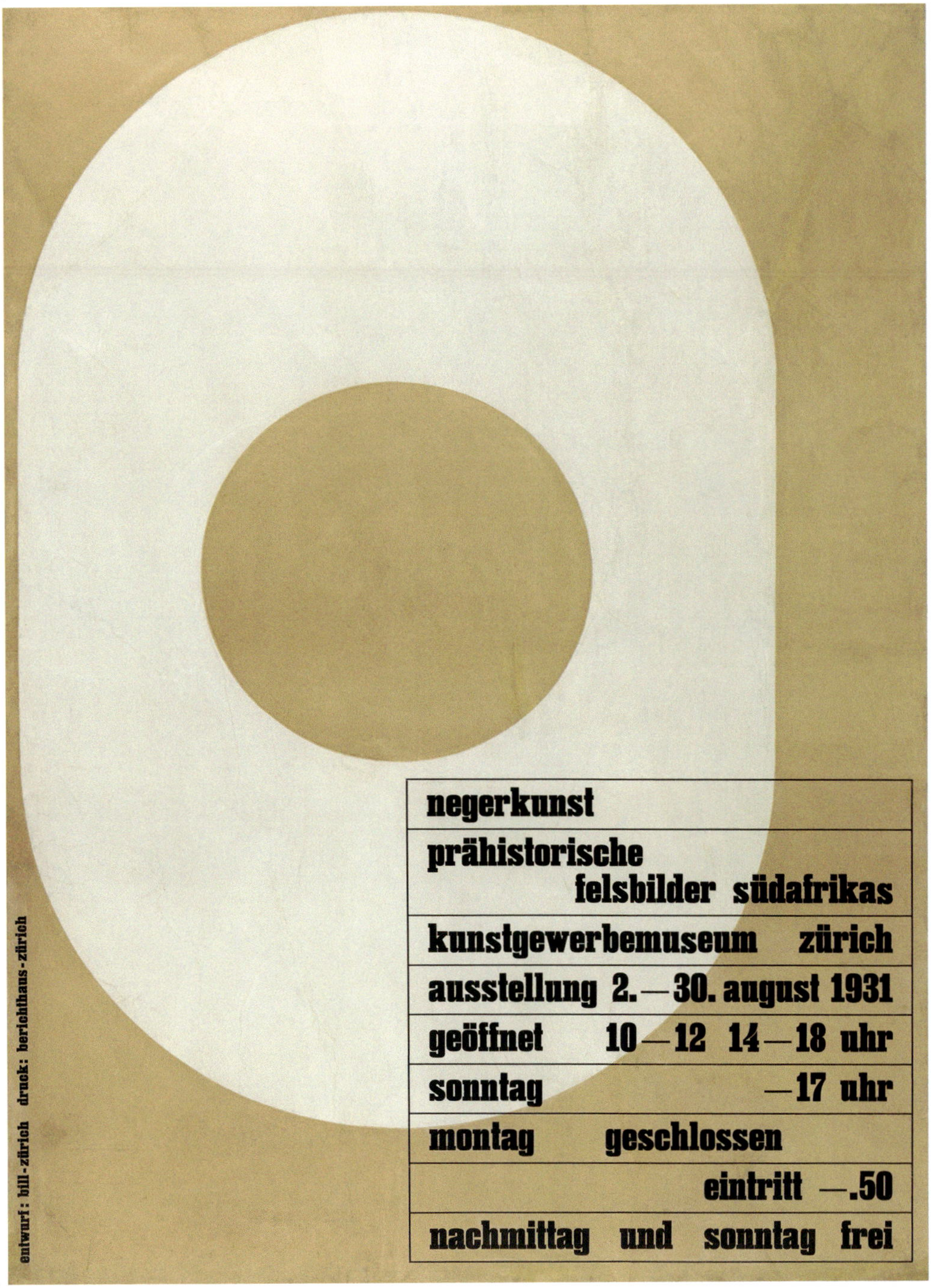

3 **Max Bill**
Negerkunst / Prähistorische Felsbilder Südafrikas
1931

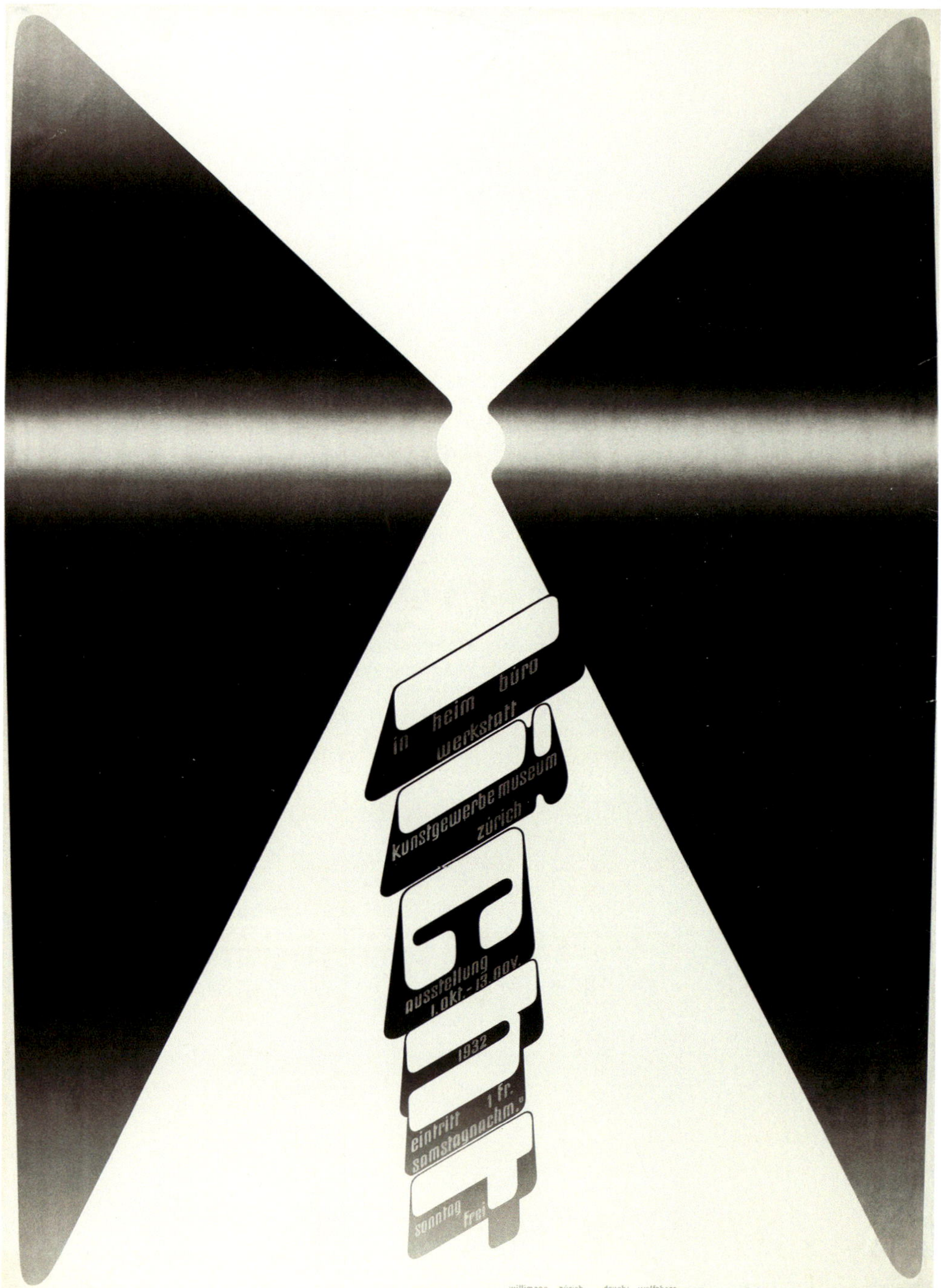

4 **Alfred Willimann**
Licht in Heim Büro Werkstatt
1932

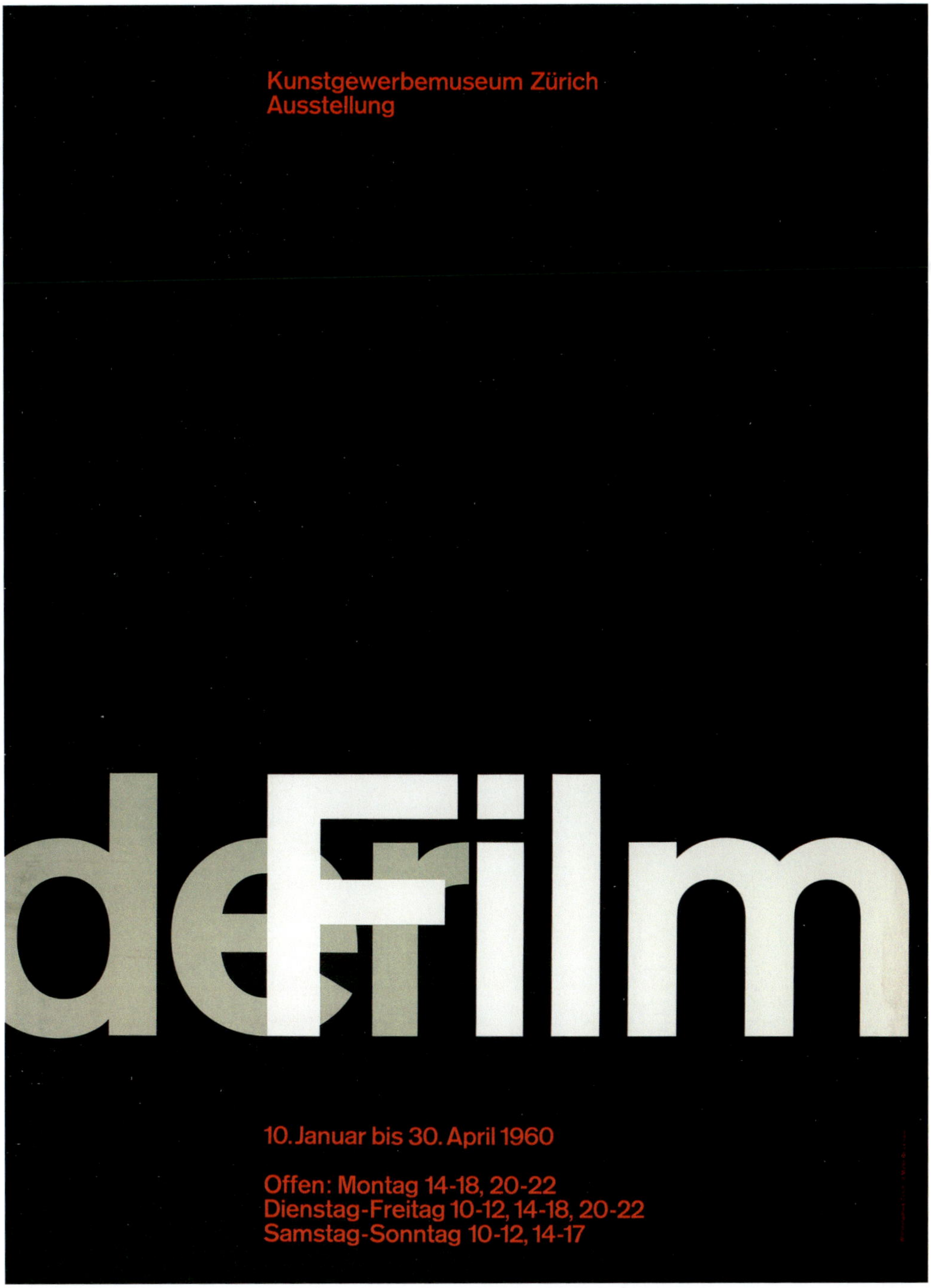

5 **Josef Müller-Brockmann**
Der Film
1960

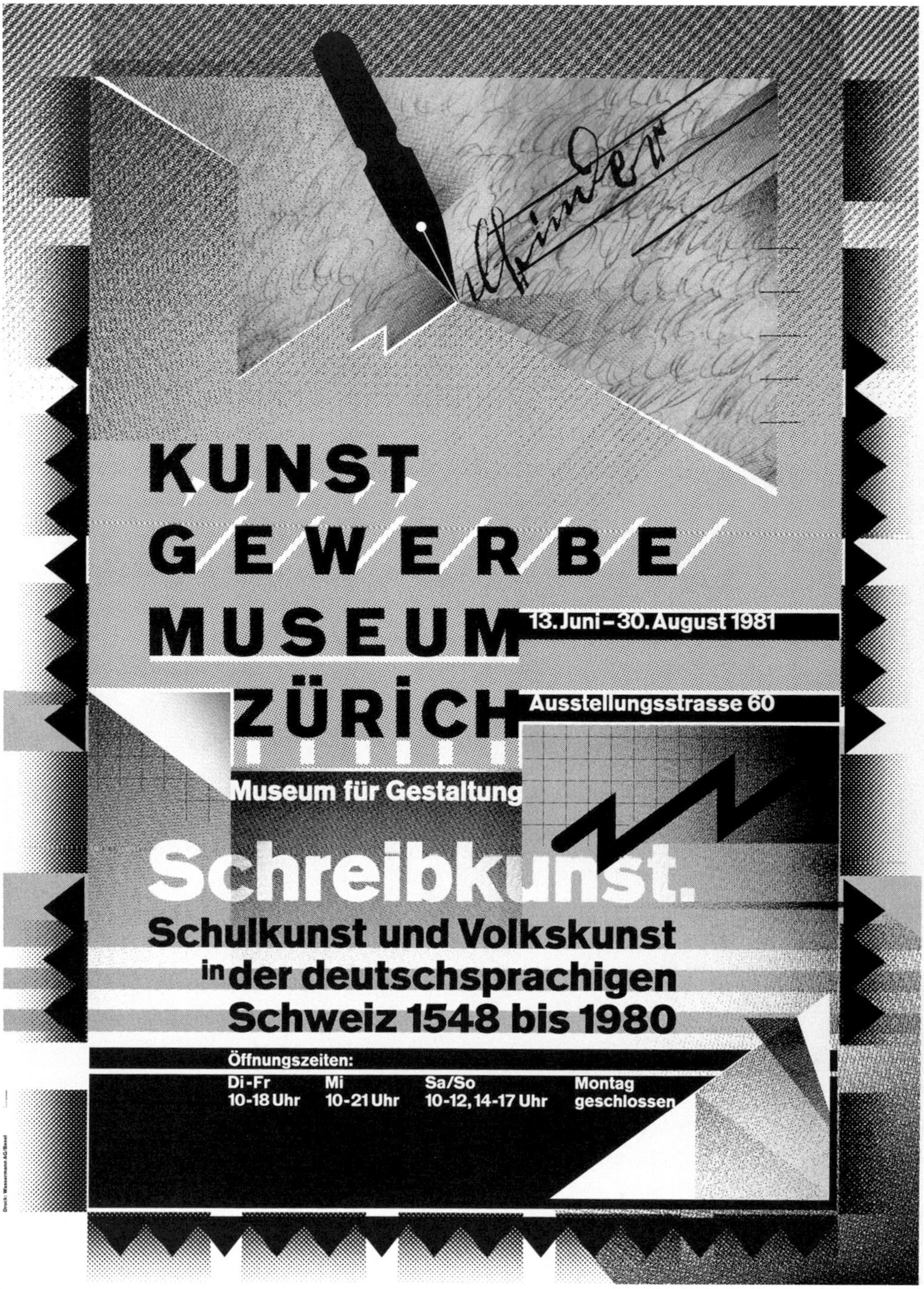

6 **Wolfgang Weingart**
Schreibkunst
1981

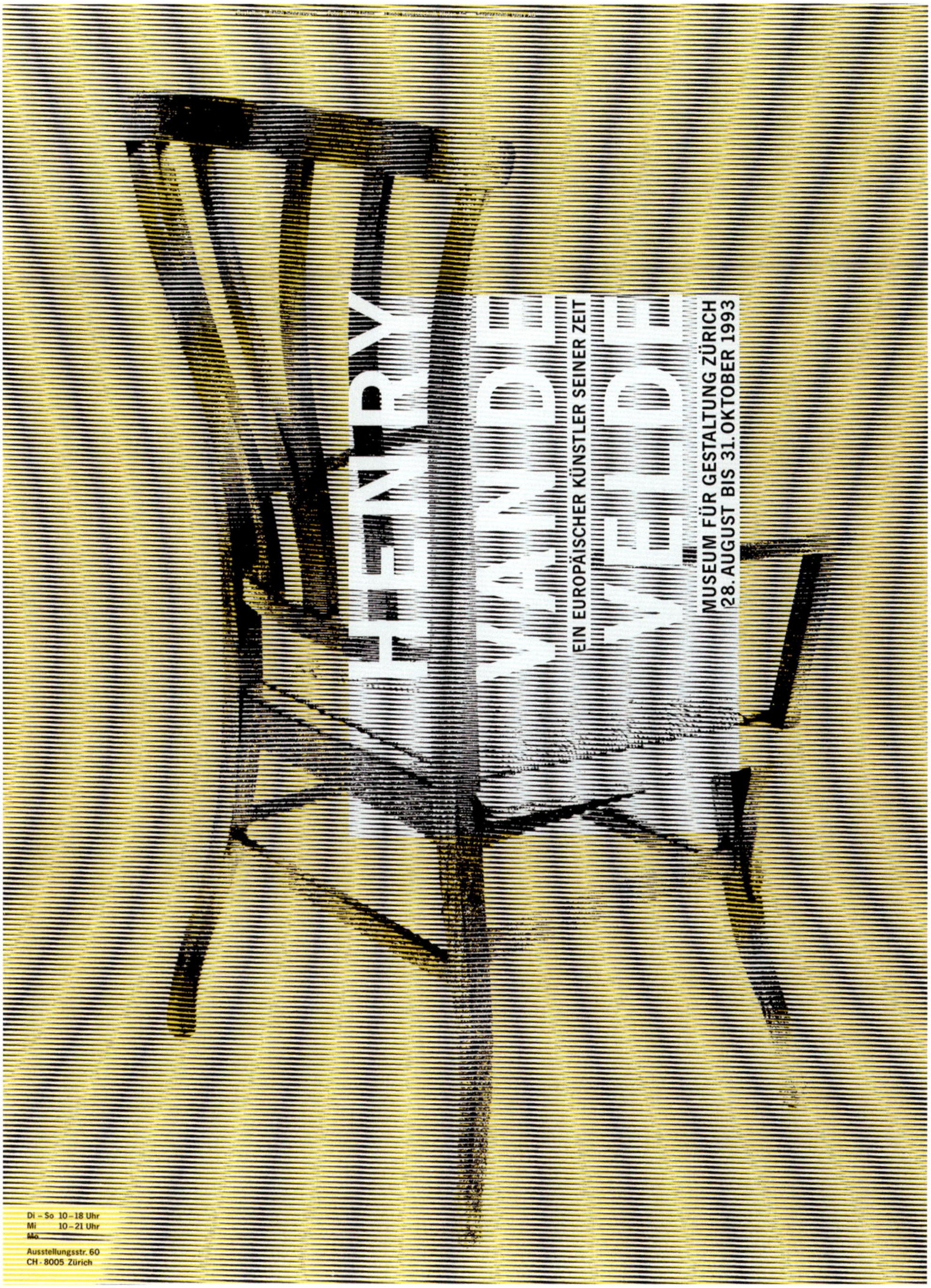

7 **Ralph Schraivogel**
Henry van de Velde
1993

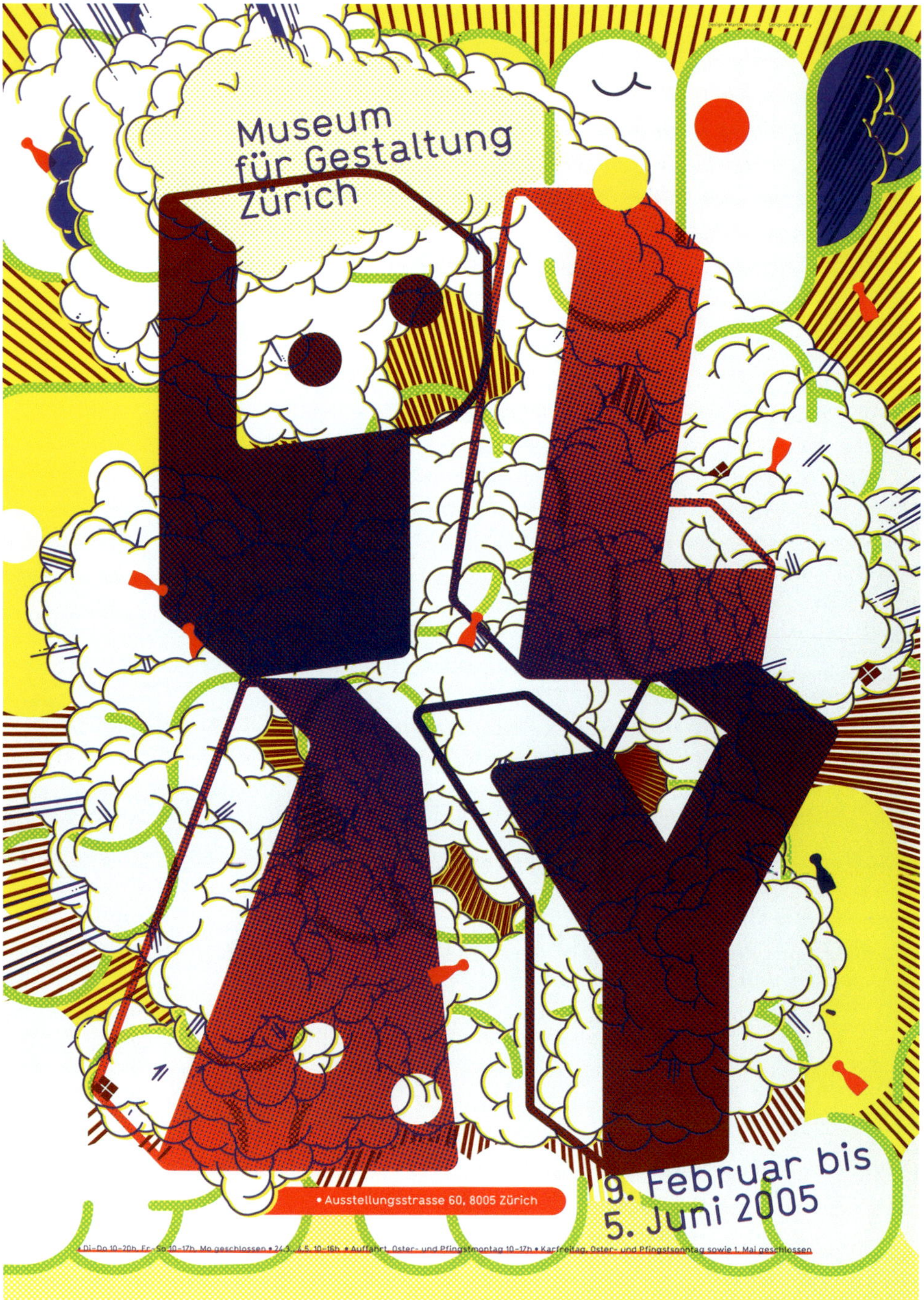

8 **Martin Woodtli**
Play
2005

DAS MUSEUMSPLAKAT ALS DESIGNGESCHICHTE

Kerry William Purcell

ANFÄNGE

Während in den ersten Dekaden des 20. Jahrhunderts viele Museen und Galerien in Westeuropa und den USA den künstlerischen und kulturellen Wert des Plakats noch in Zweifel zogen, zeigte das Kunstgewerbemuseum, heute Museum für Gestaltung Zürich, 1911 bereits seine erste Plakatausstellung. Die am 1. Mai eröffnete Schau *Das moderne Plakat und die künstlerische Reklame* war eine der frühesten Überblicksausstellungen über diese moderne Form der visuellen Kommunikation. Auch wenn es sich dabei keineswegs um die erste Plakatausstellung überhaupt in Europa handelte (schon 1893 waren im Hamburger Museum für Kunst und Gewerbe, 1895 im Kunstgewerbemuseum in Berlin Plakate präsentiert worden), waren die Exponate doch Ausdruck eines wachsenden Bewusstseins dafür, dass dieses höchst zweckmässige grafische Medium sich ausgezeichnet für kreative Experimente und gestalterische Originalität eignete. Zwanzig Jahre zuvor, 1891, hatte sich mit Werken wie Jules Chérets meisterhafter Farblithografie «Pastilles Poncelet» A oder Henri de Toulouse-Lautrecs sehr einflussreichem Plakat «Moulin Rouge – La Goulue»[1] eine zügellos anmutende Bildsprache entwickelt, die man als Beleg für die Dekadenz des Fin de siècle sehen kann oder aber als Vorläufer dessen, was einmal erreicht werden konnte, wenn man künstlerisches Experiment und technologische Innovation miteinander verband – oder einfach als Versuch, die Grenzen des Mediums als nützliches Werbeinstrument herauszufordern. Im selben Jahr, in dem diese beiden Plakate an Pariser Häuserwänden prangten, hatten Händler wie Edmond Sagot bereits damit begonnen, in ihren Katalogen Hunderte von Plakaten zum Kauf anzubieten.[2] Viele davon waren, so ein Kritiker jener Zeit, auch für «Sammler, die nur über bescheidene Mittel verfügen»[3], erschwinglich. Allerdings gab es zu Beginn des 20. Jahrhunderts auch zahlreiche Kataloge, in denen die Wirkung bahnbrechender Plakate von Künstlern wie Alfons Maria Mucha B Alfred Choubrac, Adolfo Hohenstein C und Armand Rassenfosse D durch schlechte Nachahmungen, die nur einen schwachen Eindruck von den geschwungenen Linien und springenden Figuren des Art Nouveau vermittelten, erheblich beeinträchtigt wurde. Erst 1906 sollte das Art-Nouveau-Motto «Die Funktion folgt der Form»[4] durch das Werk des jungen deutschen Gestalters Lucian Bernhard und einen neuen grafischen Stil, der das Konsumprodukt ins Zentrum stellte, in sein Gegenteil verkehrt werden.

In den Anfängen der Plakatgeschichte gestalteten die Künstler häufig Arbeiten, die Bühnenstücke, Kabarettvorstellungen oder Buchpublikationen bewarben. Sicherlich waren diese Sujets nicht ganz zufällig, sondern unter anderem Ausdruck des kulturellen Milieus, in dem viele der Künstler lebten und wirkten. Doch gab es auch einen eher schlichten Grund dafür, warum solche Themen dominierten. Häufig, so Dawn Ades' Argument, trauten die Geschäftsinhaber es den Künstlern einfach nicht zu, «ein

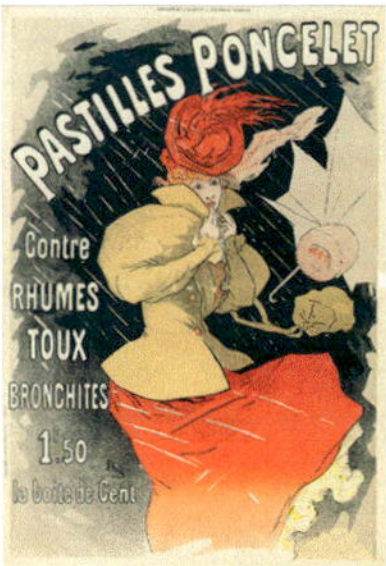

A

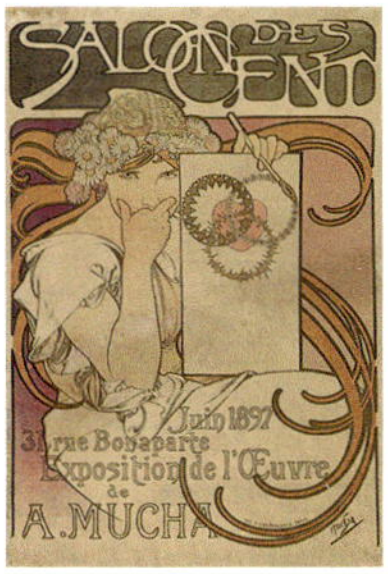

B

verständliches und begehrenswertes Bild» des kommerziellen Produkts zu schaffen. Als, so Ades weiter, der französische Kritiker und Journalist Henry Davray von dem Pariser Kunsthändler Charles W. Deschamps «aufgefordert wurde, eine Ausstellung englischer Plakate zu organisieren, [...] sah er sich immer wieder mit der Klage von Künstlern konfrontiert, ihre Arbeit werde dadurch sehr erschwert, dass ihre Kunden darauf beharrten, die ‹Kakao- oder Schuhcremedose, die Seifen- oder Zigarettenmarke› mit ihrer Verpackung zu zeigen, die aber nur selten ästhetisch ansprechend sei».[5] Derartige Kommentare verdeutlichen, warum Ades zwischen dem «funktionalen» und «zweckdienlichen» Plakat einerseits und dem «künstlerischen Plakat» andererseits unterscheidet. Zur letzteren Kategorie zählen die Plakate, die in Katalogen von Händlern wie Sagot aufgeführt wurden, also Werke von Künstlern, die ihre Plakate als Erweiterung und Fortsetzung ihrer im Atelier entstandenen Gemälde begriffen. Die «funktionalen» Plakate hingegen stammten oft von Gestaltern, die eher den Zielen und Absichten der Geschäftswelt zugeneigt waren, dabei jedoch Talent und Kunstfertigkeit unter Beweis stellten – darunter auch Bernhard. Im ersten Jahrzehnt des 20. Jahrhunderts veranstalteten viele Unternehmen Plakatwettbewerbe. Bernhard beteiligte sich mit seinem Plakat «Priester» (1906) am Wettbewerb der gleichnamigen, in Berlin ansässigen Zündholzfabrik und gewann diesen. Der fertige Entwurf, wunderbar nüchtern in seinem sparsamen Gebrauch von Farbe, Bild und Schrift, stand in deutlichem Kontrast zu den anderen, extrem aufwendig gestalteten Plakaten auf den im gesamten Stadtgebiet verteilten Litfasssäulen.[6] Ein Jahr vor der Gründung des Deutschen Werkbunds entstanden, brachte das Plakat die rationale Ordnung, für die diese Vereinigung von Kunsthandwerkern stand, bereits auf den Punkt. Zugleich setzte es eine Tradition der Vereinfachung fort, die erstmals im Werk von Plakatkünstlern wie den Beggarstaffs (1890er) sichtbar wurde. Bernhards Werk markiert eine neue Phase in der Entwicklung des Plakats, die zwanzig Jahre später im Stil des sogenannten Sachplakats münden sollte – eine vor allem bei Schweizer Plakaten verwendete gestalterische Sprache, die das beworbene Produkt auf fast surrealistisch anmutende Weise in den Vordergrund rückt.[7]

Als die Ausstellung *Das moderne Plakat und die künstlerische Reklame* im Frühjahr 1911 im Zürcher Kunstgewerbemuseum eröffnet wurde, hatten die beiden oben

A Jules Chéret, Pastilles Poncelet, 1896

B Alfons Maria Mucha, Salon des Cent, 1897

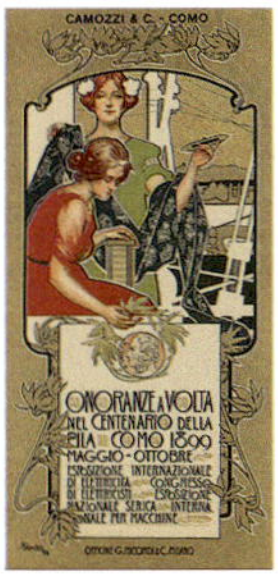

C

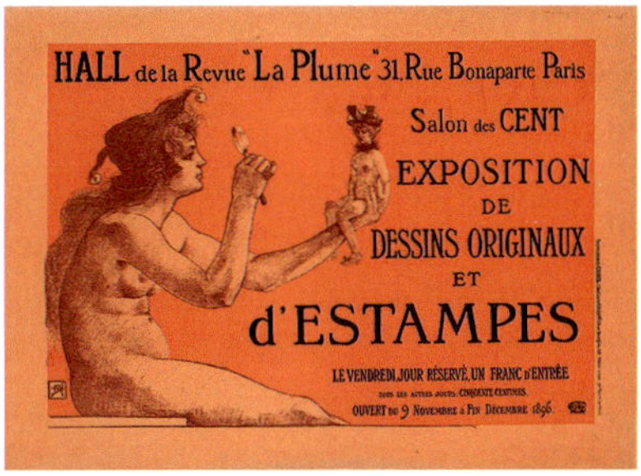

D

skizzierten Traditionen bereits deutliche Spuren im Schweizer Design hinterlassen. Später, bis zur Mitte des Jahrhunderts, sollten das Plakat als Kunstobjekt und das Plakat als Werbeträger dann zu einer Einheit finden und einen charakteristischen nationalen Stil hervorbringen. Und hierfür gab es eine ganze Reihe von Gründen. Entscheidend aber waren die historische Tradition der Schweiz als ein Land, in dem Handel und Industrie feste Grössen waren, sowie das Schweizer Modell der künstlerischen Ausbildung an Gewerbeschulen. Daraus ging die sogenannte Industrie-Werbung hervor, die die Grenze zwischen Kunst und Kommerz, die in den für die Plakatgestaltung prägenden 1930er-Jahren noch deutlich zu spüren war, immer durchlässiger werden liess. Die Schweizer Gestalter waren nicht zuletzt auch beeinflusst von ihren Aufenthalten im Ausland, wo sie häufig erst ihre Sporen verdienen mussten, bevor ihre Arbeit auch in der Schweiz anerkannt wurde. Von ihren Reisen nach Paris, Berlin und anderwärts brachten sie viele der künstlerischen Traditionen und Experimente, die sie in diesen Zentren der Kreativität kennenlernten, nach Hause zurück und wandten sie auf ihre kommerziellen Arbeiten an. Mit der Entstehung der Moderne (oder jener Richtung der Moderne, die schlüssige und rationale visuelle Formen anstrebte) in den ersten Jahrzehnten des 20. Jahrhunderts setzten sich die Ideen einer praktischen Anwendung des Designs, denen die Künstler im Ausland begegnet waren, auch in der Schweizer Industrie allmählich durch. Doch bevor diese Entwicklung sichtbar wurde, waren die Plakate des Kunstgewerbemuseums höchst eklektizistisch. Ein deutliches Übergewicht hatten dabei kalligrafische Entwürfe und rein typografische Arbeiten im Stil der Reklametafeln des 19. Jahrhunderts. Einer, der in dieser Phase des Wandels zum Brückenbauer wurde, war Ernst Keller. Wie viele der frühen Plakatgestalter hatte er sich zunächst in Aarau (1906–1910) zum lithografischen Zeichner ausbilden lassen und sich danach nach Leipzig begeben, um dort Typografie zu studieren (1911–1914).[8] Nach seiner Rückkehr in die Schweiz 1914 flossen viele der Ideen aus dem Ausland in seine Lehre an der Zürcher Kunstgewerbeschule[9] (1918–1956) und in die Gestaltung seiner Plakate für das der Schule angegliederte Museum ein. Tatsächlich fanden die didaktischen Ambitionen des Museums zu Beginn des 20. Jahrhunderts, «Stilsicherheit und Geschmack»[10] der Gestalter zu schulen, ihre natürliche Konsequenz in Kellers Werk und trugen schliesslich auch zu seiner weithin anerkannten Position als «Vater des Schweizer Grafikdesigns» bei.

C Adolfo Hohenstein, Onoranze a Volta nel centenario della pila, 1898

D Armand M. Rassenfosse, Salon des Cent, 1896

EINE NEUE TRADITION

Wenn es ein Werk gibt, in dem sich der Beginn des modernen Schweizer Plakats und gleichermassen die entscheidende Rolle, die das Museum dabei spielte, manifestiert, dann ist dies Kellers «Das neue Heim» von 1926 174. Es entstand für eine Ausstellung des Museums, die den Besucher in die modernen Prinzipien der Innenraumgestaltung einführte, und stellt einen radikalen Bruch mit vielen der vorausgegangenen, an der Kalligrafie orientierten Werke dar, von denen eine ganze Reihe von Keller selbst stammte. Die schlichte Schönheit des Plakats fungiert eindeutig als visuelle Metonymie für ein Haus und war derart erfolgreich, dass es 1928 in leicht veränderter Form gleich zweimal wiederaufgegriffen wurde. Kellers Werk steht am Anfang einer intensiven Phase des Experimentierens bei der Gestaltung der Museumsplakate. 1927 trieb Walter Käch – einer von Kellers Studenten, der später an der Hochschule Typografie unterrichtete – die metonymischen Eigenschaften des Plakats noch weiter, indem er den Inhalt einer Ausstellung durch Hammer und Zange versinnbildlichte (Gegenstände, die zu jener Zeit noch weit umfassendere politische Konnotationen besassen) 148. In vielerlei Hinsicht war der figurative Gebrauch der Schrift in den Arbeiten Kächs oder etwa in Theo Ballmers «Neues Bauen» von 1928 173 der Versuch, «der ‹neuen› oder ‹funktionalen› Typografie, wie sie nach 1925 auch deutsche Plakate aufwiesen, ein eigenständiges helvetisches Schriftbild entgegenzuhalten», wie Bruno Margadant darlegte.[11] Solche äusseren Einflüsse auf die Plakate des Museums waren bei El Lissitzkys 1929 entstandenem Plakat «USSR – Russische Ausstellung» 2 offenkundig. Es warb für eine sehr umfangreiche Ausstellung mit sowjetischem (im Gegensatz zu russischem) Kunsthandwerk, die Abteilungen zu allen möglichen Themenkomplexen, von Kinderbüchern bis Architektur, umfasste. Richard Hollis meinte zu Lissitzkys Werk, es sei «fremdartig, ein Bruch mit allem Herkömmlichen», doch «es schreckte die über 8000 Besucher der Ausstellung nicht ab».[12] Am auffallendsten an dem Plakat ist die Art und Weise, wie er die Fotografie einsetzte, die von den Brüdern Fretz im Tiefdruckverfahren gedruckt wurde. Fotografie wurde nun ein zentrales Gestaltungselement der Plakate des Museums, wie die nur wenige Monate nach der *USSR – Russische Ausstellung* gezeigte Schau *Film und Foto* 204 zeigt. Diese zunächst in Stuttgart präsentierte Ausstellung enthielt Werke von Vertretern der Avantgarde wie Man Ray und Hans Richter, zeigte aber auch viele der Schweizer Gestalter-Fotografen, die einen foto-grafischen Ansatz entwickelten, der den Traditionen des Piktorialismus den Rücken kehrte. Von zentraler Bedeutung unter ihnen war Hans Finsler, der ab 1932 die Fotoklasse an der Zürcher Kunstgewerbeschule unterrichtete. Er bezeichnete seine akribische Herangehensweise als *Sachfotografie,* und das Augenmerk, das er auf Details lenkte, passte hervorragend zu den Zielen und Ambitionen der *Neuen Typographie.*[13] Ein aussergewöhnliches Beispiel dafür ist das Plakat «Neue Hauswirtschaft» 236 für die gleichnamige Ausstellung im Museum, die sich der Wohnraumgestaltung widmete. Das von Helmuth Kurtz gestaltete Plakat ist eine Fotomontage aus Stühlen, Geschirr und Kochtöpfen. Rote und schwarze Blöcke heben die Motive hervor, und die Zeilen in serifenloser Schrift greifen diese geschichteten geometrischen Formen wieder auf, indem sie die Bilder durchschneiden und überlappen. Neben dem von Lissitzky gehört der Entwurf von Kurtz zu den frühesten Plakaten des Museums, bei denen die Innovationen des Tiefdruckverfahrens zum Einsatz kamen. Eine Drucktechnik, die beim allmählichen Abschied von den sehr figurativen Plakaten zu Beginn des Jahrhunderts eine wesentliche Rolle spielte und dazu führte, was László Moholy-Nagy 1925 als «Typofoto» und »visuell exakteste dargestellte Mitteilung» bezeichnete.[14]

Hatten sich in den 1920ern die Neuerungen in der typografischen Plakatgestaltung zum ersten Mal bemerkbar gemacht, kam die Rolle der Schrift in den Museumsplakaten in den 1930er-Jahren und nach einer längeren Unterbrechung durch den Zweiten Weltkrieg (als das Ausstellungsprogramm des Museums stark eingeschränkt war) voll zur Geltung. So hat Bruno Margadant darauf hingewiesen, dass die Drucklettern von nun an «frei laufen» durften, «ohne im Versalsatz auf willkürliche Längen gequält zu werden».[15] Ob in der Hervorhebung der architektonischen Eigenschaften einer Schrift, als Nachhall auf die Zeichnung eines modernen Gebäudes, wie in Kächs «Der neue Schulbau» (1932) 144 oder in der bemerkenswerten Anordnung des Wortes «Licht» in Alfred Willimanns Plakat für eine Ausstellung über Wohn- und Arbeitsraumbeleuchtung 4 im selben Jahr – Inhalt und Form der Schrift fügen sich jeweils zu einer ebenso anmutigen wie stilvollen Einheit. Die Beschilderung für *Licht* stammte von Max Bill, und Bills Plakat «USA baut» (1945) 71 markiert auch den Beginn einer Weiterentwicklung des Museumsplakats in der Nachkriegszeit. Ausgehend von diesem Werk entstanden eine eigene grafische Syntax und ein Stil, der später als «internationaler typografischer Stil» oder als «Swiss Style» bekannt wurde, und das Museum spielte dabei eine wichtige Rolle. Zu den zentralen Werken zählen etwa Emil Ruders farblich und formal perfekt ausbalanciertes Plakat «Die gute Form» (1954) 48 mit Lettern in Akzidenz-Grotesk für die ab 1950 jährlich stattfindende Ausstellung oder Hans Neuburgs «Konstruktive Grafik» (1958) 143 für eine Gruppenausstellung dreier Gestalter, die von Josef Müller-Brockmann kuratiert wurde, kurz nachdem dieser die Nachfolge Ernst Kellers als Leiter der Grafikklasse an der Kunstgewerbeschule angetreten hatte. Neuburgs Plakat steht für einen einheitlichen Ansatz der Gestalter, welche «eine geometrisch orientierte Darstellungsweise erkennen» lassen, «die aus dem Bestreben entsteht, die Fläche oder den Raum zu organisieren, eine gewisse Ordnung zu erzeugen».[16] Müller-Brockmanns eigene Werke für das Museum sind Musterbeispiele dieser konstruktiven Grafik, etwa «Das Plakat» (1953) 294 oder «Der Film» (1960) 5, die sich nicht mit ihrer unmittelbaren Funktion als Werbeträger für eine Ausstellung zufriedengeben, aus denen vielmehr Ikonen des Grafikdesigns schlechthin geworden sind.

Im Gegensatz zu vielen traditionellen Kunstmuseen pflegt das Museum für Gestaltung eine «neugierige Haltung gegenüber gestalterischen Phänomenen»[17], und das hat dazu geführt, dass man hier keine Schwierigkeiten hat, kritisch auf die Hoch- und Alltagskultur zu schauen. Ausstellungen über US-amerikanische Werbung, für die Plakate wie

«Werbung in USA» (1965), «Push Pin Studios» (1968) und «San Francisco Rock Poster Art» (1977) entstanden, verdeutlichten nicht nur den dezidierten Wunsch, eine grosse Bandbreite von Design und visueller Kultur in die Sammlung des Museums aufzunehmen, sondern auch, dass es ungeachtet des in der Schweiz vorherrschenden Swiss Styles noch andere Einflüsse und Traditionen gab, die es zu erkunden lohnte. Natürlich stehen die Plakatentwürfe für diese Ausstellungen eindeutig für die eher spielerischen Seiten der Pop Art und der frühen postmodernen Bildkultur. So veranschaulicht zum Beispiel eine Ausstellung tschechoslowakischer Plakate von 1973 das Ausmass der seit Lissitzkys ikonischem Werk von 1929 zurückgelegten Wegstrecke. Mit seinem Motiv einer «Geheimakte», die die Plakate enthält, greift das Ausstellungsplakat die Wirklichkeit des Kalten Krieges und das Leben im Staatskommunismus auf eine humorvolle Weise auf. Im Gegensatz hierzu ähnelt ein Plakat zur *7. Filmwerkschau,* das 1978 für ein Wochenende mit Vorführungen unabhängiger Schweizer Filme gedruckt wurde, eher einem mit Cut and Paste zusammengestückelten Flyer für ein Punkkonzert. Und dennoch ging auch eines der Museumsplakate dieser Zeit – wie einige von Müller-Brockmanns Arbeiten – über seinen unmittelbaren Zweck als Werbeträger hinaus und fand als Schlüsselwerk postmoderner Gestaltung Eingang in die Designgeschichte: Es handelt sich um Wolfgang Weingarts «Schreibkunst» von 1981 6, das der einförmigen Zweidimensionalität des Plakates eine komplexe Schichtung von «Texturen» und geometrischen Formen entgegensetzt – im Endergebnis jedoch nicht weniger systematisch und streng wirkt als der dominierende Swiss Style, den es implizit kritisiert. Dennoch lässt sich die These vertreten, dass Weingarts Plakat eine Wende markiert, den Moment, von dem an die Plakate des Museum für Gestaltung eklektizistischer wurden, in thematischer wie stilistischer Hinsicht. In den 1990er- und den 2000er-Jahren sollten sie noch spielerischer ausfallen, sie zeigen nun eine grössere Vielfalt in der formalen Gestaltung und in den abgebildeten Inhalten.

Auch wenn die Bedeutung des Plakats mit der zunehmenden Digitalisierung unserer öffentlichen Räume offenkundig abgenommen hat, besitzt ein gutes Plakat noch immer das Potenzial, uns innehalten, hingucken und – häufig komplexe – Inhalte binnen weniger Sekunden begreifen zu lassen. In seiner Entwicklungsgeschichte findet sich nur selten eine Institution, die das Plakat als eines der wesentlichen Elemente ihrer Sammlung in den Vordergrund rückt. Noch seltener aber ist es, dass dieselbe Institution auch noch der Produzent einiger Schlüsselwerke in der Geschichte des Mediums ist: Von der Entstehung des Plakats im späten 19. Jahrhunderts an und das gesamte 20. Jahrhundert hindurch folgen die eigenen Entwürfe des Museum für Gestaltung den Konturen der Plakatgeschichte. Noch bedeutsamer aber ist, dass das Museum auch den Ursprung vieler jener Werke bildet, die die Gesamtentwicklung dieses in kreativer Hinsicht ausserordentlich vielfältigen Mediums geprägt haben.

1 Maurice Rickards bemerkte, «Lautrec hatte sich dem Plakat zugewandt, weil es ihm schwer fiel, einen Ausstellungsort für seine üblichen Lithografien zu finden. Fast zufällig und beinahe über Nacht entstand ein neues Idiom, ein Idiom, das dann in der ganzen Welt aufgegriffen wurde.» Zit. n. Maurice Rickards, *Posters at the Turn of the Century,* London 1968, S. 9.

2 Vgl. Charles Hiatt, *Picture Posters: A Short History of the Illustrated Placard, with Many Reproductions of the Most Artistic Examples in All Countries,* London 1896, S. 362: «Im Katalog Sagots von 1891 werden über fünfhundertfünfzig Plakate Chérets beschrieben und von diesen kosten nicht weniger als achtzig zwanzig Francs oder mehr.»

3 Ebd., S. 361.

4 Robert K. Brown, «Posters at the Turn of the Century», in: Dawn Ades (Hg.), *The 20th-Century Poster: Design of the Avant-Garde,* New York 1984, S. 21.

5 Dawn Ades, «Function and Abstraction in Poster Design», in: Ders., *The 20th-Century Poster,* S. 27.

6 Die Litfasssäule, eine zylindrische, zunächst im gesamten Stadtgebiet von Berlin aufgestellte Säule mit Werbeplakaten, ist nach ihrem Erfinder Ernst Litfass benannt. Die Standardisierung der Plakatformate, die solche Säulen erfordern, erfolgte einige Jahre später auch beim Schweizer Weltformat (128 × 90,5 cm).

7 Vgl. Museum für Gestaltung Zürich, Bettina Richter (Hg.), *The Magic of Things,* Poster Collection 24, Zürich 2012.

8 Vgl. Richard Hollis, *Swiss Graphic Design: The Origins and Growth of an International Style, 1920–1965,* London 2006, S. 46.

9 Die Kunstgewerbeschule ist heute Teil der Zürcher Hochschule der Künste.

10 www.museum-gestaltung.ch

11 Bruno Margadant, *Das Schweizer Plakat / The Swiss Poster / L'affiche suisse, 1900–1983,* Basel/Boston/Stuttgart 1983, S. 35.

12 Hollis, *Swiss Graphic Design,* S. 57.

13 Andere wichtige Einflüsse in dieser Zeit waren Bücher wie Franz Rohs und Jan Tschischolds *Foto Auge: 76 Fotos der Zeit* (1929) sowie László Moholy-Nagys *Malerei, Fotografie, Film* (1925).

14 László Moholy-Nagy, *Malerei, Fotografie, Film,* Faks.-Nachdruck der Ausgabe von 1927, Mainz/Berlin 1967, S. 37.

15 Margadant, *Das Schweizer Plakat,* S. 36.

16 Hans Neuburg, «Konstruktive Grafik», in: Hans Fischli, Willy Rotzler (Hg.), *Konstruktive Grafik,* Ausst.-Kat. Kunstgewerbemuseum Zürich, Zürich 1958, o. S.

17 www.museum-gestaltung.ch

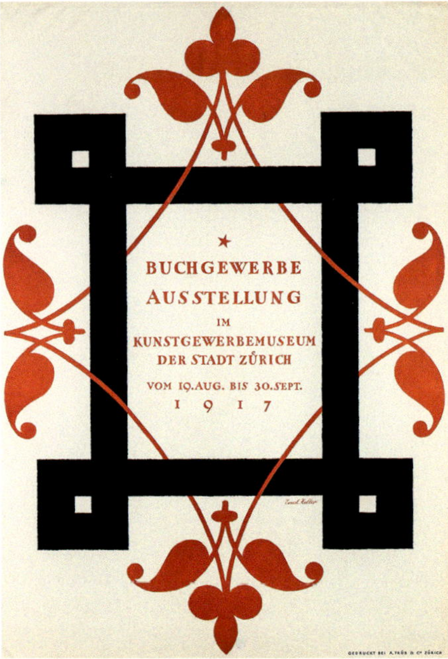

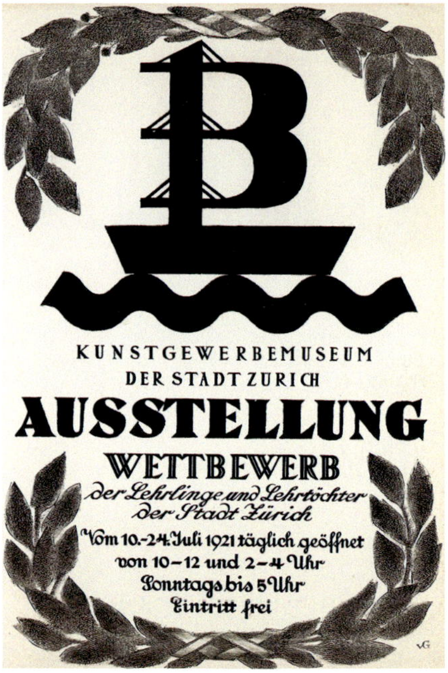

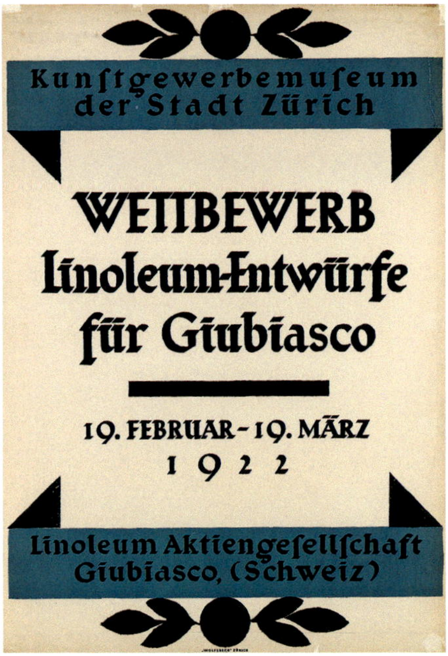

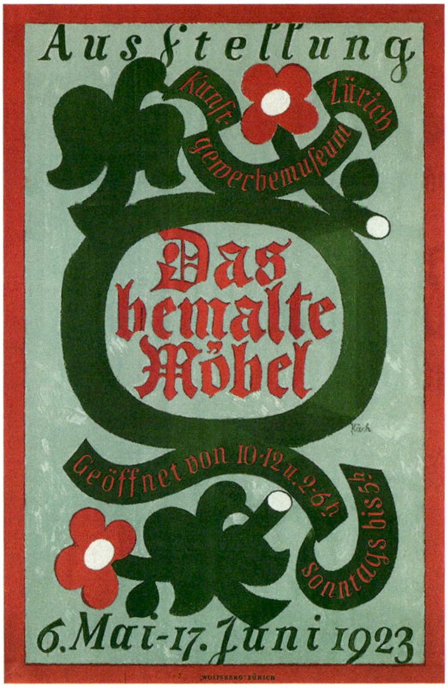

9 **Ernst Keller**
Buchgewerbe Ausstellung
1917

10 **Ernst Keller**
Wettbewerb / Linoleum-Entwürfe für Giubiasco
1922

11 **Berthold von Grünigen**
Wettbewerb der Lehrlinge und Lehrtöchter
der Stadt Zürich, 1921

12 **Walter Käch**
Das bemalte Möbel
1923

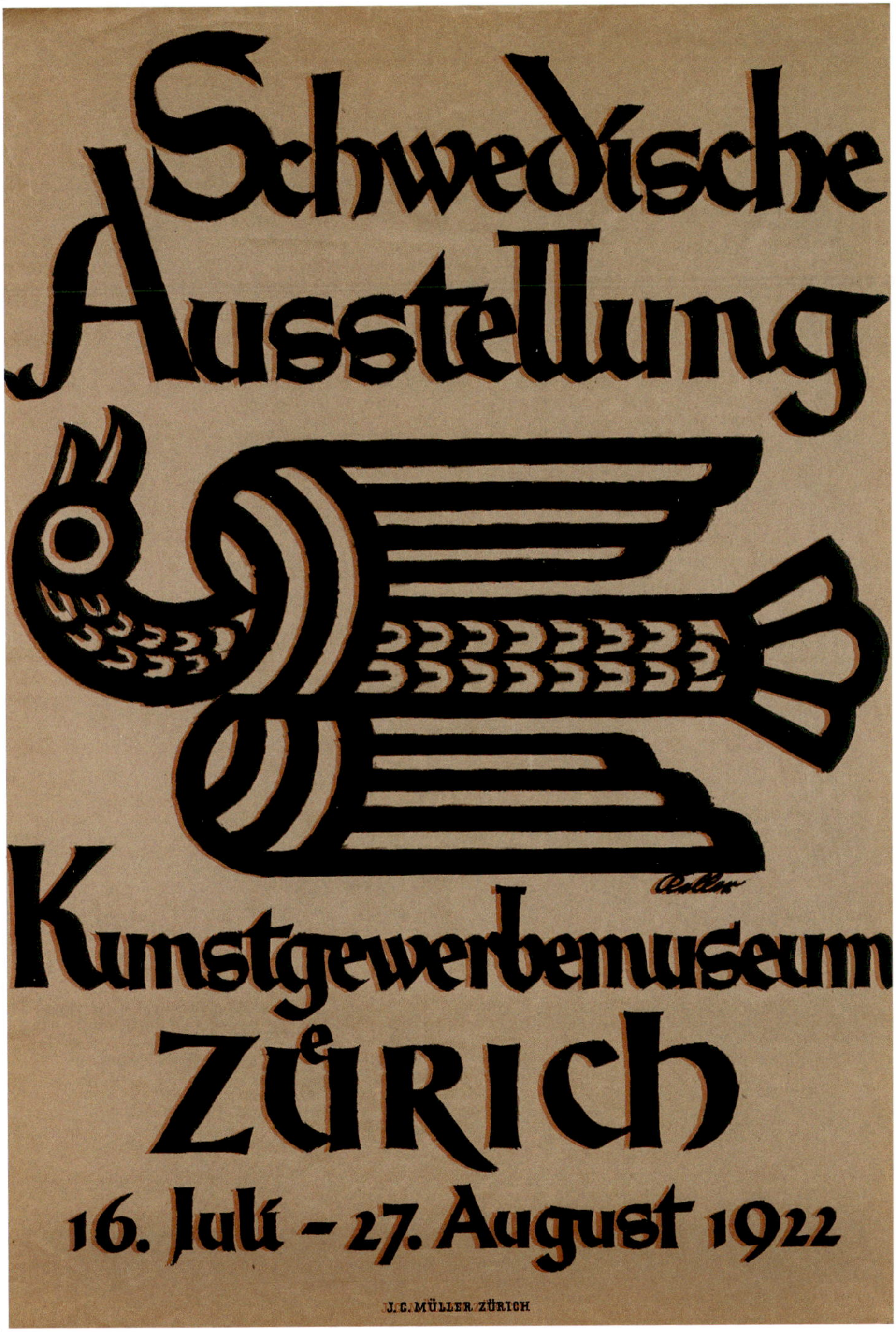

13 **Ernst Keller**
Schwedische Ausstellung
1922

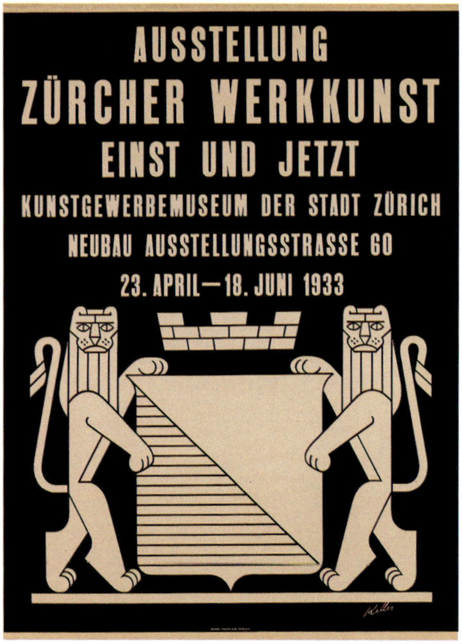

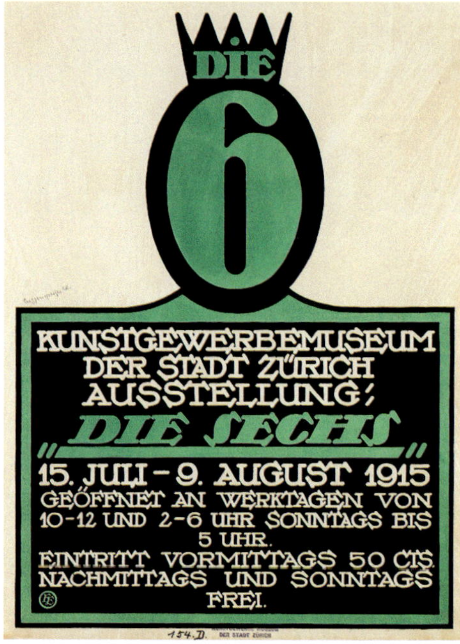

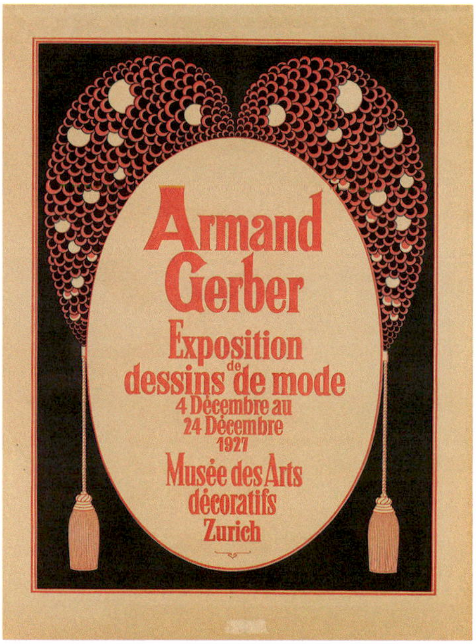

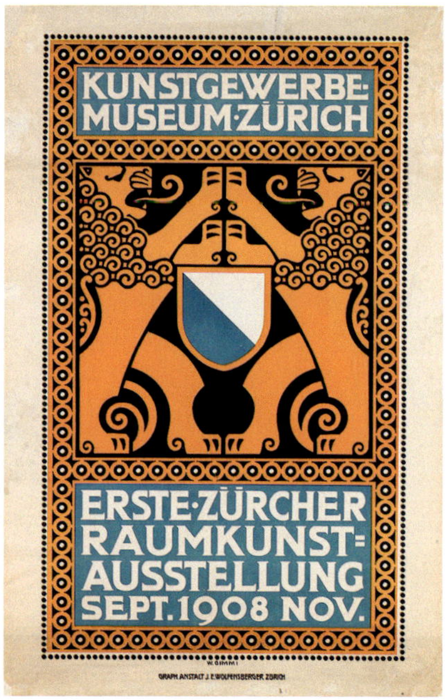

14 **Ernst Keller**
Zürcher Werkkunst einst und jetzt
1933

15 **Armand Gerber**
Armand Gerber / Exposition de dessins de mode
1927

16 **Ed. Euggensperger**
Ausstellung: «Die Sechs»
1915

17 **Wilhelm Gimmi**
Erste Zürcher Raumkunstausstellung
1908

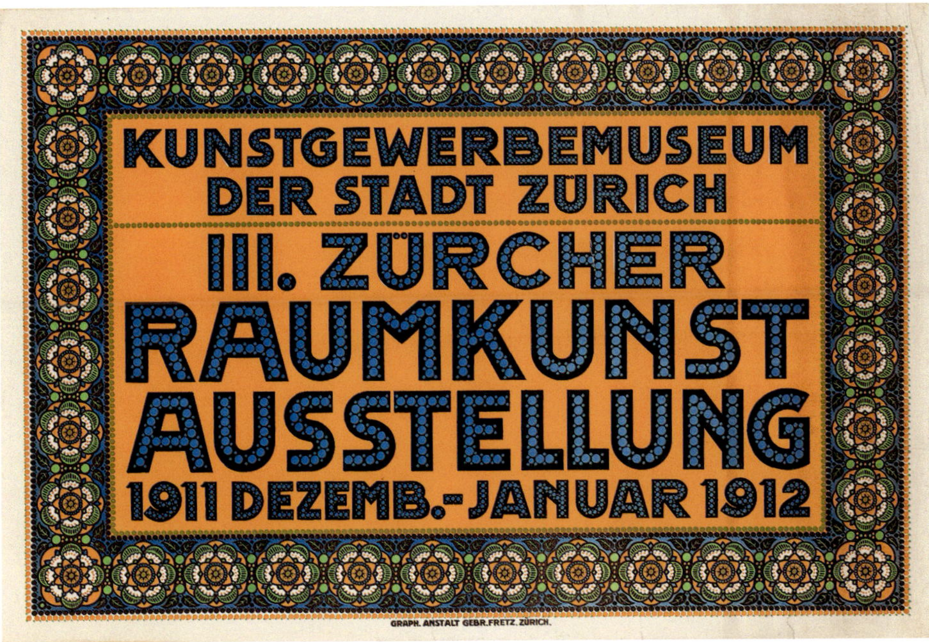

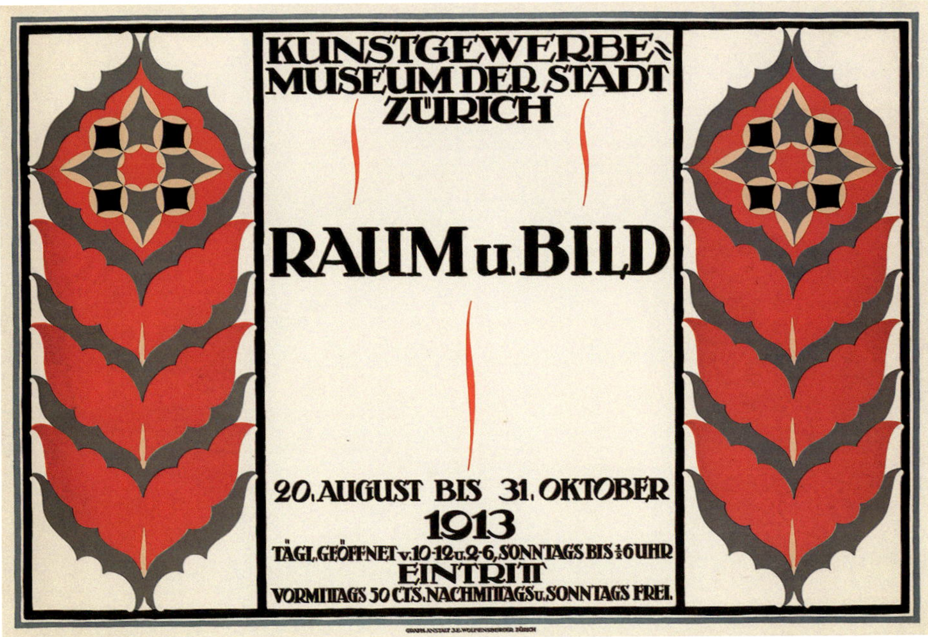

18 **Jules de Praetere**
III. Zürcher Raumkunst Ausstellung
1911

19 **C. Balmer**
Raum u. Bild
1913

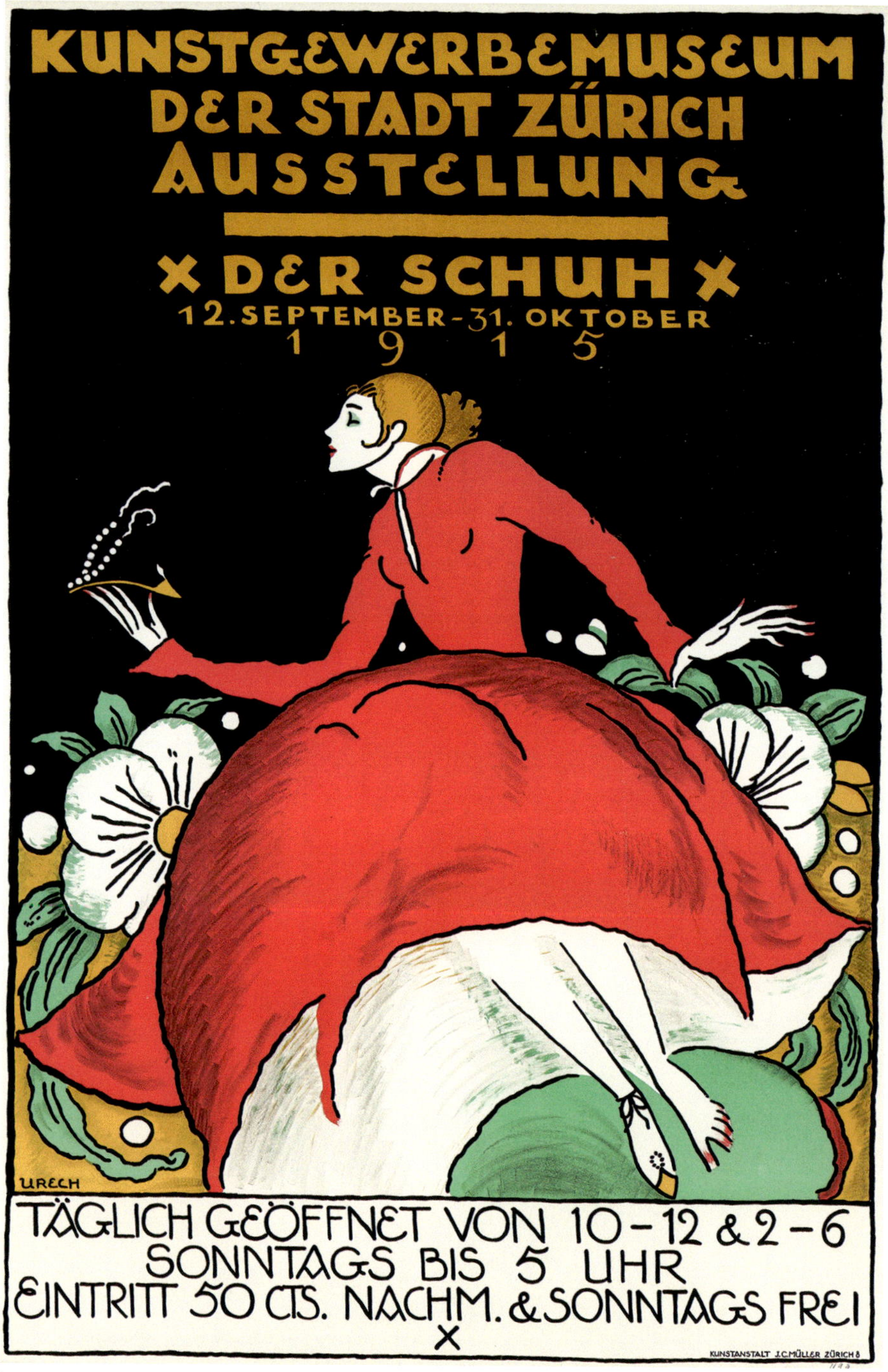

20 **Rudolf Urech**
Der Schuh
1915

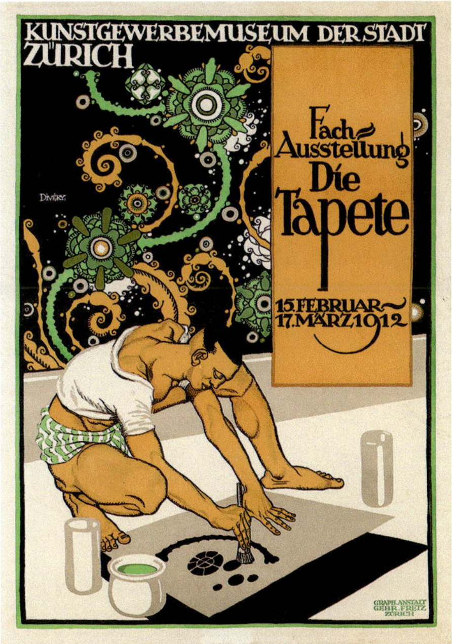

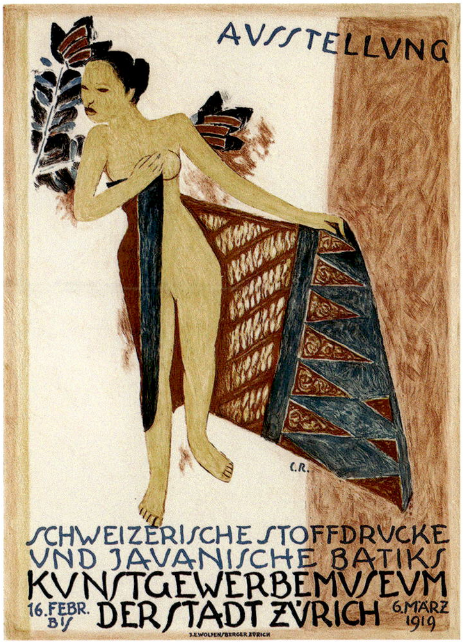

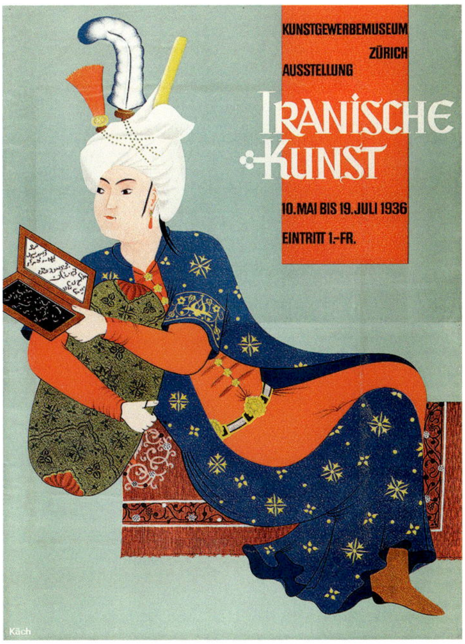

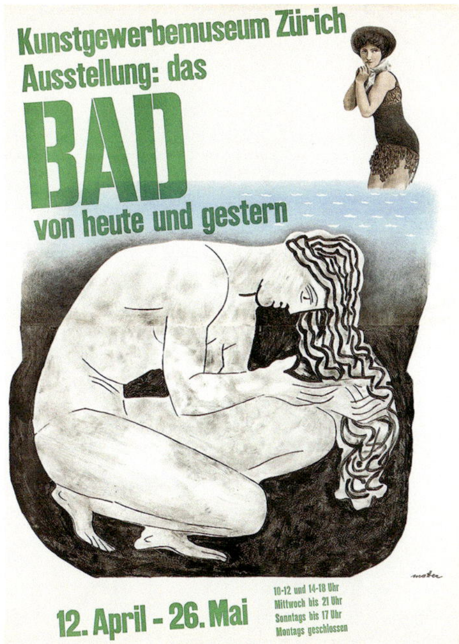

21 **Jozsef Divéky**
Fachausstellung / Die Tapete
1912

22 **Walter Käch**
Iranische Kunst
1936

23 **Carl Roesch**
Schweizerische Stoffdrucke und javanische Batik
1919

24 **Herbert Matter**
Ausstellung: Das Bad von heute und gestern
1935

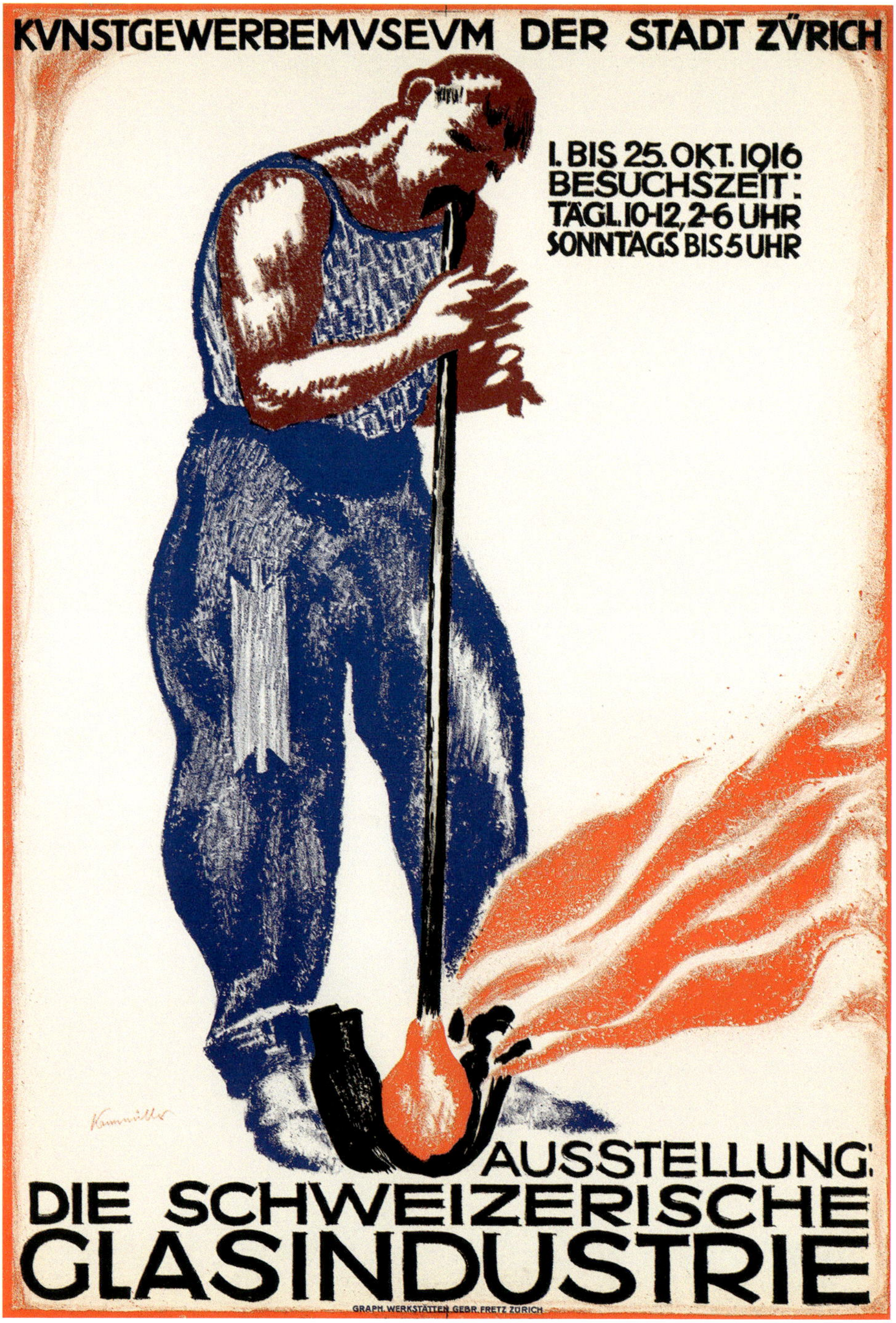

25 **Paul Kammüller**
Die Schweizerische Glasindustrie
1916

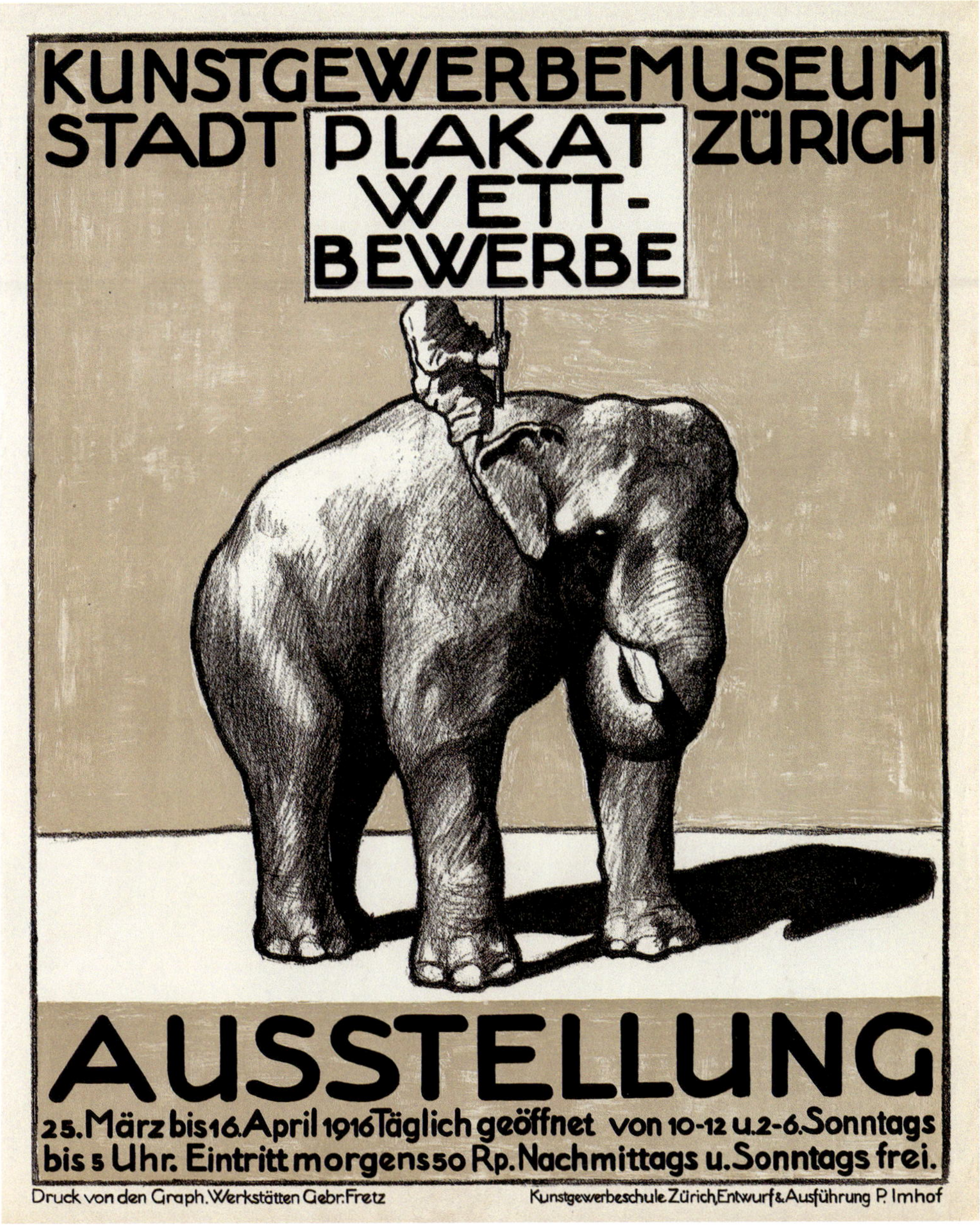

26 **Paul Imhof**
Plakatwettbewerbe
1916

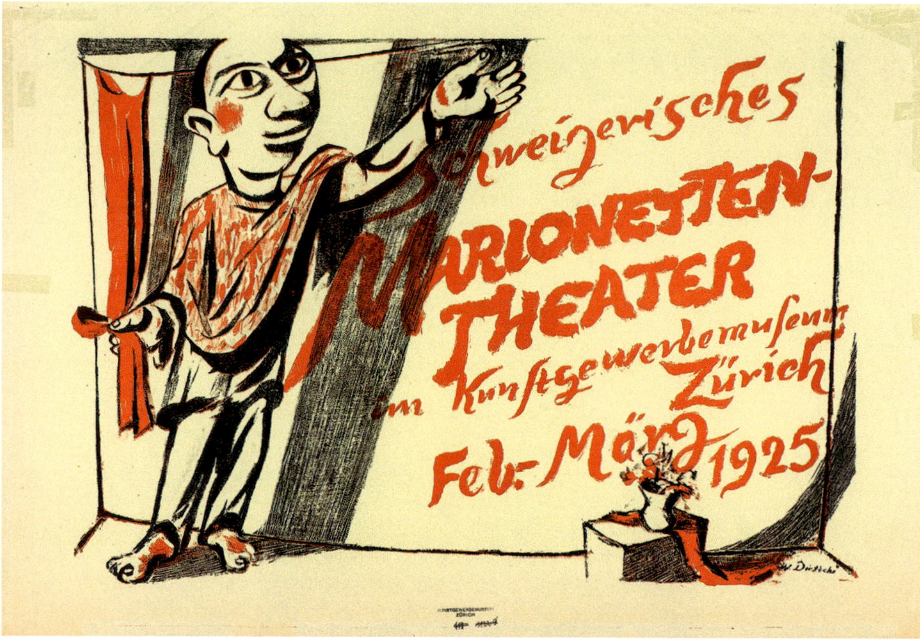

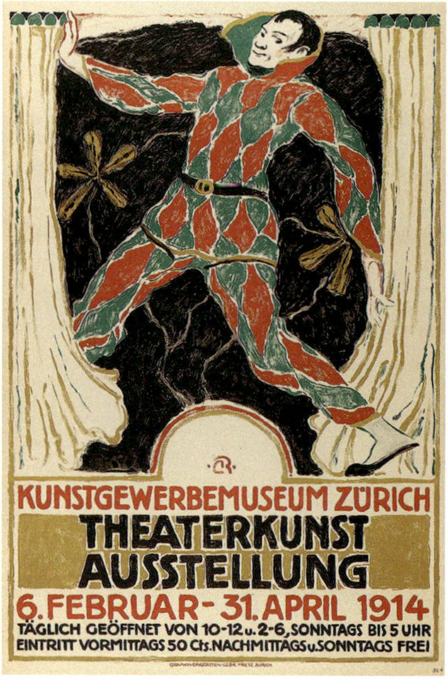

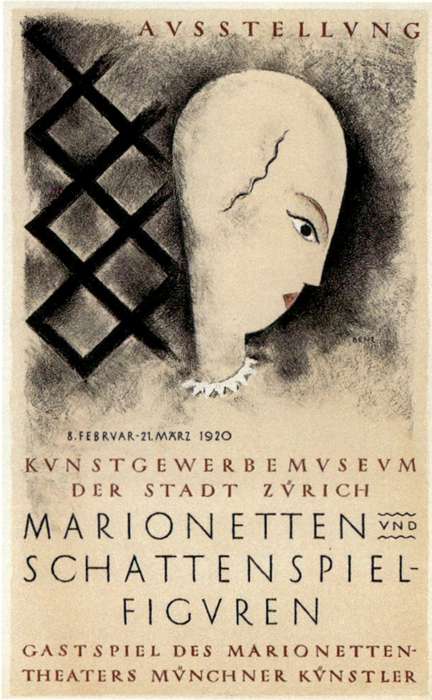

27 **Wilhelm Dietschi**
Schweizerisches Marionettentheater
1925

28 **Carl Roesch**
Theaterkunst Ausstellung
1914

29 **Rudolf Benz**
Marionetten und Schattenspielfiguren
1920

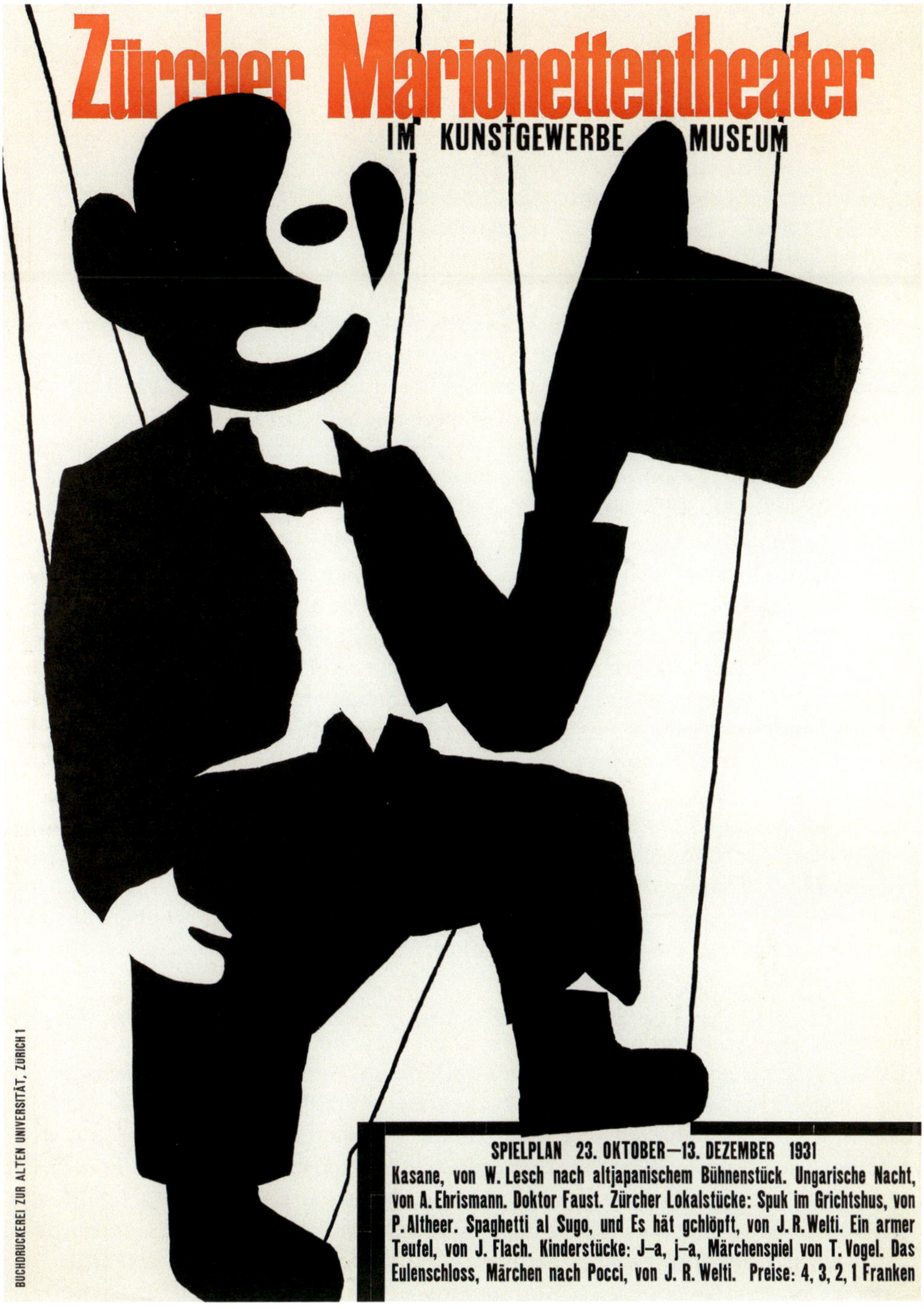

30 **Ida Vuilleumier**
Zürcher Marionettentheater
1931

THE MUSEUM POSTER AS DESIGN HISTORY

Kerry William Purcell

BEGINNINGS

While in the early decades of the twentieth century many museums and galleries across Western Europe and the United States continued to question the artistic and cultural value of the poster, in 1911 the Kunstgewerbemuseum, now the Museum für Gestaltung Zürich, was staging its first exhibition of this unique design form. Opening on May 1, *Das moderne Plakat und die künstlerische Reklame* (The Modern Poster and Artistic Advertising) served as one of the earliest surveys of these modern vehicles of visual communication. While by no means the first poster exhibition in Europe (exhibitions were held as early as 1893 and 1895 at the Museum für Kunst und Gewerbe in Hamburg and the Kunstgewerbemuseum in Berlin, respectively), it marked the growing awareness that this most utilitarian of graphic forms had creative value as a tableau for experimentation and originality. Twenty years earlier, in 1891, such works as Jules Chéret's color lithographic masterpiece "Pastilles Poncelet" A or Henri de Toulouse-Lautrec's highly influential "Moulin Rouge–La Goulue"[1] developed a riotous visual language that could be seen as evidence of fin de siècle decadence, the harbinger of what could be achieved through the ingenious combination of artistic experimentation and technological innovation, or simply as challenging the medium's limitations as utilitarian instruments of publicity. In the same year as these two works were gummed to Parisian walls, poster dealers such as Edmond Sagot had already started to list hundreds of posters for sale in their catalogs,[2] with many of these works, as one critic of the day said, available to most "collector(s) of modest means."[3] However, by the beginning of the twentieth century, many catalogs also revealed how pioneering works by such figures as Alfons Maria Mucha B, Alfred Choubrac, Adolfo Hohenstein C, and Armand Rassenfosse D were overwhelmed by poor imitations that offered feeble impressions of Art Nouveau's sinuous lines and leaping figures. It was not until 1906 and the work of the young German designer Lucian Bernhard that the "function follows form"[4] tenet of Art Nouveau was upturned, with the emergence of a graphic style that placed the commercial object front and center.

In the early history of the poster, the artist-designer often created works that featured publicity for plays, cabaret performances, or book publications. On the one hand, you could argue such subjects were not indiscriminate, but merely a symptom of the cultural milieu many artists inhabited. But there was also an altogether more prosaic reason why such themes dominated. Frequently, as Dawn Ades has argued, the artist was simply "not trusted to make a comprehensible and desirable image" of commercial products by many business owners. As Ades explains, when the French critic and journalist Henry Davray "was asked by the Paris dealer [Charles W.] Deschamps to organize an exhibition of English posters ... he found a constant complaint by the artists that they were hampered by the advertisers' insistence that the 'tin of cocoa or

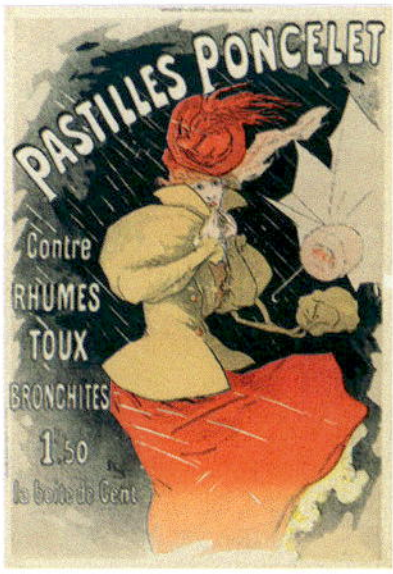

A

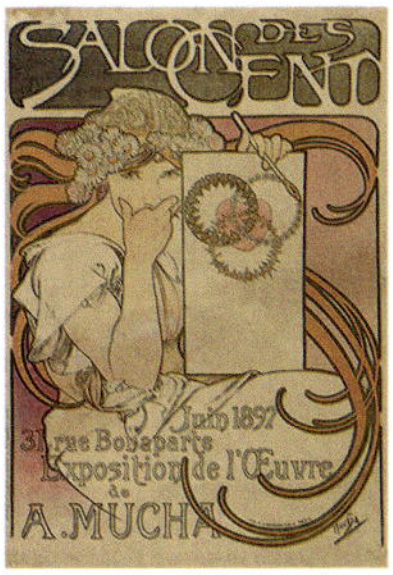

B

shoe polish, brand of soap or cigarettes' should be shown in its external packaging, which seldom had anything very aesthetic about it."[5] In such comments, we see what Ades termed a distinction between the poster as "functional" and "serviceable" and the *künstlerisches Plakat* (artistic poster). The latter included the kind of posters listed in the catalogs of dealers like Sagot, works by artists who made posters as an extension of their studio paintings; while the former were often posters made by designers more predisposed to the aims and objectives of business, albeit with flair and skill. It was in this second category that Bernhard would fall. In the opening decade of the twentieth century, many companies held poster competitions, and it was in response to one held by the Berlin-based Priester match company that Bernhard entered and won with his poster "Priester" (1906). The finished design, beautifully austere in its spare use of color, image, and lettering, stood apart from the over-elaborate work that would have surrounded it on one of the *Litfasssäule* (advertising columns) that could be found across the city.[6] Created just one year shy of the founding of the Deutscher Werkbund, Bernhard's work encapsulated the rational order evinced by that association of craftsmen, while continuing a tradition of simplification first witnessed in the work of such posterists as the Beggarstaffs (1890s). Bernhard's work marked a new phase in the poster's development and twenty years later would give rise to a poster style known as *Sachplakat* (object poster), a design idiom that would foreground the commercial object to almost surreal proportions, especially in the Swiss poster.[7]

By the time *Das moderne Plakat und die künstlerische Reklame* opened at the Kunstgewerbemuseum Zürich in Spring 1911, the two traditions outlined above had clearly impressed themselves on Swiss design. What is more, one could argue that, by the midpoint of this century, the poster as both art object and commercial agent would eventually converge to produce a distinctive national style. There was a multiplicity of reasons for this, but Switzerland's historical tradition as a stable destination for trade and industry, alongside the nation's longstanding approach to arts education based on the Gewerbeschule model (equivalent to trade schools), was key. The outcome was the emergence of "industry advertising" (*Industrie-Werbung*), which in turn hastened the dissolution of the wall between art and commerce witnessed in the formative days of the poster in the 1930s. The influences on Swiss designers was also a result of the

A Jules Chéret, Pastilles Poncelet, 1896

B Alfons Maria Mucha, Salon des Cent, 1897

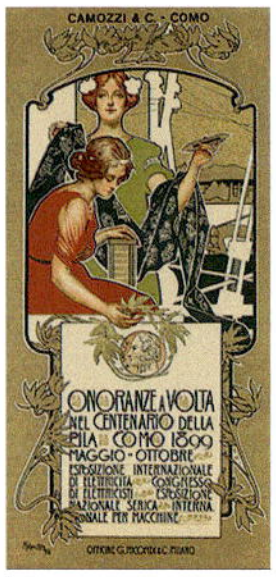

C

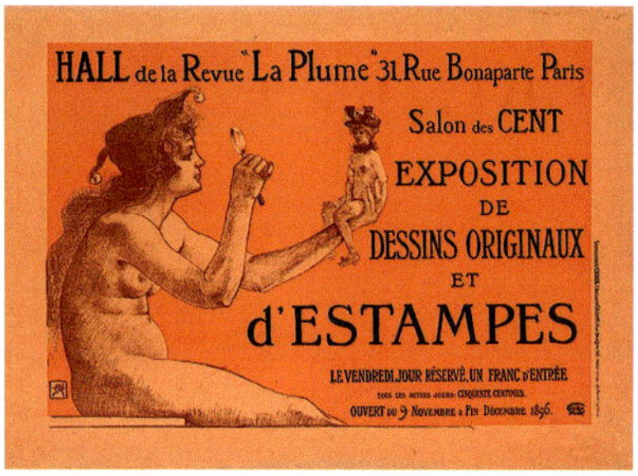

D

truism that Swiss artists often have to leave Switzerland and earn recognition abroad before their work is recognized in their homeland. Traveling to Paris, Berlin, etc., they would bring back many of the artistic traditions and experimentations from these creative centers and apply them to their commercial work. Clearly, with the emergence of modernism (or that strand of modernism that sought consistent and rational visual forms) in the early decades of the twentieth century, the ideas about the logical application of design they encountered abroad found a natural home in Swiss industry on their return. Before this impact was felt, the posters of the Kunstgewerbemuseum (hereinafter "the museum") were highly eclectic in style, with a heavy predominance of calligraphic designs and purely typographic work in the style of nineteenth-century billposters. One such individual who bridged this period of change in the museum's posters was Ernst Keller. Like many of the early posterists, he trained as a lithographic draughtsman in Aarau (1906–1910), before traveling to Leipzig to study lettering (1911–1914).[8] On his return to Switzerland in 1914, he would come to apply many of the ideas he had learned abroad to his teaching at the Zurich Kunstgewerbeschule (1918–1956),[9] but also via his posters for the museum, which at the time was attached to the school. In fact, the museum's didactic ambitions in the early decades of the twentieth century to "train the stylistic confidence and taste of designers"[10] found a natural corollary in Keller's work, which would eventually contribute to his widely recognized position as the "father of Swiss graphic design."

A NEW TRADITION

If a single work could be said to have launched the birth of modern Swiss poster design and the museum's key role in this, it would have to be Keller's 1926 work "Das neue Heim" (The New Home) 174. Created for an exhibition at the museum that sought to introduce modern principles into interior design, it is a radical break with many of the calligraphic-oriented works that predate it (many by Keller himself). Its unadorned beauty clearly serves as a visual metonym for a house, and it was considered so successful that it was repeated in slightly modified forms two more times in 1928. Keller's work marked the beginning of an intense period of experiment in the museum's posters. One year before the "Das neue Heim" posters were reprised, Walter Käch, who was one of Keller's students (and later instructor of lettering at the school), had pushed the

C Adolfo Hohenstein, Onoranze a Volta nel centenario della pila, 1898

D Armand M. Rassenfosse, Salon des Cent, 1896

metonymic qualities of the poster even further with the exhibition details rendered as a hammer and pliers (objects that would also have had broader political connotations at the time) 148. In many ways, the figurative use of type seen in works such as Käch's–or in Theo Ballmer's 1928 "Neues Bauen" 173–was, as Bruno Margadant has argued, an attempt to develop an "independent Swiss counterpart to the 'new' or 'functional' typography which was also beginning to figure in German posters after 1925."[11] Such external influences on the posters for the museum became explicit with the 1929 work by El Lissitzky "USSR–Russische Ausstellung" 2. Created for a comprehensive exhibition of Soviet (as opposed to Russian) arts and crafts, the show includes sections on everything from children's books to architecture. As Richard Hollis has said of Lissitzky's work, it was "outlandish, breaking with every convention," although it "did not deter the more the 8,000 visitors to the exhibition."[12] One of the most striking elements of Lissitzky's work was its use of photography (printed in gravure by the Fretz brothers). It marked the beginning of the museum's recognition of the centrality of photography to poster design, which was explicitly acknowledged just a few months after *USSR–Russische Ausstellung* with the exhibition *Film und Foto* 204. Originally held in Stuttgart, *Film und Foto* included the work of such avant-garde figures as Man Ray and Hans Richter, but also featured many of the Swiss designer-photographers who were developing an approach to photo-graphics that turned its back on the traditions of pictorialism. Key amongst them was Hans Finsler, who began teaching photography classes at the Zurich Kunstgewerbeschule in 1932. He termed his meticulous approach to photography *Sachfotografie* and the attention to detail merged perfectly with the aims and ambitions of *Die Neue Typographie.*[13] An exceptional example of this approach is seen in the 1930 poster "Neue Hauswirtschaft" 236 for an exhibition of the same name at the museum. The exhibit focused on the domestic interior, with Helmuth Kurtz's poster composed of a photographic montage of chairs, crockery, and a variety of kitchen pans. The images are buttressed by blocks of red and black, with the lines of sans serif type echoing the layering of geometric forms by intersecting and overlapping the imagery. Alongside Lissitzky's design, Kurtz's poster was one of the museum's earliest works to utilize the innovations in photogravure printing. It was a process that played a huge role in the movement away from the highly figurative posters seen in the early decades of the twentieth century and moved toward what László Moholy-Nagy classified in 1925 as "the visually most exact rendering of communication,"[14] otherwise known as "typophoto."

As noted above, while the innovations in typographic poster design began emerging in the 1920s, it was from the 1930s, and then more rapidly after the protracted hiatus of war (during which the museum's exhibition program was significantly curtailed), that the role of lettering in the museum's posters came into its own. As Margadant has noted from this period onward, lettering was allowed to "run free without being tormented into arbitrary lengths in majuscules."[15] Whether the architectural qualities of a typeface were accentuated to resonate with a drawing of a modernist building, as in Käch's Ausstellung *Der neue Schulbau* (1932) 144 or in the remarkable treatment of the word "Licht" in Alfred Willimann's 1932 poster for an exhibition on domestic and workshop lighting 4, the content and form of lettering rendezvoused in the most graceful and stylish manner. The exhibition signage for *Licht* was created by Max Bill, and it was Bill's poster "USA baut" (1945) 71 that saw the beginning of a new postwar development of museum's posters. From this work onward, what was to become known as the "International Typographic Style" or "Swiss Style" started to develop its own graphic syntax, and the museum played an important role in its emergence. Key works include Emil Ruder's "Die gute Form" (1954) 48 (for an exhibition held annually from 1950) with the lettering set in Akzidenz Grotesk and impeccably balanced with color and form; or "Konstruktive Grafik" (1958) 143 for a group exhibition of three constructive designers, curated by Josef Müller-Brockmann upon his appointment as head of the Kunstgewerbeschule (where he had replaced Ernst Keller). Hans Neuburg's poster represents a unified approach among the designers using "a geometrical style of presentation ... [which] is a result of trying to compose the planes or space so as to bring about a certain order."[16] Müller-Brockmann's own works for the museum serve as key examples of this constructive approach in their collection. Such works as "Das Plakat" (1953) 294 or "Der Film" (1960) 5 transcend their immediate function as exhibition promotion, becoming iconic creations in the history of graphic design tout court.

Unlike many traditional fine art museums, it could be argued that the Museum für Gestaltung Zürich's "curiosity about design"[17] has occasioned a less problematic relationship with critical perceptions of high and low culture. Through a purposeful desire to incorporate a wide range of design and visual culture in the museum's collection, exhibitions on U.S. advertising, promoted by posters such as "Werbung in USA" (1965), "Push Pin Studios" (1968), and "San Francisco Rock Poster Art" (1977), reveal that however dominant the Swiss Style was in the nation's graphic culture, there were still alternative influences and traditions to be explored. And the poster designs for such exhibitions certainly represent the more playful qualities of pop-art and early postmodern visual culture. For example, a 1973 exhibition of Czechoslovak posters marks the distance traveled from El Lissitzky's iconic work of 1929. With an image of a "secret file" containing the posters, it is a humorous acknowledgement of the Cold War reality of living under state communism. By contrast, a poster created in 1978 for a weekend of screenings of Swiss independent film titled *7. Filmwerkschau* has the cut-and-paste quality of a flyer for a punk gig. However, as with Müller-Brockmann's work, one of the museum's posters from this period also surpassed its direct goal as promotional material and passed over into design history as a key example of postmodern design. This is Wolfgang Weingart's 1981 "Schreibkunst" 6, a work that challenges the uniformity of the two-dimensional poster space with an intricate layering of "texture" and geometric form, although with an end result that looks as systematic and rigid as the dominant Swiss Style it implicitly critiqued. Yet, one could argue that Weingart's work did mark a shift, a moment from which the museum's posters became more eclectic

in range and style. Throughout the 1990s and 2000s, the museum's posters became more playful, with a greater diversity in the formal composition and featured works.

Clearly, the importance of the poster has waned with the increasing digitalization of our public spaces, but a good poster still has the ability to make us stop, look, and absorb often complex ideas in a matter of seconds. In the history of its development, it is rare to find an institution that foregrounds the poster as one of the linchpins of its collection. What is more, it is rarer still for the same institution *also* to be a producer of some of the key works in the history of the form. Beyond the opening decades of the poster's emergence in the late nineteenth century, the Museum für Gestaltung's own designs follow the contours of the poster's development throughout the twentieth century. But more significantly, as can be seen in this publication, the museum has also been the originator of many of the works that have shaped the wholesale evolution of this most creatively diverse medium.

1 As Maurice Rickards has noted, "Lautrec had turned to the poster because he had found it difficult to get a showing for his ordinary lithographs. Almost accidentally and almost overnight a new idiom was born. It was an idiom that was to be taken up around the world" (Maurice Rickards, *Posters at the Turn of the Century,* London 1968, p. 9).
2 See Charles Hiatt, *Picture Posters: A Short History of the Illustrated Placard, with Many Reproductions of the Most Artistic Examples in All Countries,* London 1896, p. 362: "In the Sagot catalogue of 1891, over five hundred and fifty posters by Chéret are described, and of these no less than eighty are priced at twenty francs or more."
3 Ibid., p. 362.
4 Robert K. Brown, "Posters at the Turn of the Century," in: Dawn Ades (ed.), *The 20th-Century Poster: Design of the Avant-Garde,* New York 1984, p. 21.
5 Dawn Ades, "Function and Abstraction in Poster Design," in: ibid., *The 20th-Century Poster,* p. 27.
6 The *Litfasssäule* (advertising column) is a cylindrical column used to display posters throughout Berlin. It is named after its creator, Ernst Litfass. The standardization of poster sizes that such columns demand was repeated some years later with the Swiss Weltformat (128 × 90.5cm).
7 See Museum für Gestaltung Zürich, Bettina Richter (ed.), *Magic of Things,* Poster Collection 24, Zurich 2012.
8 See Richard Hollis, *Swiss Graphic Design: The Origins and Growth of an International Style, 1920–1965,* London 2006, p. 46.
9 Now part of the Zürcher Hochschule der Künste
10 www.museum-gestaltung.ch
11 Bruno Margadant, *Das Schweizer Plakat / The Swiss Poster / L'affiche suisse, 1900–1983,* Basel/Boston/Stuttgart 1983, p. 62.
12 Hollis, *Swiss Graphic Design,* p. 57.
13 Other key influences at this point included such books as Franz Roh and Jan Tschichold's *Foto-Auge: 76 Fotos der Zeit,* 1929, and László Moholy-Nagy's *Malerei, Photographie, Film,* 1925.
14 László Moholy-Nagy, *Painting, Photography, Film,* London 1969, p. 39.
15 Margadant, *Das Schweizer Plakat,* p. 62.
16 Hans Neuburg, "Konstruktive Grafik," in: Hans Fischli, Willy Rotzler (eds.), *Konstruktive Grafik,* exhib. cat., Kunstgewerbemuseum Zürich, Zurich 1958, n.p.
17 www.museum-gestaltung.ch

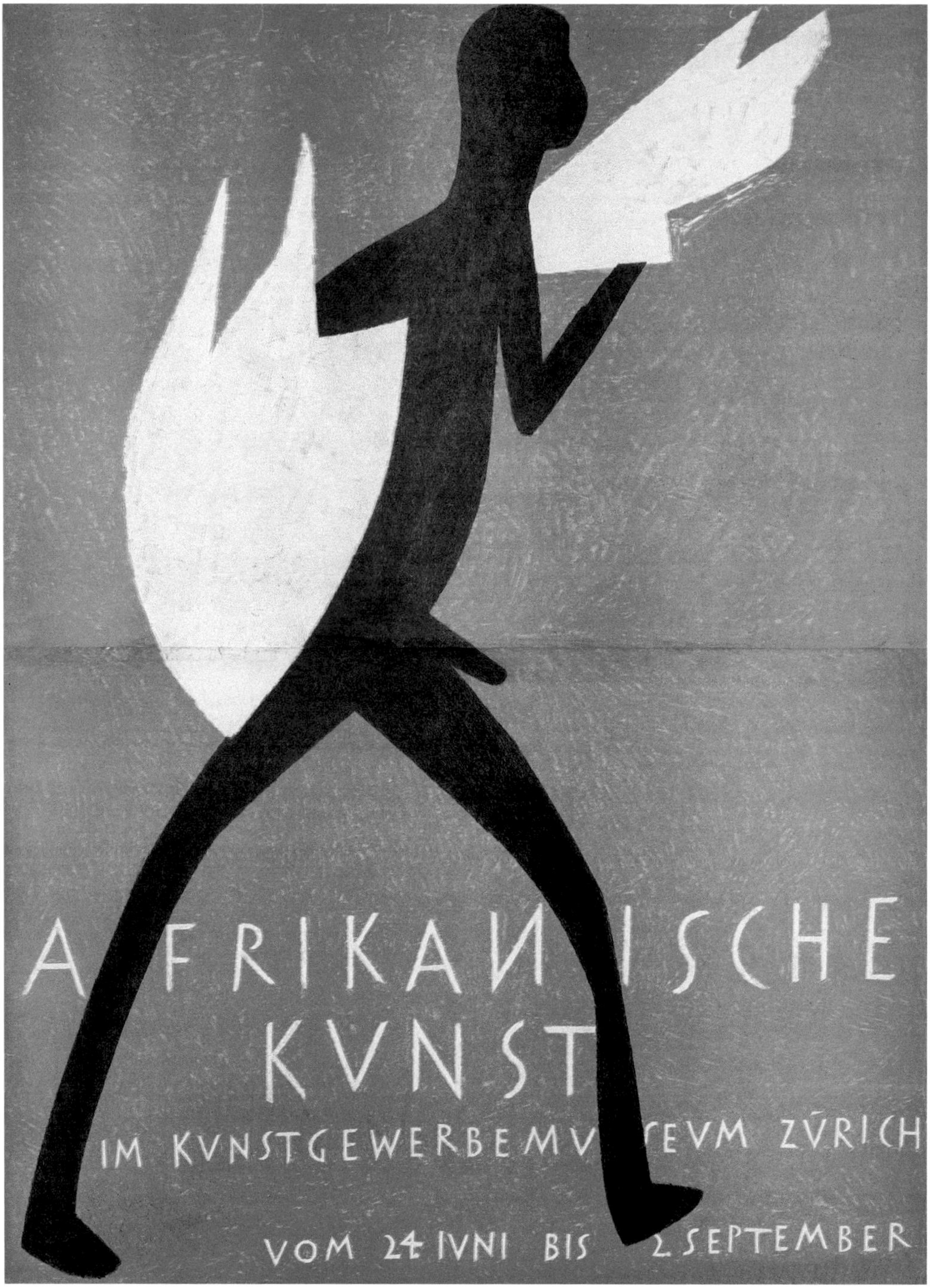

31 **Ernst Keller**
Afrikanische Kunst
1945

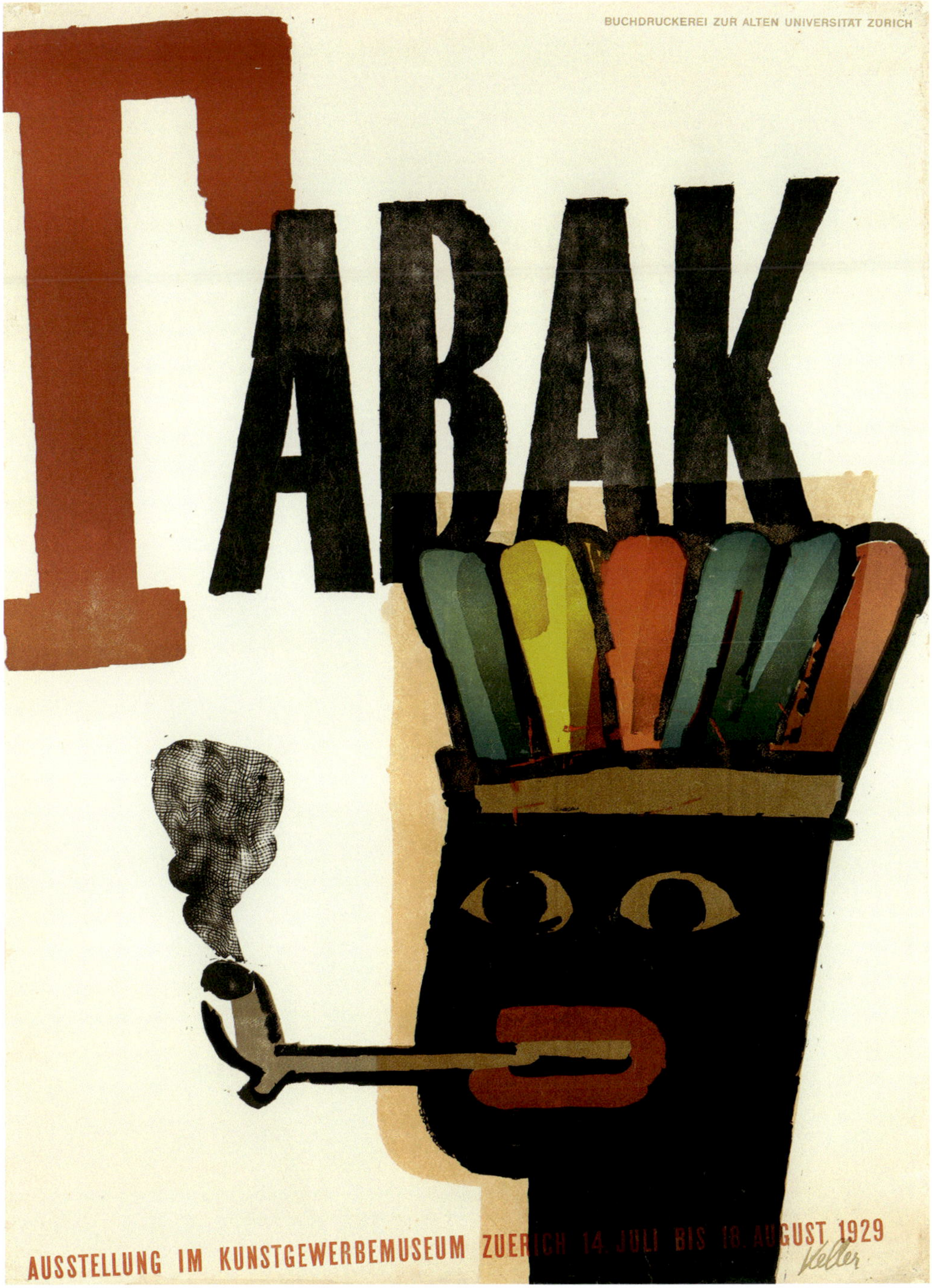

32 **Ernst Keller**
Tabak
1929

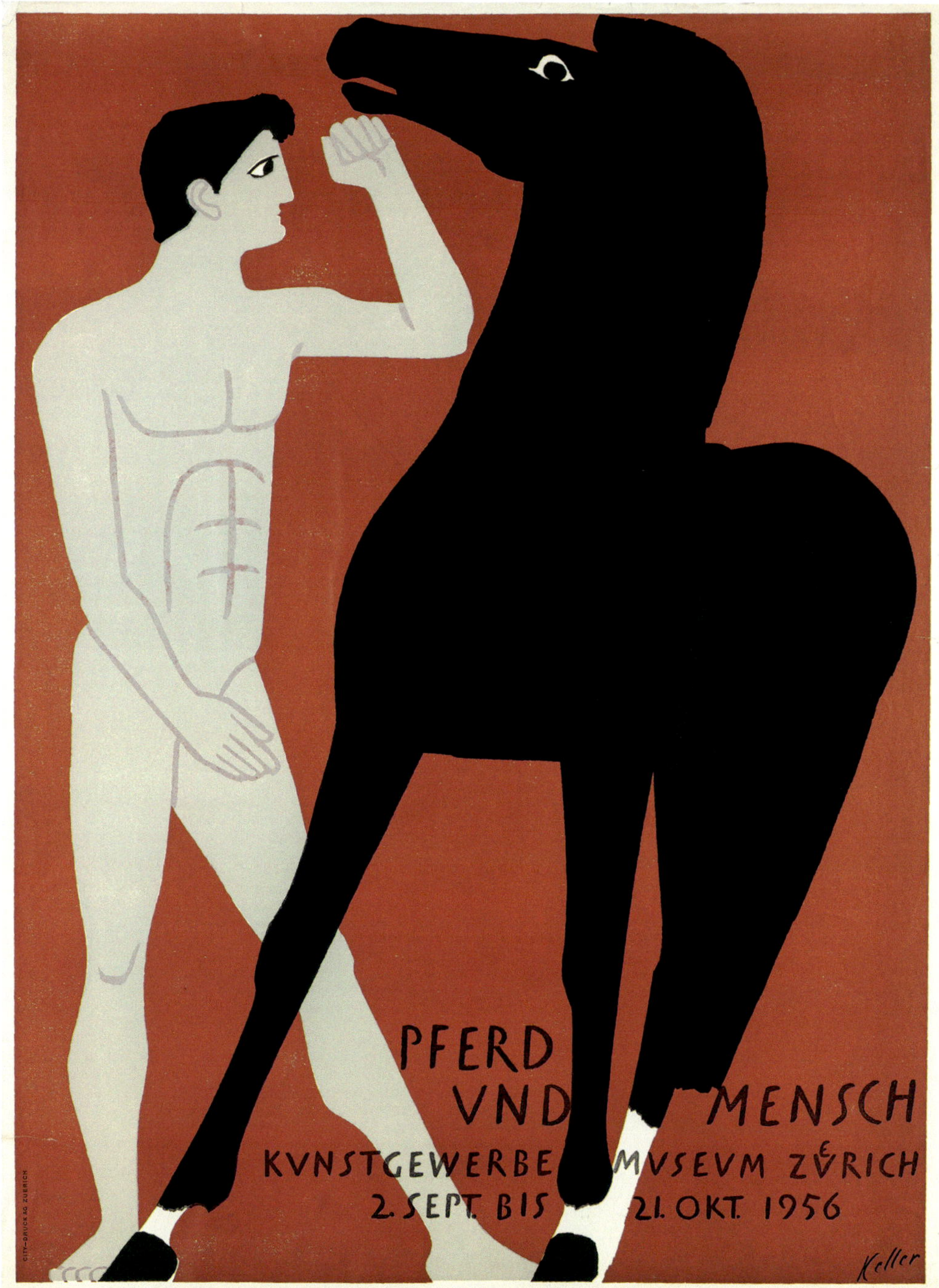

33 **Ernst Keller**
Pferd und Mensch
1956

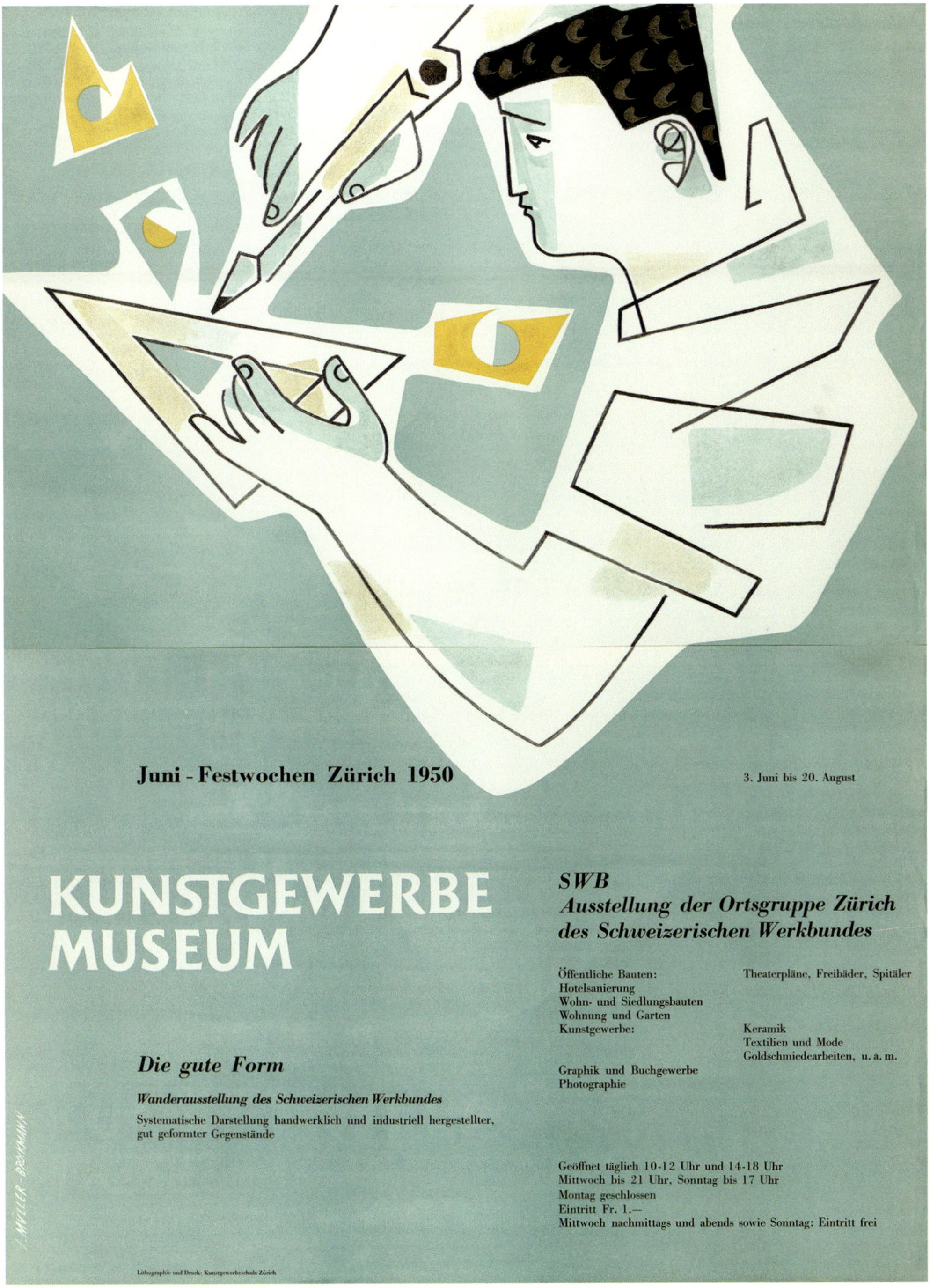

34 **Josef Müller-Brockmann**
Die gute Form
1950

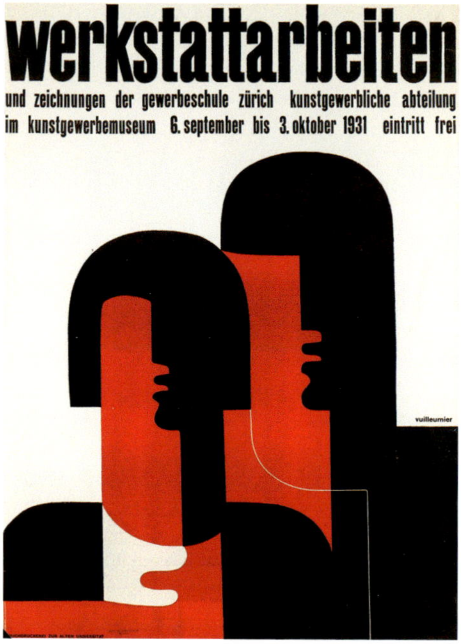

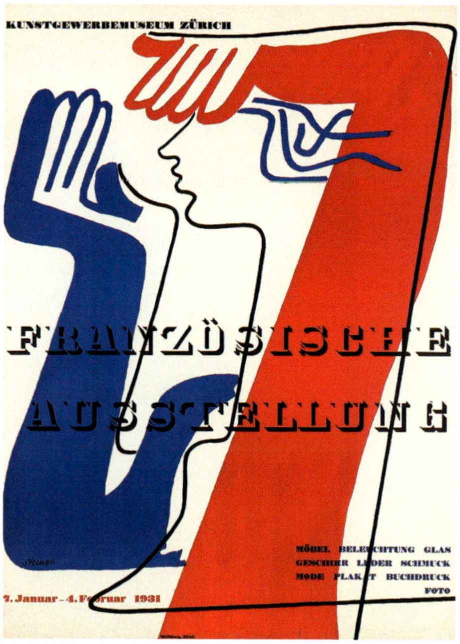

35 **Ida Vuilleumier**
Werkstattarbeiten und Zeichnungen der Gewerbeschule Zürich, 1931

36 **Heinrich Steiner**
Französische Ausstellung
1931

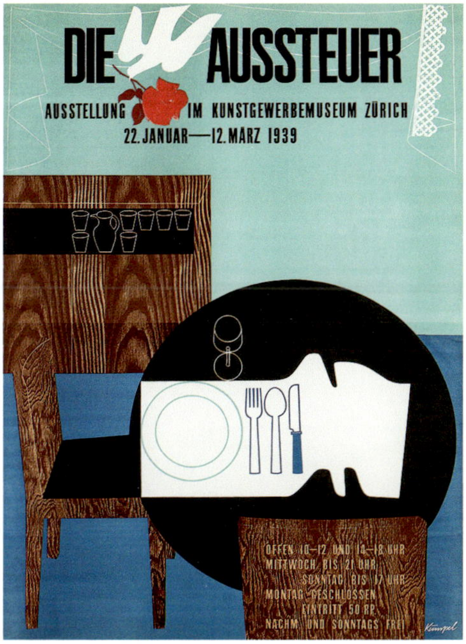

37 **Heinrich Kümpel**
Die Aussteuer
1939

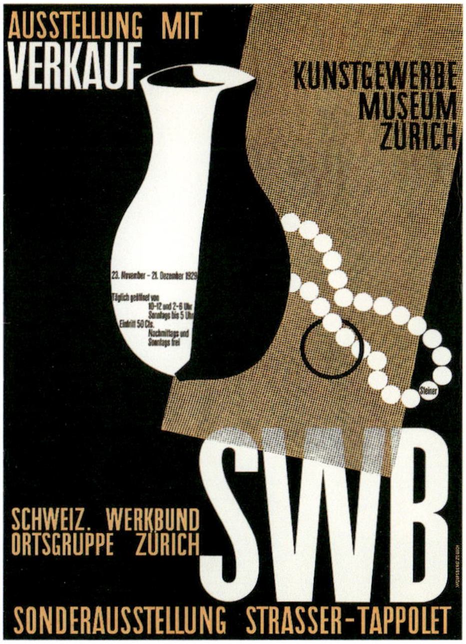

38 **Heinrich Steiner**
SWB / Sonderausstellung Strasser-Tappolet
1929

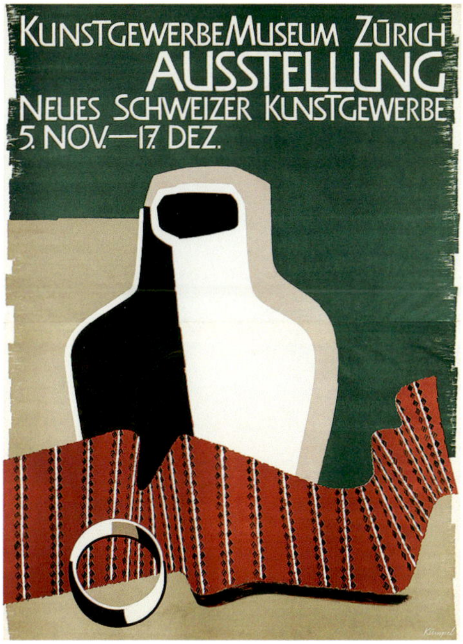

39 **Heinrich Kümpel**
Neues Schweizer Kunstgewerbe
1944

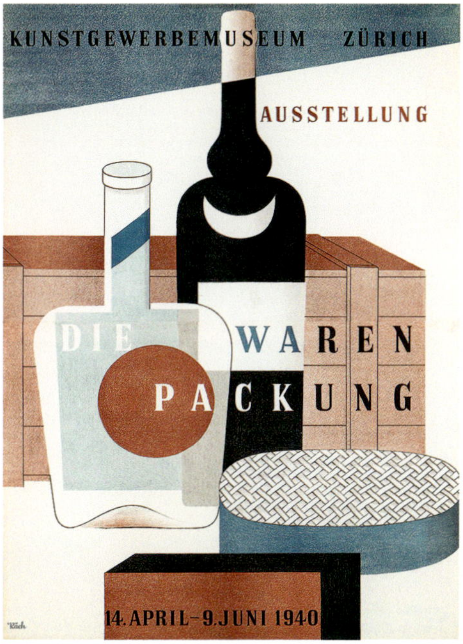

40 **Walter Käch**
Die Warenpackung
1940

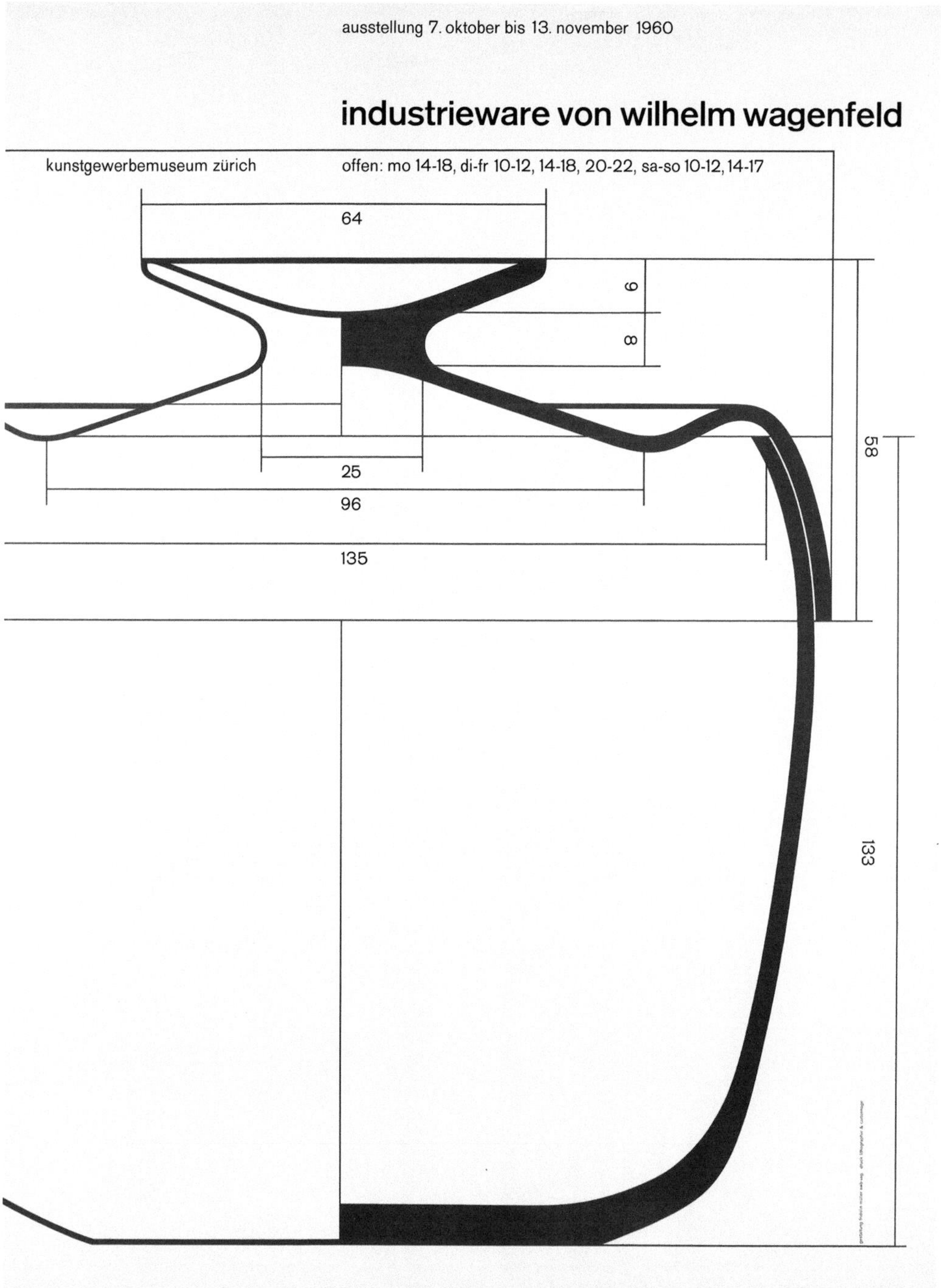

41 **Fridolin Müller**
Industrieware von Wilhelm Wagenfeld
1960

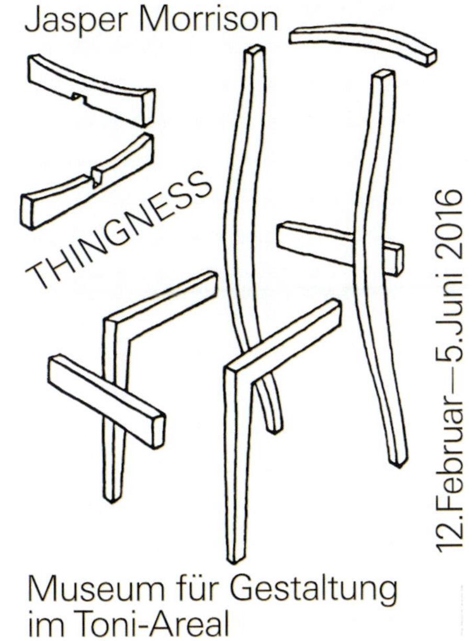

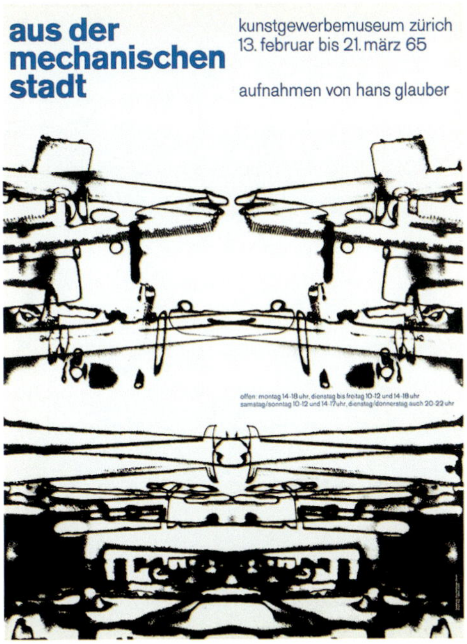

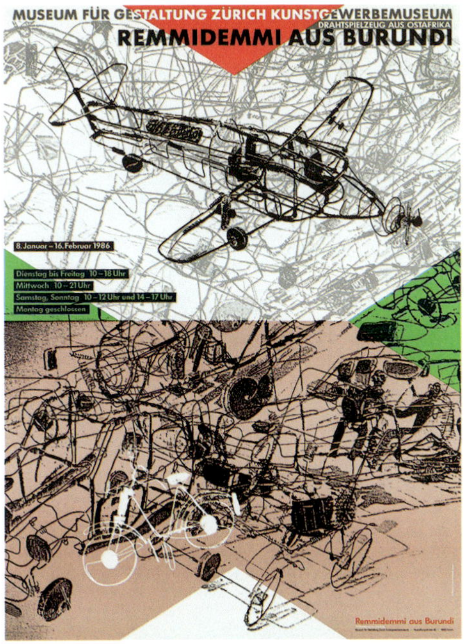

42 **Sebastian Fehr**
Jasper Morrison / Thingness
2016

43 **Jörg Hamburger**
Aus der mechanischen Stadt /
Aufnahmen von Hans Glauber, 1965

44 **Stefanie Häberli-Bachmann**
Alfredo Häberli / Design Development Surround Things
2008

45 **Ralph Schraivogel**
Remmidemmi aus Burundi / Drahtspielzeug aus Ostafrika
1985

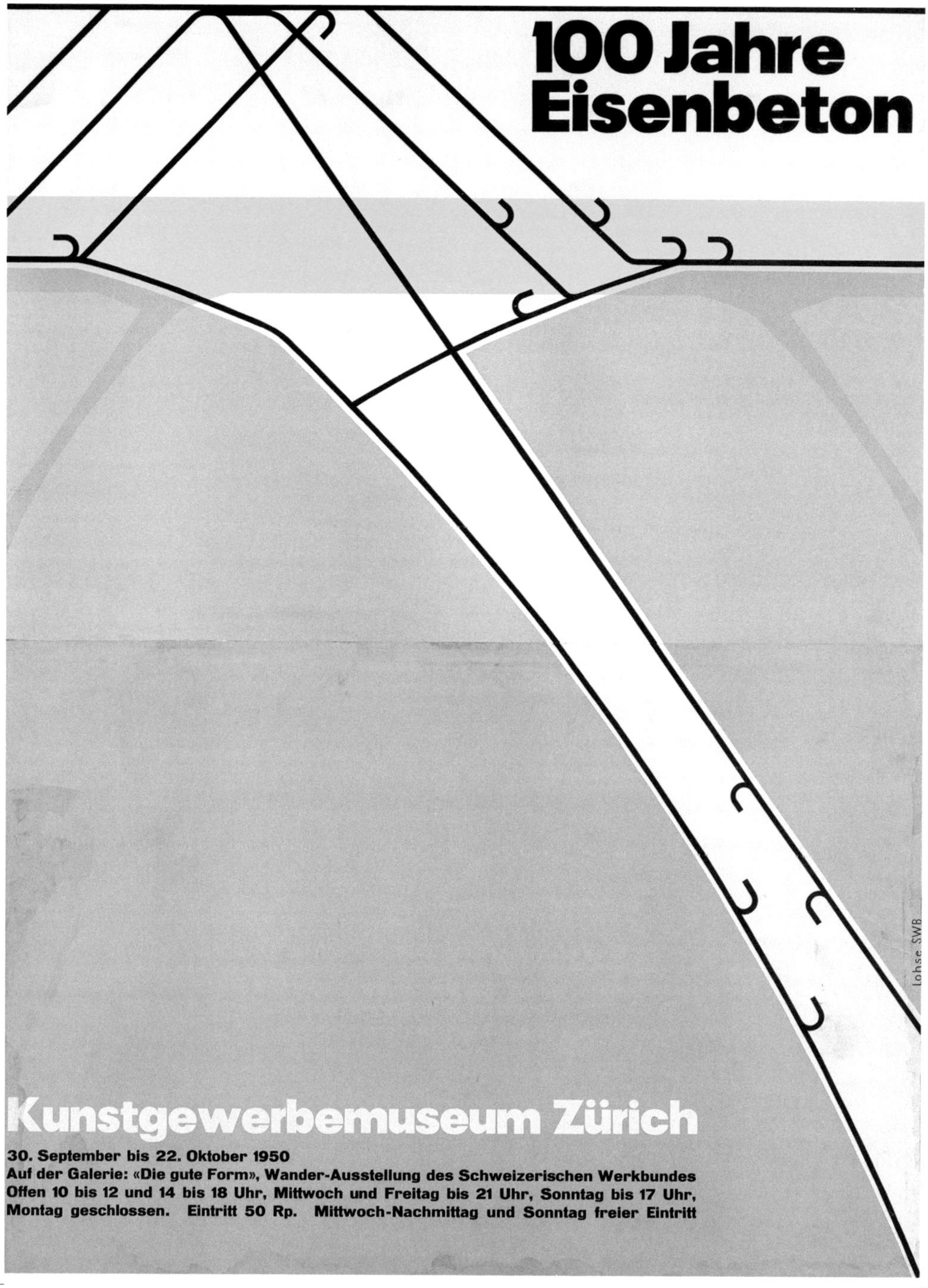

46 **Richard Paul Lohse**
100 Jahre Eisenbeton
1950

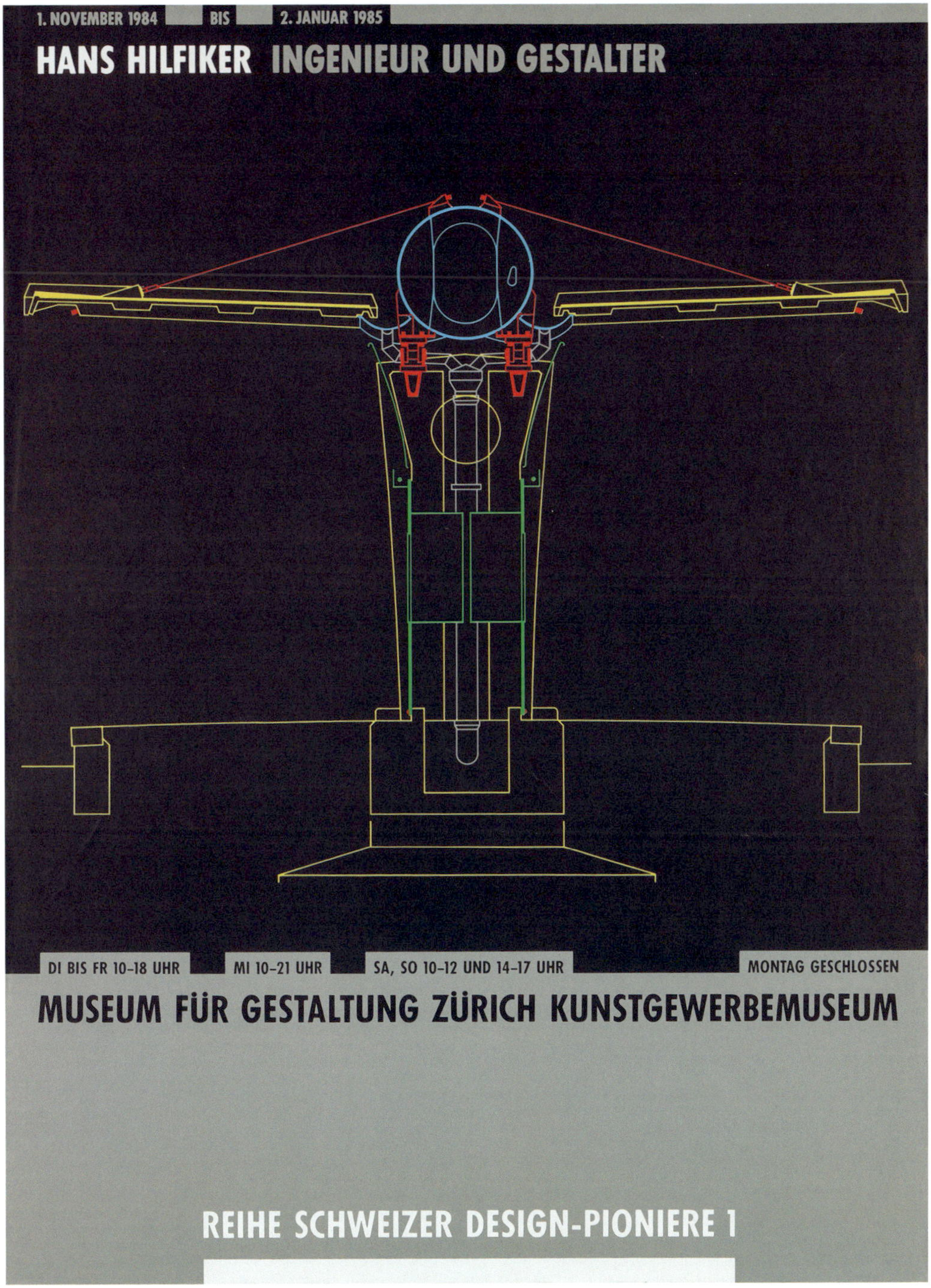

47 **Ralph Schraivogel**
Hans Hilfiker / Ingenieur und Gestalter
1984

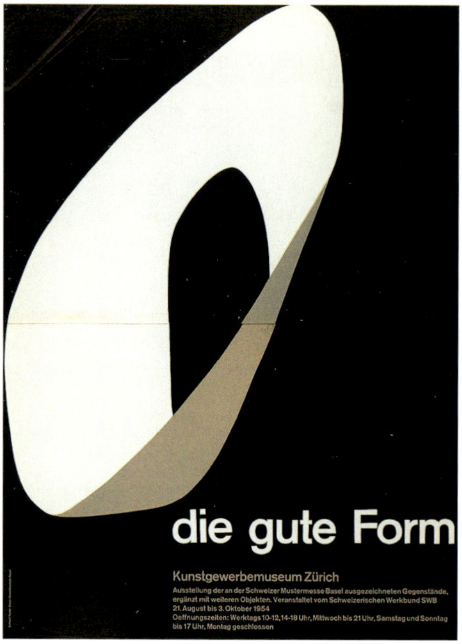

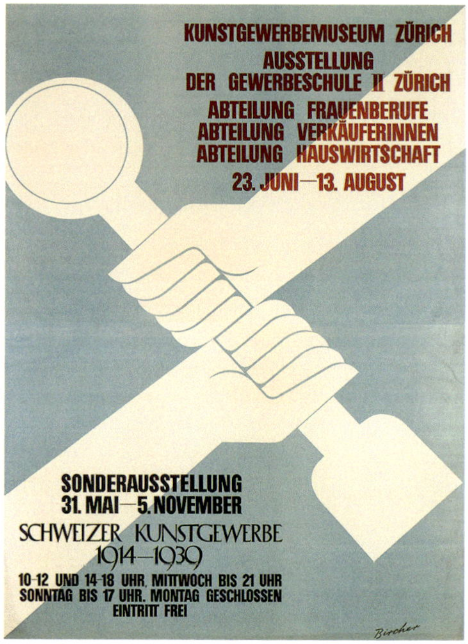

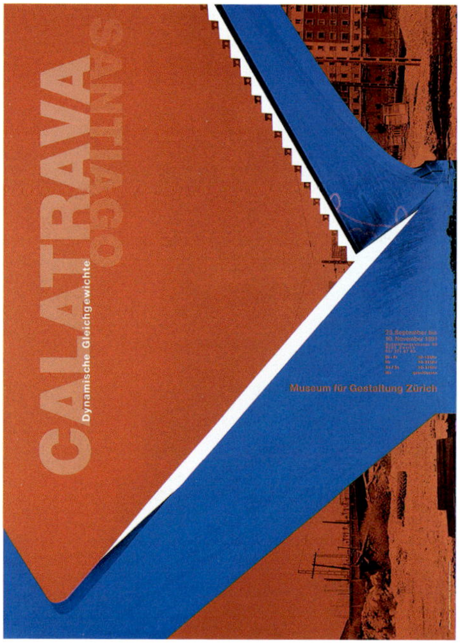

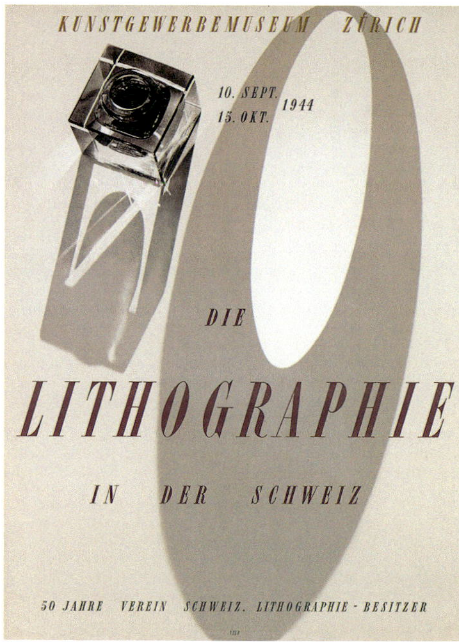

48 **Emil Ruder**
Die gute Form
1954

49 **Lars Hellmann**
Santiago Calatrava / Dynamische Gleichgewichte
1991

50 **Rudolf Bircher**
Schweizer Kunstgewerbe 1914–1939
1939

51 **Werner Bischof**
Die Lithographie in der Schweiz
1944

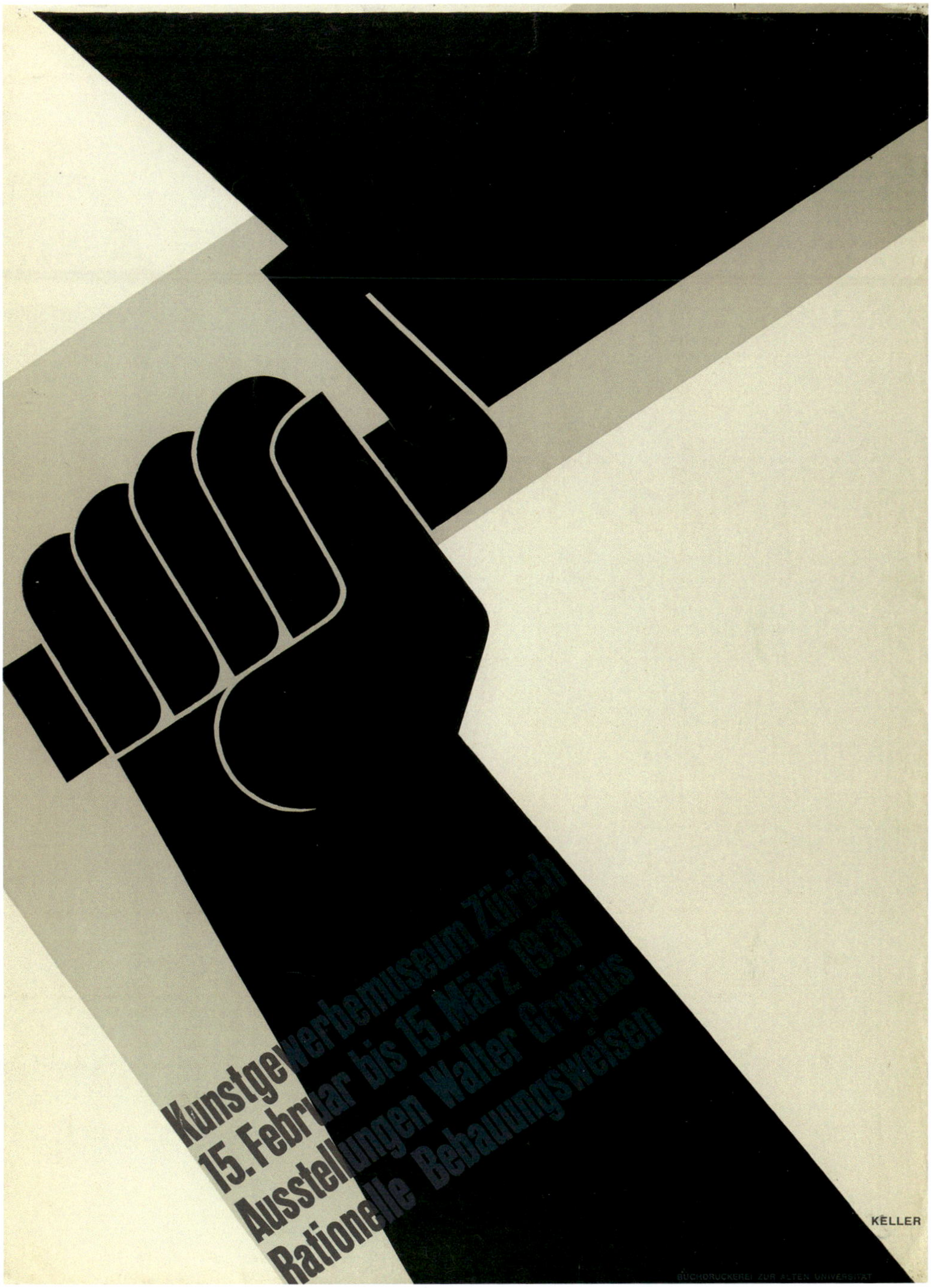

52 **Ernst Keller**
Ausstellungen Walter Gropius /
Rationelle Bebauungsweisen
1931

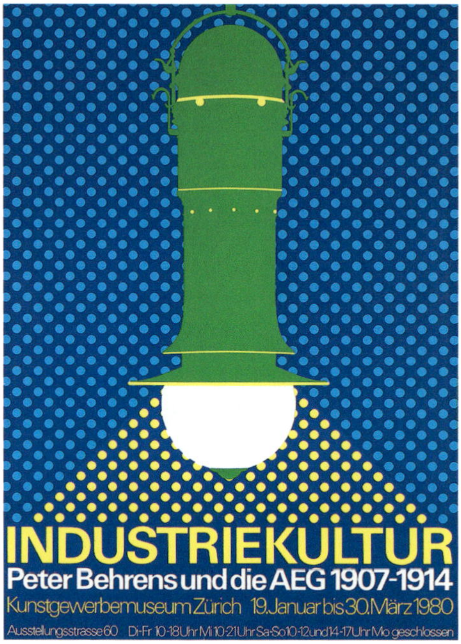

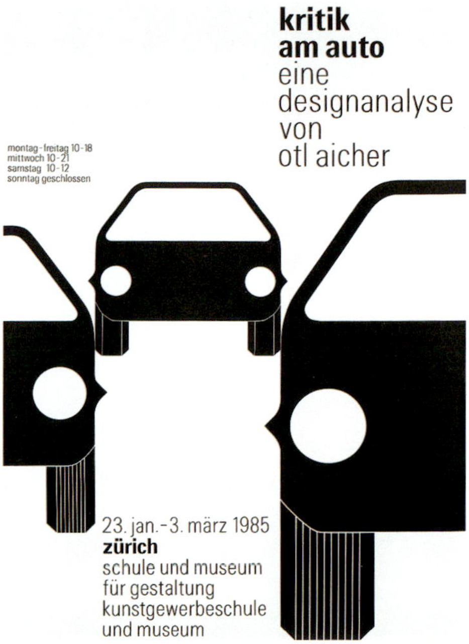

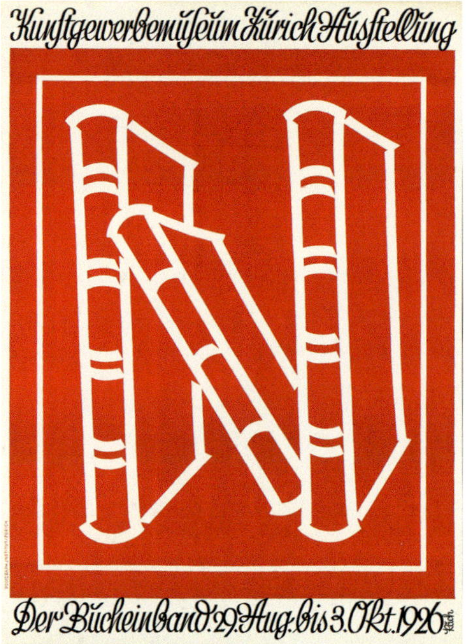

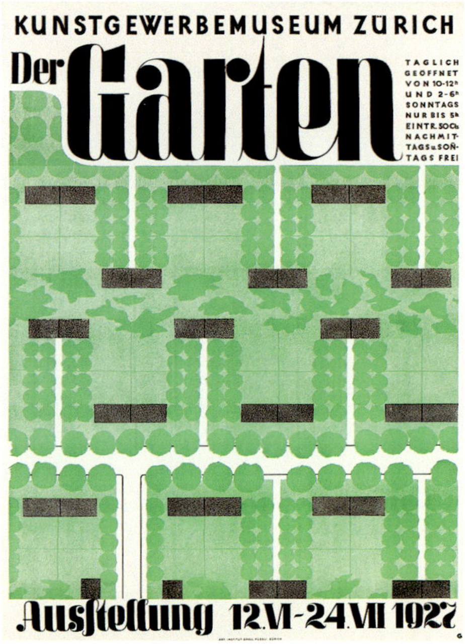

53 **Niklaus Troxler**
Industriekultur / Peter Behrens und die AEG 1907–1914
1980

54 **Walter Käch**
Der Bucheinband
1926

55 **Otl Aicher**
Kritik am Auto / Eine Designanalyse von Otl Aicher
1985

56 **Pierre Gauchat**
Der Garten
1927

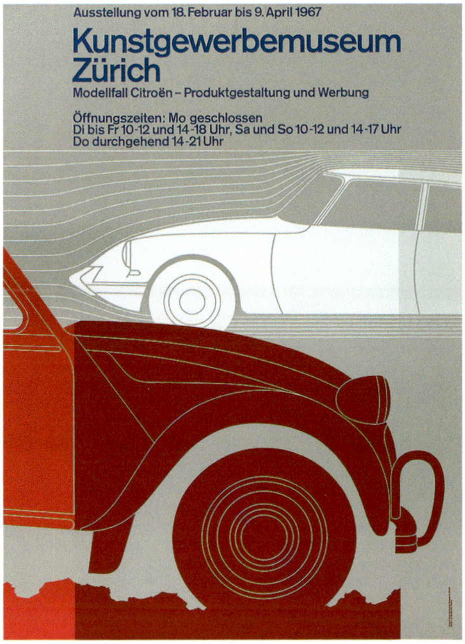

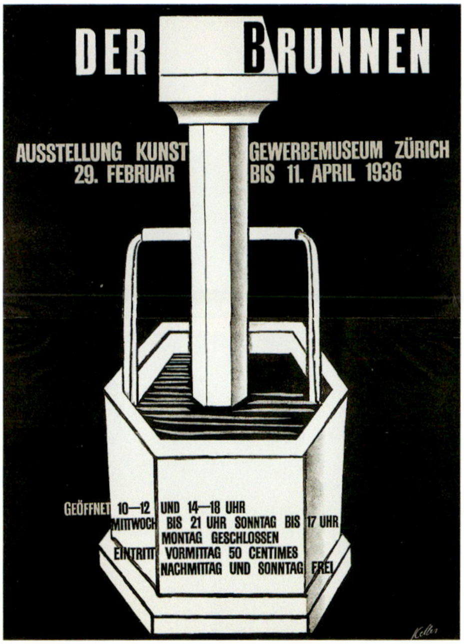

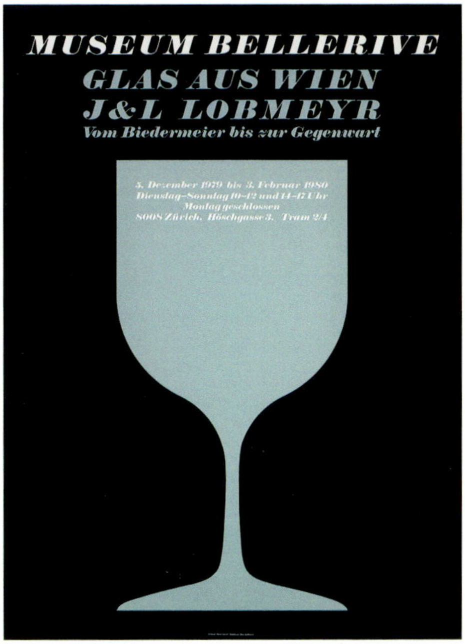

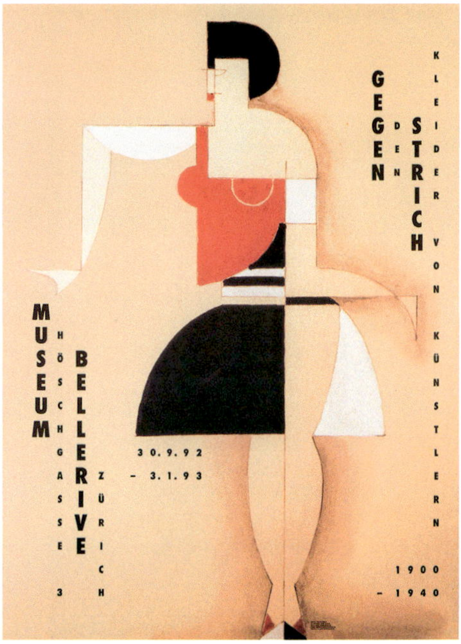

57 **Jörg Hamburger**
Modellfall Citroën / Produktgestaltung und Werbung
1967

58 **René Gauch**
Glas aus Wien / J & L Lobmeyr /
Vom Biedermeier bis zur Gegenwart, 1979

59 **Ernst Keller**
Der Brunnen
1936

60 **René Gauch**
Gegen den Strich / Kleider von Künstlern
1992

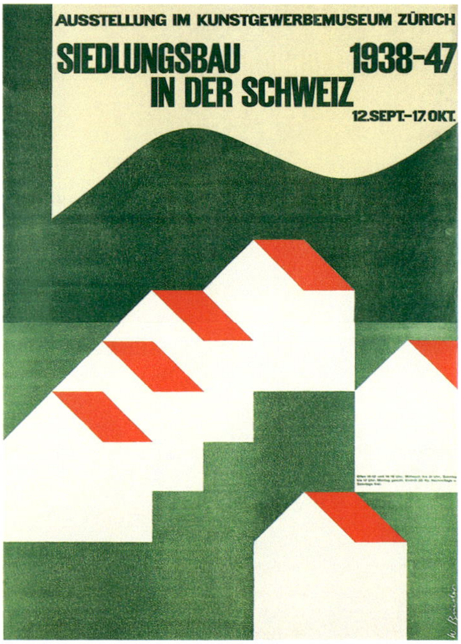

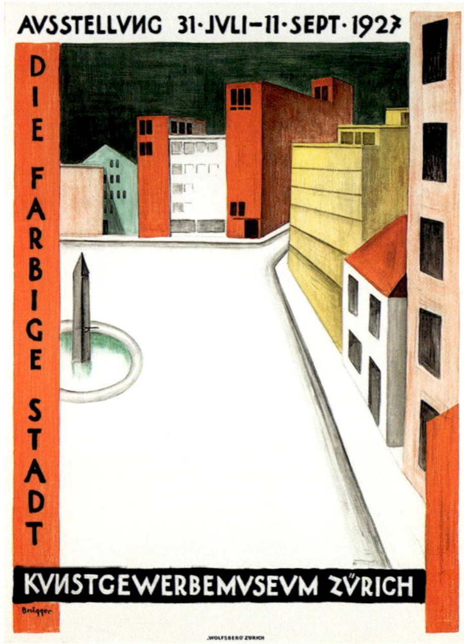

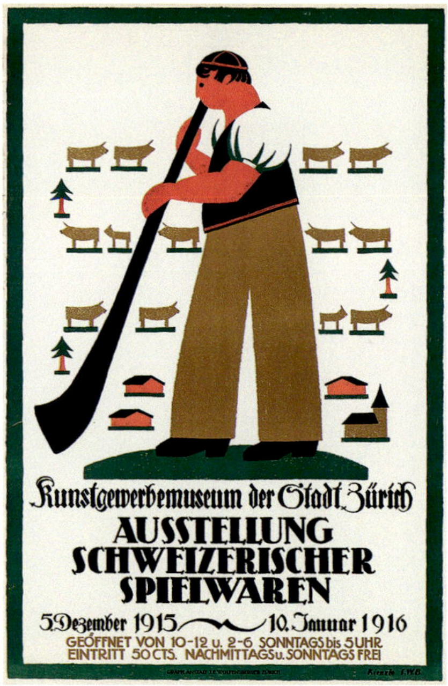

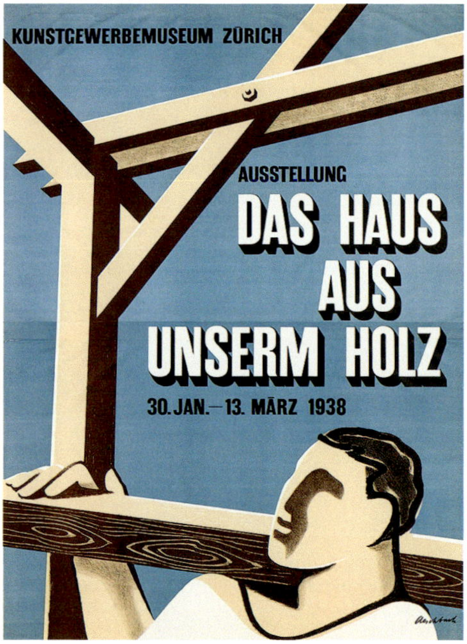

61 **Walter Binder**
Siedlungsbau in der Schweiz 1938–47
1948

62 **Wilhelm Kienzle**
Ausstellung Schweizerischer Spielwaren
1915

63 **Arnold Brügger**
Die farbige Stadt
1927

64 **Hans Aeschbach**
Das Haus aus unserm Holz
1938

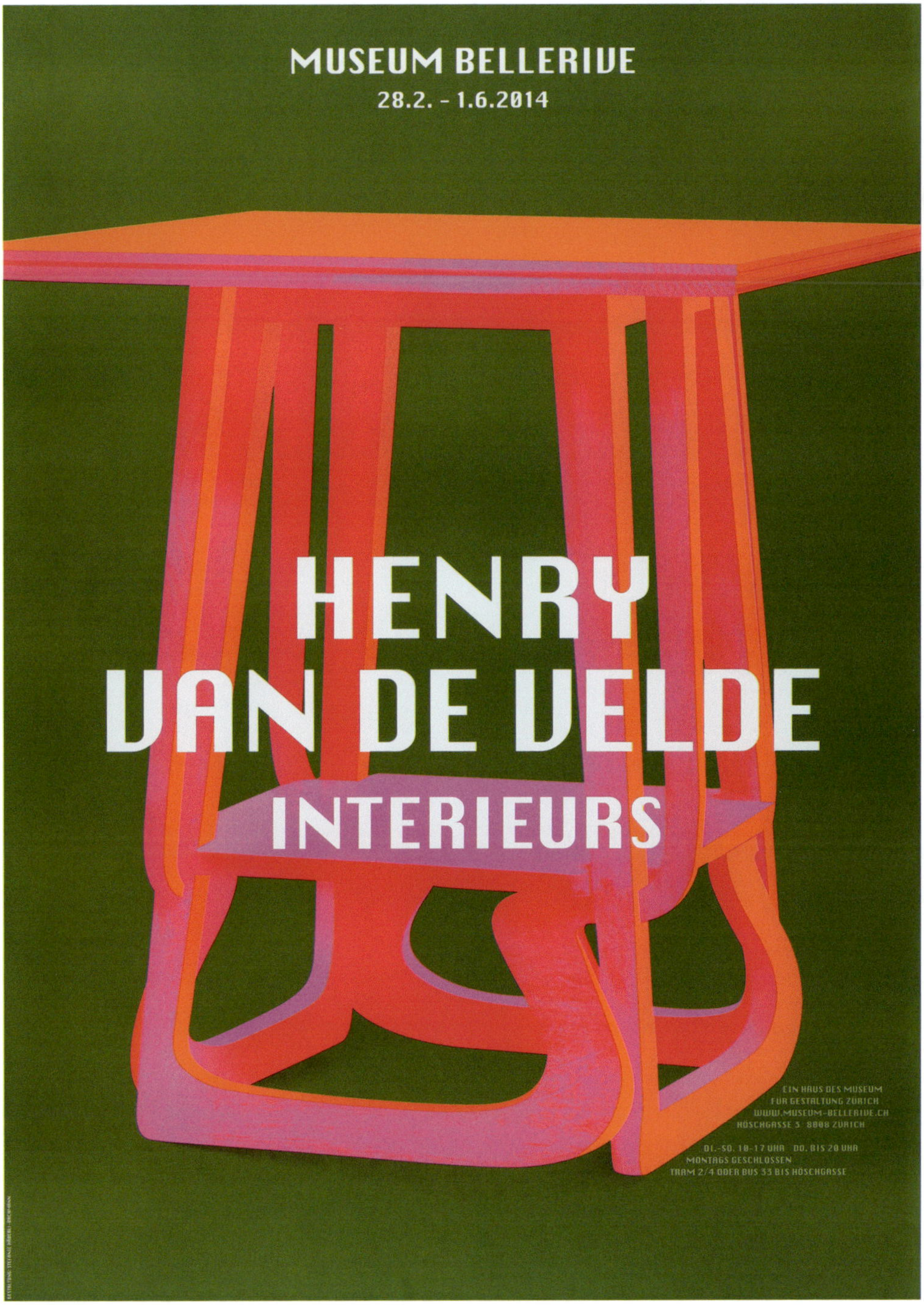

65 **Stefanie Häberli-Bachmann**
Henry van de Velde / Interieurs
2014

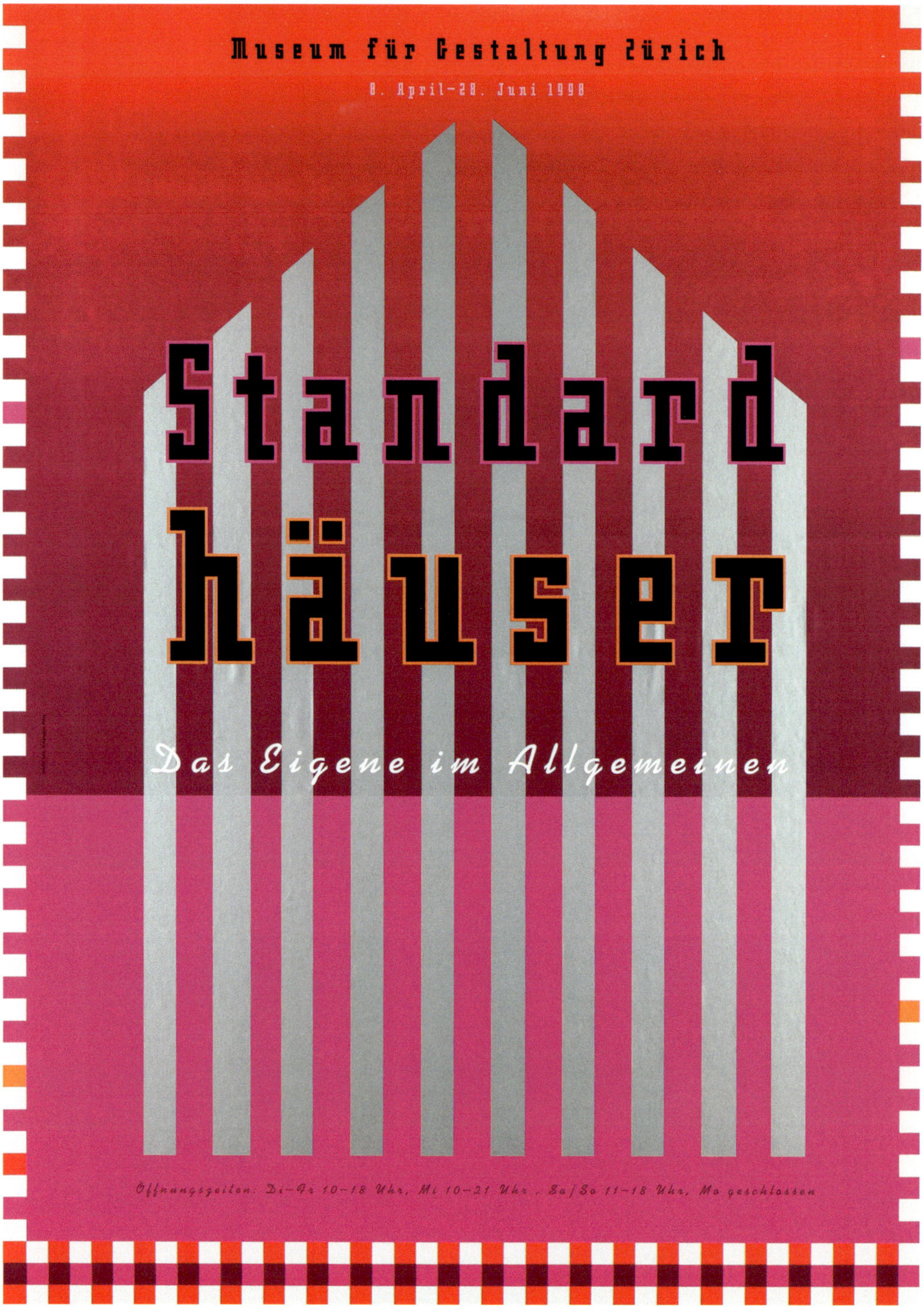

66 **Monika Gold**
Standardhäuser / Das Eigene im Allgemeinen
1998

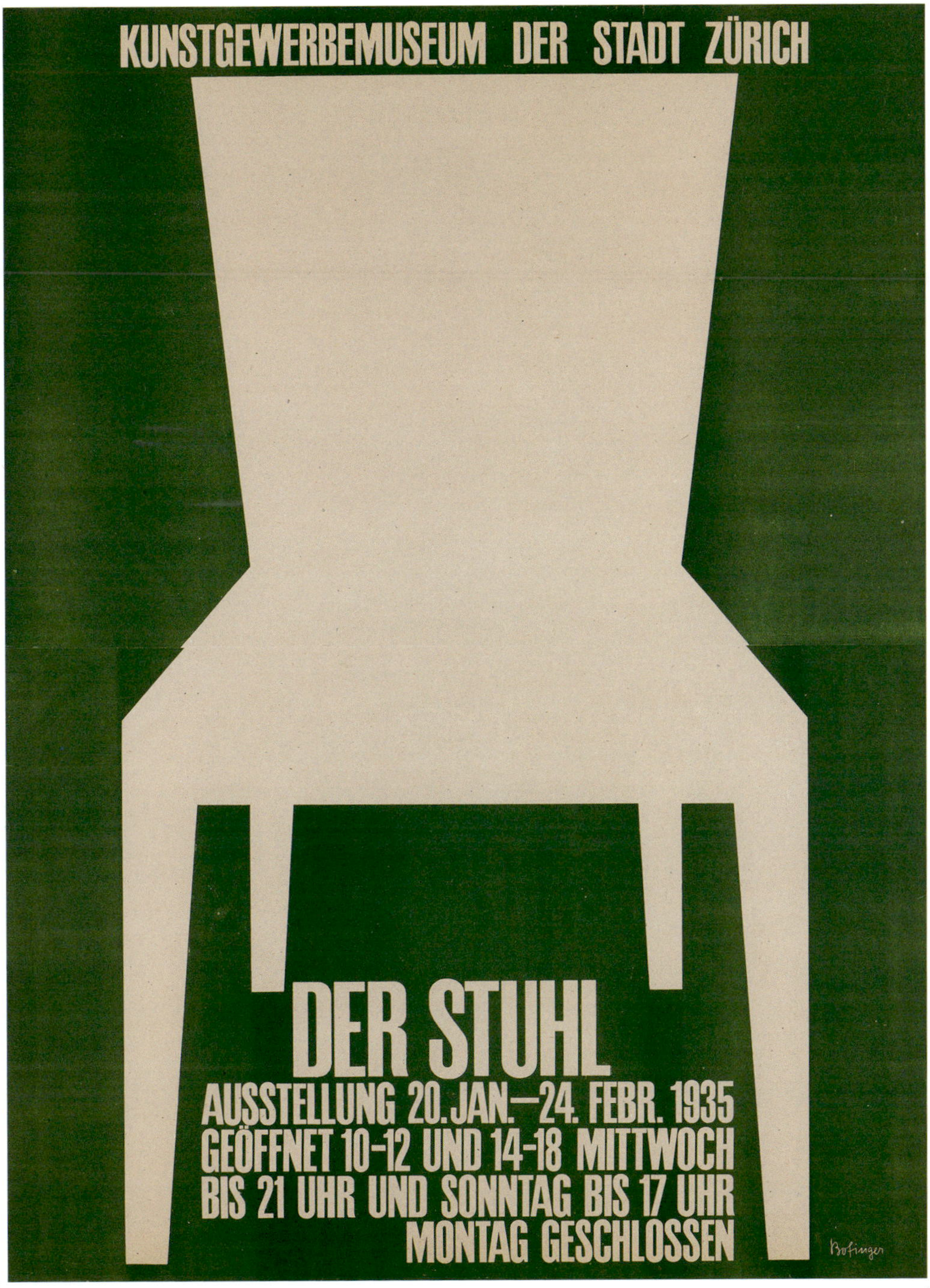

67 **Arthur Bofinger**
Der Stuhl
1935

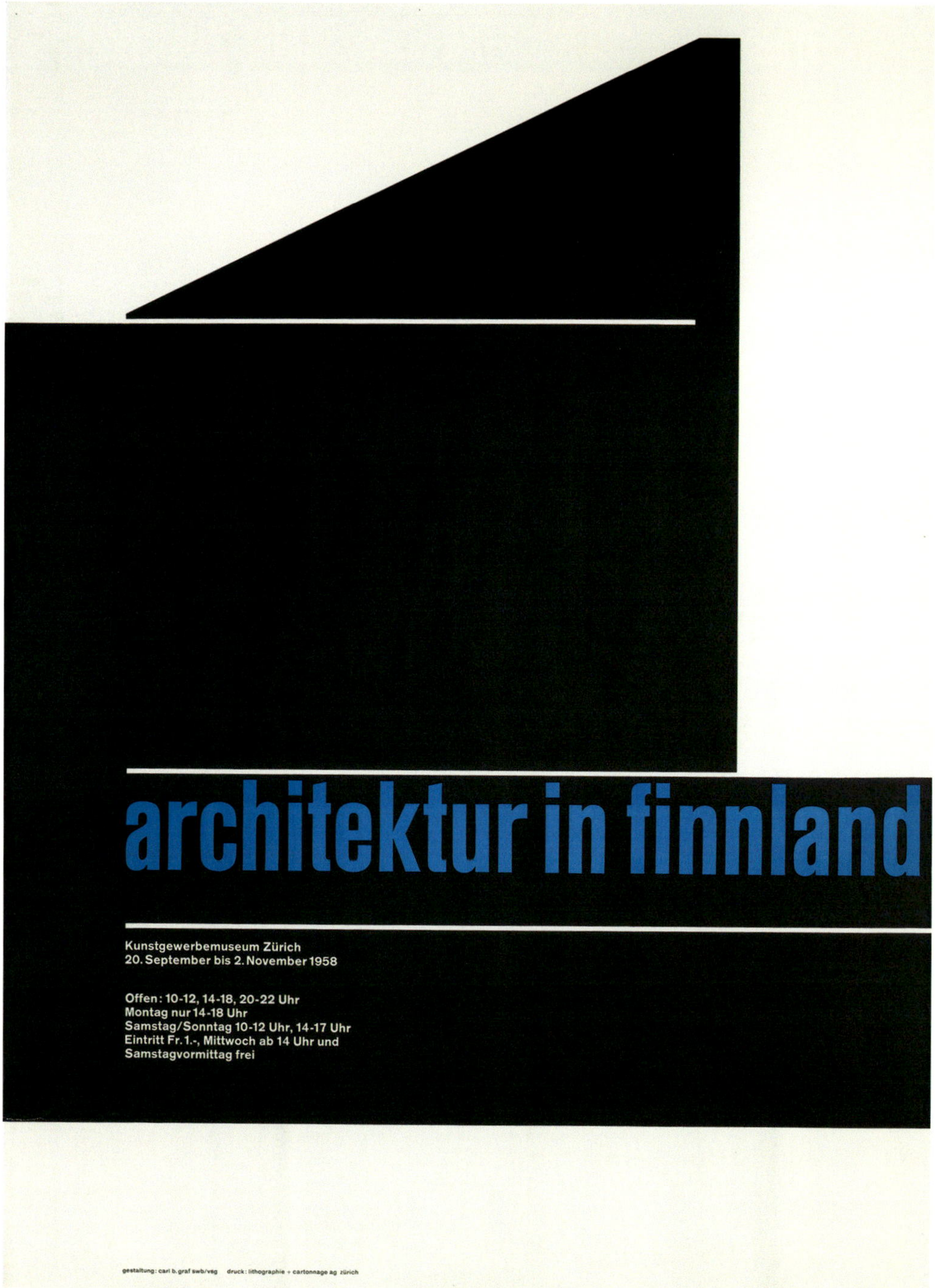

68 **Carl B. Graf**
Architektur in Finnland
1958

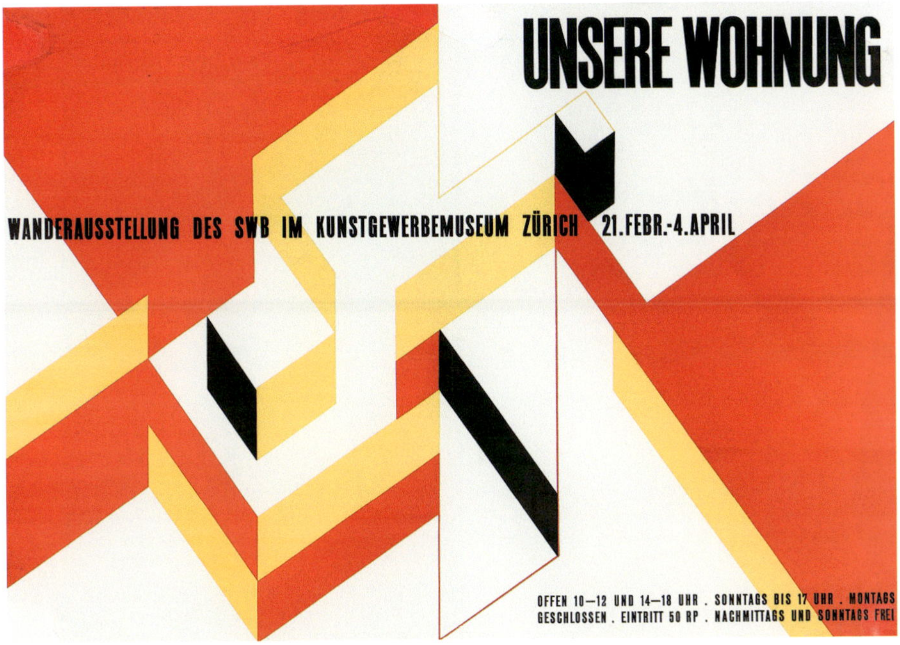

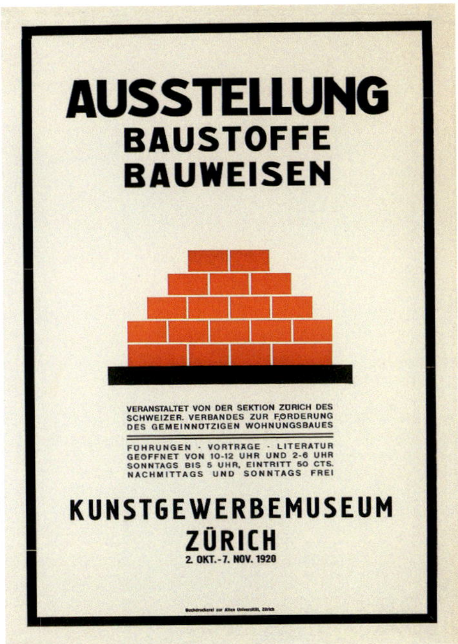

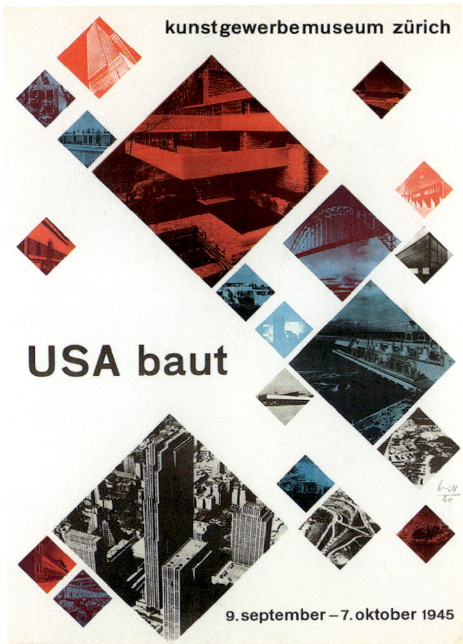

69 **Richard Paul Lohse**
Unsere Wohnung
1943

70 **Anonym**
Baustoffe / Bauweisen
1920

71 **Max Bill**
USA baut
1945

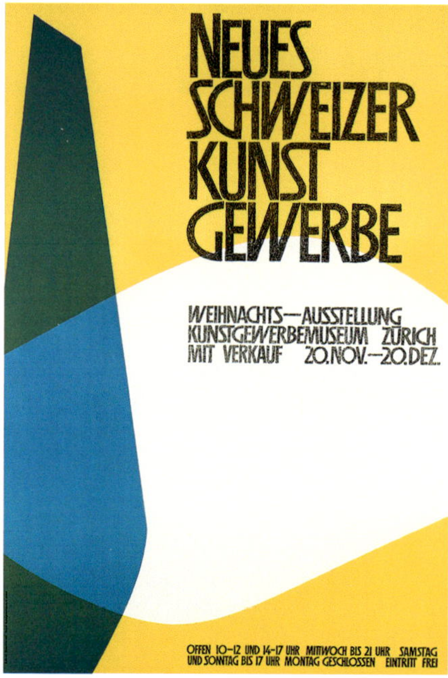

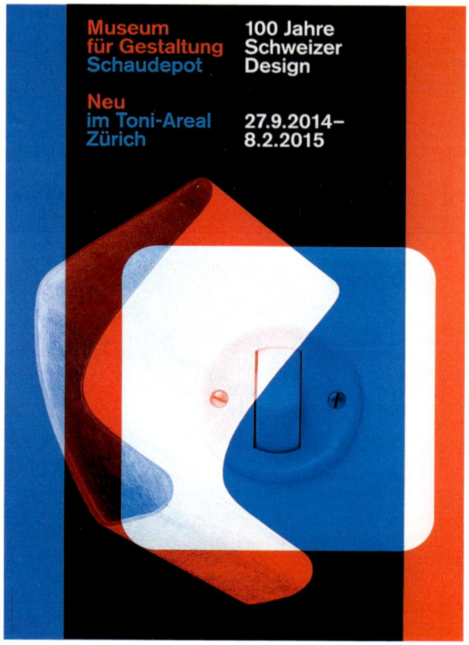

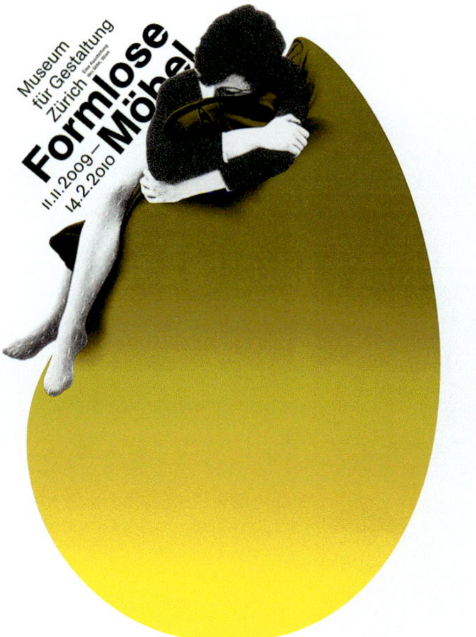

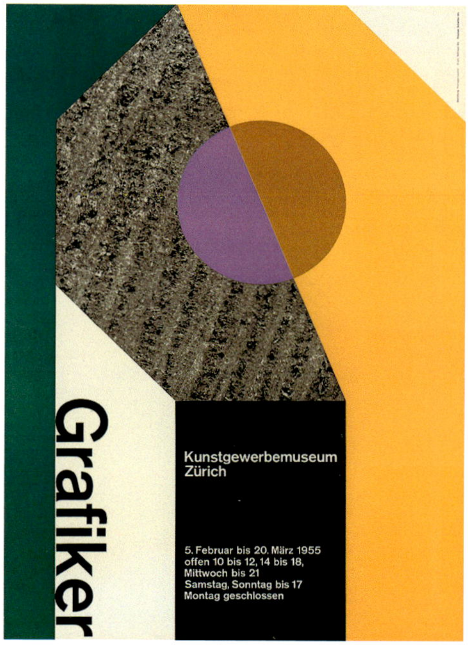

72 **Fritz Moeschlin**
Neues Schweizer Kunstgewerbe
1953

73 **Hi Visuelle Gestaltung / Claudio Barandun, Megi Zumstein, Daniel Peter**
Formlose Möbel, 2009

74 **Norm / Dimitri Bruni, Manuel Krebs**
100 Jahre Schweizer Design
2014

75 **Gottfried Honegger**
Grafiker
1955

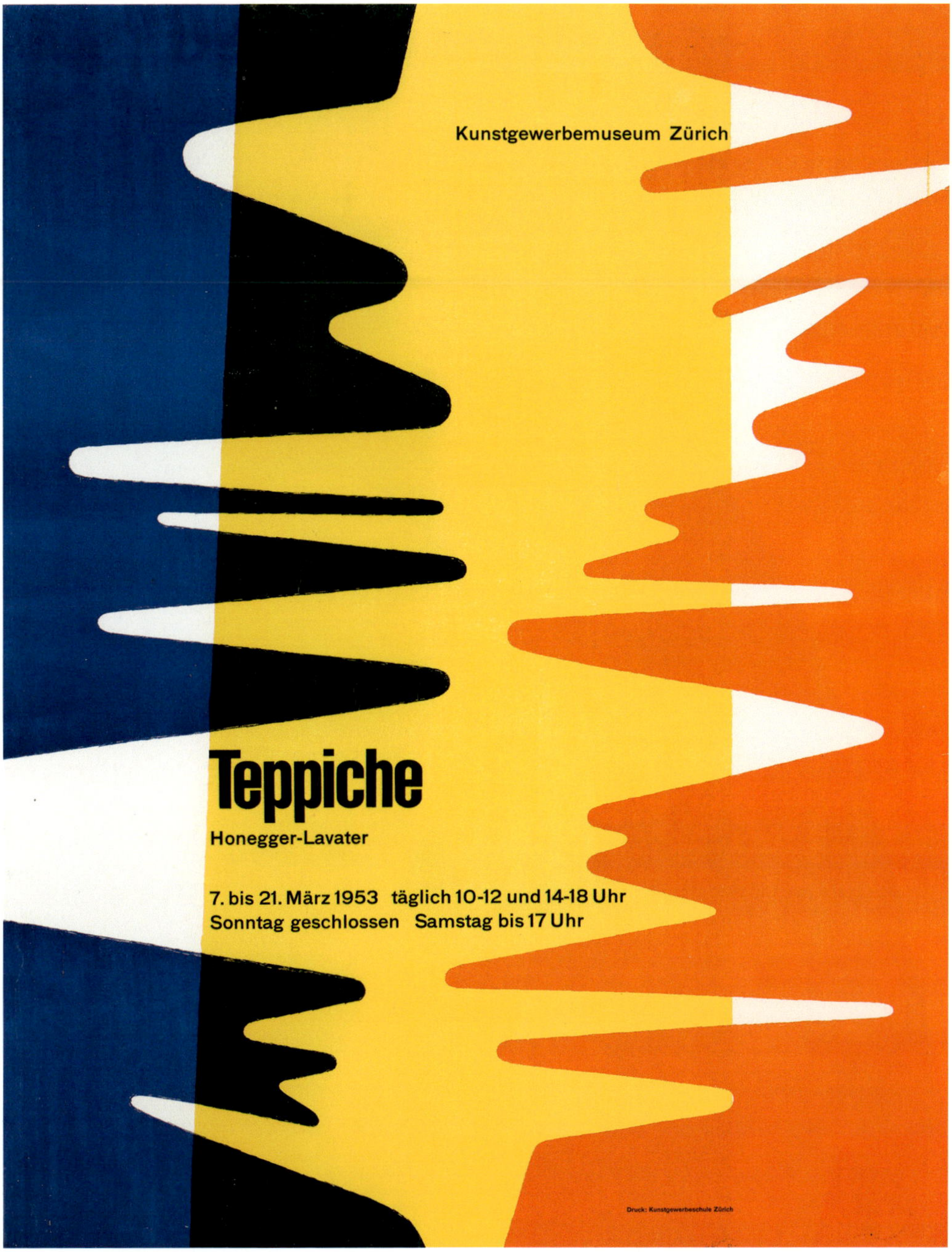

76 **Gottfried Honegger**
Teppiche / Honegger-Lavater
1953

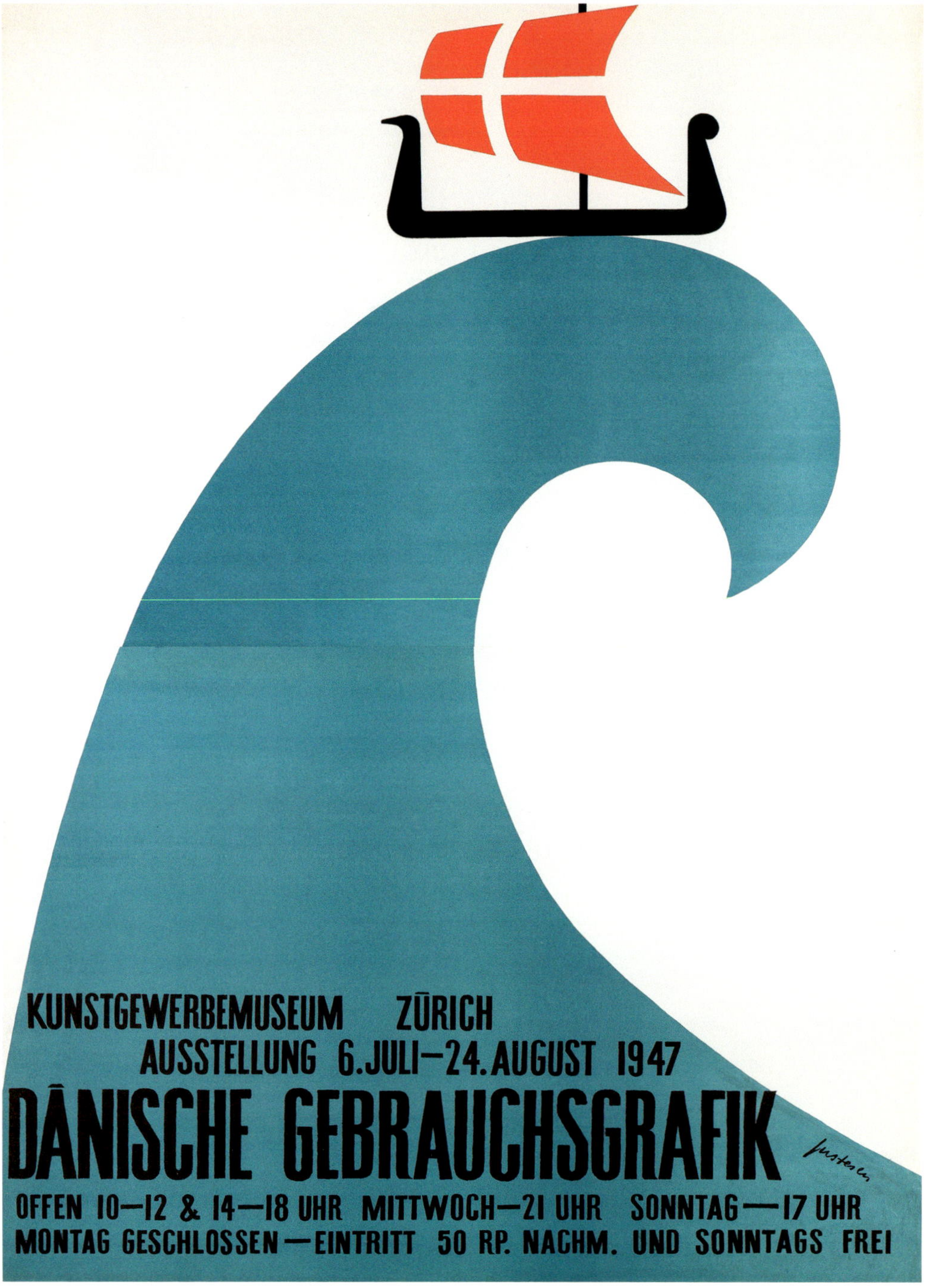

77 **Aage Justesen**
Dänische Gebrauchsgrafik
1947

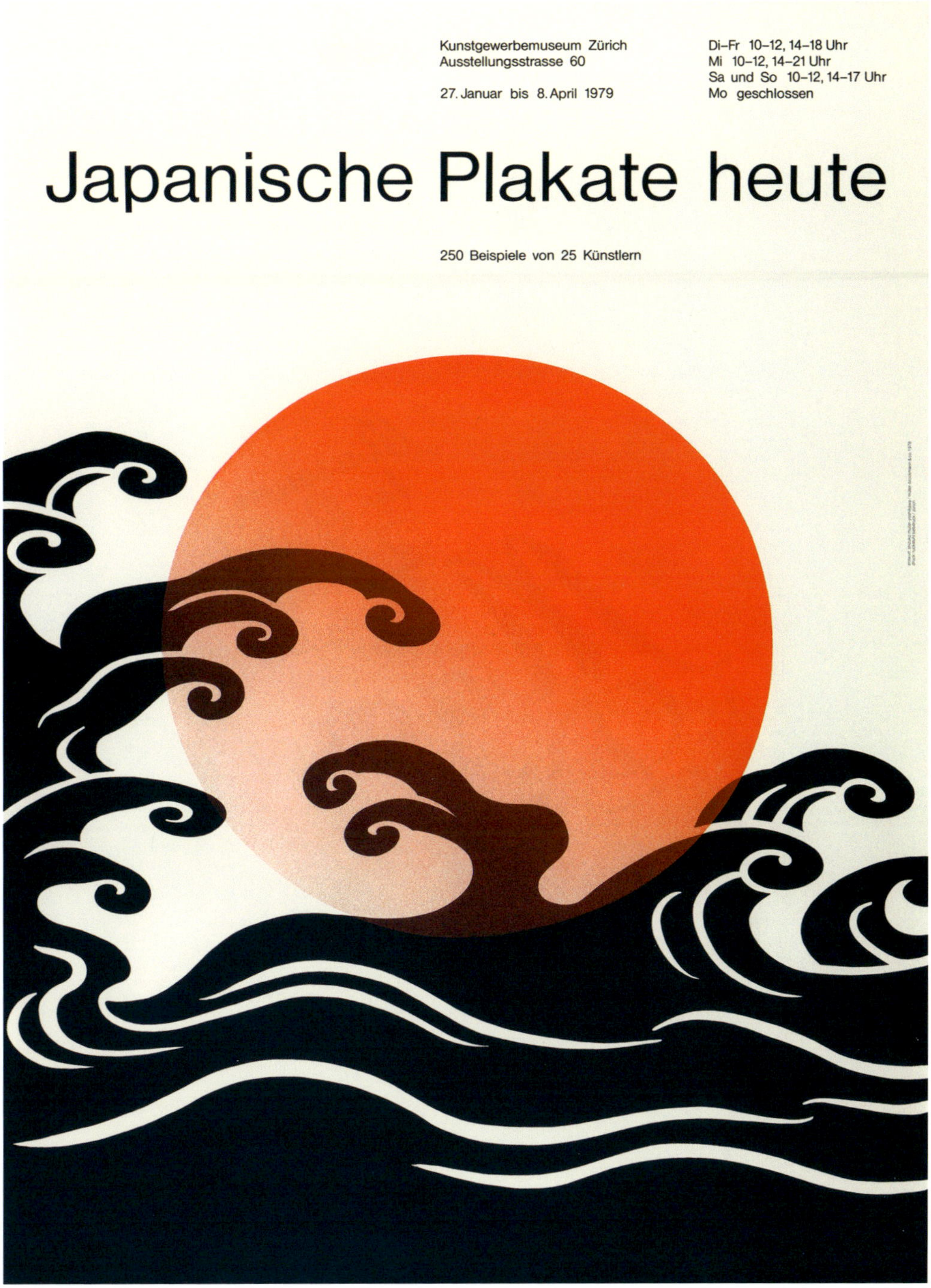

78 **Müller-Brockmann + Co. / Shizuko Yoshikawa**
Japanische Plakate heute /
250 Beispiele von 25 Künstlern
1978

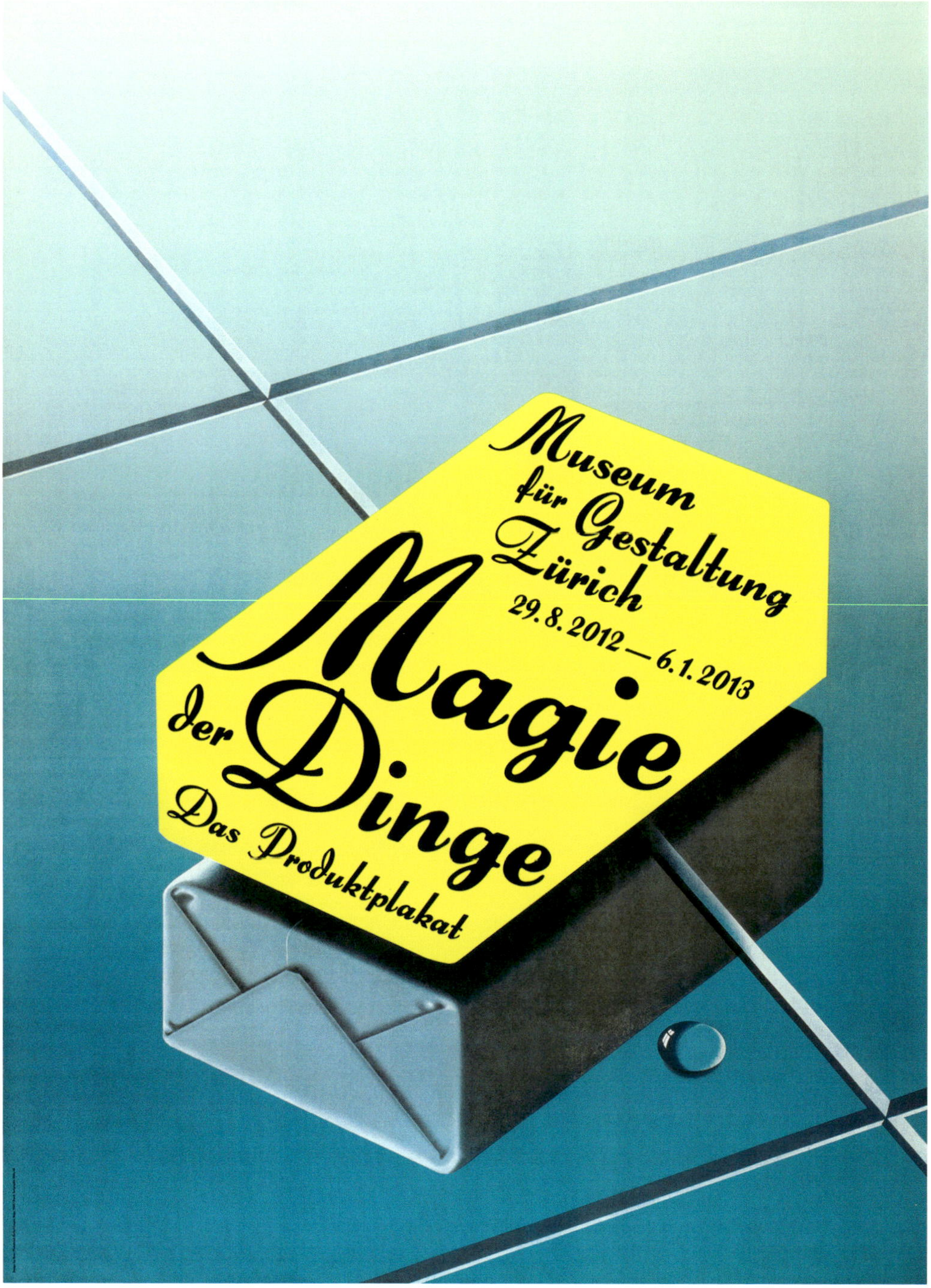

79 **Iza Hren**
Magie der Dinge / Das Produktplakat
2012

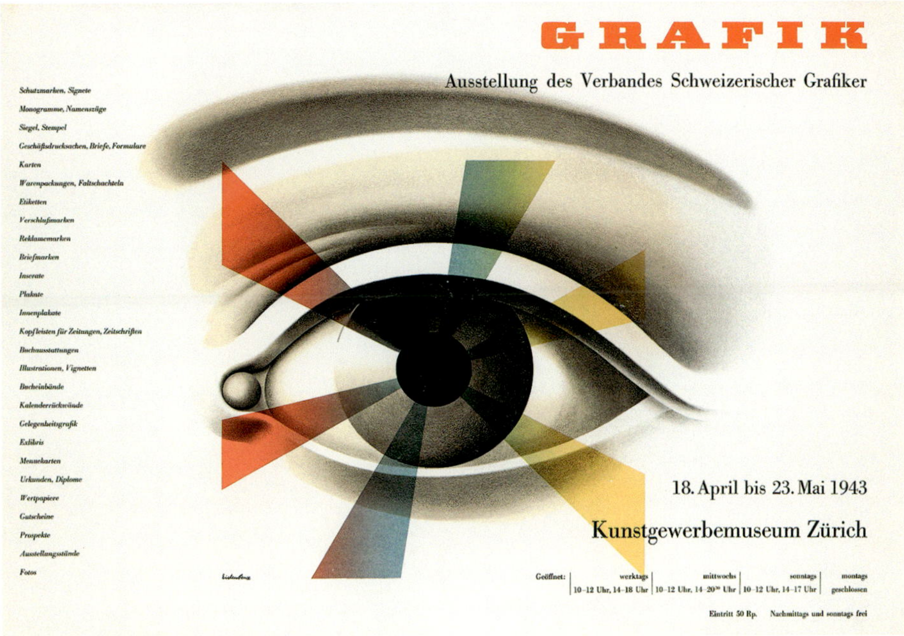

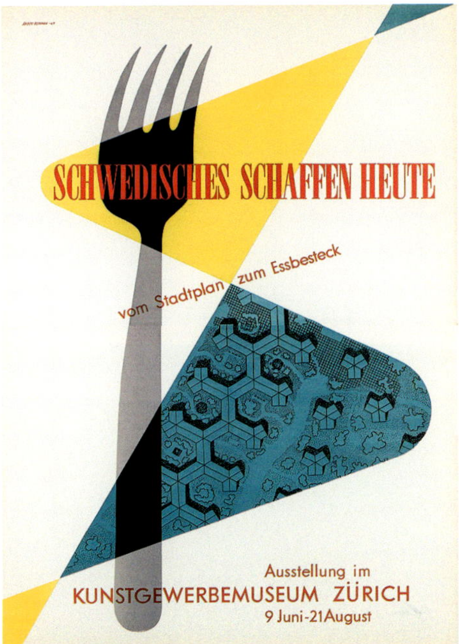

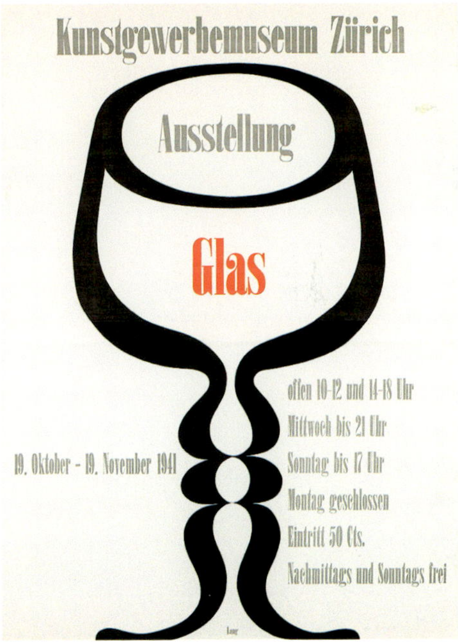

80 **Hermann Eidenbenz**
Grafik
1943

81 **Anders Beckman**
Schwedisches Schaffen heute /
Vom Stadtplan zum Essbesteck, 1949

82 **Hans Lang**
Glas
1941

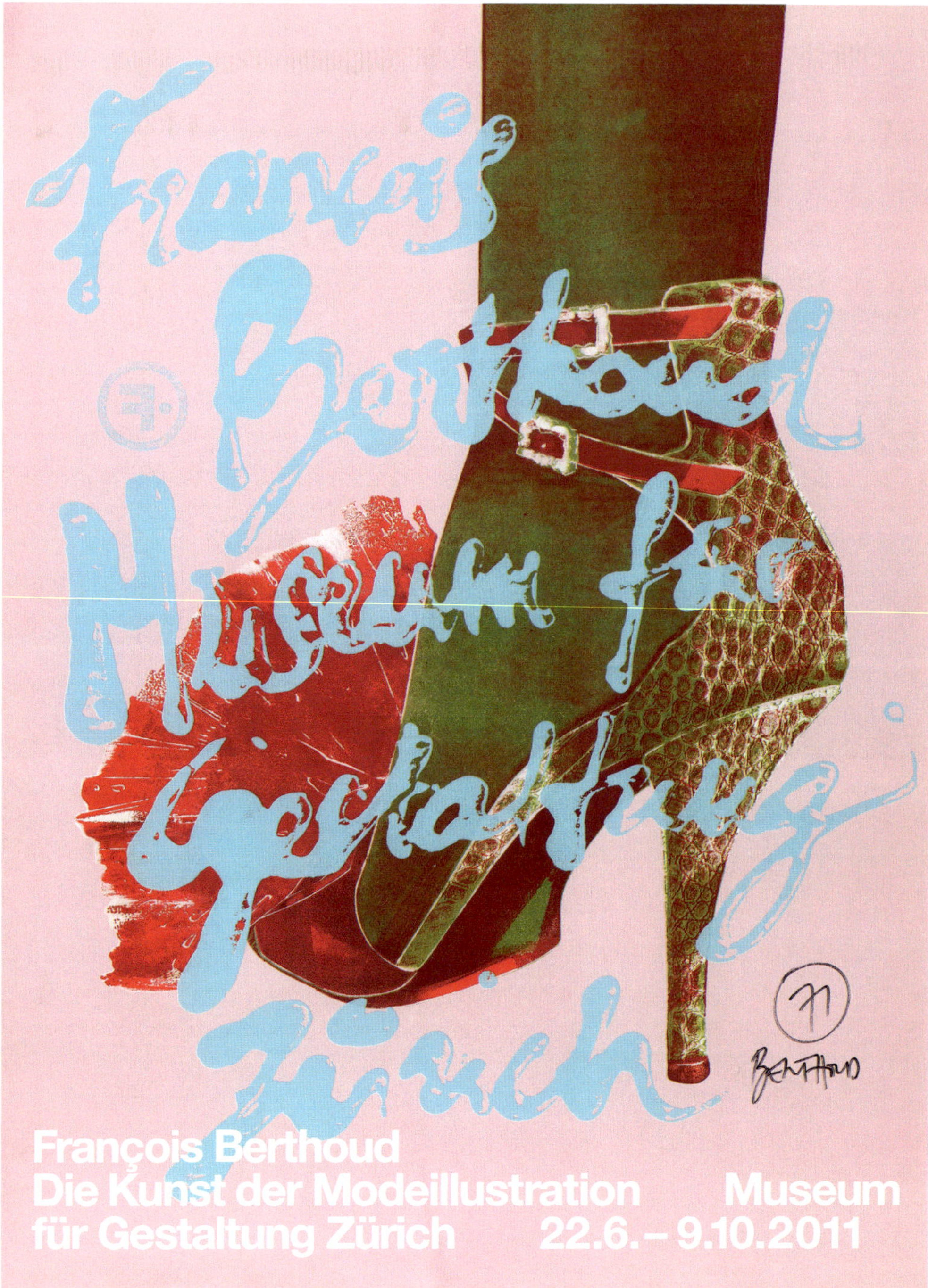

83 **François Berthoud, Patrick Roppel**
François Berthoud / Die Kunst der Modeillustration
2011

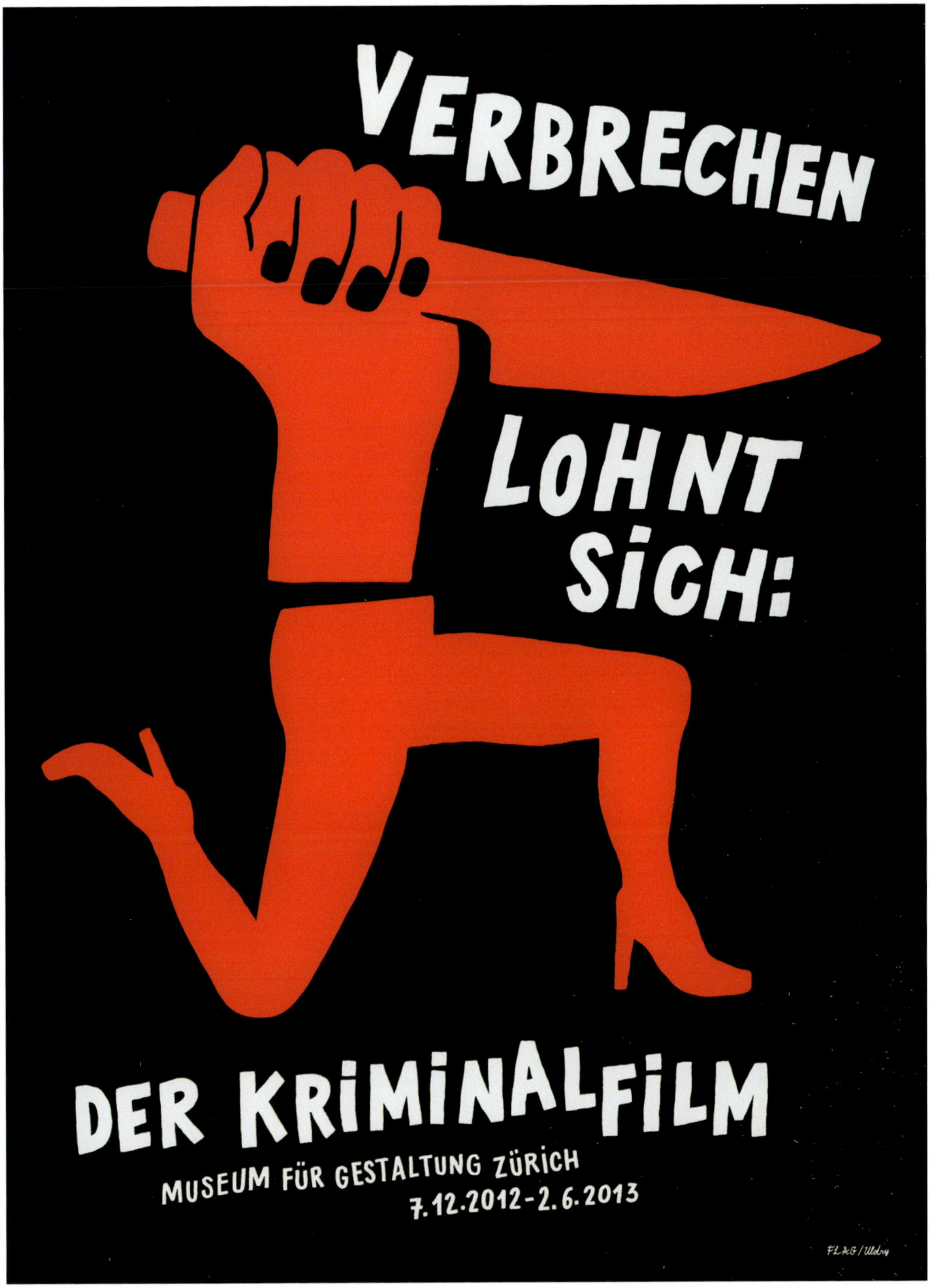

84 **Flag / Bastien Aubry, Dimitri Broquard**
Verbrechen lohnt sich: Der Kriminalfilm
2012

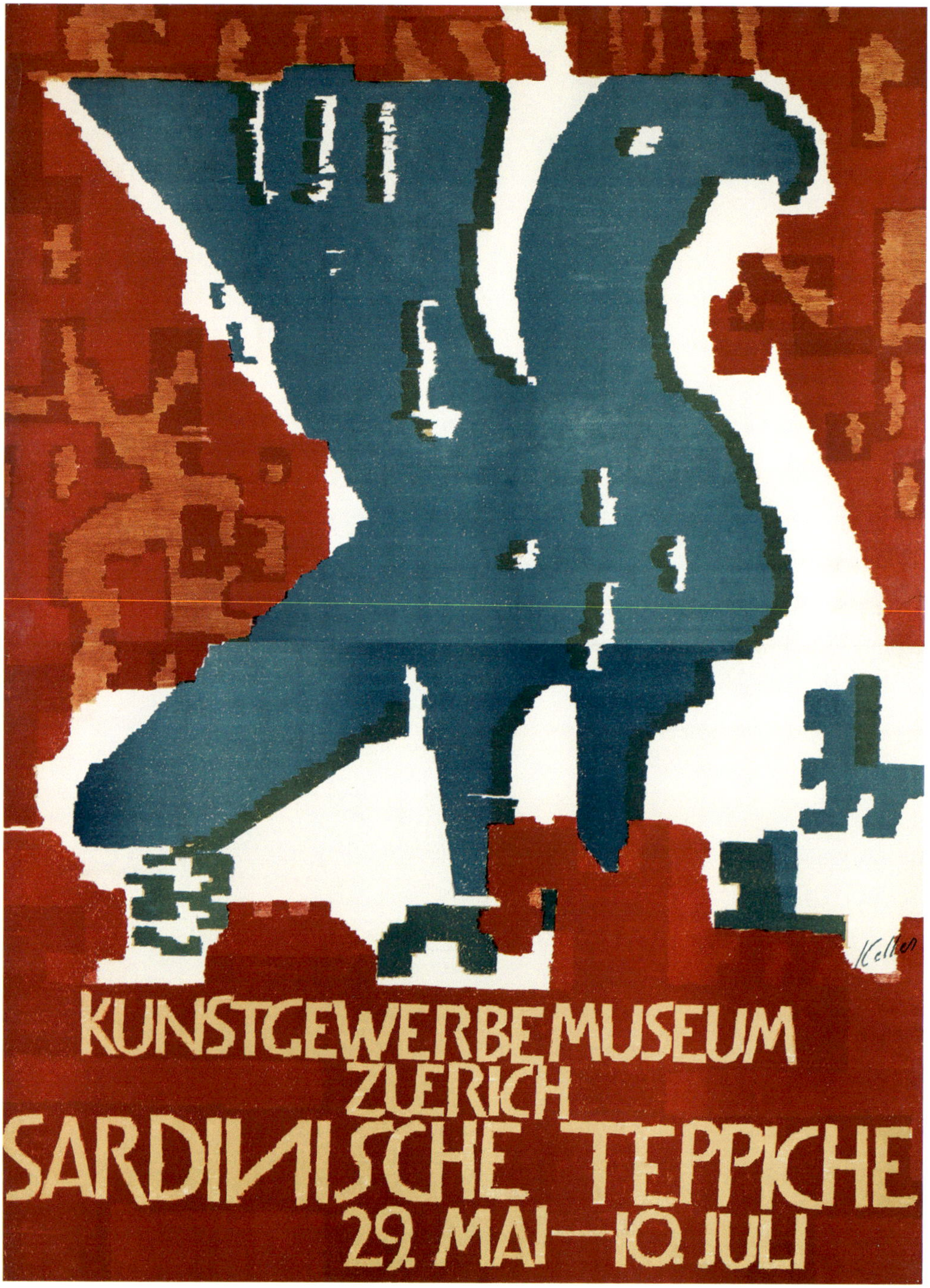

85 **Ernst Keller**
Sardinische Teppiche
1938

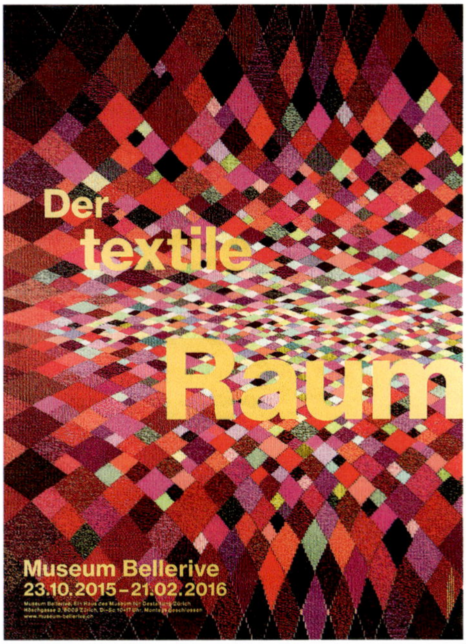

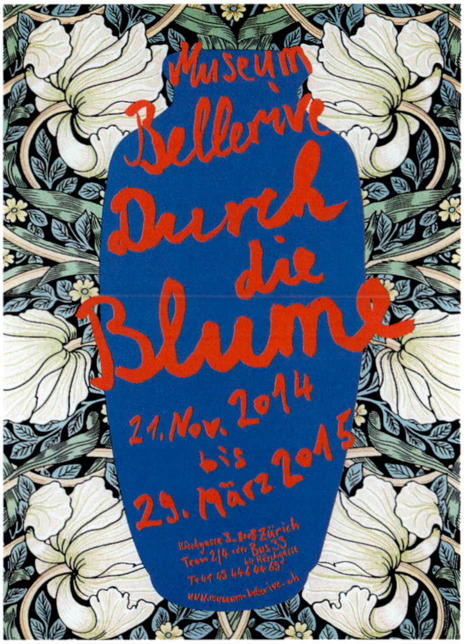

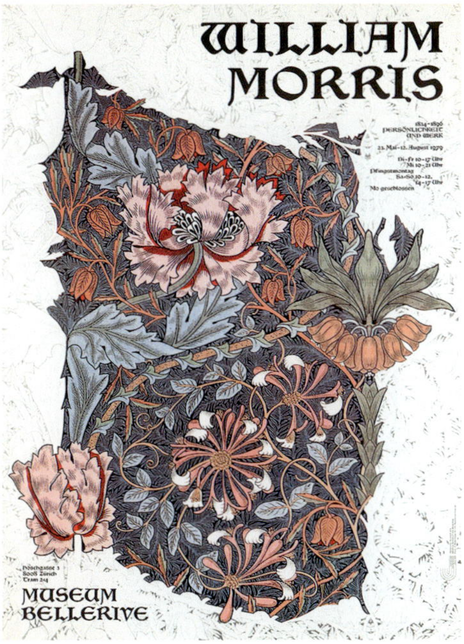

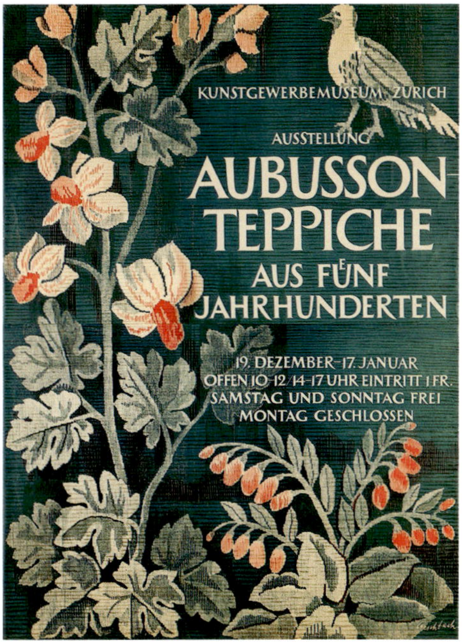

86 **Iza Hren**
Der textile Raum
2015

87 **René Gauch**
William Morris / Persönlichkeit und Werk
1979

88 **Iza Hren**
Durch die Blume
2014

89 **Hans Aeschbach**
Aubusson-Teppiche aus fünf Jahrhunderten
1942

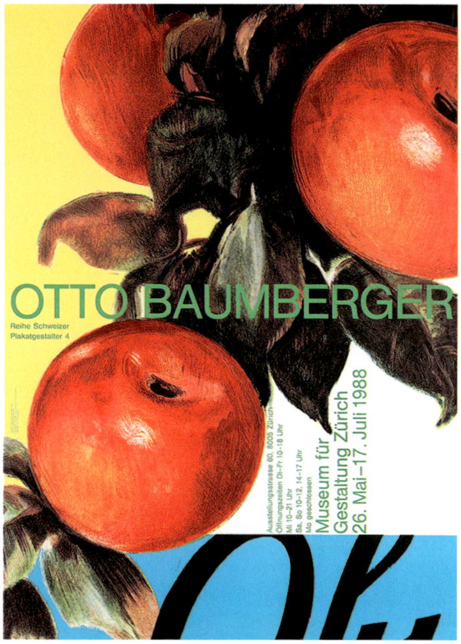

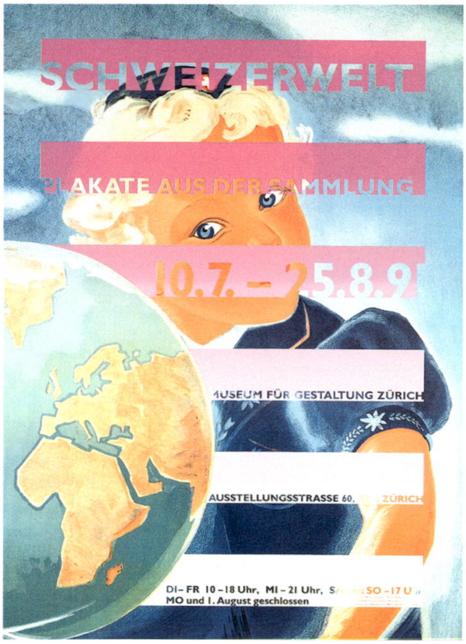

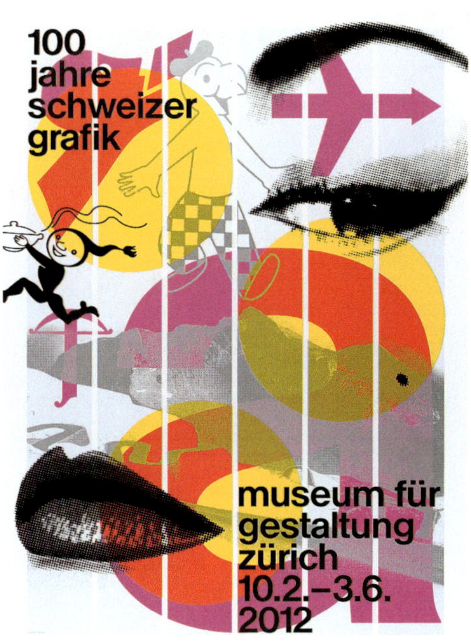

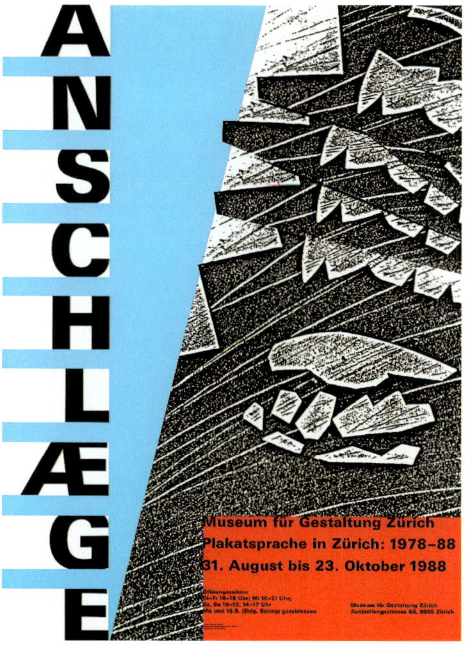

90 **Polly Bertram, Daniel Volkart**
Otto Baumberger
1988

91 **Norm / Dimitri Bruni, Manuel Krebs**
100 Jahre Schweizer Grafik
2012

92 **Polly Bertram, Daniel Volkart**
Schweizerwelt / Plakate aus der Sammlung
1991

93 **Ruedi Wyss**
Anschlaege / Plakatsprache in Zürich: 1978–88
1988

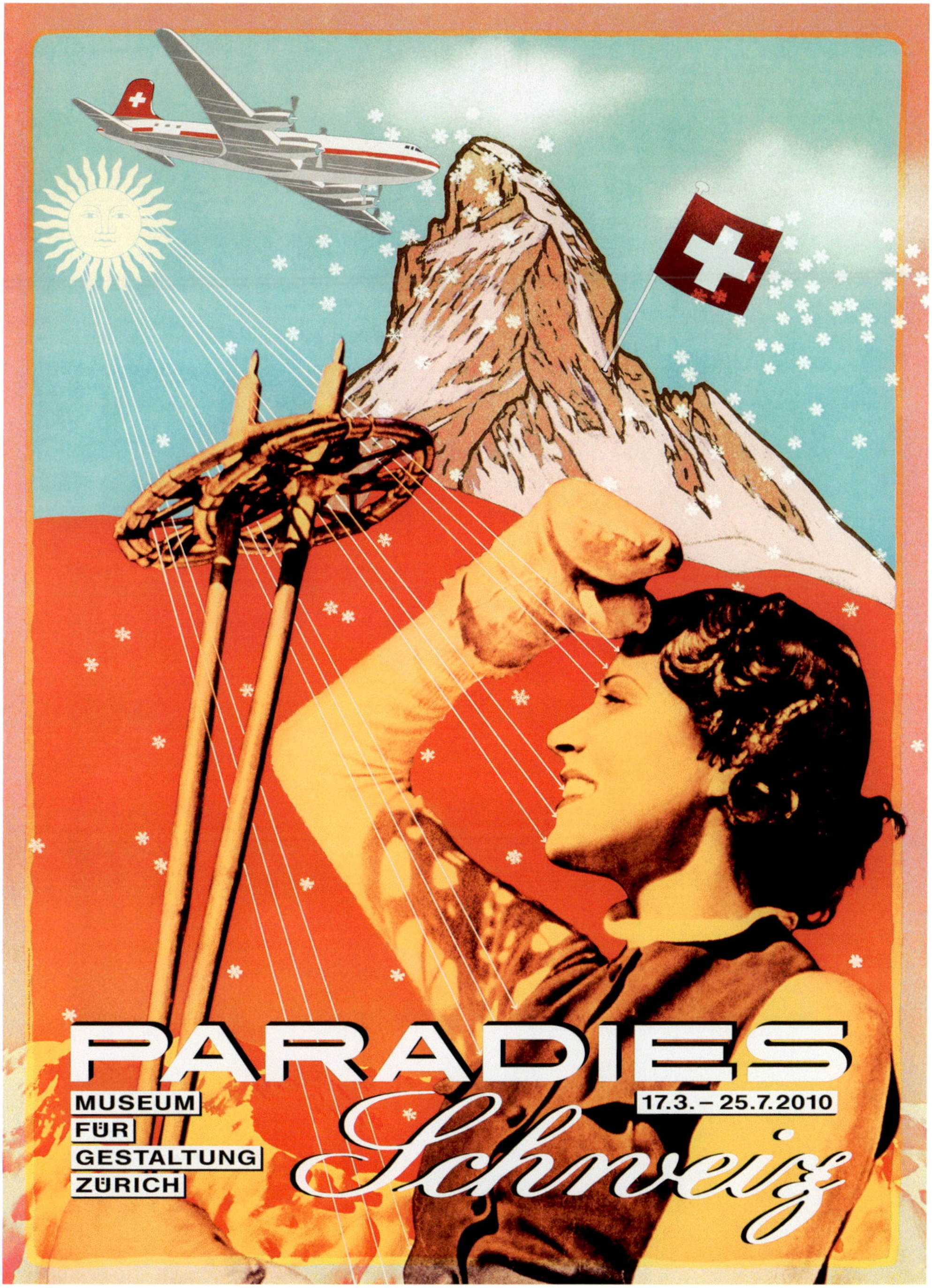

94 **Buffet für Gestaltung / Silvio Waser, Markus Wicki**
Paradies Schweiz
2010

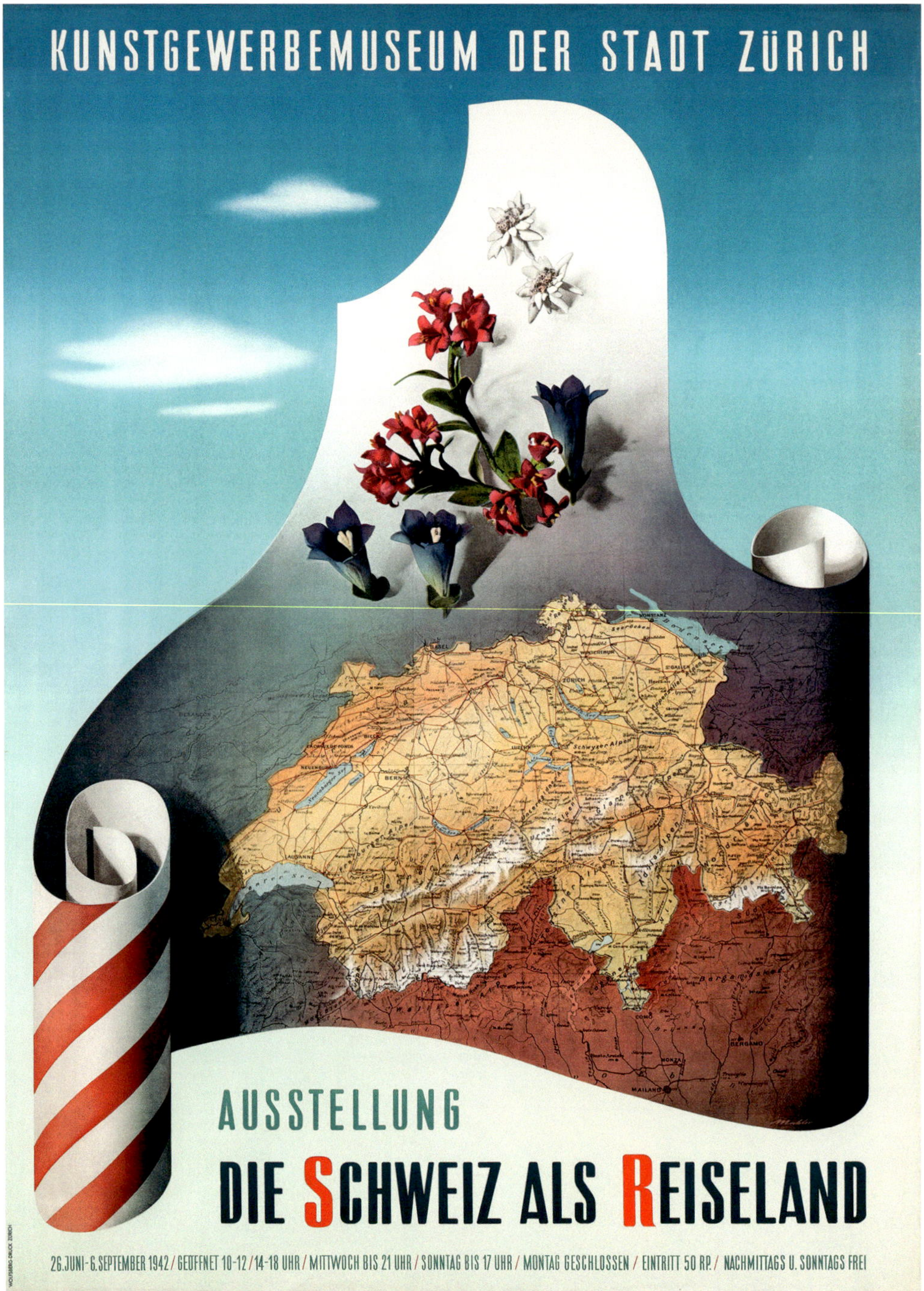

95 **Heinrich Mahler**
Die Schweiz als Reiseland
1942

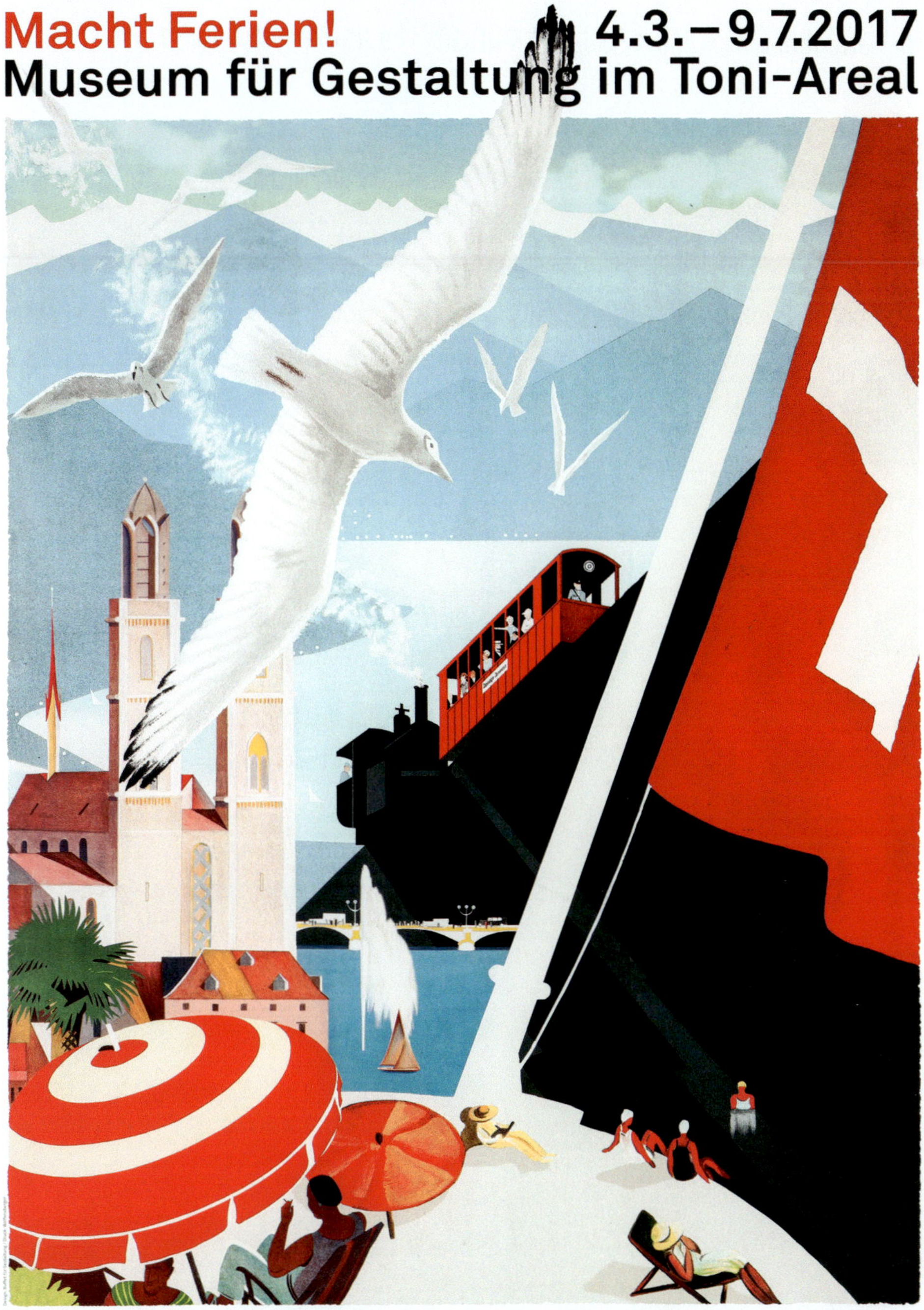

96 **Buffet für Gestaltung / Silvio Waser, Markus Wicki**
Macht Ferien!
2017

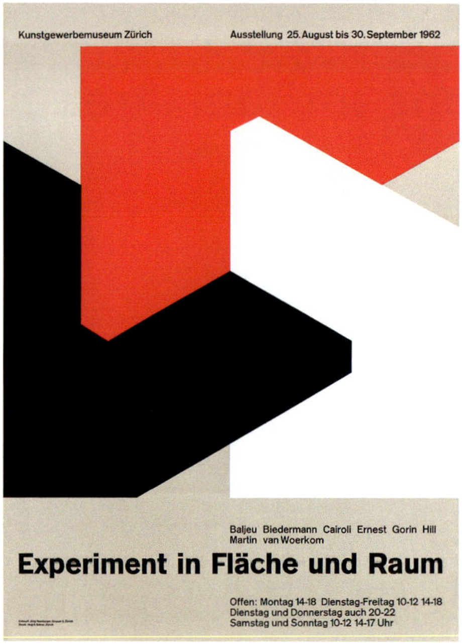

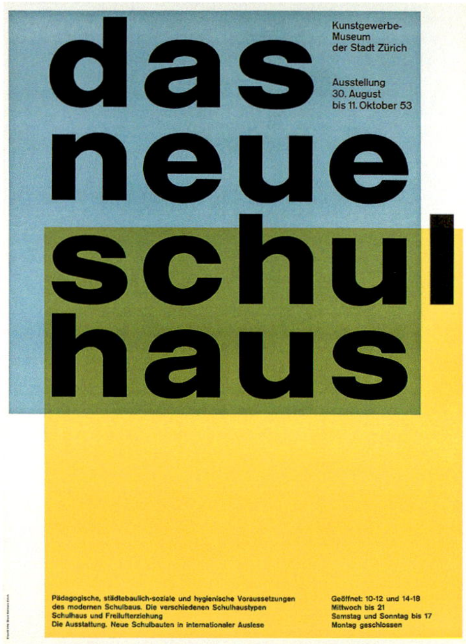

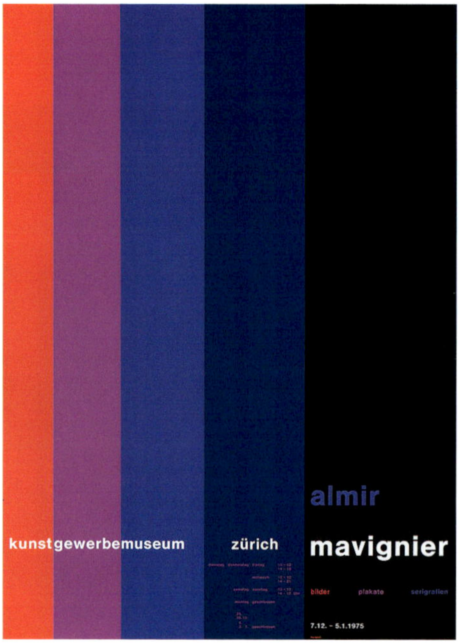

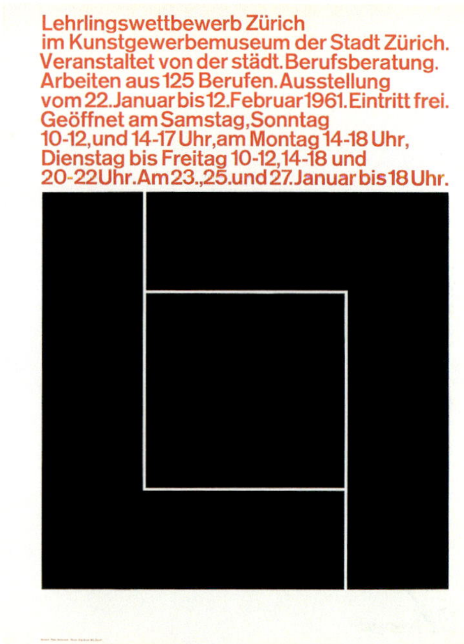

97 **Jörg Hamburger**
Experiment in Fläche und Raum
1962

98 **Almir Mavignier**
Almir Mavignier / Bilder / Plakate / Serigrafien
1974

99 **Carlo Vivarelli**
Das neue Schulhaus
1953

100 **Peter Andermatt**
Lehrlingswettbewerb Zürich
1961

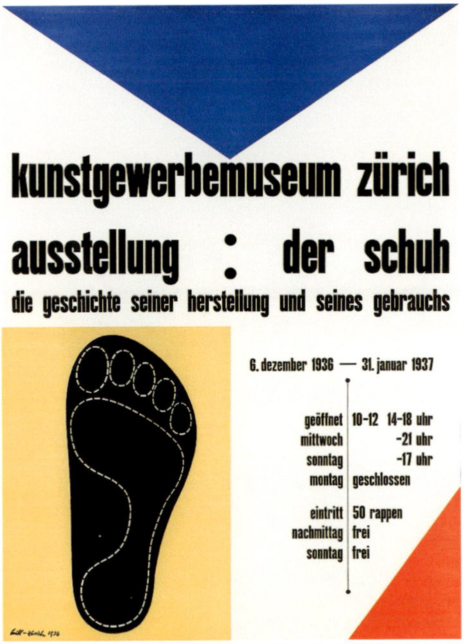

101 **Max Bill**
Ausstellung: Der Schuh
1936

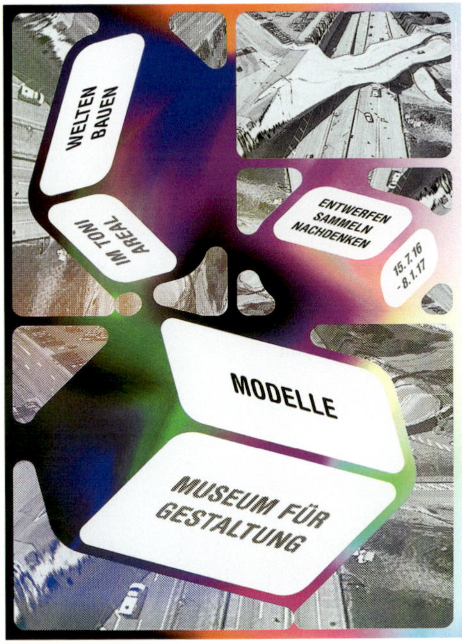

102 **Ralph Schraivogel**
Welten bauen / Modelle / Entwerfen / Sammeln / Nachdenken, 2016

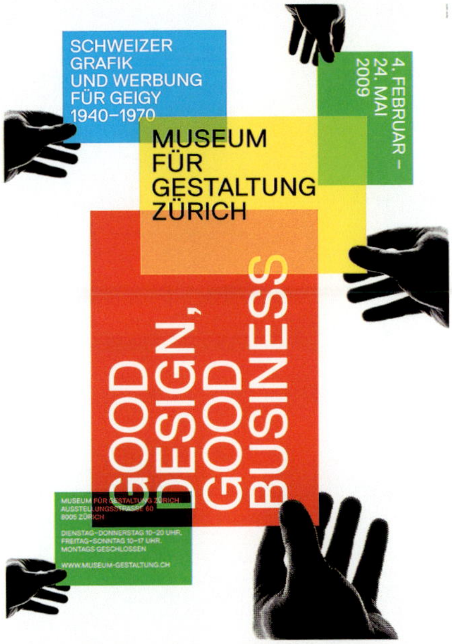

103 **Norm / Dimitri Bruni, Manuel Krebs, Ludovic Varone**
Good Design, Good Business / Schweizer Grafik und Werbung für Geigy 1940–1970, 2009

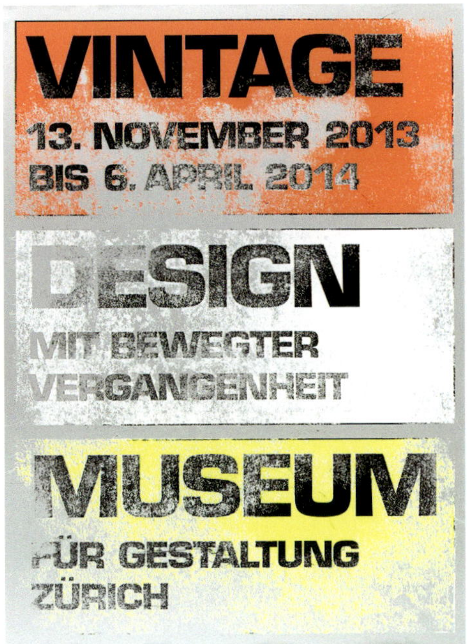

104 **Ralph Schraivogel**
Vintage / Design mit bewegter Vergangenheit
2013

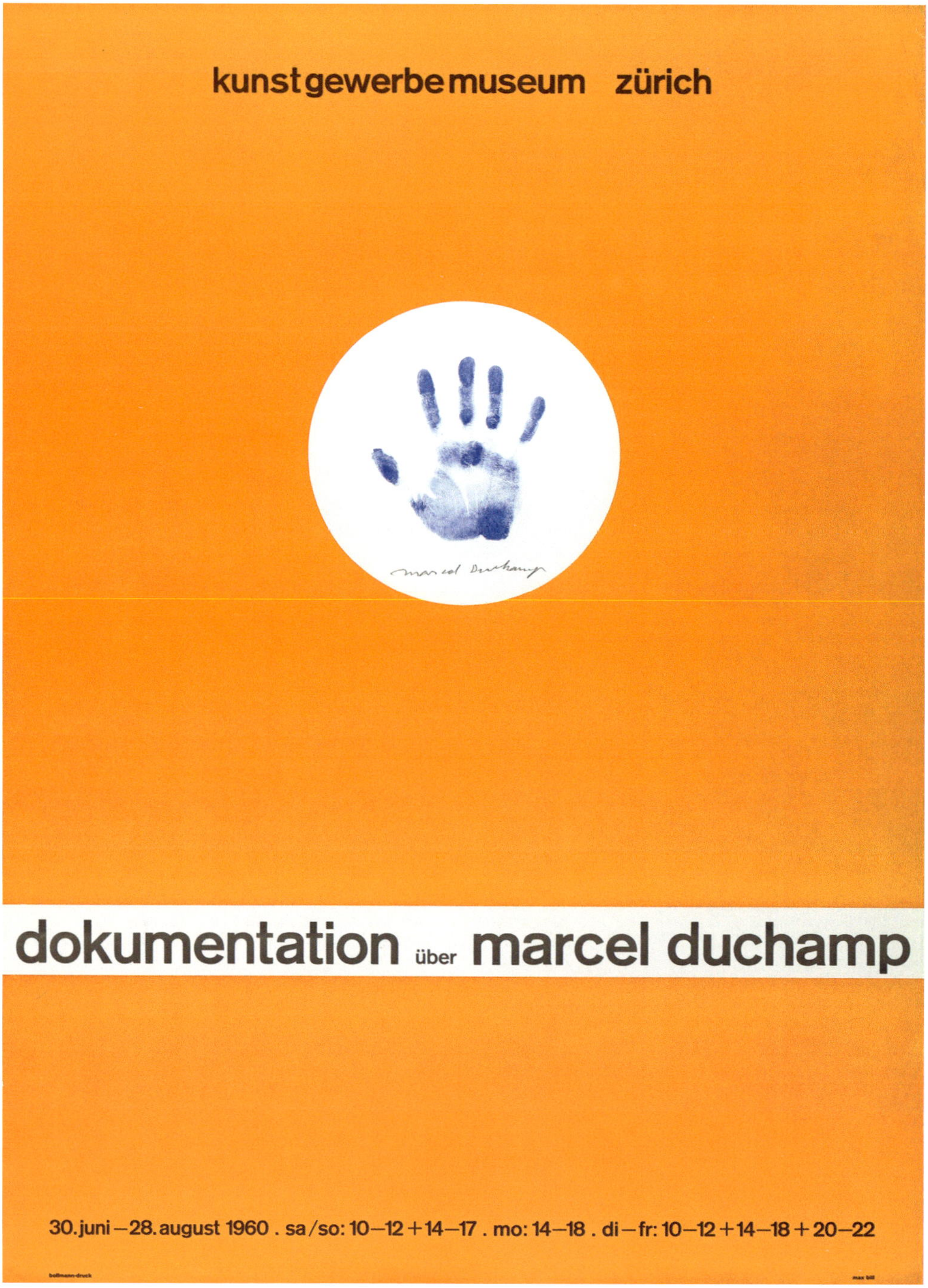

105 **Max Bill**
Dokumentation über Marcel Duchamp
1960

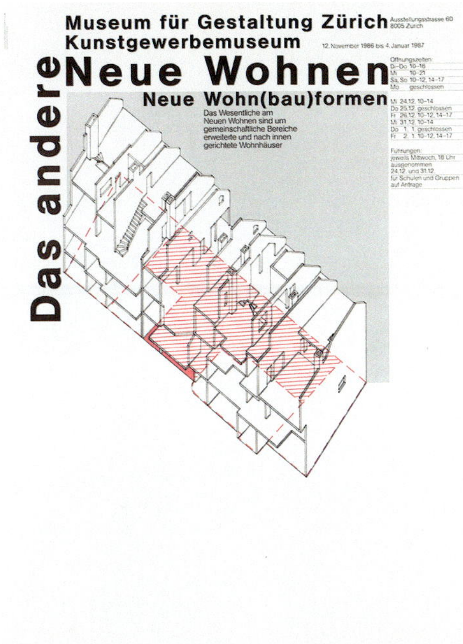

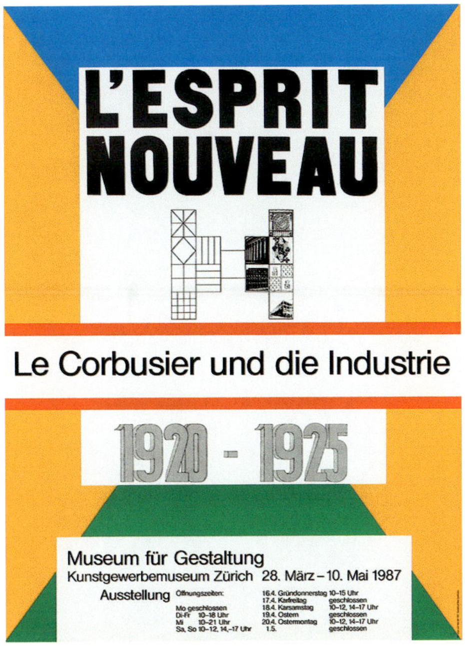

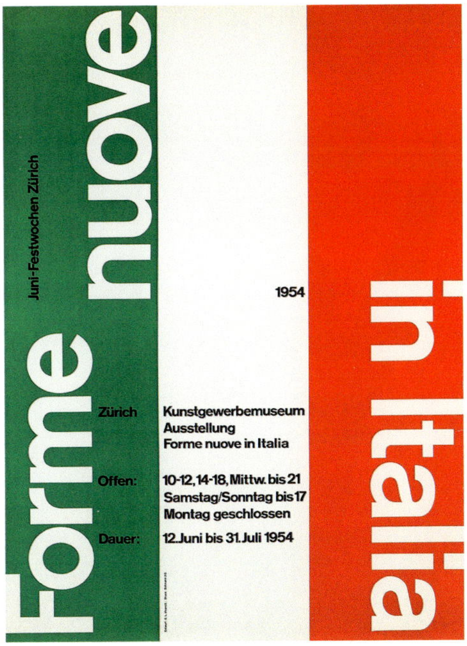

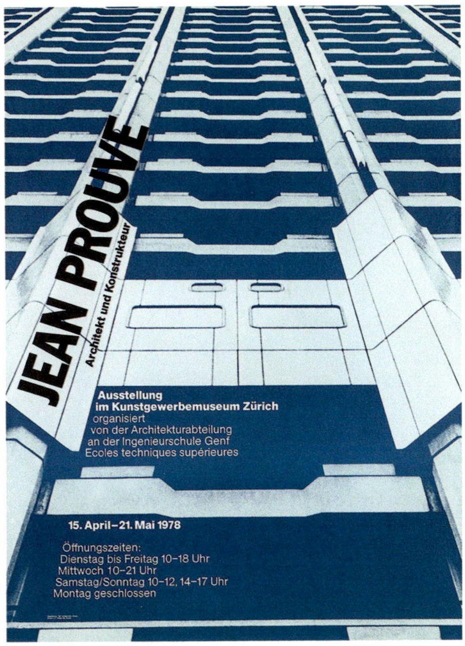

106 **Odermatt & Tissi / Rosmarie Tissi**
Das andere Neue Wohnen / Neue Wohn(bau)formen
1986

107 **Carlo Vivarelli**
Forme nuove in Italia
1954

108 **Max Bill**
L'Esprit nouveau / Le Corbusier und die Industrie
1920–1925, 1987

109 **Odermatt & Tissi / Siegfried Odermatt**
Jean Prouvé / Architekt und Konstrukteur
1978

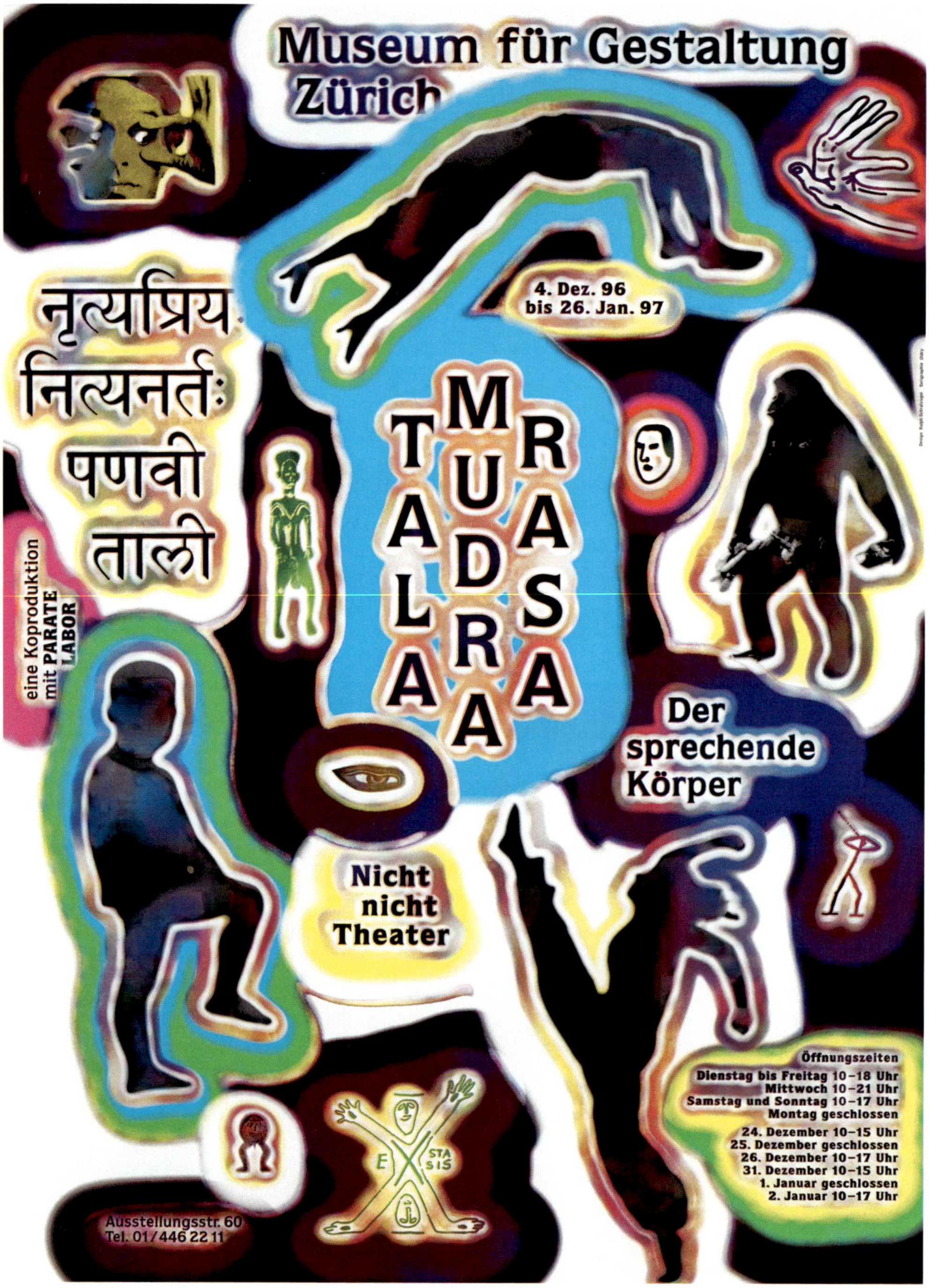

110 **Ralph Schraivogel**
Tala Mudra Rasa / Der sprechende Körper
1996

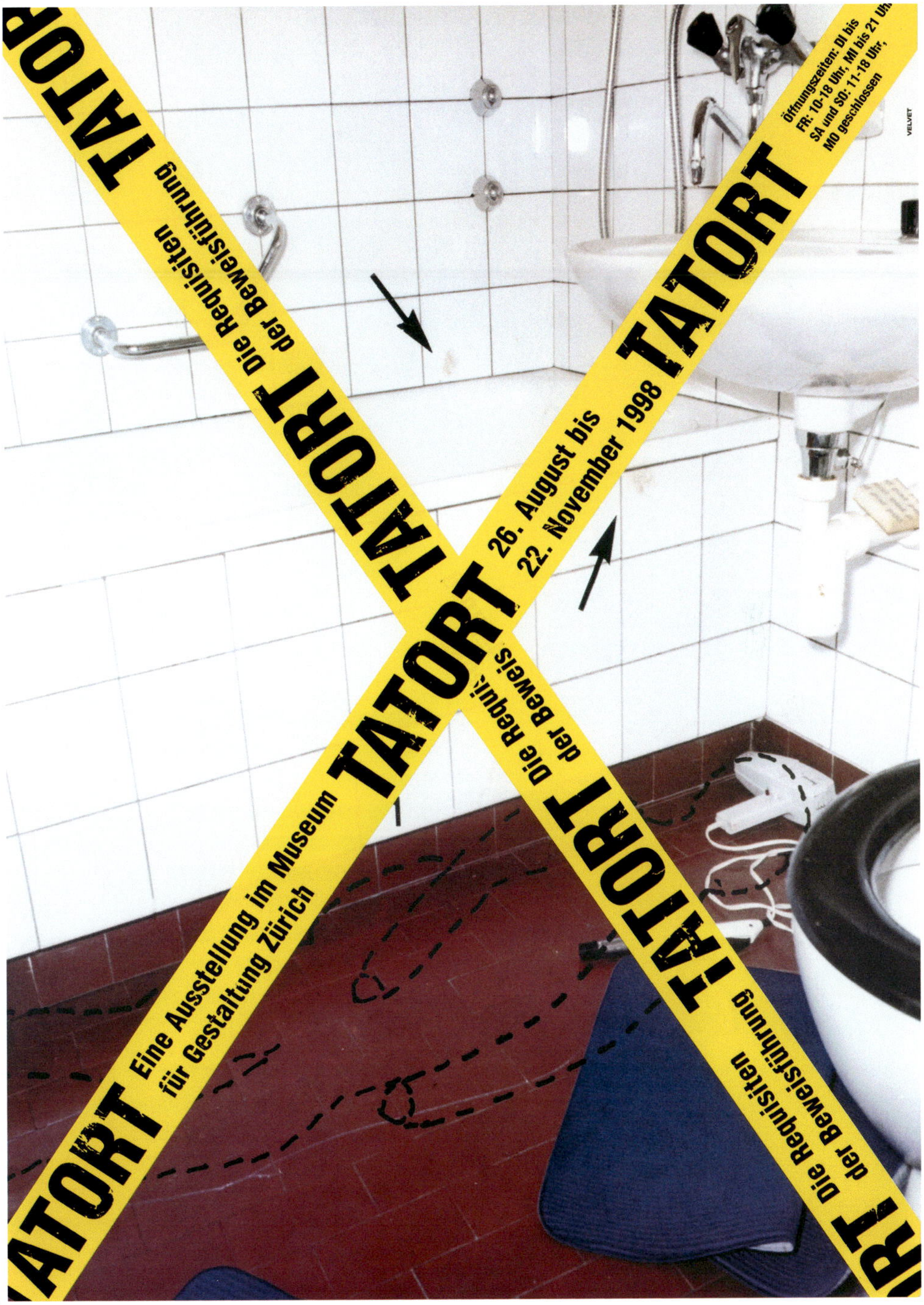

111 **Velvet Creative Office GmbH / Peter Moser**
Tatort / Die Requisiten der Beweisführung
1998

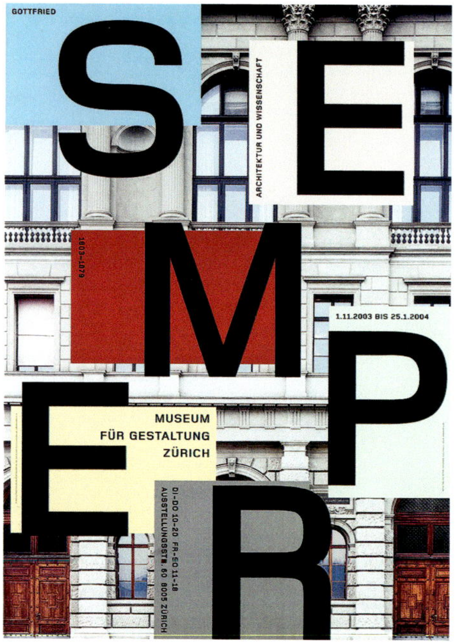

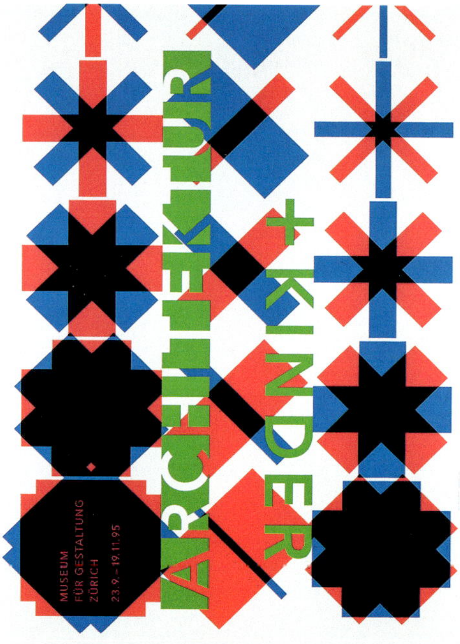

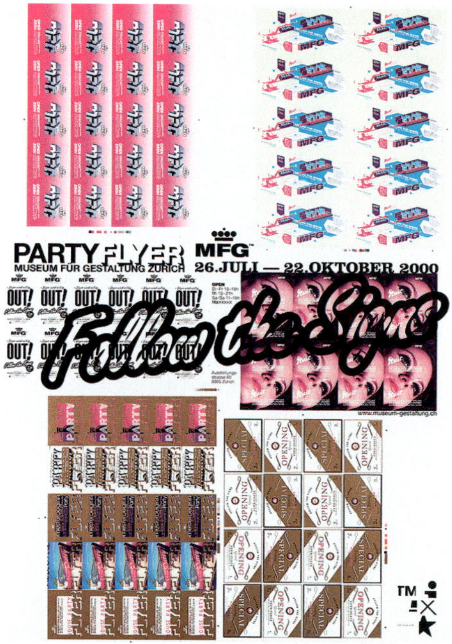

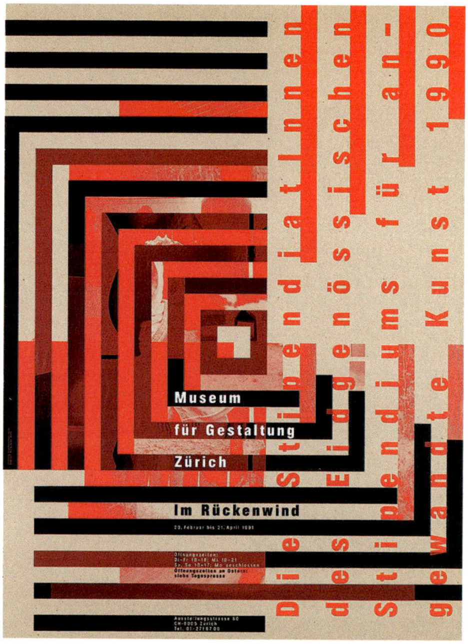

112 **Trix Wetter**
Gottfried Semper / Architektur und Wissenschaft
2003

113 **HinderSchlatterFeuz /**
Ueli Hinder, Nik Schlatter, Stefan Feuz
Follow the Signs / Party Flyer, 2000

114 **Peter Frey**
Architektur + Kinder, 1995

115 **Ralph Schraivogel**
Im Rückenwind / Die StipendiatInnen des
Eidgenössischen Stipendiums für angewandte Kunst 1990
1991

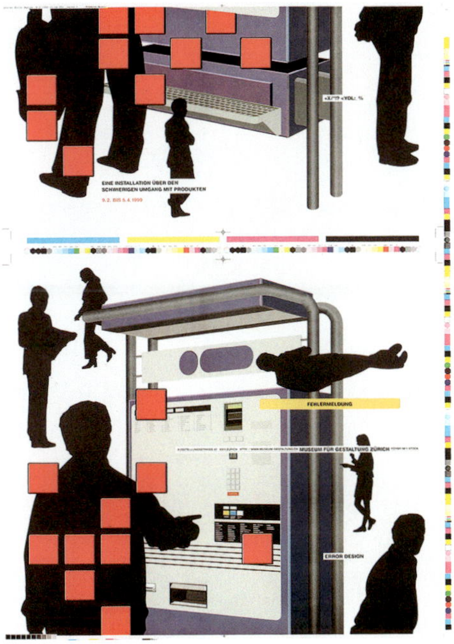

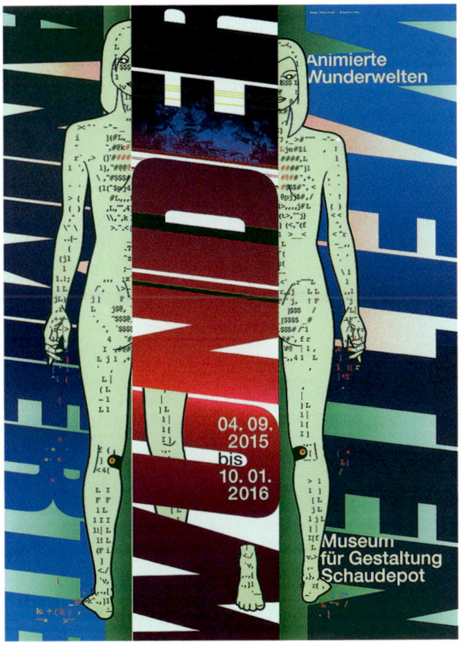

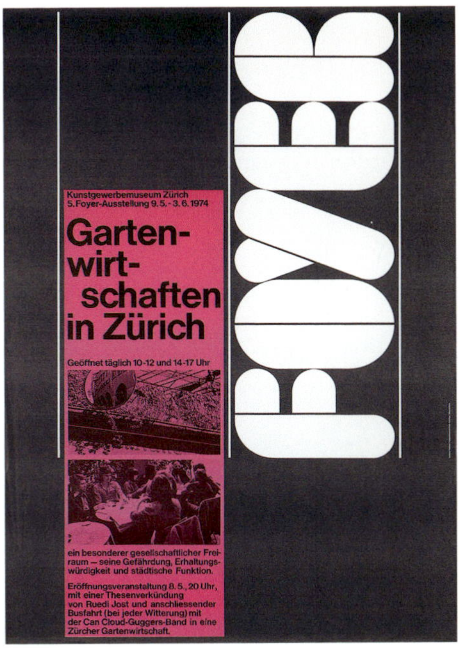

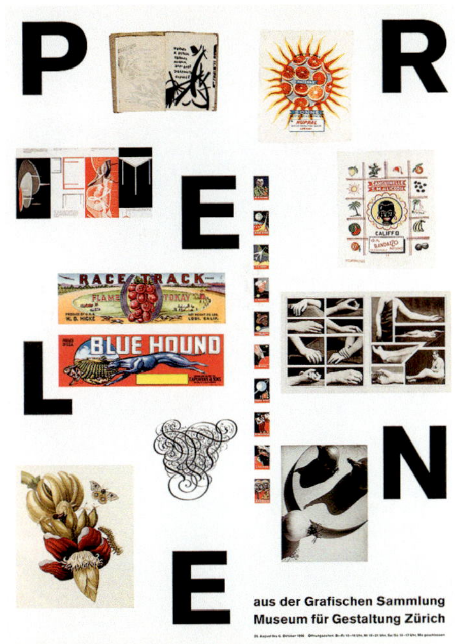

116 **Gilles Gavillet, Cornel Windlin**
Fehlermeldung / Eine Installation über den schwierigen Umgang mit Produkten, 1999

117 **Kunstgewerbeschule Zürich, Fachklasse für Fotografie**
Gartenwirtschaften in Zürich, 1974

118 **Martin Woodtli**
Animierte Wunderwelten
2015

119 **Robert & Durrer / Jean Robert, Käti Robert-Durrer**
Perlen aus der Grafischen Sammlung
1996

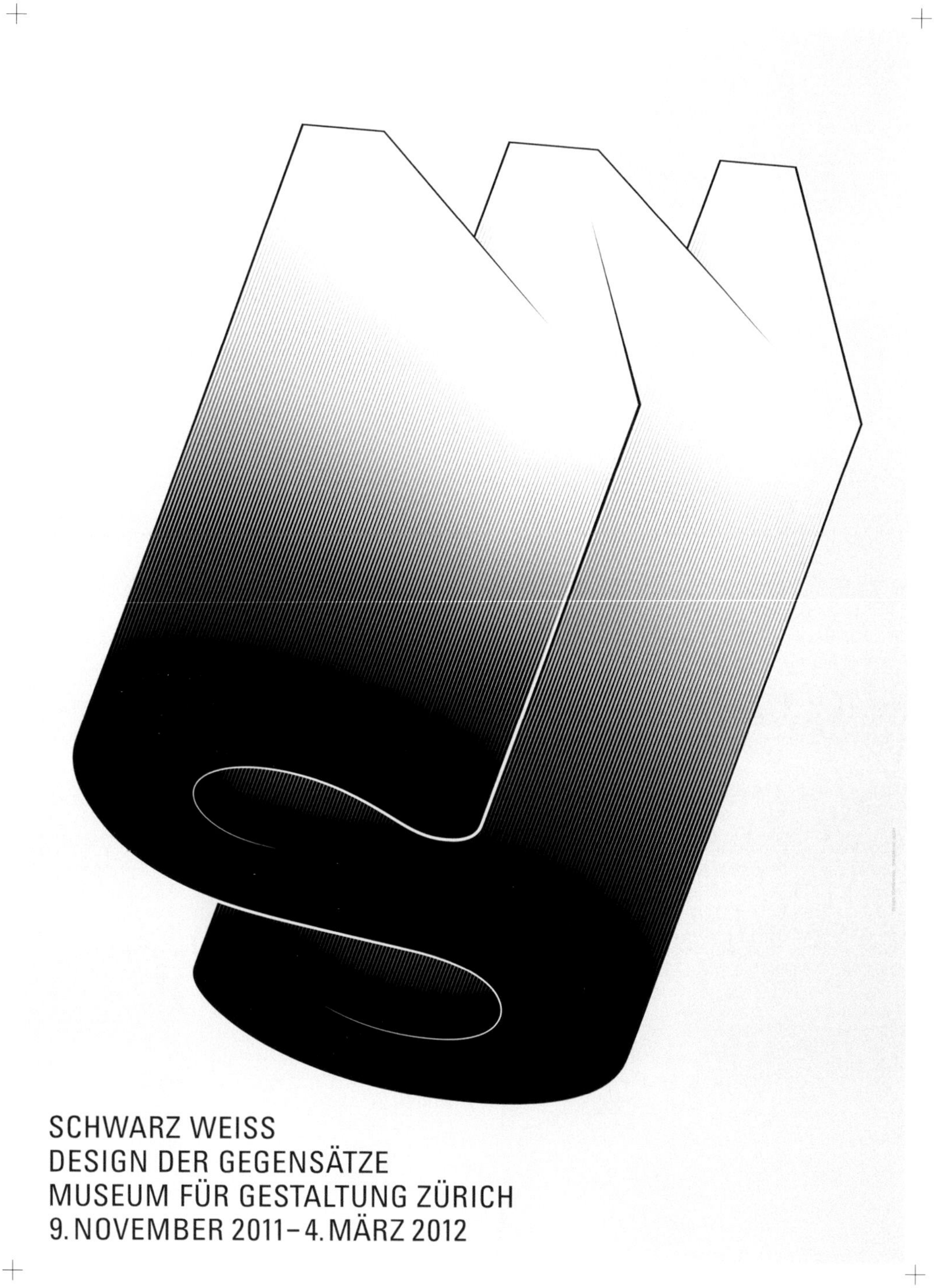

120 **Ralph Schraivogel**
Schwarz Weiss / Design der Gegensätze
2011

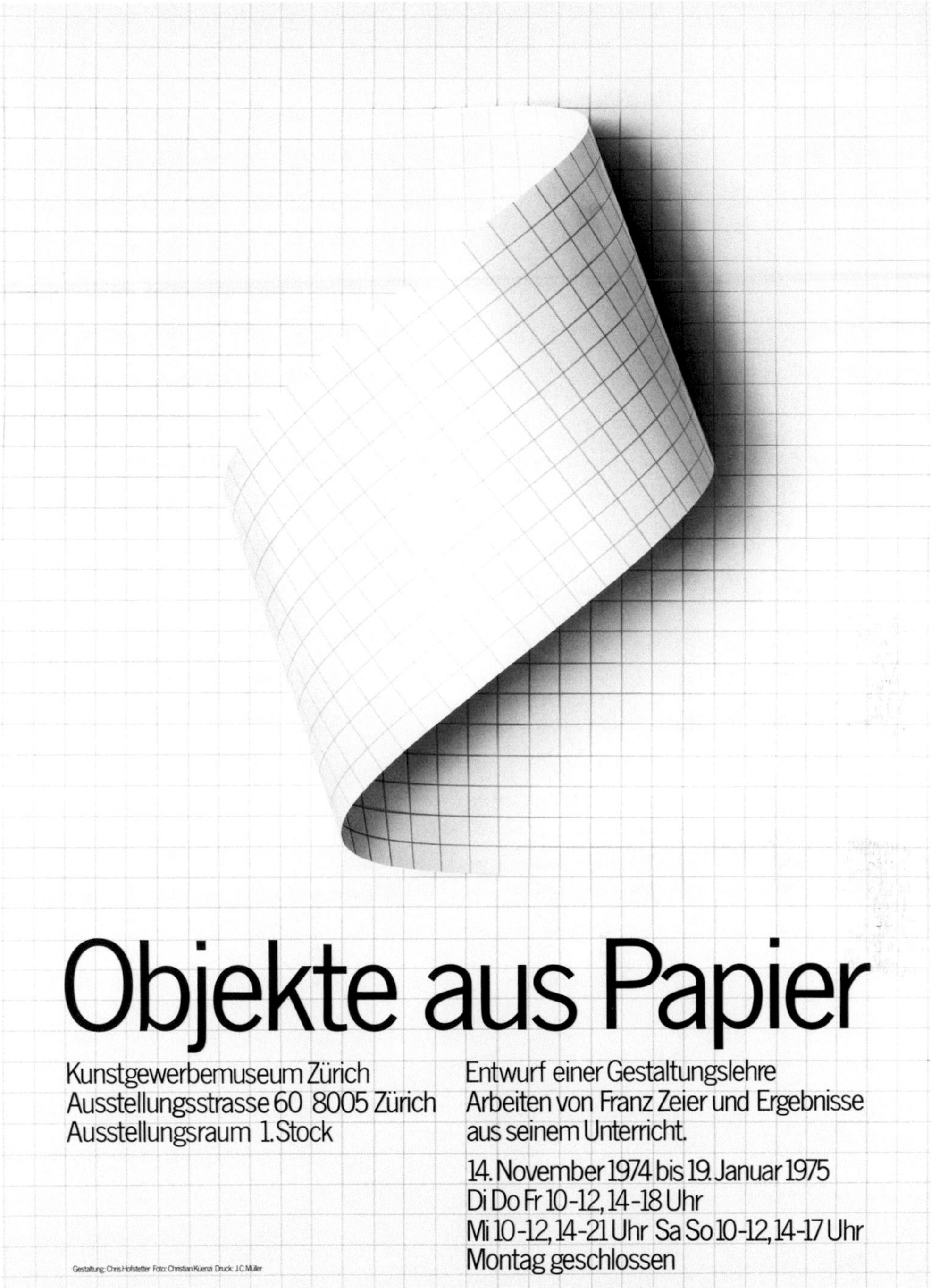

121 **Chris Hofstetter**
Objekte aus Papier / Arbeiten von Franz Zeier
und Ergebnisse aus seinem Unterricht
1974

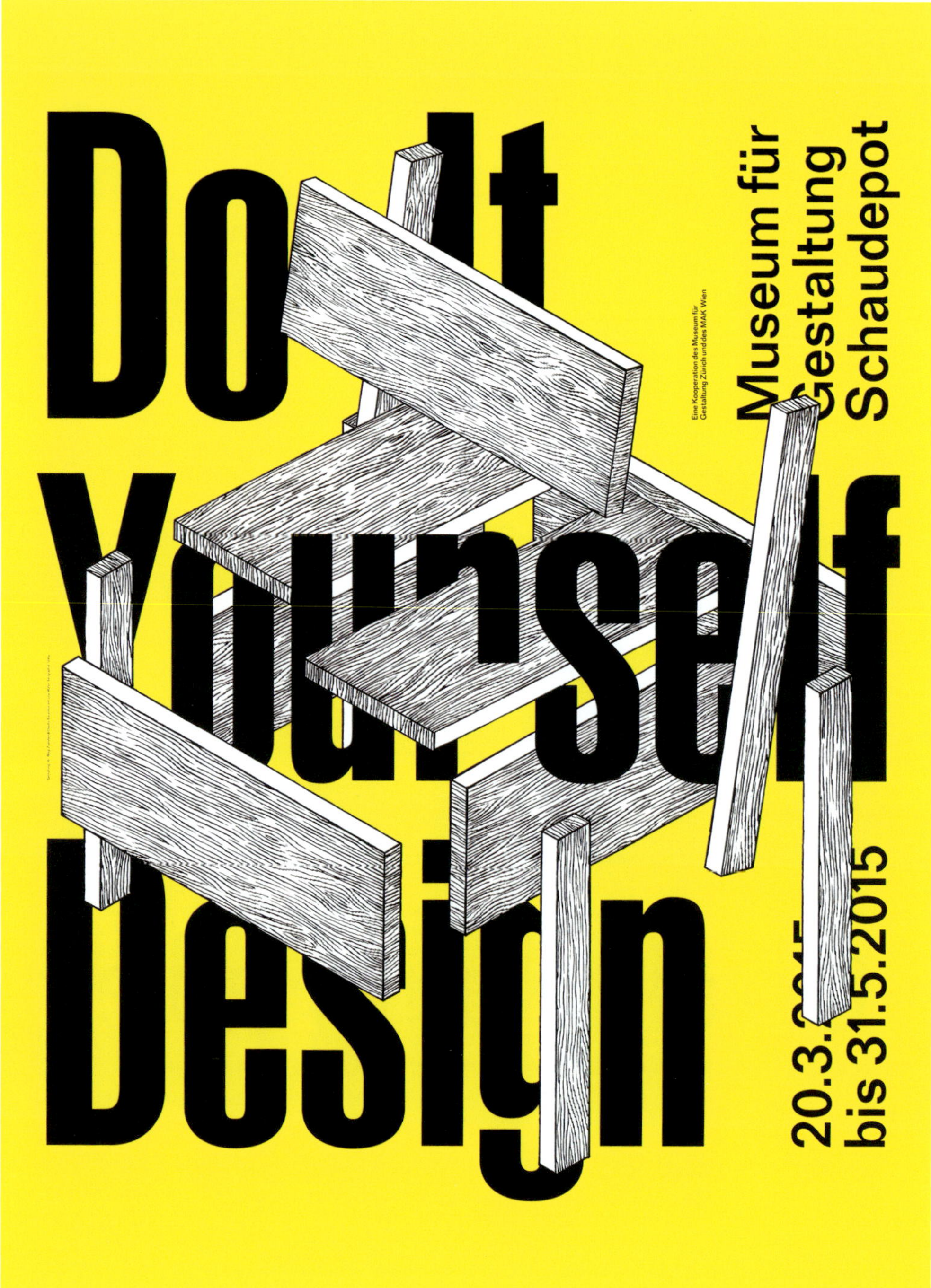

122 **Hi Visuelle Gestaltung /**
Claudio Barandun, Megi Zumstein, Lina Müller
Do It Yourself Design
2015

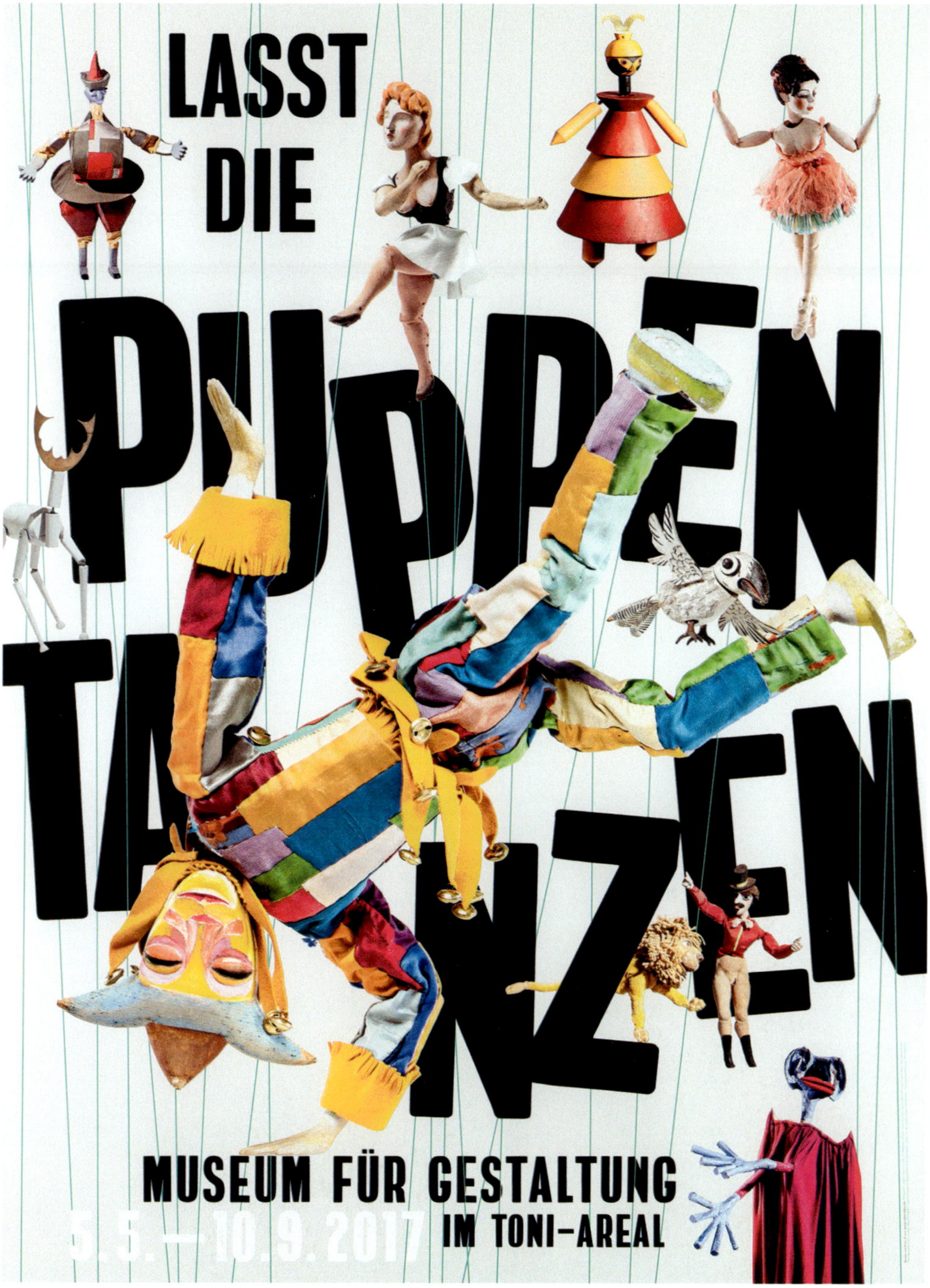

123 **Iza Hren**
Lasst die Puppen tanzen
2017

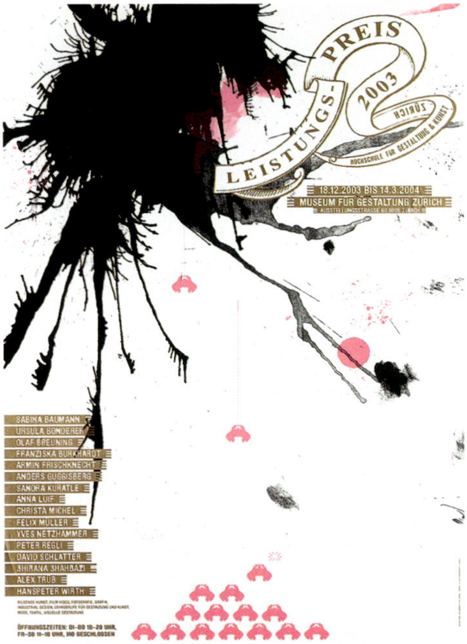

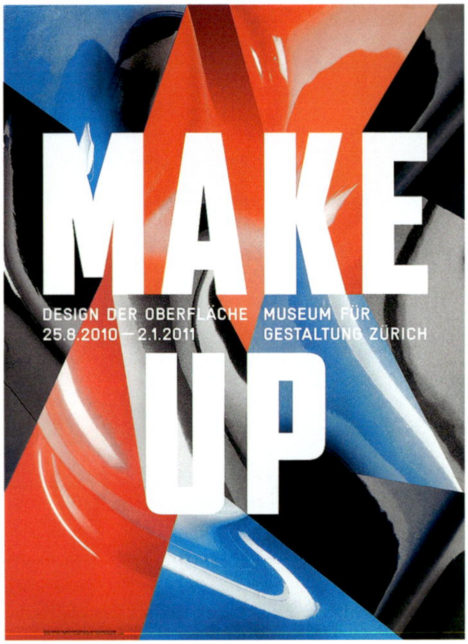

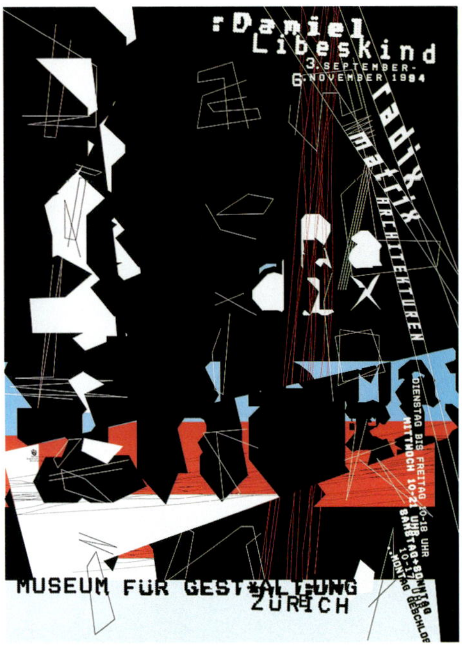

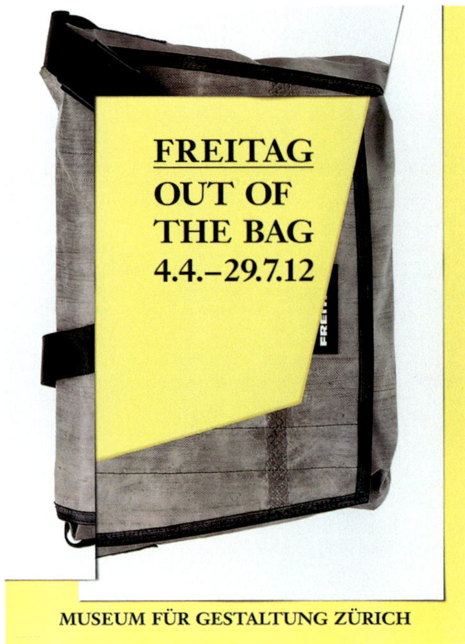

124 **Trix Barmettler**
Leistungspreis 2003
2003

125 **Cornel Windlin**
Daniel Libeskind / Radix Matrix / Architekturen
1994

126 **Hi Visuelle Gestaltung / Claudio Barandun, Megi Zumstein**
Make Up / Design der Oberfläche, 2010

127 **Jacques Borel**
Freitag / Out of the Bag
2012

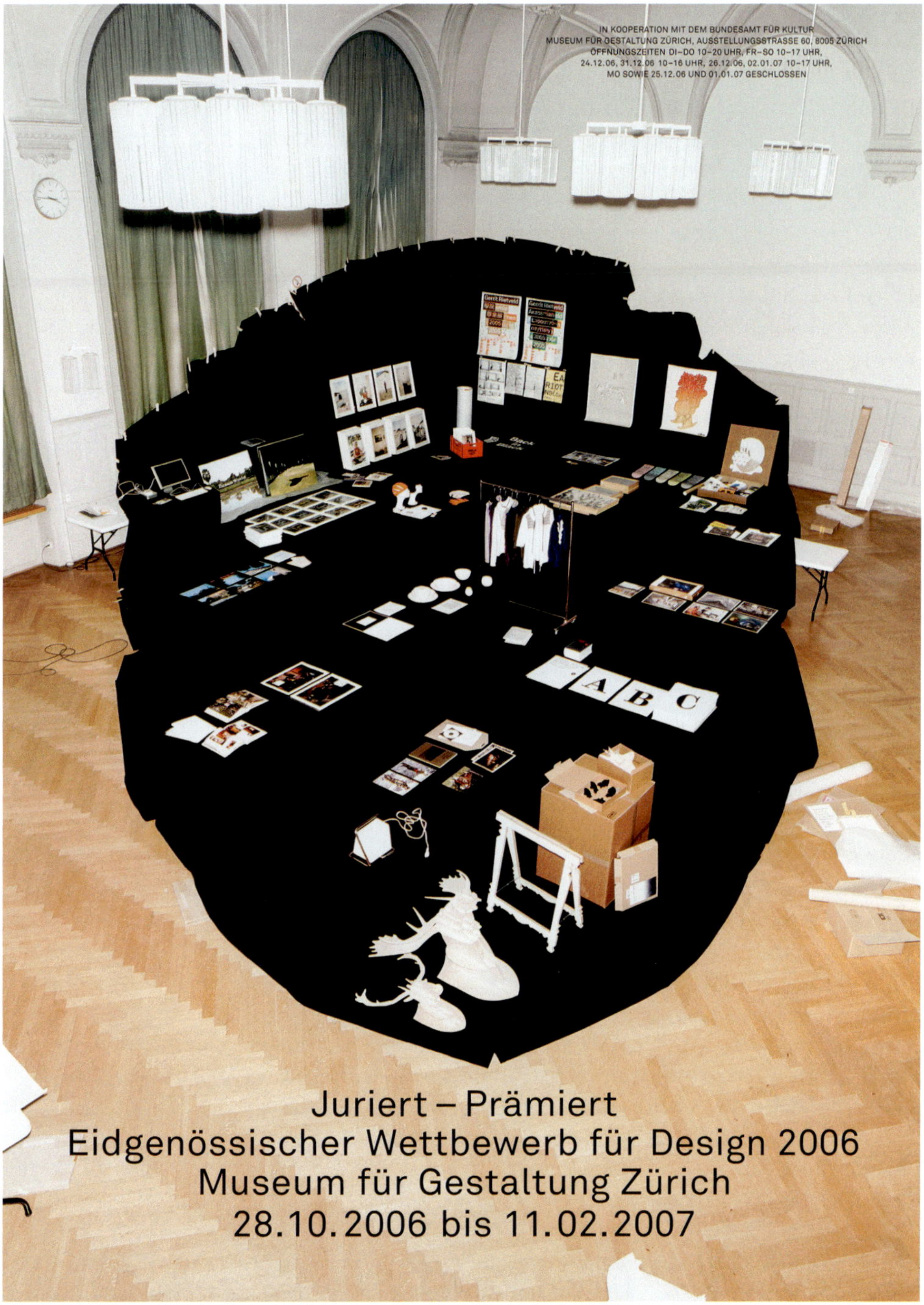

128 **Marie Lusa, Claudia Roethlisberger**
Juriert – Prämiert / Eidgenössischer Wettbewerb
für Design 2006
2006

AUSSTELLUNG, PLAKAT, SZENOGRAFIE – IM WECHSELSPIEL UND WANDEL

Christian Brändle

Ein riesiger Abfallberg liegt in der Mitte der Halle und empfängt das Publikum zur Ausstellung *Endstation Meer? Das Plastikmüll-Projekt* (2012). In den Seitenflügeln sind Industriepaletten und blau-weisse Holzkisten zu einzelnen Themeninseln zusammengefasst. Sie sind lose auf dem blassgrünen Boden arrangiert, als habe ein Hochseeschiff im Sturm seine Fracht verloren E.

Die Szenografie der Ausstellung hat bei diesem Projekt Wesentliches zur Vermittlung der Ausstellungsinhalte beigetragen: thematisch, weil sie das gigantische Ausmass der Vermüllung unserer Meere unmittelbar sicht- und greifbar macht; in einer semantischen, assoziativen Dimension, weil durch räumliche Setzungen, Farbgebung, Materialisierung und schliesslich durch den Müll selbst eine Umgebung geschaffen wurde, welche das Publikum quasi mitten ins Meer, hin zum Ort des Geschehens führt. Dasselbe Ziel verfolgt auch das Plakat zur Ausstellung. Die Grafiker nehmen uns mit auf einen Tauchgang hinab in azurblaues Wasser – doch wird die vermeintliche Idylle von schrill gefärbten Plastikmüllobjekten gestört, die in grosser Zahl umhertreiben 247.

Sowohl dem Plakat als auch der Szenografie einer Ausstellung misst das Museum heute hohe Bedeutung bei: Sie sollen die Ausstellungsinhalte adäquat vermitteln, sie medial unterstützen und verstärken. Gleichzeitig muss vor allem das Plakat auch als eigenständiger Entwurf funktionieren. Die Beispiele in diesem Band zeigen, dass die heute gesteckten Ziele – die Kombination von wirkungsvoller Kommunikation, hohem gestalterischen Anspruch und Repräsentation der Ausstellungsinhalte – nur von besonders starken Entwürfen erreicht werden.

Die Geschichte des Museum für Gestaltung Zürich und seiner Vorgängerinstitution, dem Kunstgewerbemuseum Zürich, legt offen, wie sich Haltung und Praxis über die Zeit hinweg entwickelt haben: So waren sowohl das Plakat (sofern es denn eines gab) als auch das Ausstellungsdisplay in den ersten Jahrzehnten nach der Gründung 1875 in der Regel austauschbar und wenig projektspezifisch. Die Ausstellungsobjekte wurden in wiederverwendbaren Standardvitrinen präsentiert, gläserne Kuben, die auf einem massiven Holzgestell ruhen. Ergänzt wurde diese Präsentationsform mit gerahmten zweidimensionalen Objekten und einer oft auffallend grossen Kapitelvertextung. Völlig unabhängig vom Ausstellungsinhalt veränderten sich diese szenografischen Elemente kaum, und auch im Arrangement der Exponate innerhalb der Vitrinen ist wenig Abwechslung zu erkennen.

VORBOTEN

Eine der bemerkenswerten Ausnahmen bildet die Ausstellungsreihe rund um *Das neue Heim* (1926–1928), welche mit programmatischem Anspruch die Vorzüge moderner

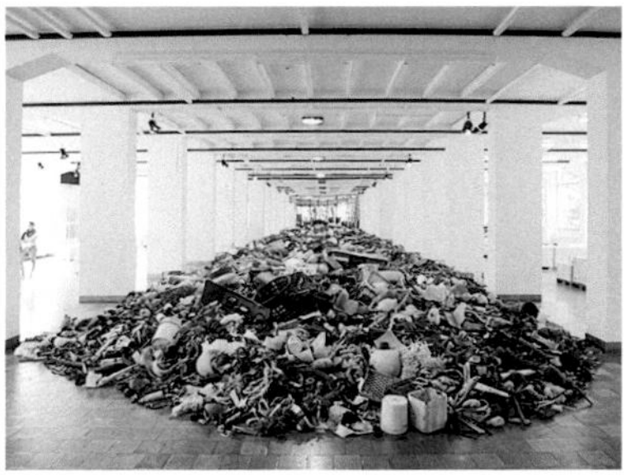

E

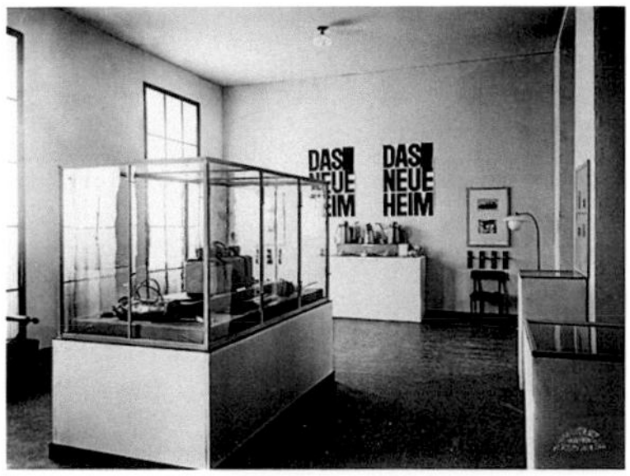

F

Architektur und Wohnraumgestaltung propagierte. Sowohl die Exponate als auch das Plakat zur Ausstellung zeichneten sich aus durch den «Verzicht auf alles Entbehrliche, Überflüssige zugunsten des Wertvollen, des Wichtigsten»[1]. Der damalige Direktor Alfred Altherr richtete innert zwei Jahren ganze fünf Ausstellungen zur zeitgemässen Formgebung aus. Für die erste Ausstellung 1926 liess er noch komplette Interieurs mit vergleichsweise bürgerlichem Mobiliar nachbauen, um eine «salomonische Brücke»[2] zwischen Modernität und Heimat zu schlagen. Das bedeutende Plakat von Ernst Keller 174 wurde im Folgeprojekt *Form ohne Ornament* (1927) bereits als beispielhaftes Exponat gezeigt F. Für die zweite Auflage von *Das neue Heim* im Sommer 1928 ging das Museum noch einen bedeutenden Schritt weiter: Auf Basis eines Wettbewerbs wurde – als erweiterter Ausstellungsraum mit Realitätsgarantie – ein Gebäudeblock mit drei Hauseinheiten erstellt. Diese Rotach-Häuser, die noch heute an der Limmat stehen, sind gespickt mit der DNA des Neuen Bauens und vermitteln die propagierte Entwurfshaltung der damaligen Zeit in Reinkultur.

Direkt auf der gegenüberliegenden Seite des Stadtflusses, an der Ausstellungsstrasse 60 in Zürich, bezog das Museum 1933 seinen Neubau. Im Vergleich zum historistischen Märchenschloss des Landesmuseums bot dieser rabiat modernistische Bau, sozusagen das «Bauhaus der Schweiz», nun völlig neue Möglichkeiten. Doch der Start verlief inhaltlich und grafisch eher zögerlich. Während die Eröffnungsausstellung *Zürcher Werkkunst* vor allem die imposante Ausstellungshalle an sich feierte – die Exponate wurden primär in den Seitenschiffen und auf der Galerie gezeigt G –, war das Plakat zur Ausstellung mit Zürcher Wappen und zwei flankierenden Löwen als Schildhalter bedauerlich konservativ gehalten 14.

EIN NEUES SELBSTVERSTÄNDNIS

Im Bereich der Plakatgestaltung nahm das Haus in den Folgejahren erst allmählich an Fahrt auf: Grafiker wie Walter Käch, Ernst Keller, Alfred Willimann oder Max Bill legten wiederholt bemerkenswerte Entwürfe vor, die aber noch Einzelfälle blieben. Und auch bei der Ausstellungsgestaltung wurde weiterhin ein wenig innovativer Ansatz verfolgt. Dies ändert sich erst Mitte der 1950er-Jahre. Mit der von Edward Steichen kuratierten Wanderausstellung *The Family of Man* H, eine fotografische Bestandsaufnahme der

E Ausstellungsansicht *Endstation Meer?*, 2012

F Ausstellungsansicht *Form ohne Ornament*, 1927

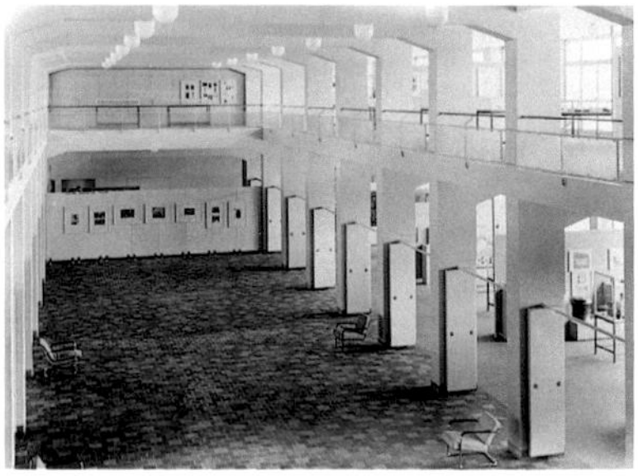

G

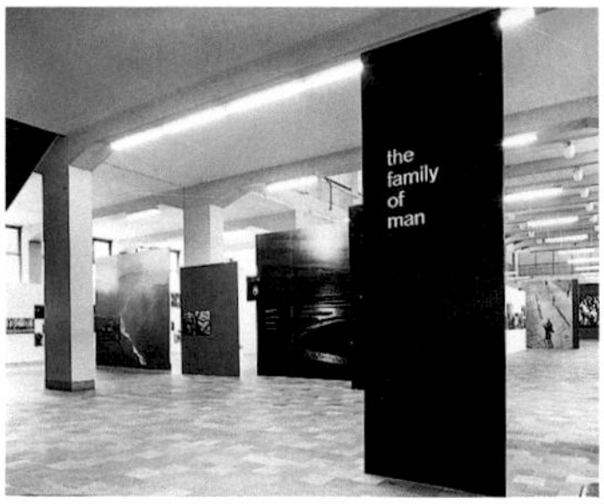

H

Menschheit, wurde das dramaturgische Potenzial einer Ausstellungsszenografie endlich fruchtbar gemacht: Grossformatige und randabfallende Fotografien, kühn versetzte Wandscheiben in unterschiedlichen Höhen und eine durchdachte Besucherführung verstärkten und verdichteten den Ausstellungsinhalt. Das Projekt markiert auch auf inhaltlicher Ebene einen Neuanfang für die Kunstgewerbeschule, die 1878 aus dem Museum hervorgegangen war – mit der Hinwendung zum Menschen und einer «concerned photography» verlor die über Jahrzehnte gelehrte Neue Sachlichkeit an Bedeutung und Einfluss.

Neben den nun regelmässig eingesetzten Wandscheiben als transformierbare Exponatträger etablierte sich in den 1950er-Jahren ein weiteres szenografisches Grundelement: Ein Gestell aus Stahlrohr und Verbindungsmuffen ermöglichte eine Vielzahl von Adaptionsmöglichkeiten entlang der vorhandenen, als Grundbausteine dienenden Modulen. Konstruktion und Struktur waren Themen, welche auch die Plakatgestalter jener Jahre antrieben. Im Sog der Neuen Grafik setzten fast alle Entwürfe auf die ordnende Kraft des Rasters und bauten oftmals auf der gleichen Schrift auf, der Berthold'schen Akzidenz-Grotesk, die sich bis heute als Hausschrift des Museums behauptet hat 134–139.

EPHEMERA

Das inhaltliche Spektrum des Hauses als Museum für angewandte Kunst ist seit jeher vielfältig. Es umfasste in den ersten über hundert Jahren thematische oder monografische Positionen aus den Bereichen Industrie- und Produktdesign, Kunstgewerbe, Mode, Textil und Schmuck, Grafik, Typografie, Plakat und Buchkunst, Fotografie, Film sowie Architektur, Innenarchitektur und öffentlicher Raum. Immer wieder wurden auch künstlerische Positionen gezeigt, so zum Beispiel eine grosse Ausstellung zu Alexander Calder (*Mobiles Stabiles,* 1960) 166.

Waren die Exponate und inhaltlichen Zugriffe zunächst in aller Regel dem Dinglichen verpflichtet, gerieten ab den 1990er-Jahren neue Themen in den Fokus: Gesellschaftspolitische Fragestellungen, das Internet und die neuen Medien wurden verhandelt. Diese teils immateriellen Welten in einer Ausstellung zugänglich oder anhand von

G Ausstellungsansicht *Zürcher Werkkunst,* 1933

H Ausstellungsansicht *The Family of Man,* 1958

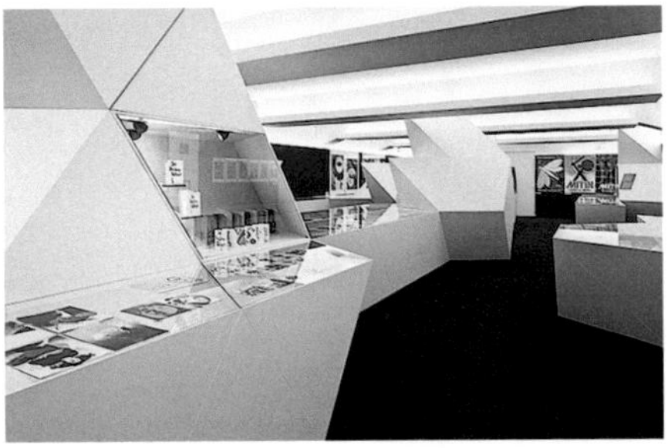

I

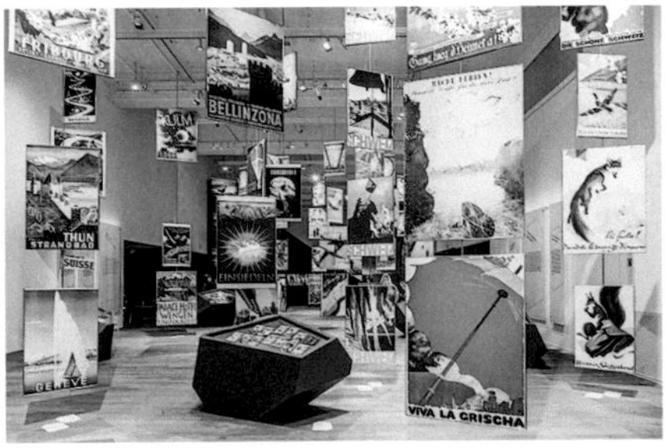

J

Plakat und Szenografie fassbar zu machen, stellte eine zusätzliche Herausforderung dar. Die Ausstellungsarchitektur wurde ausserdem zunehmend als eigenständiges Medium begriffen. Das Museum begann Ausstellungsarchitekten zu engagieren und war von nun an bestrebt, jedem Projekt neben dem kuratorischen Zugriff auch eine szenografische Identität zu verleihen I, J.

Die Bedeutung, welche das Museum bis heute den Ausstellungsszenografien beimisst, spiegelt sich in der Qualität und personellen Ausstattung der Museumswerkstatt wider. Inhalt, Gestaltung und Dramaturgie einer Ausstellung verschmelzen im Idealfall zu einem sinnigen Ganzen. Jedoch bewegt sich gerade der Entwurfsprozess der Szenografie immer wieder auf dem schmalen Grat zwischen Selbstdarstellung und kreativer Eigeninterpretation der Ausstellungsinhalte. Einige Entwürfe wirken zu dominant, selbstreferenziell und treten so laut auf, dass die Inszenierung in den Vordergrund tritt und die Inhalte hinter die Szenografie zurückfallen.

Dennoch hat sich die Praxis bewährt, für jedes Ausstellungsprojekt neue Partnerschaften zu suchen. Bis heute vergibt das Museum die Aufträge für die Gestaltung der Ausstellungen und der dazugehörigen Kommunikationsmittel im Direktauftrag an etablierte Grafiker, Designer oder Architekten. Erwartet werden Autorenprojekte, die als «commissioned works» selbst einen Beitrag zur Debatte zeitgemässer Gestaltung leisten können. Die inhaltliche Erzählung und die formale Umsetzung sind mithin parallel geführte Entwurfsprozesse von Ausstellungsinhalten, Szenografie und Plakat im konstruktiven Austausch aller Beteiligten. Unvermeidlich entstehen dabei immer wieder Zielkonflikte und Reibungen, die im Idealfall aber ungeahnte Energie freisetzen und das Endergebnis deutlich bereichern.

1 Maria Weese, «Was wir brauchen», in: Kunstgewerbemuseum der Stadt Zürich (Hg.), *Wegleitungen des Kunstgewerbemuseums der Stadt Zürich,* Nr. 68, Zürich 1926, S. 6.
2 Johann Christoph Bürkle, «Die Typisierung des Alltäglichen. Max Ernst Haefeli und das Neue Bauen», in: Ders. und Ruggero Tropeano, *Die Rotach-Häuser: Ein Prototyp des Neuen Bauens in Zürich,* Zürich 1994, S. 15.

I Ausstellungsansicht *Good Design, Good Business,* 2009

J Ausstellungsansicht *Macht Ferien!,* 2017

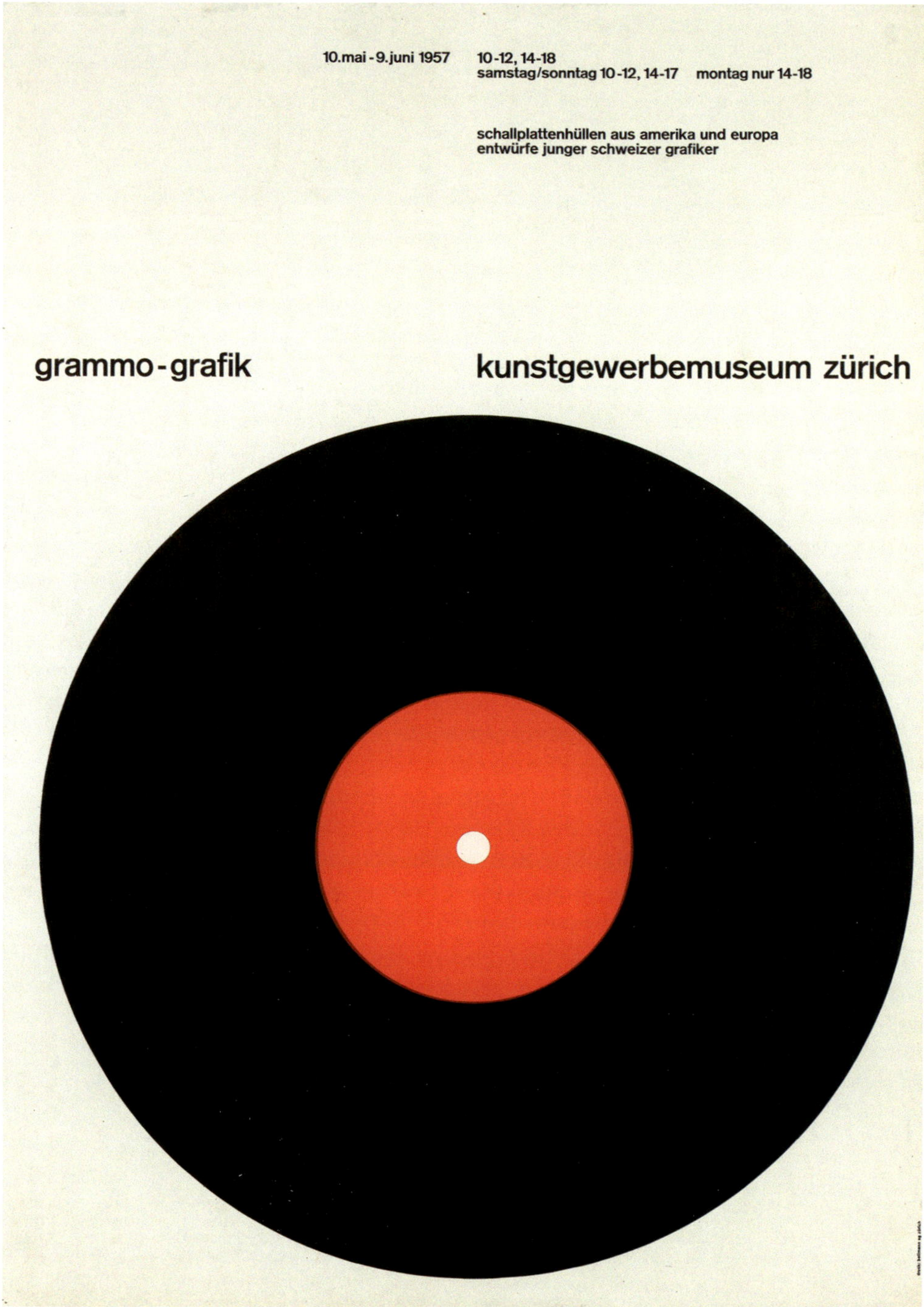

129 **Gottlieb Soland**
Grammo-Grafik / Schallplattenhüllen aus Amerika
und Europa
1957

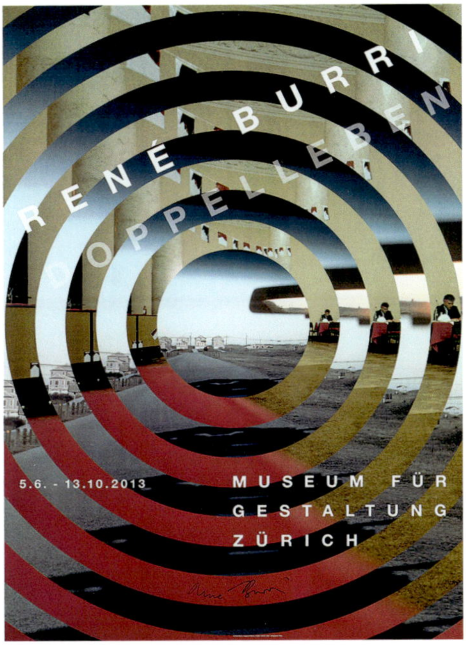

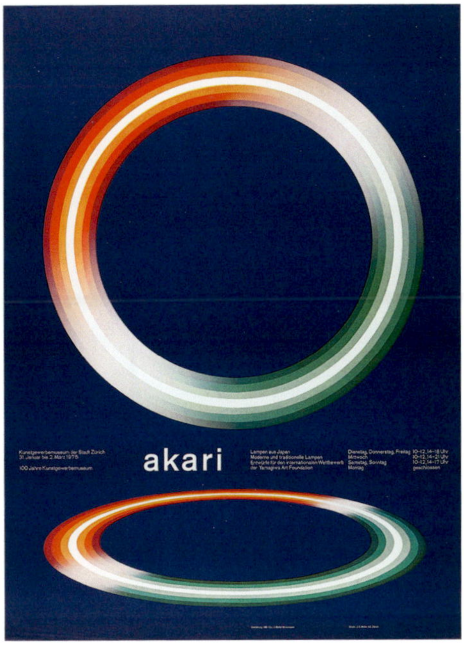

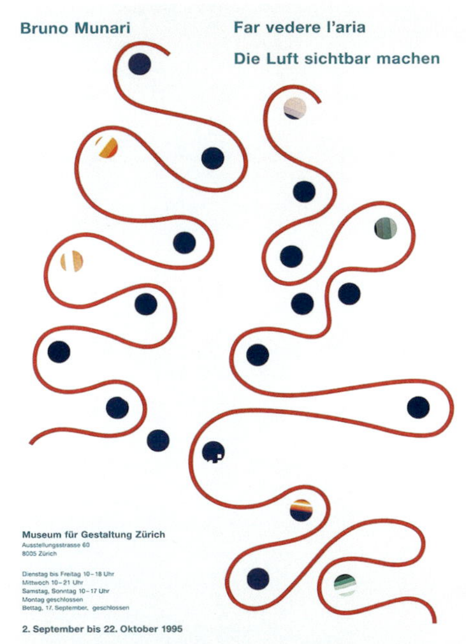

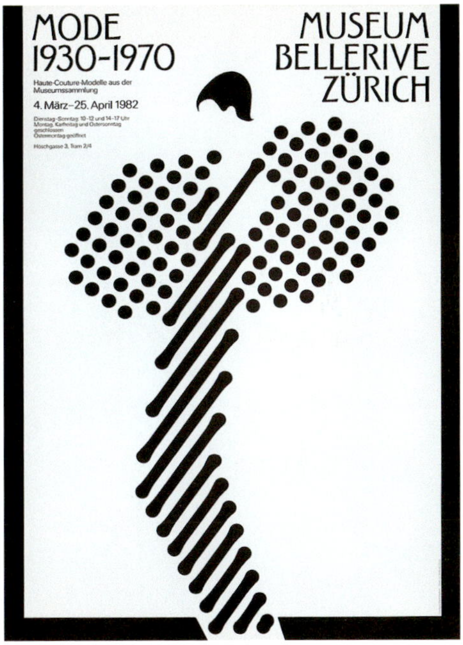

130 **Werner Jeker**
René Burri / Doppelleben
2013

131 **Lars Müller**
Bruno Munari / Far vedere l'aria /
Die Luft sichtbar machen, 1995

132 **Müller-Brockmann + Co. / Josef Müller-Brockmann**
Akari / Lampen aus Japan /
Moderne und traditionelle Lampen, 1975

133 **Martin Diethelm**
Mode 1930–1970 / Haute-Couture-Modelle
aus der Museumssammlung, 1982

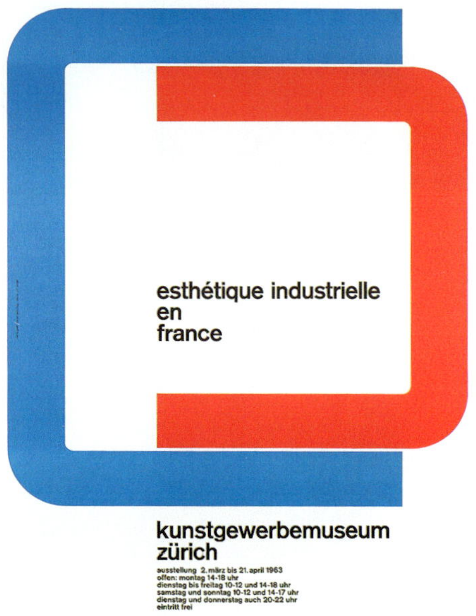

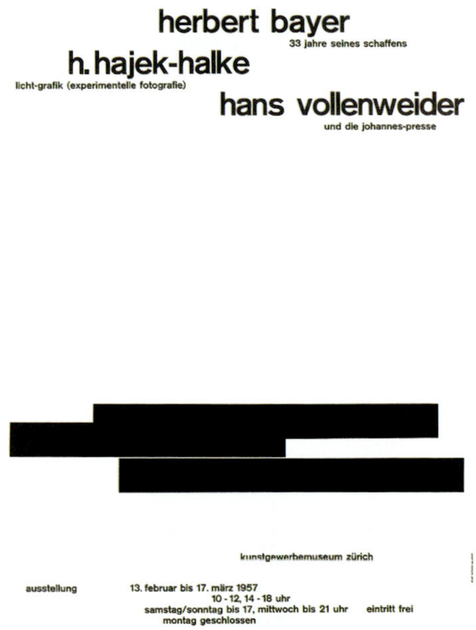

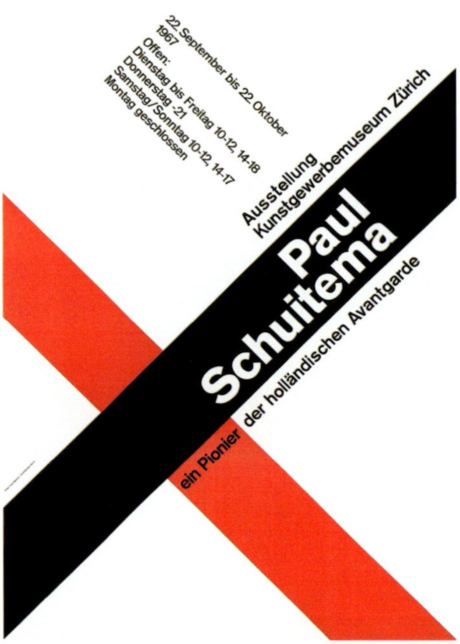

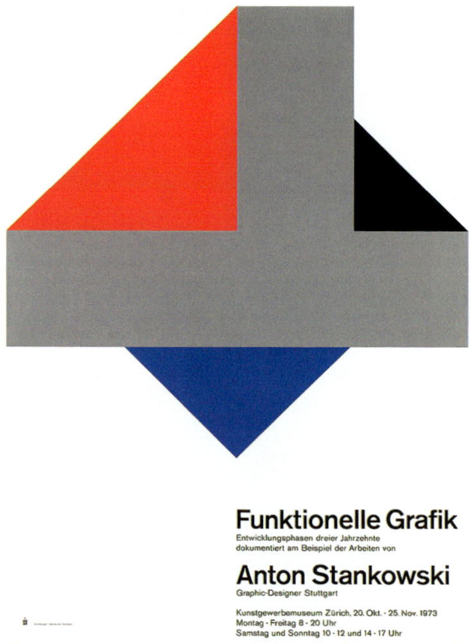

134 **Carl B. Graf**
Esthétique industrielle en France
1963

135 **Hans Neuburg**
Paul Schuitema / Ein Pionier der holländischen Avantgarde, 1967

136 **Gottlieb Soland**
Herbert Bayer / H. Hajek-Halke Licht-Grafik / Hans Vollenweider und die Johannes-Presse, 1957

137 **Anton Stankowski**
Funktionelle Grafik / Anton Stankowski
1973

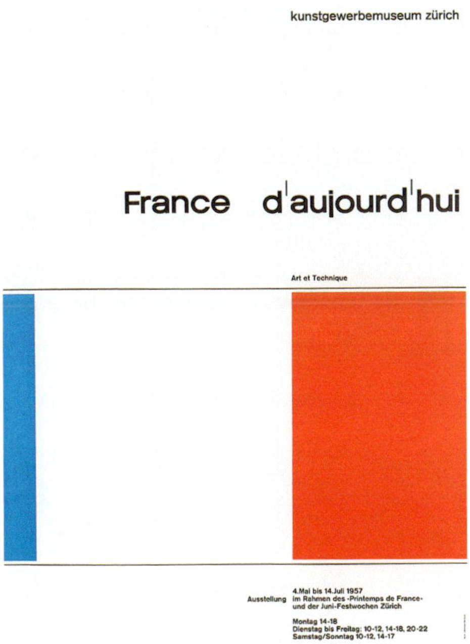

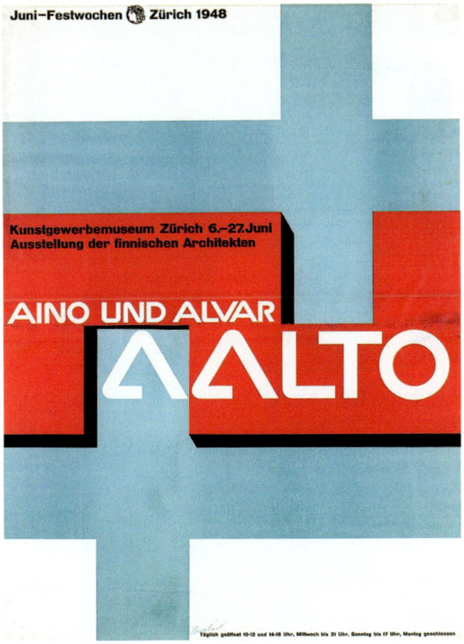

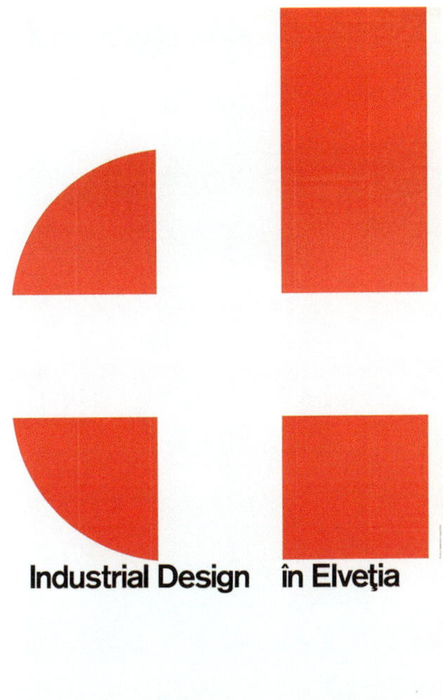

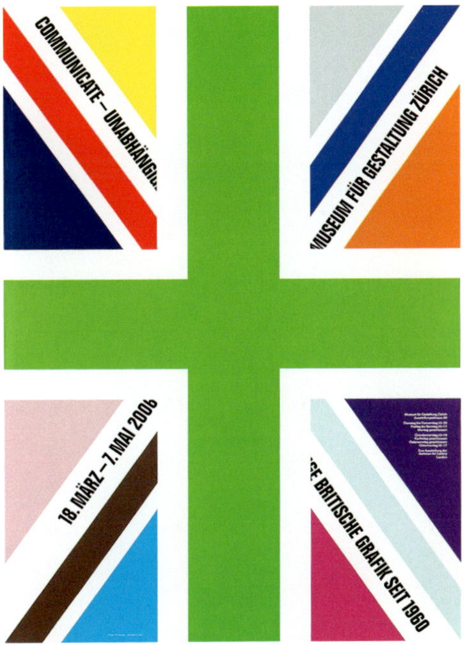

138 **Gottlieb Soland**
France d'aujourd'hui / Art et technique
1957

139 **Max Huber**
Industrial Design in Elvetia
1971

140 **Rudolf Bircher**
Ausstellung der finnischen Architekten Aino und Alvar Aalto, 1948

141 **Ralph Schraivogel**
Communicate / Unabhängige britische Grafik seit 1960
2006

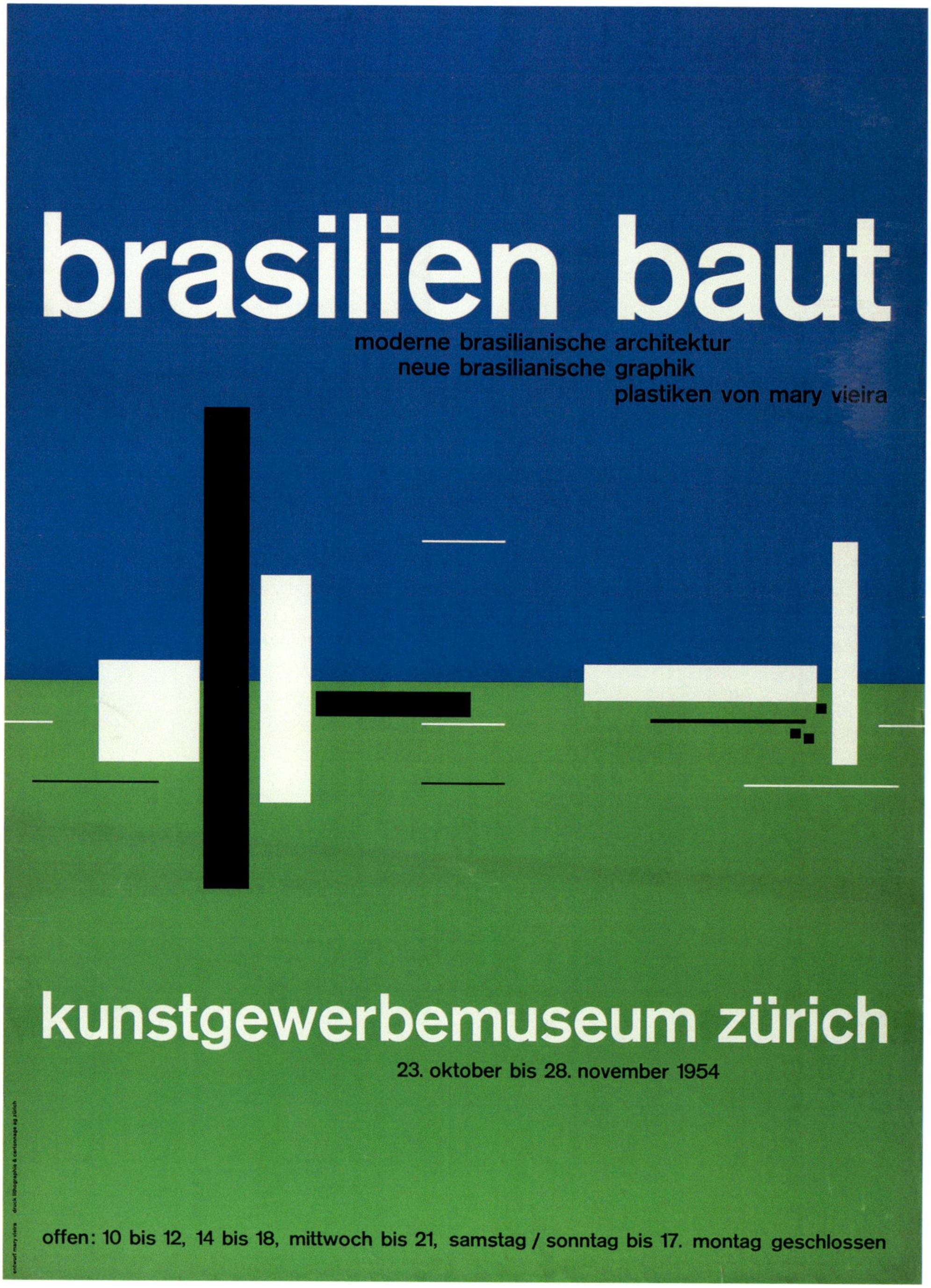

142 **Mary Vieira**
Brasilien baut
1954

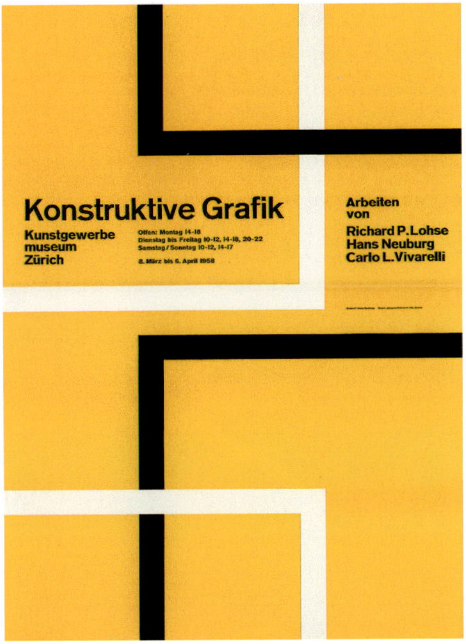

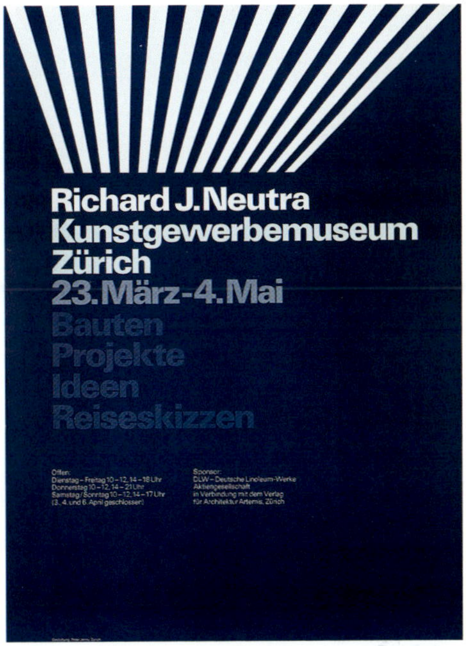

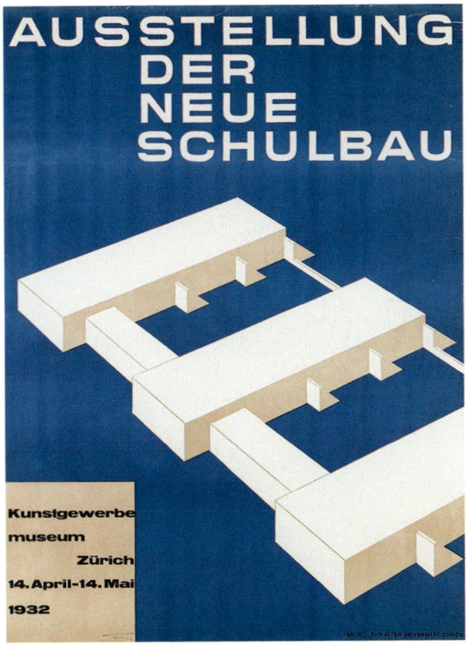

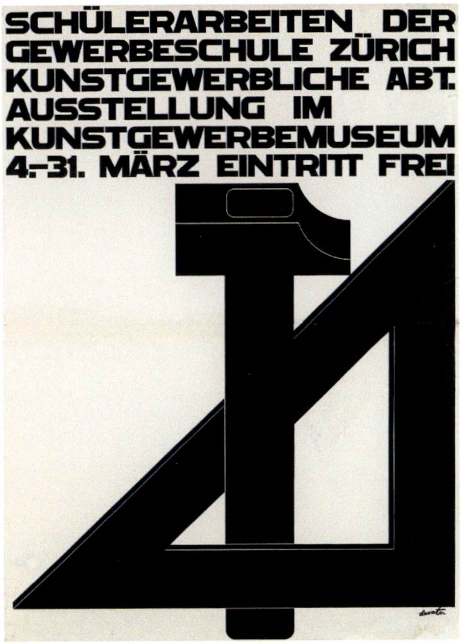

143 **Hans Neuburg**
Konstruktive Grafik / Arbeiten von Richard P. Lohse / Hans Neuburg / Carlo L. Vivarelli, 1958

144 **Walter Käch**
Der neue Schulbau
1932

145 **Peter Jenny**
Richard J. Neutra / Bauten / Projekte / Ideen / Reiseskizzen, 1969

146 **Warja Lavater**
Schülerarbeiten der Gewerbeschule Zürich
1934

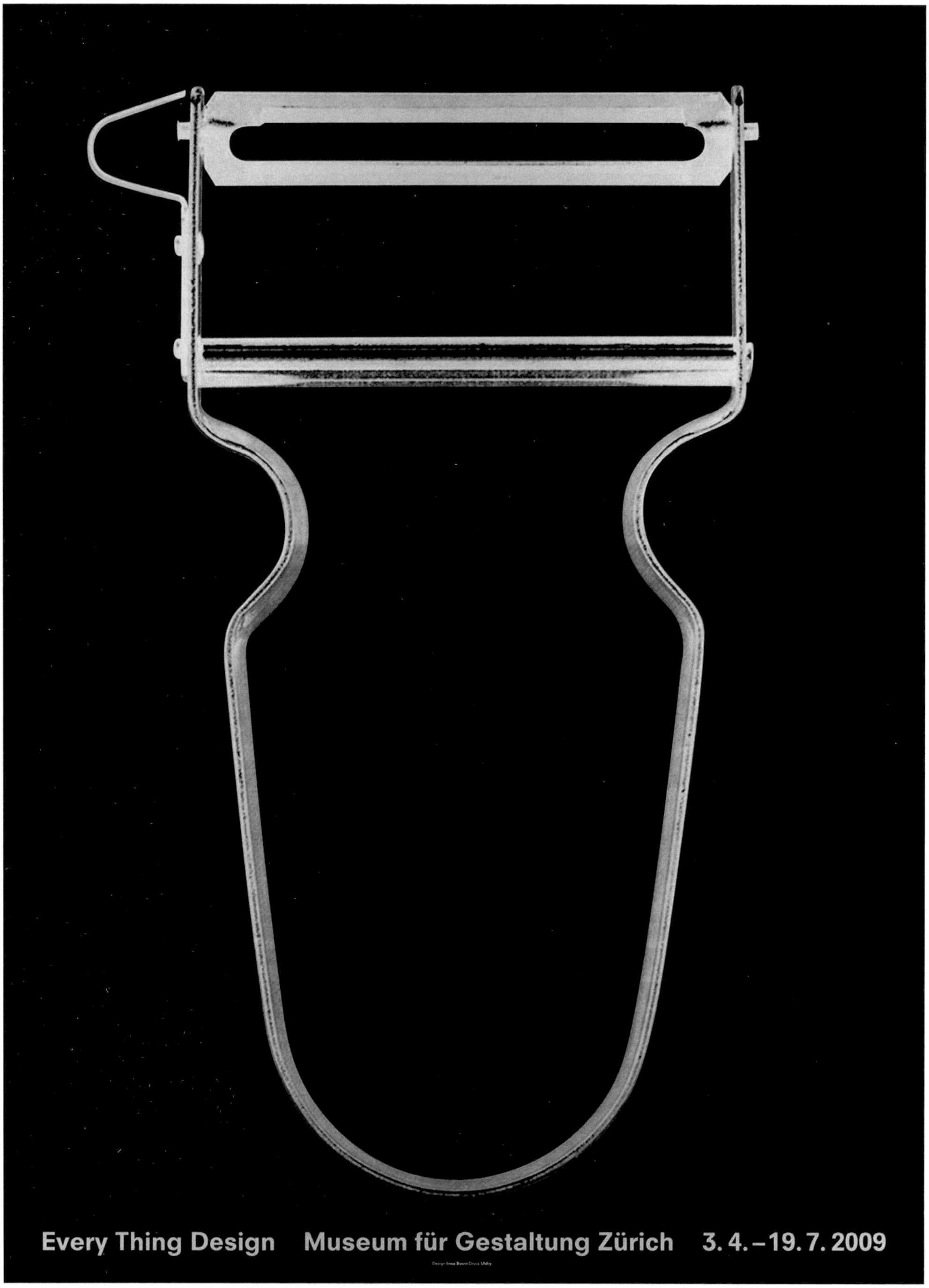

147 **Irma Boom**
Every Thing Design
2009

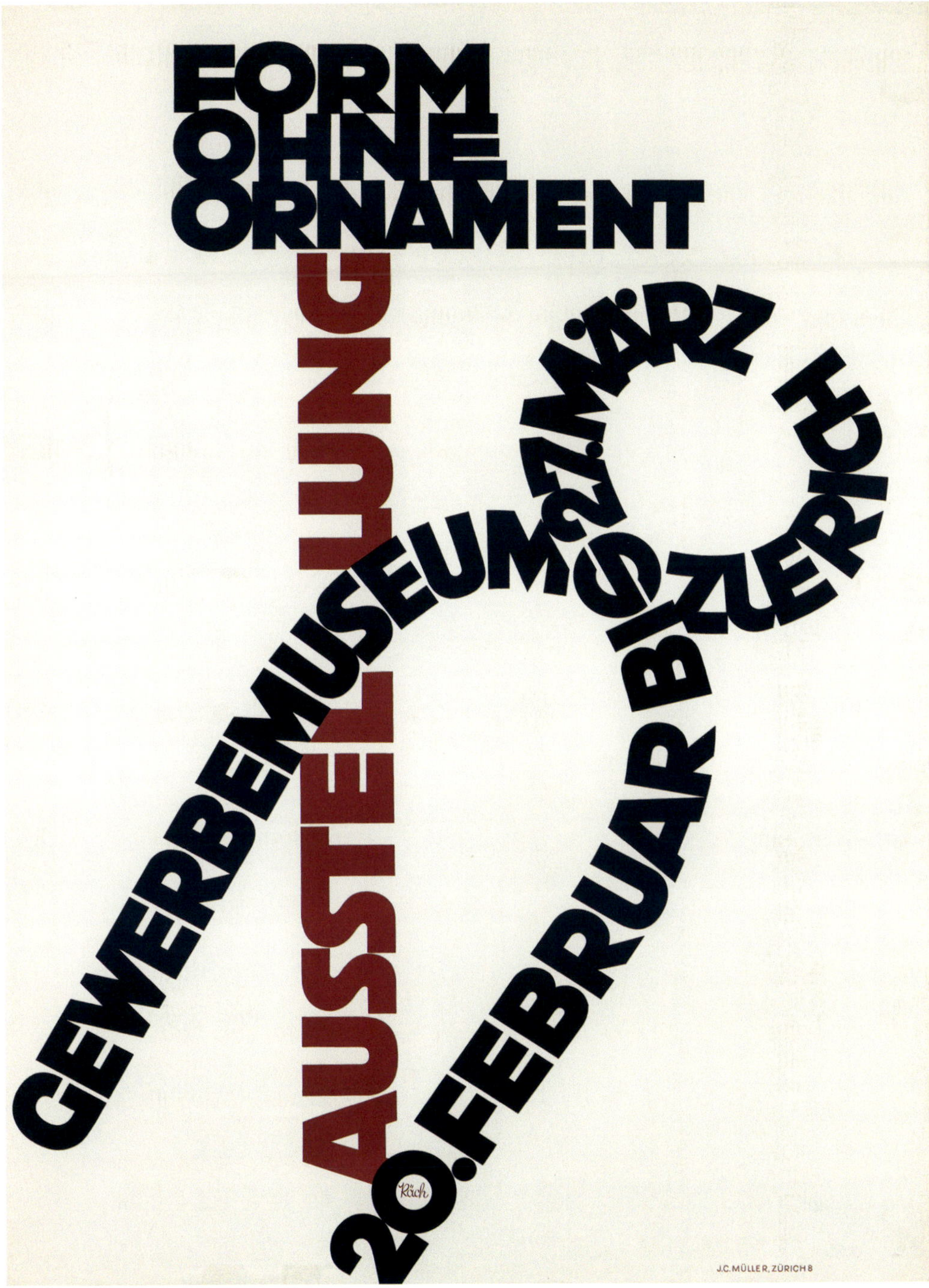

148 **Walter Käch**
Form ohne Ornament
1927

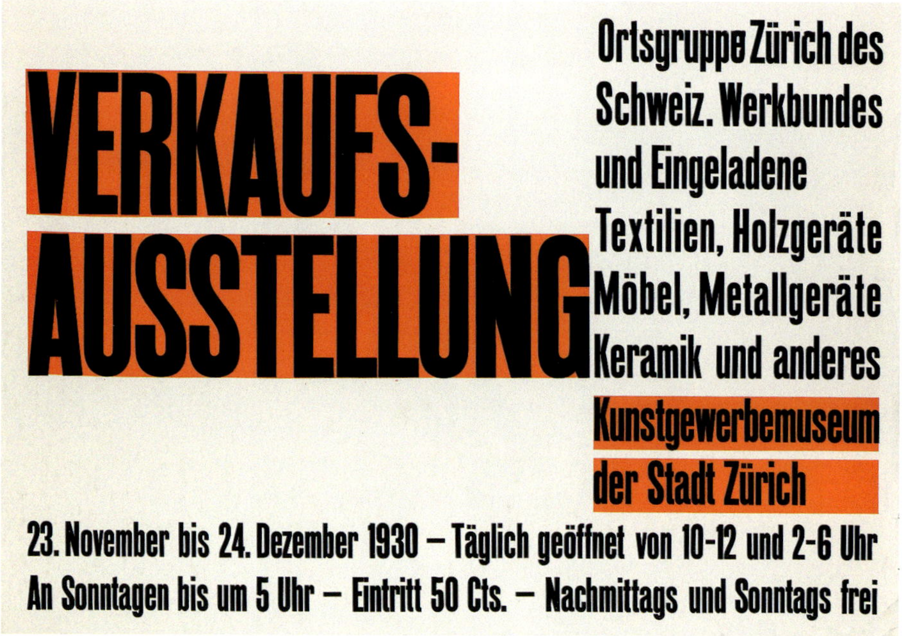

149 **Heinrich Steiner**
Photo / Aufnahmen aus Natur und Technik von Renger-Patsch, 1928

150 **Ernst Keller**
Textilien / Holzgeräte / Möbel / Metallgeräte / Keramik und anderes, 1930

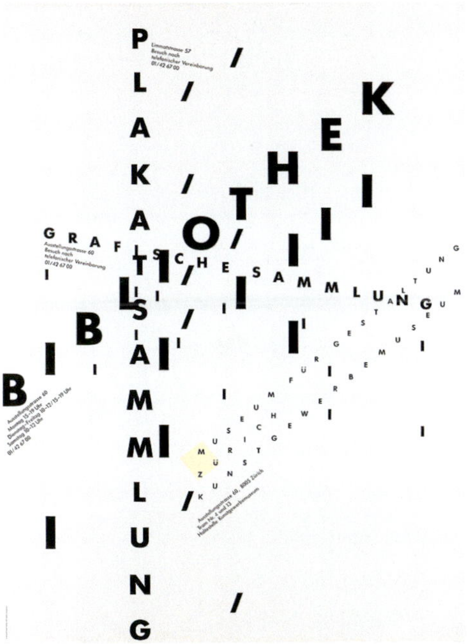

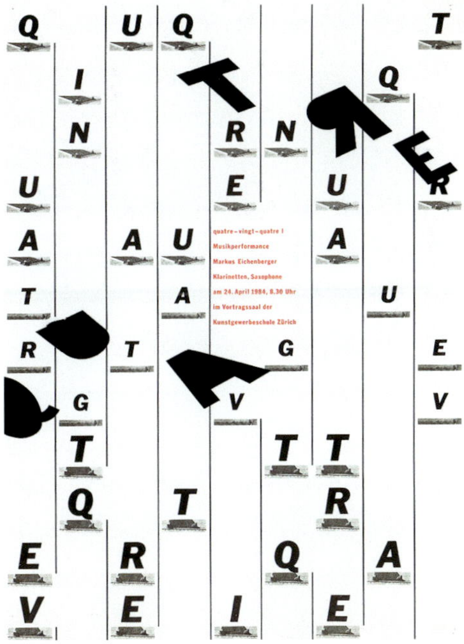

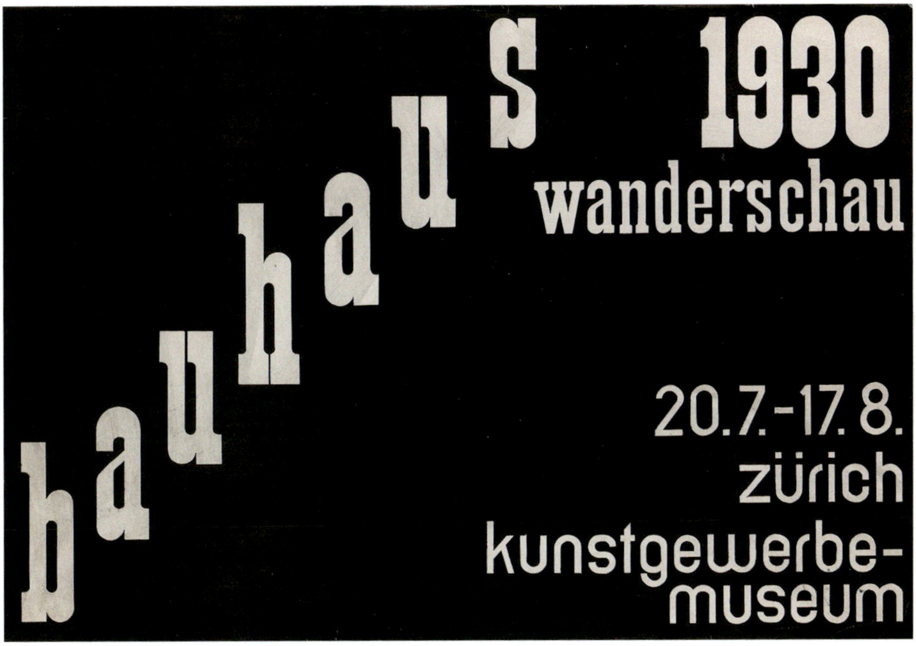

151 **Ursula Knecht**
Plakatsammlung / Bibliothek / Grafische Sammlung
1989

152 **Anonym**
Bauhaus 1930 / Wanderschau
1930

153 **Peter Frey**
Quatre-vingt-quatre / Musikperformance
1984

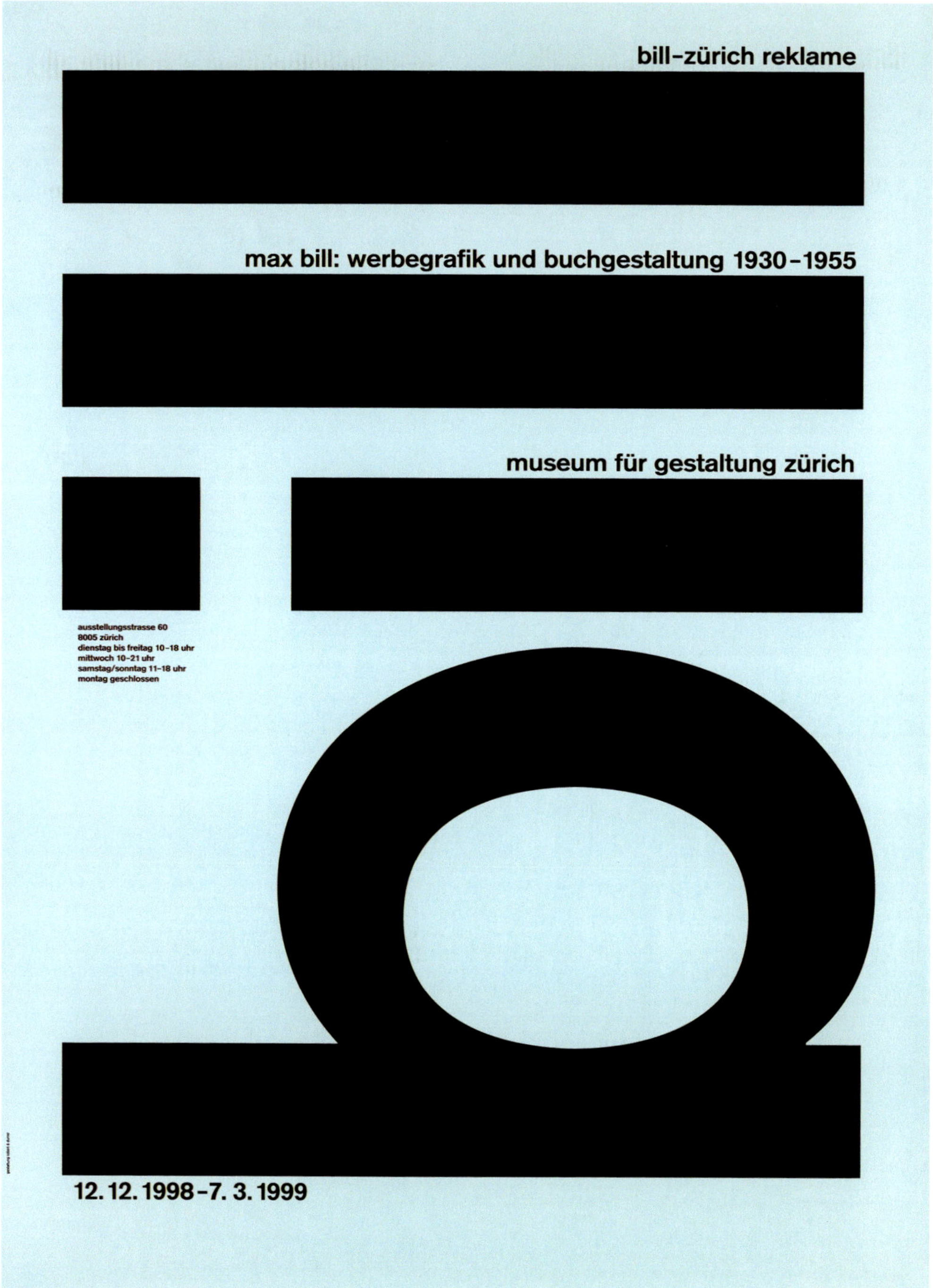

154 **Robert & Durrer / Jean Robert, Käti Robert-Durrer**
Bill-Zürich Reklame / Max Bill:
Werbegrafik und Buchgestaltung 1930–1955
1998

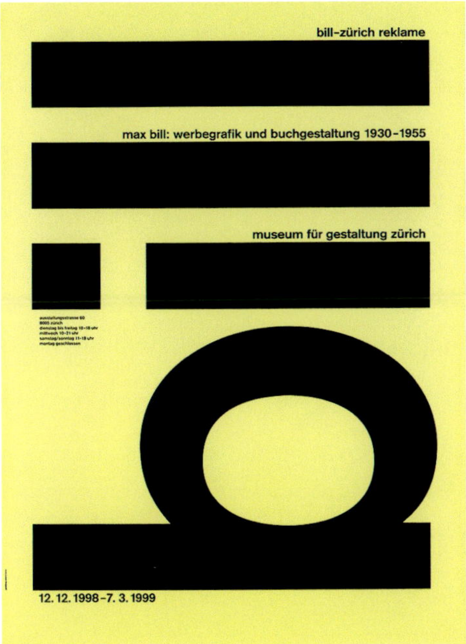

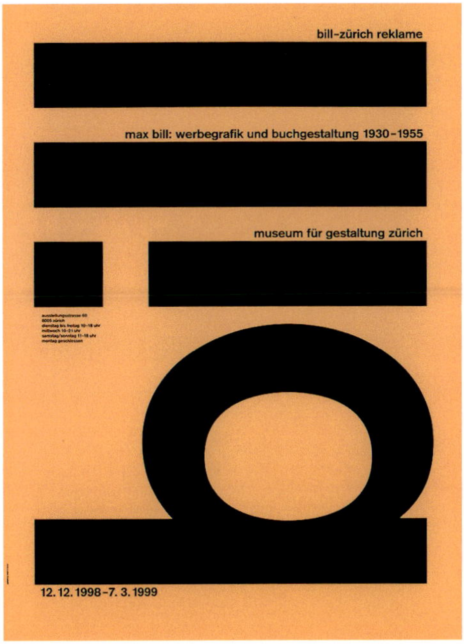

155 / 156 **Robert & Durrer / Jean Robert, Käti Robert-Durrer**
Bill-Zürich Reklame / Max Bill:
Werbegrafik und Buchgestaltung 1930–1955
1998

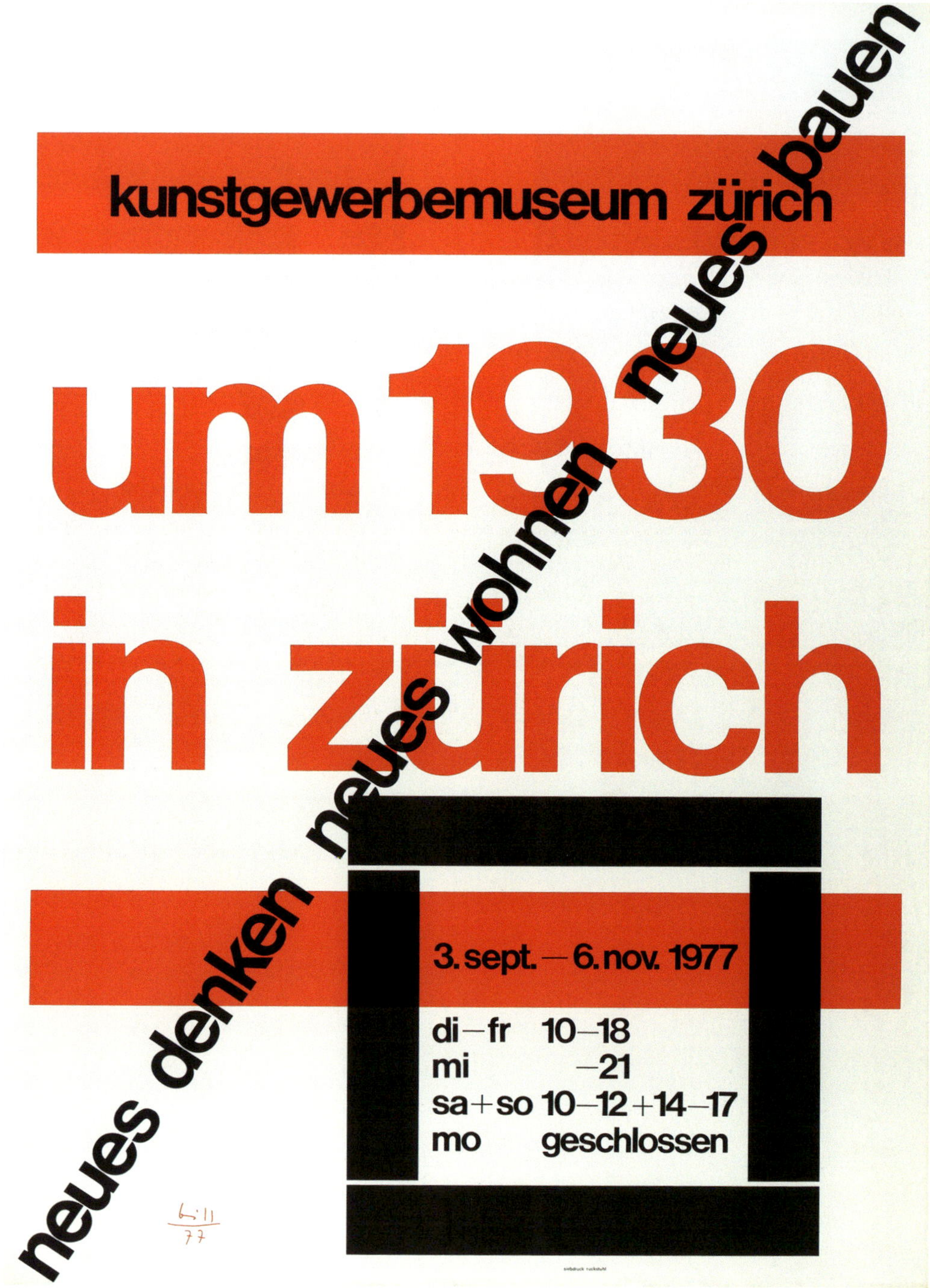

157 **Max Bill**
Um 1930 in Zürich / Neues Denken / Neues Wohnen / Neues Bauen
1977

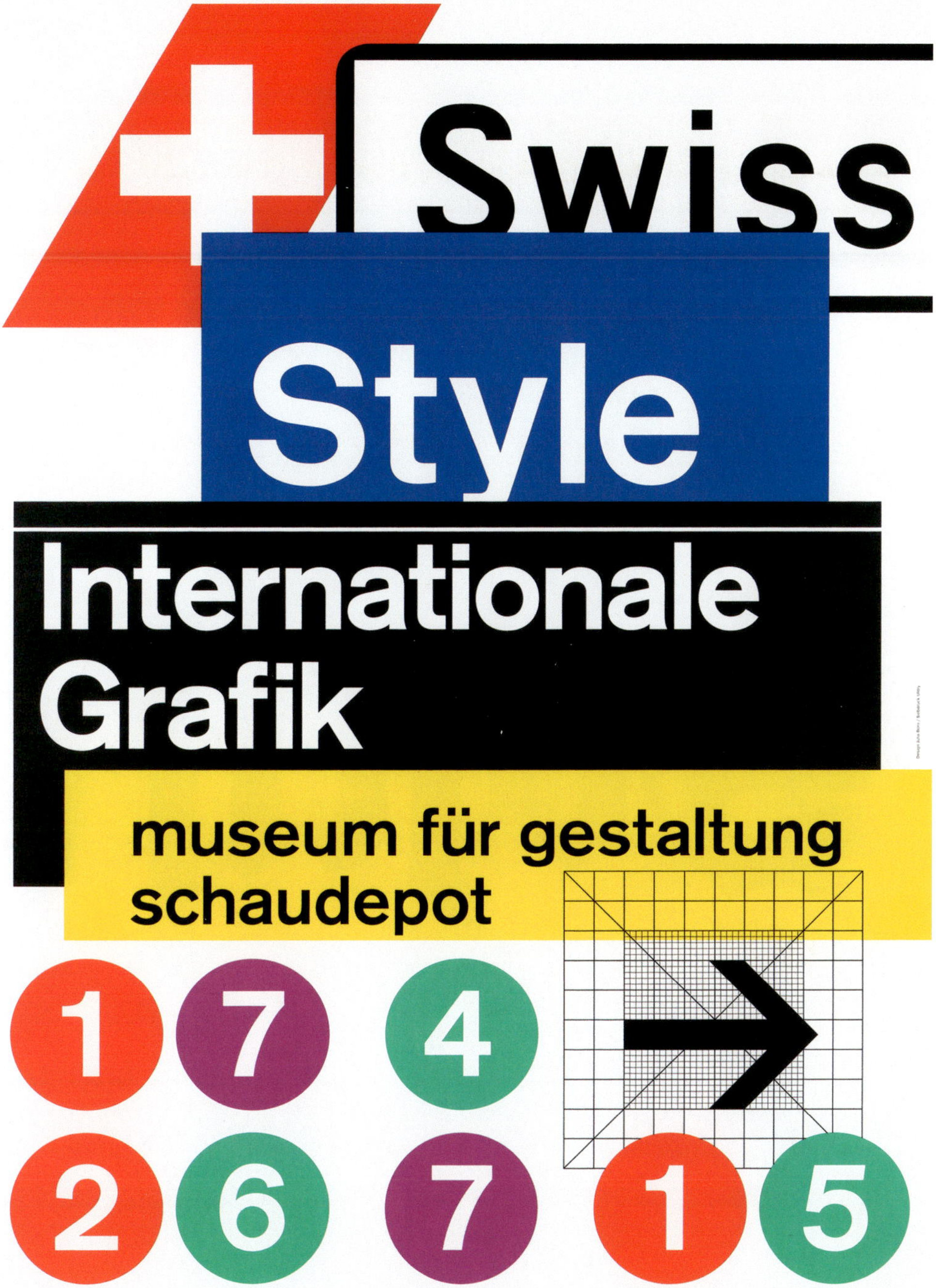

158 **Julia Born**
Swiss Style / Internationale Grafik
2015

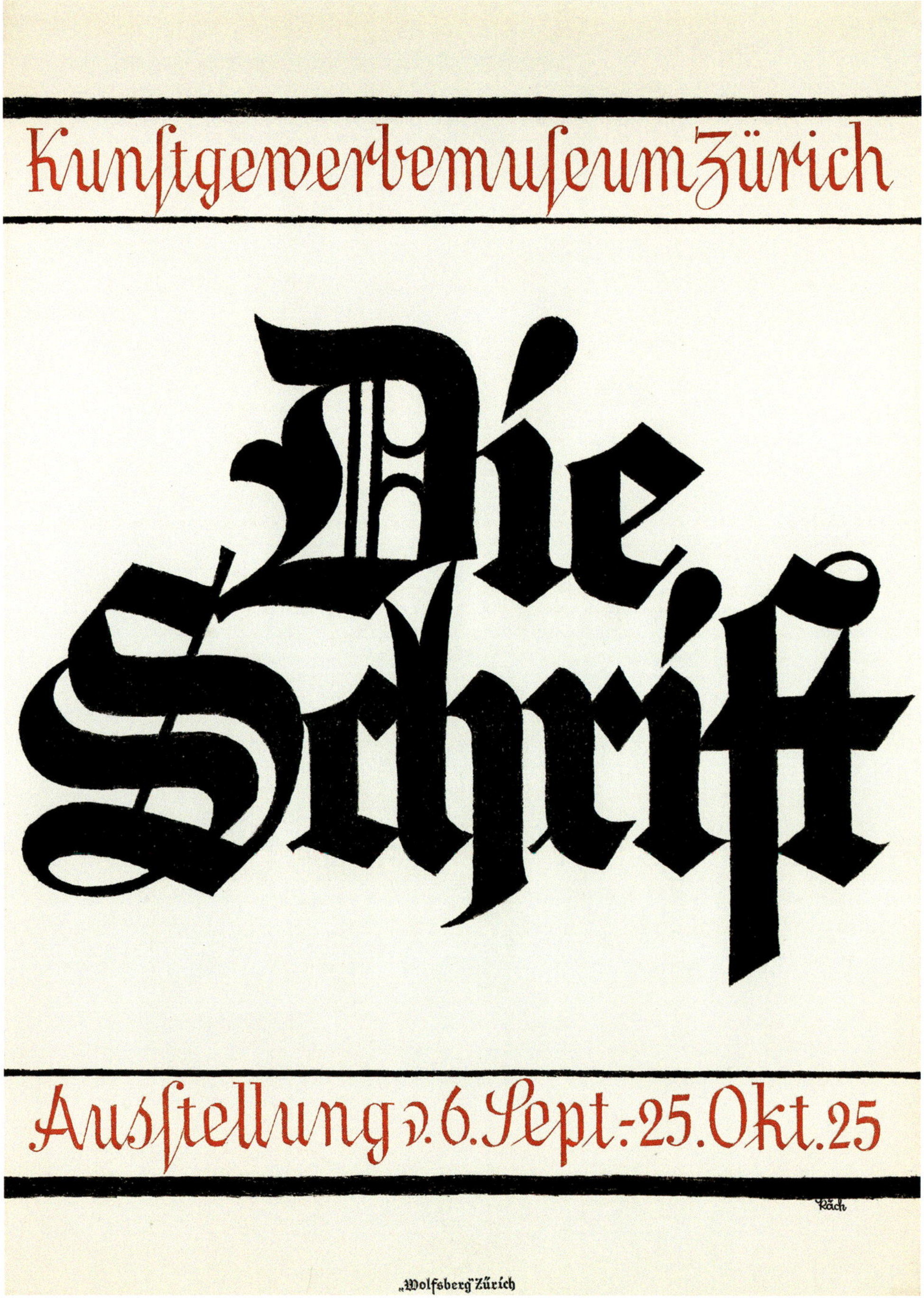

159 **Walter Käch**
Die Schrift
1925

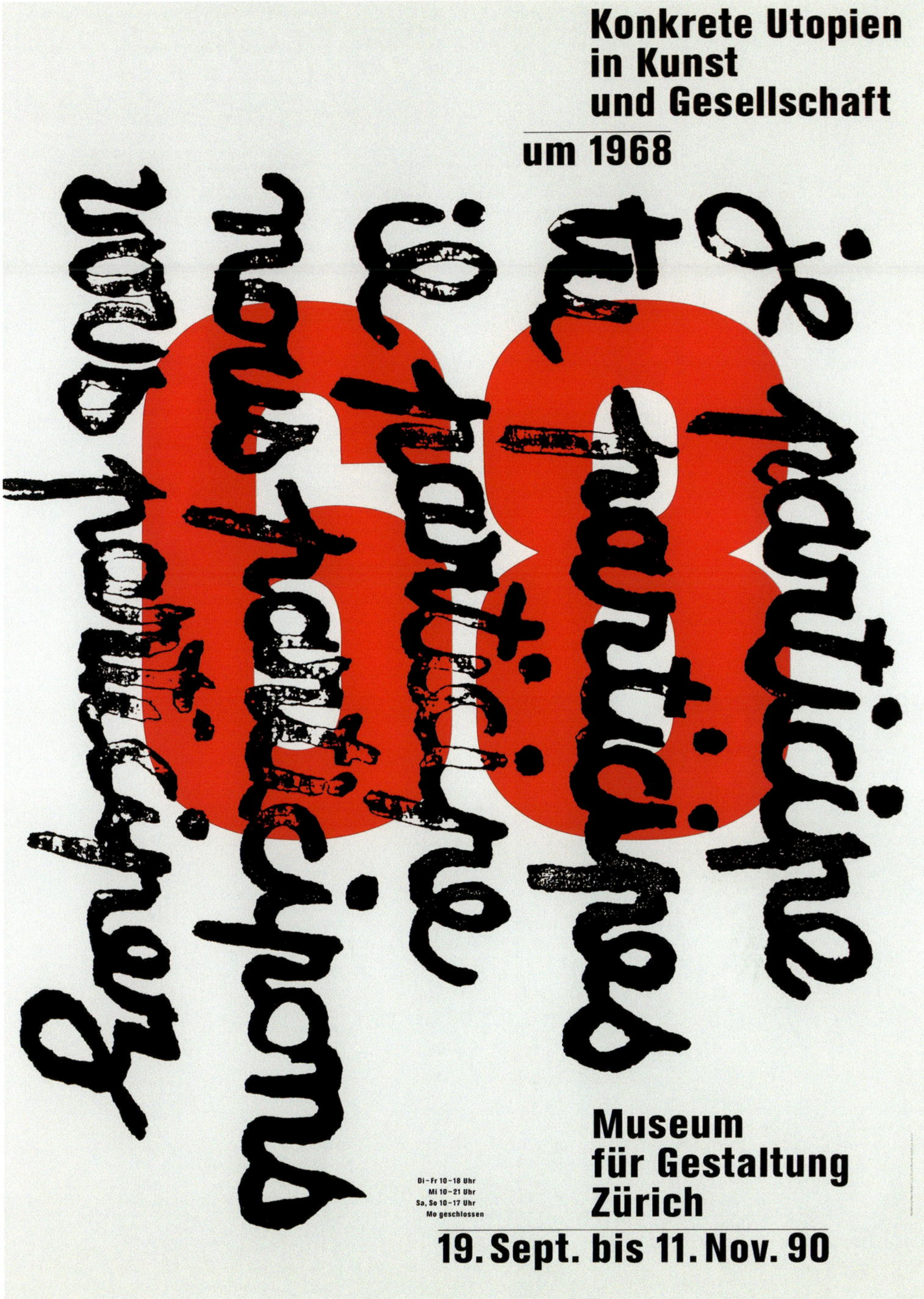

160 **Hans-Rudolf Lutz**
Um 1968 / Konkrete Utopien in Kunst und Gesellschaft
1990

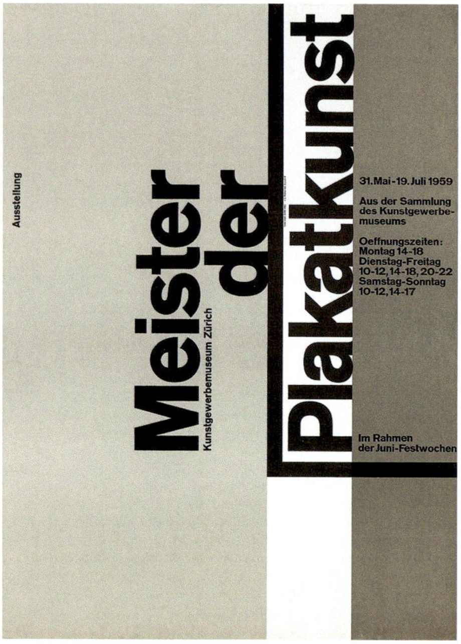

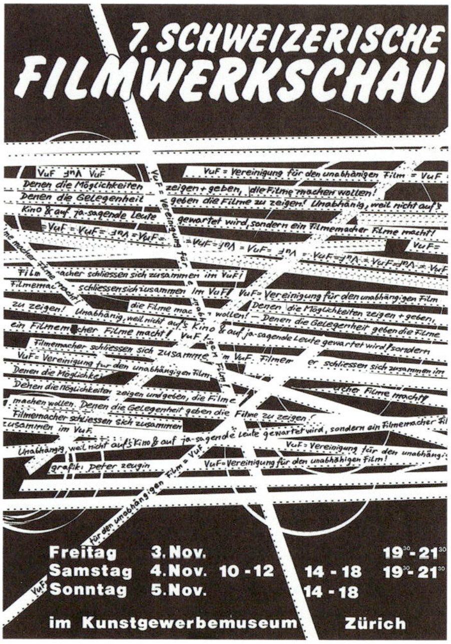

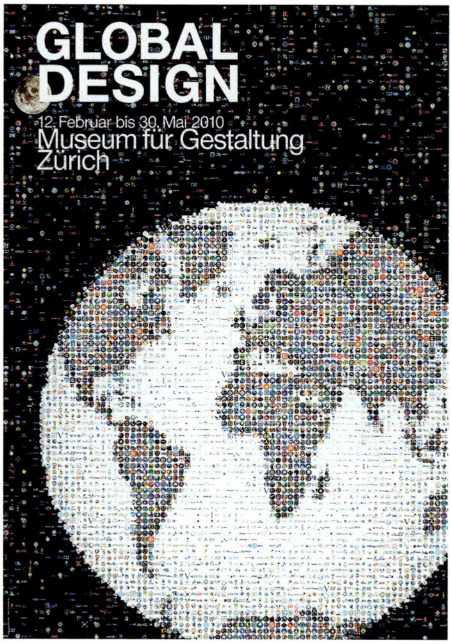

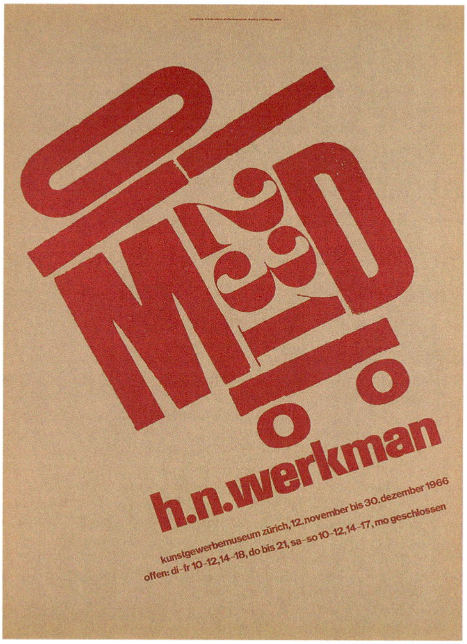

161 **Odermatt & Tissi / Siegfried Odermatt**
Meister der Plakatkunst
1959

162 **Lars Müller, Tessy Ruppert**
Global Design
2010

163 **Peter Zeugin**
7. Schweizerische Filmwerkschau
1978

164 **Fridolin Müller**
H. N. Werkman
1966

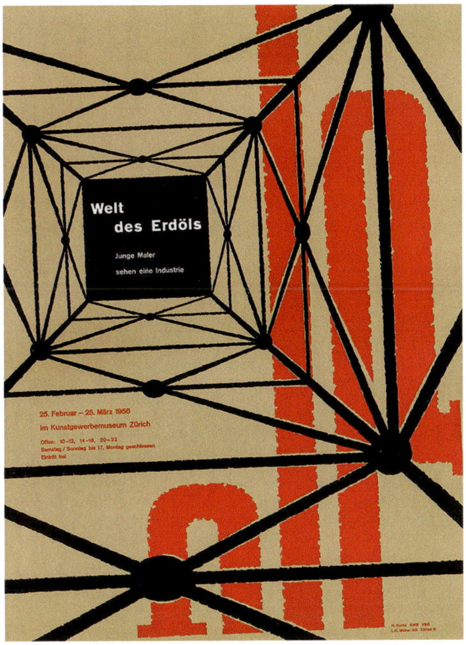

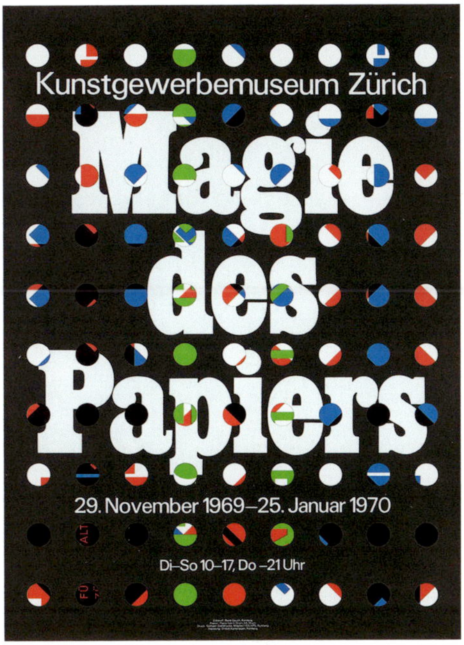

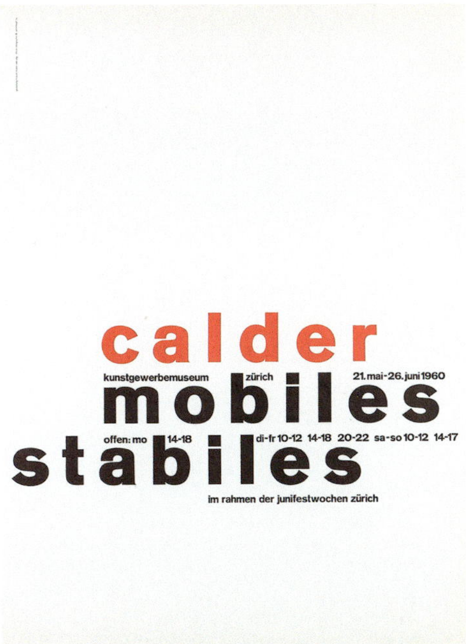

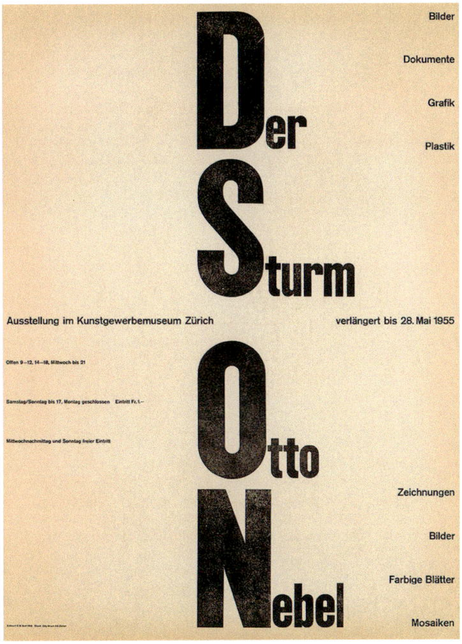

165 **Helmuth Kurtz**
Welt des Erdöls / Junge Maler sehen eine Industrie
1956

166 **Fridolin Müller**
Calder / Mobiles Stabiles
1960

167 **René Gauch**
Magie des Papiers
1969

168 **Carl B. Graf**
Der Sturm / Otto Nebel
1955

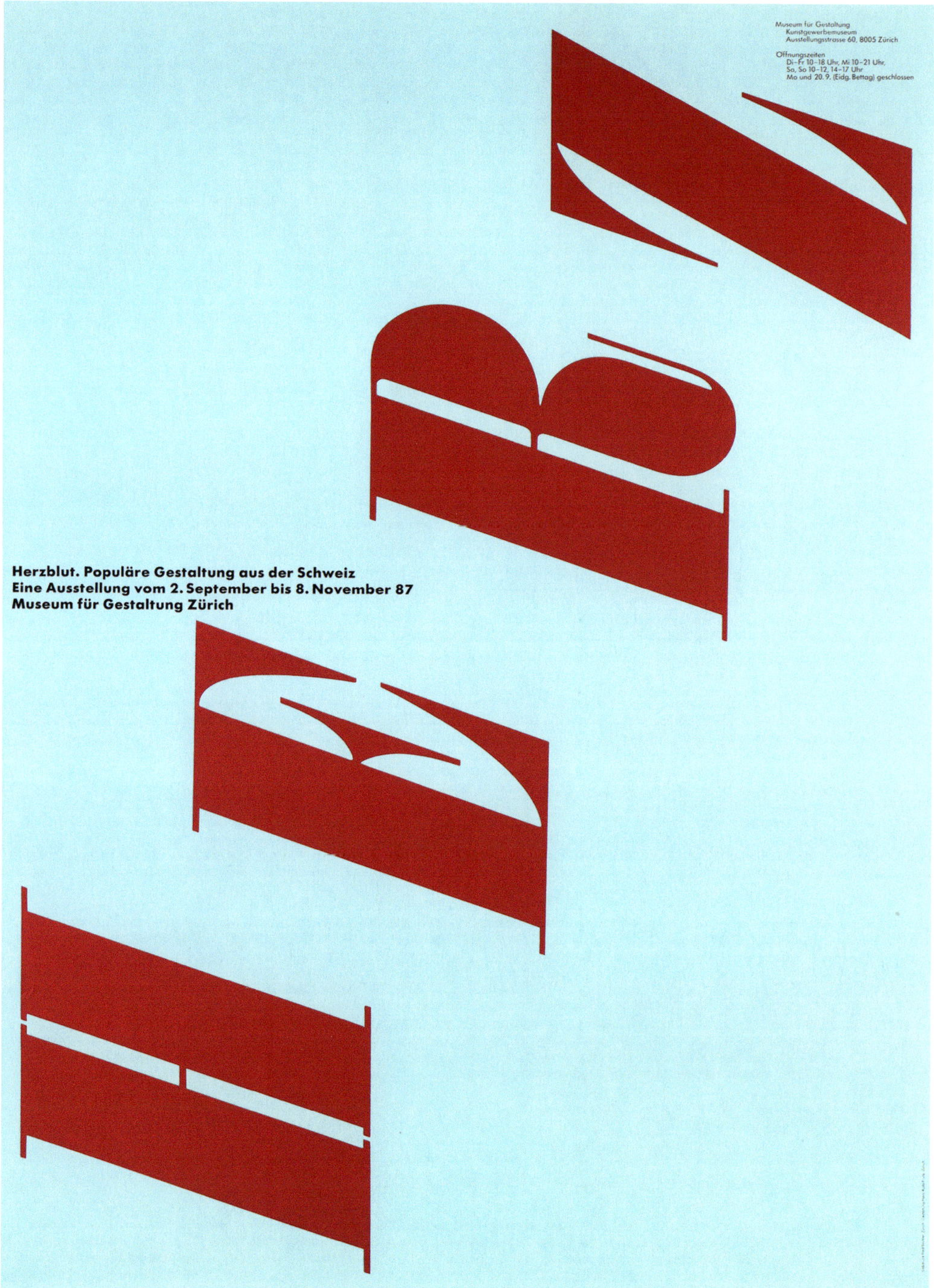

169 **Hans-Rudolf Lutz**
Herzblut / Populäre Gestaltung aus der Schweiz
1987

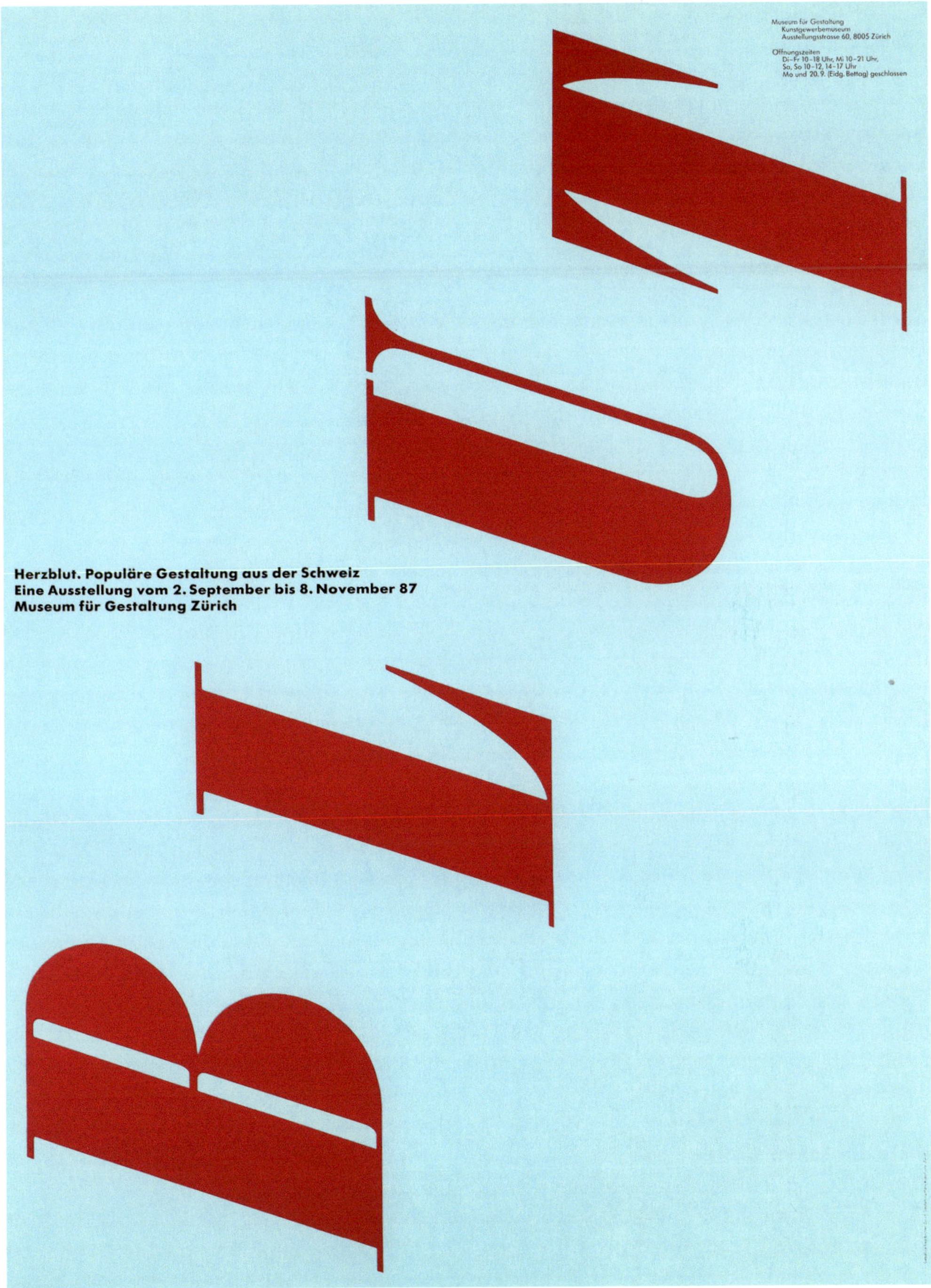

170 **Hans-Rudolf Lutz**
Herzblut / Populäre Gestaltung aus der Schweiz
1987

EXHIBITION, POSTER, SCENOGRAPHY–INTERACTION AND TRANSFORMATION

Christian Brändle

Visitors encounter a huge mountain of garbage in the middle of the hall as they enter the exhibition *Out to Sea? The Plastic Garbage Project* (2012). Industrial pallets and blue-and-white wooden crates grouped together in the lateral wings present thematic clusters; loosely arranged on the pale-green floor, they evoke cargo lost by a freighter in a storm E.

In this project, the exhibition scenography played a crucial part in conveying the show's content: thematically, by making the vast extent of marine litter immediately visible and tangible; on a semantic, associative plane, because the spatial configuration, color palette, material expression, and the garbage conjure up a setting that in a sense transports the audience to the high seas and directly to the scene of the crime. The exhibition poster pursues the same goal. The graphic designers take us deep into azure waters–yet the huge quantity of garish plastic waste bobbing around disturbs this apparent idyll 247.

The museum places great importance on the poster and the scenography for exhibitions: both are conceived to convey the show's content fittingly, underpinning and reinforcing it through the media deployed. At the same time, the poster in particular must also work as a stand-alone design. The examples in this publication demonstrate that particularly strong graphic work is of the essence when it comes to attaining contemporary goals, which call for a blend of effective communication, exacting design ambitions, and clear representation of exhibition content.

The history of the Museum für Gestaltung Zürich and its predecessor, the Kunstgewerbemuseum Zürich, sheds light on evolving attitudes and practices: in the first decades after the museum was founded in 1875, posters (when these were produced) and exhibition displays tended to be nondescript, with few links to specific projects. Exhibits were presented in standard reusable display cases, glass cubes that were set on a solid wooden pedestal. Framed two-dimensional objects and texts about the show's various sections, often in strikingly large formats, supplemented this mode of presentation. These scenographic elements scarcely changed, irrespective of the exhibition content, just as there was little variation in how exhibits were arranged within the display cases.

PRECURSORS

One of the most notable exceptions is the exhibition series centered on *Das neue Heim* (The New Home, 1926–1928), which showcased modern architecture and interior design, seeking to present an entire program. Both the exhibits and the exhibition poster were characterized by an approach "eschewing all that was dispensable, super-

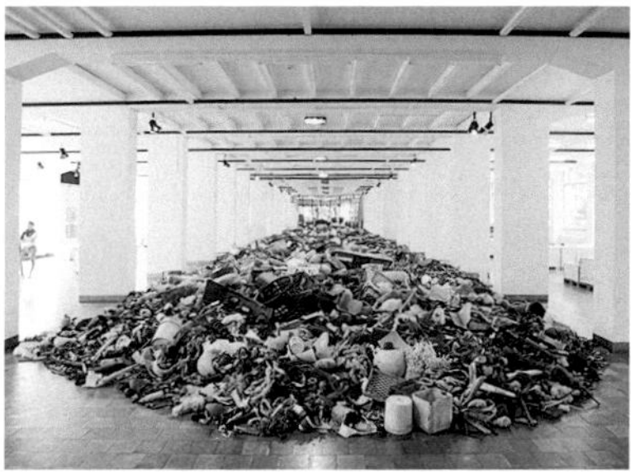

E

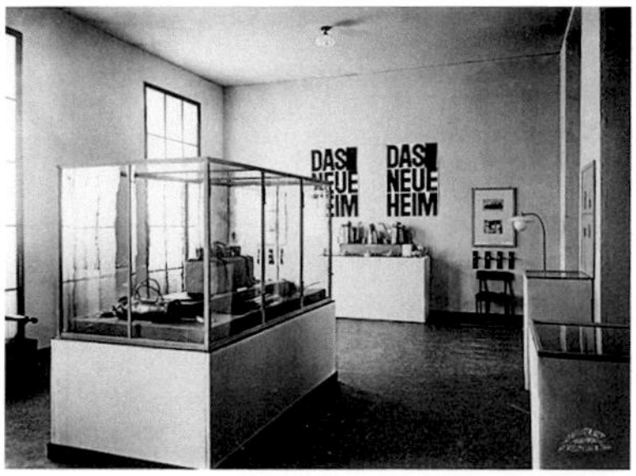

F

fluous in favor of the valuable, the most important elements."[1] Alfred Altherr, museum director at the time, organized a total of five exhibitions on contemporary design in just two years. For the first exhibition in 1926, interiors with comparatively bourgeois furnishings were reconstructed to "bridge the chasm"[2] between modernity and traditional national style. Ernst Keller's significant poster 174 already figured as an example in the subsequent project, *Form ohne Ornament* (Form Without Ornament, 1927) F. Summer 1928 saw the second *Das neue Heim* show, in which the museum went even further: on the basis of an architectural competition, a block with three residential units was constructed as an extended exhibition space with a guaranteed link to real-world conditions. These Rotach houses, still standing along the Limmat today, are infused with the DNA of the *Neues Bauen* (New Building) style and communicate the quintessence of the era's design strategy.

In 1933, the museum moved into its new building at Ausstellungsstrasse 60, which faces these houses on the opposite bank of the river traversing Zurich. This ruthlessly modernist building, the "Swiss Bauhaus" in a sense, stands in marked contrast to the historicist fairytale castle housing the Landesmuseum (Swiss National Museum) and offered entirely new possibilities. Initially content and graphic design were slow to respond. While the inaugural *Zürcher Werkkunst* (Zurich Design) exhibition above all celebrated the imposing main hall in its own right–the exhibits were primarily shown in the side aisles and gallery G–the exhibition poster adopted a regrettably conservative style, depicting the Zurich coat of arms held aloft by two flanking lions 14.

A NEW SELF-IMAGE

The museum only gradually picked up momentum in subsequent years: remarkable works were created by graphic designers such as Walter Käch, Ernst Keller, Alfred Willimann, and Max Bill, yet these pieces remained isolated examples. There was also little innovation apparent in the way in which exhibition design was tackled.

This did not change until the mid-1950s. The museum finally tapped into exhibition scenography's dramaturgical potential for the traveling exhibition curated by Edward Steichen. Titled *The Family of Man* H, this presented a photographic inventory of

E View of the exhibition *Out to the Sea?*, 2012

F View of the exhibition *Form ohne Ornament*, 1927

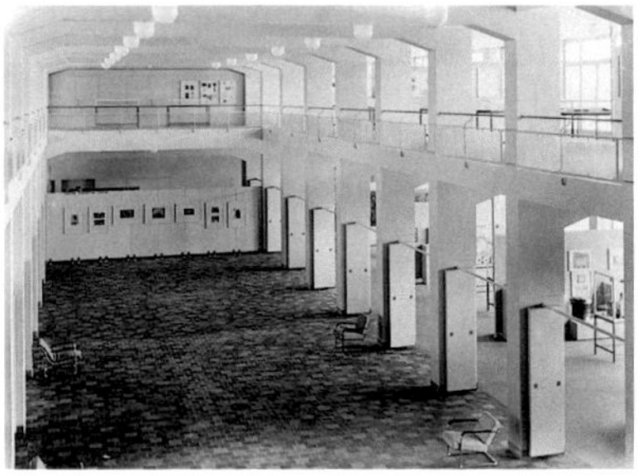

G

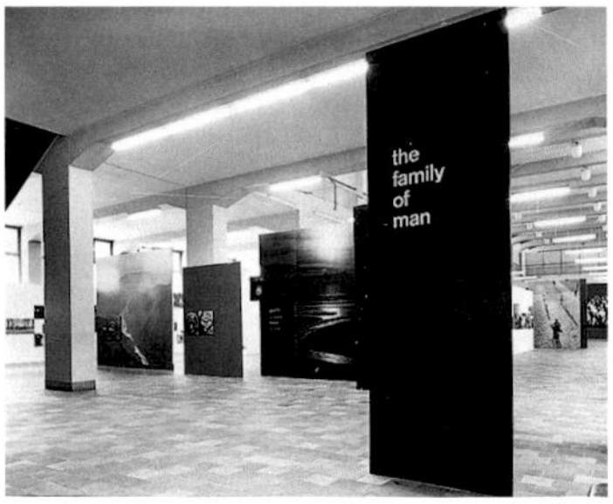

H

humankind in which large-format and full-bleed photographs, boldly angled partition walls of varying heights, and a carefully devised visitor guidance system reinforced and consolidated the exhibition's content. The project also marked the dawn of a new thematic direction for the Kunstgewerbeschule (Zurich School of Arts and Crafts), which had grown out of the museum in 1878. *Neue Sachlichkeit* (New Objectivity), which had previously shaped teaching there for decades, grew less relevant and influential as attention turned to depictions of humans and to "concerned photography."

A further fundamental scenographic element emerged in the 1950s, over and above the adaptable partition walls for exhibit presentation that had already become well-established by that time: a frame made of steel pipes and connecting sleeves that offered scope for manifold variants, arranged around existing modules that served as basic building blocks. Construction and structure were also vital concerns informing poster designers' practice in those years. Influenced by *Neue Grafik* (New Graphic Design), the ordering force of the grid predominated in designs that were almost always rooted in Berthold's Akzidenz Grotesk, which has held its own to this day as the museum's signature typeface 134–139.

EPHEMERA

This museum of applied arts has always engaged with a highly diverse spectrum of topics. For over a hundred years, these encompassed thematic or monographic positions from industrial and product design, arts and crafts, fashion, textiles and jewelry, graphic design, typography, poster and book art, as well as architecture, interior design, and public space. Work by individual artists has also been shown on numerous occasions, for example, in the major Alexander Calder exhibition *Mobiles Stabiles* in 1960 166.

Whereas initially the exhibits and thematic focus generally engaged with the material world, in the 1990s the focus shifted to embrace new topics: socio-political issues, the Internet, and new media. Exhibitions faced the additional challenge of making these semi-immaterial realms accessible and giving tangible expression to them in the posters and exhibition staging. Furthermore, exhibition architecture was increas-

G View of the exhibition *Zürcher Werkkunst,* 1933

H View of the exhibition *The Family of Man,* 1958

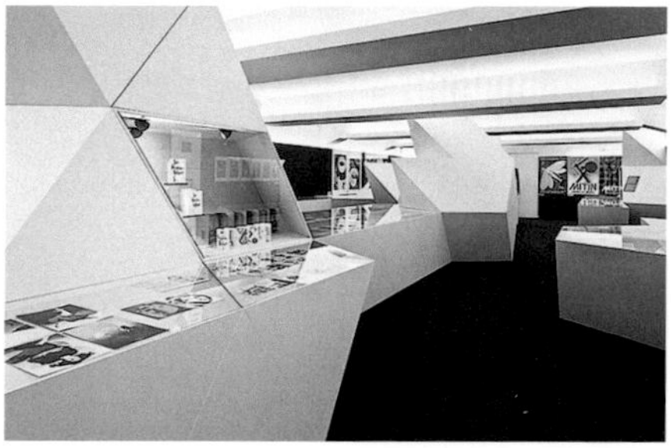

I

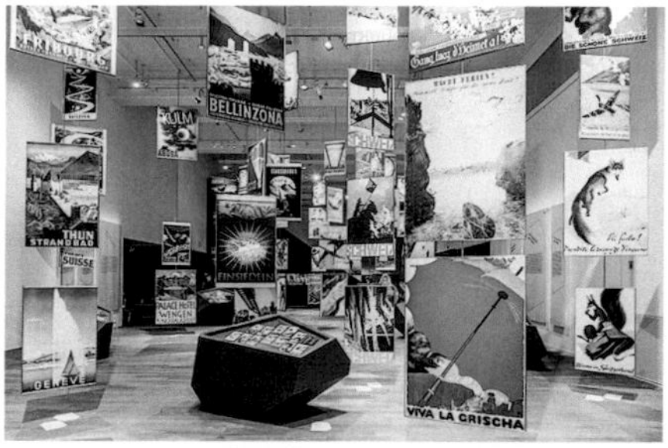

J

ingly viewed as an autonomous medium. The museum began to work with architects specialized in this field, seeking to imbue each project with a scenographic identity alongside the curatorial imprimatur I, J**.**

Today, the size and quality of the in-house workshop team underscores the continuing importance of exhibition scenography for the museum. Ideally, an exhibition's content, design, and dramaturgy merge to form a meaningful whole. However, especially when devising scenography, there is always a fine line between showmanship and creative reinterpretation of the exhibition content. Some designs are excessively dominant and self-referential, and so attention-grabbing that the staging comes to the fore, with the content playing second fiddle to the scenography.

However, seeking out new partnerships for each exhibition project has proved an invaluable tactic. Nowadays the museum continues to offer established graphic artists, designers, and architects direct commissions for exhibition designs and the associated communication media. This method is intended to generate projects with a clear authorial imprint that will contribute to the contemporary design debate as commissioned works. Content-driven narrative and its formal transposition therefore evolve in parallel design processes for the exhibition's content, scenography, and posters, grounded in constructive exchanges between all those involved. These interactions inevitably give rise to goal-related conflicts and tensions; however, in the best-case scenario, they unleash unexpected energy, considerably enriching the final outcome.

1 Maria Weese, "Was wir brauchen," in: Kunstgewerbemuseum der Stadt Zürich (ed.), *Wegleitungen des Kunstgewerbemuseums der Stadt Zürich,* no. 68, Zurich 1926, p. 6.
2 Johann Christoph Bürkle, "Die Typisierung des Alltäglichen: Max Ernst Haefeli und das Neue Bauen," in: Johann Christoph Bürkle and Ruggero Tropeano, *Die Rotach-Häuser: Ein Prototyp des Neuen Bauens in Zürich,* Zurich 1994, p. 15.

I View of the exhibition *Good Design, Good Business,* 2009

J View of the exhibition *Take a Holiday!,* 2017

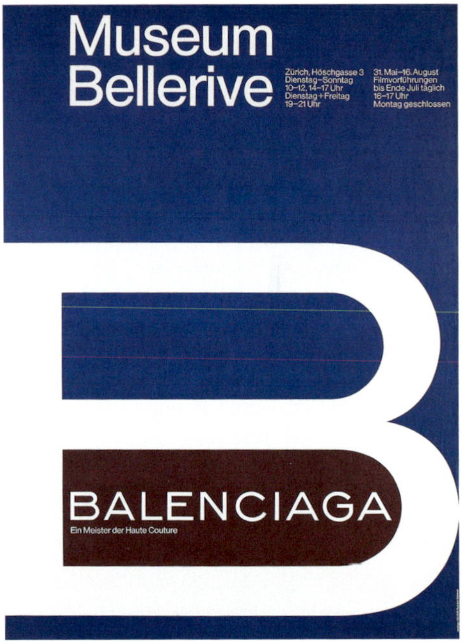

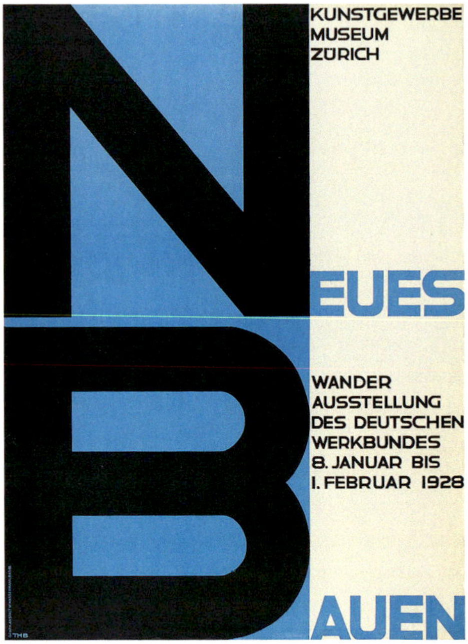

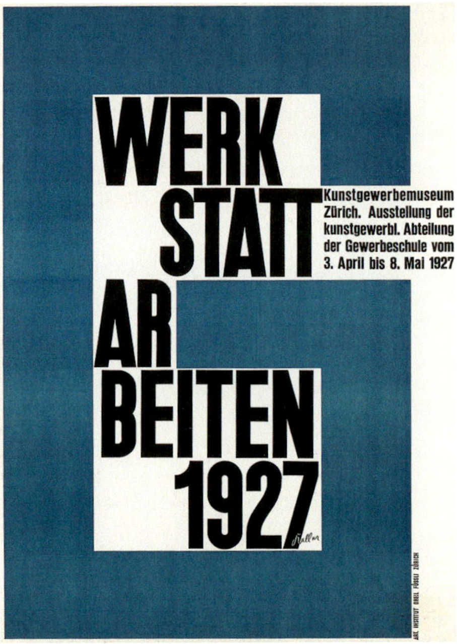

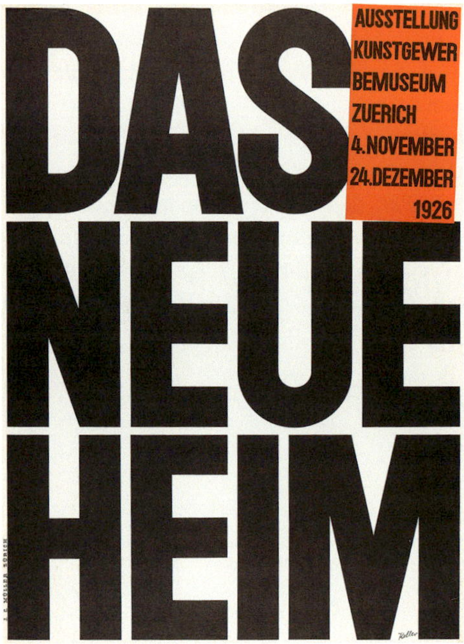

171 **Gérard Miedinger**
Balenciaga / Ein Meister der Haute Couture
1970

172 **Ernst Keller**
Werkstattarbeiten 1927
1927

173 **Theo Ballmer**
Neues Bauen / Wanderausstellung des Deutschen Werkbundes, 1928

174 **Ernst Keller**
Das neue Heim
1926

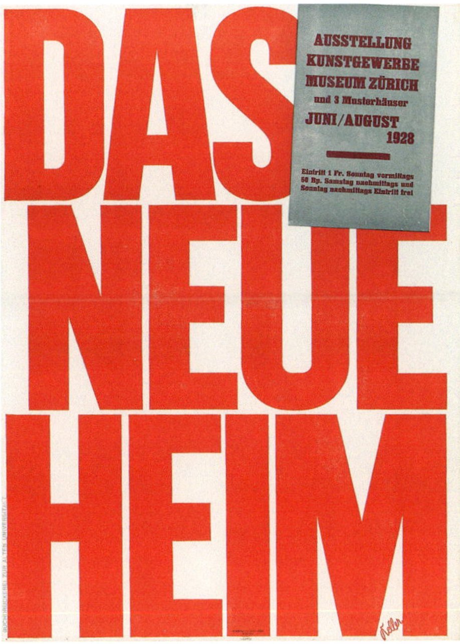

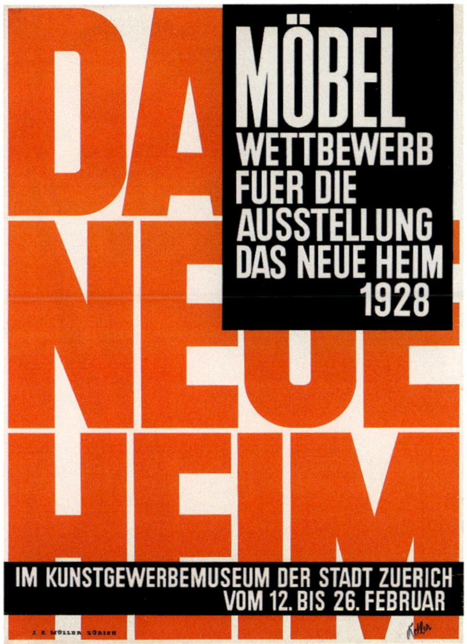

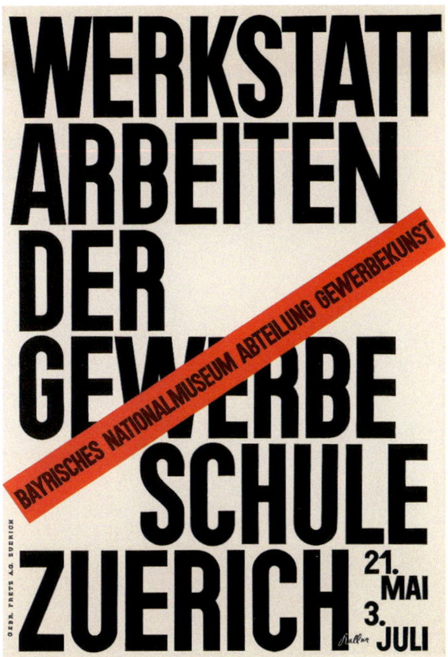

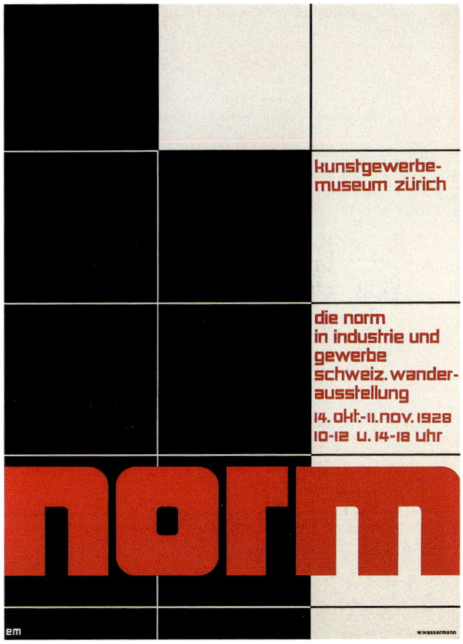

175 **Ernst Keller**
Das neue Heim
1928

176 **Ernst Keller**
Werkstattarbeiten der Gewerbeschule Zürich
1927

177 **Ernst Keller**
Das neue Heim / Möbel / Wettbewerb für die Ausstellung Das neue Heim 1928, 1928

178 **Ernst Mumenthaler**
Norm / Die Norm in Industrie und Gewerbe
1928

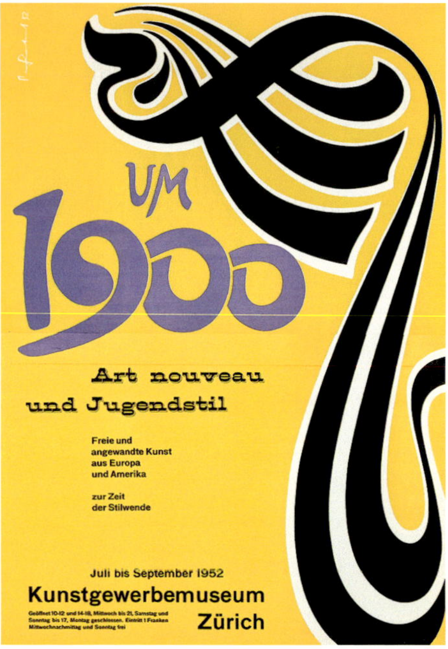

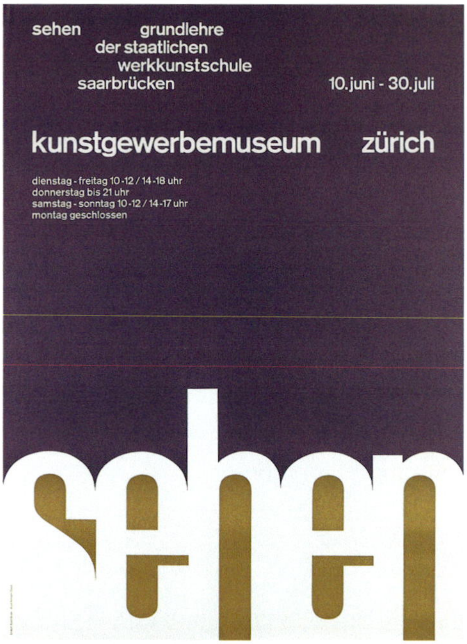

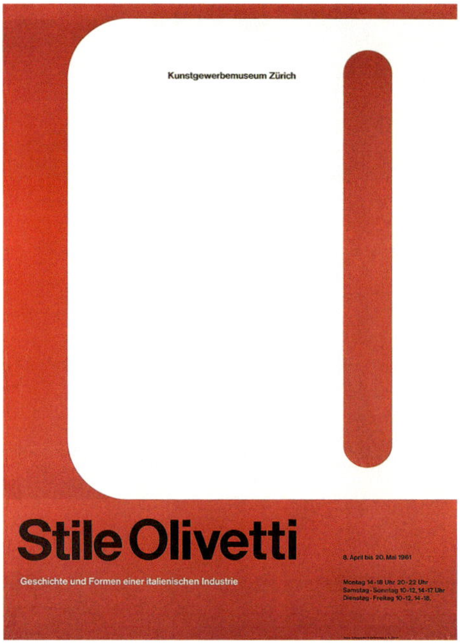

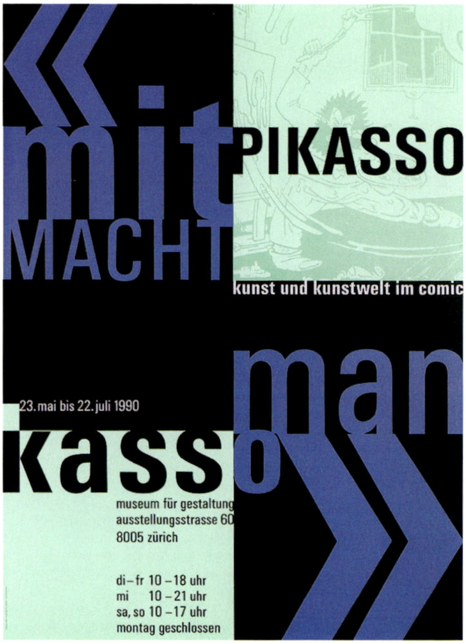

179 **Pierre Gauchat**
Um 1900 / Art Nouveau und Jugendstil
1952

180 **Walter Ballmer**
Stile Olivetti / Geschichte und Formen
einer italienischen Industrie, 1961

181 **Ruedi Becker**
Sehen / Grundlehre der Staatlichen Werkkunstschule
Saarbrücken, 1968

182 **Roli Fischbacher**
«Mit Pikasso macht man Kasso» /
Kunst und Kunstwelt im Comic, 1990

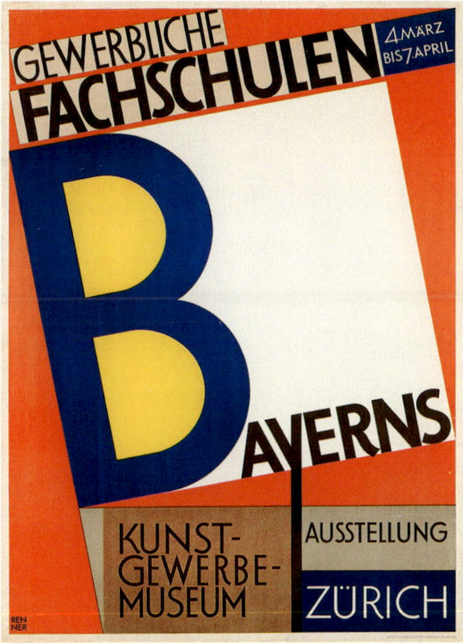

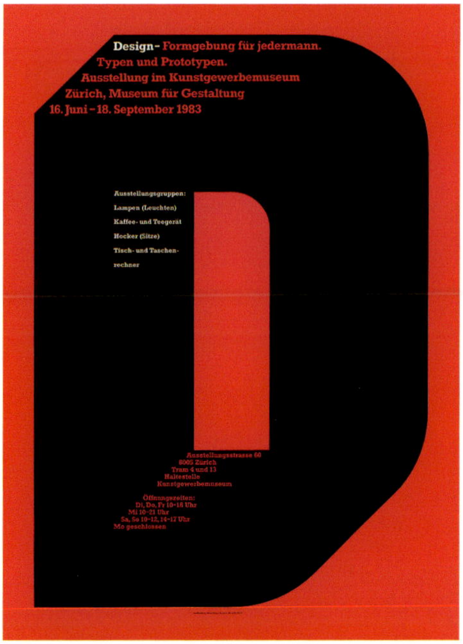

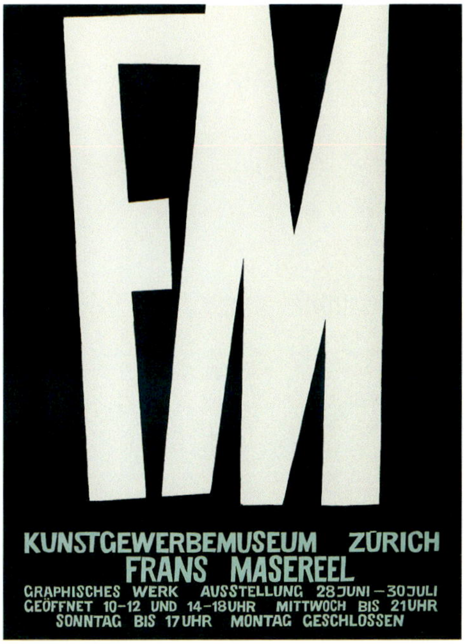

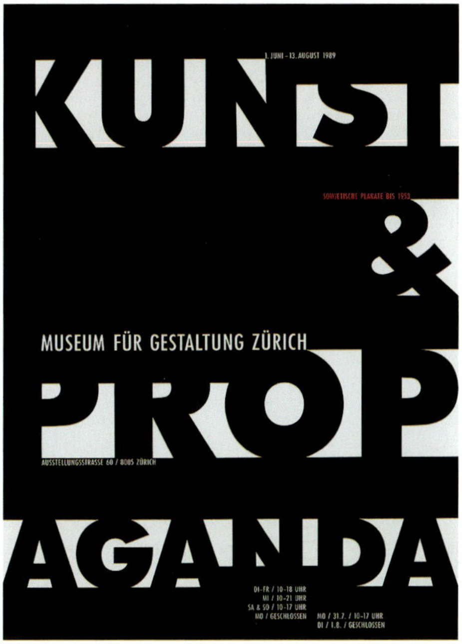

183 **Paul Renner**
Gewerbliche Fachschulen Bayerns
1928

184 **Heinrich Kümpel**
Frans Masereel / Graphisches Werk
1933

185 **Jörg Hamburger, Georg Staehelin**
Design / Formgebung für jedermann.
Typen und Prototypen, 1983

186 **Roli Fischbacher**
Kunst und Propaganda
1989

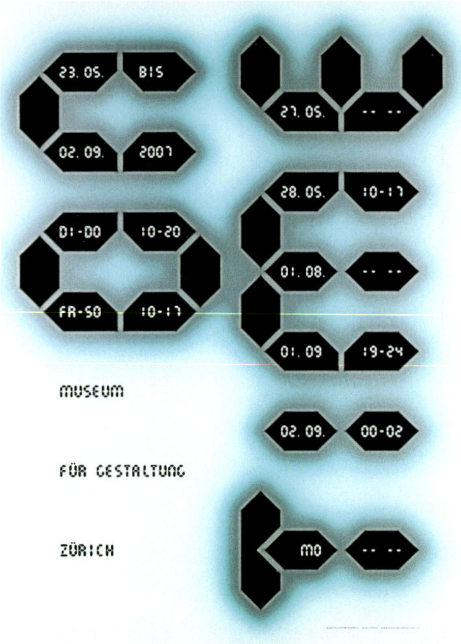

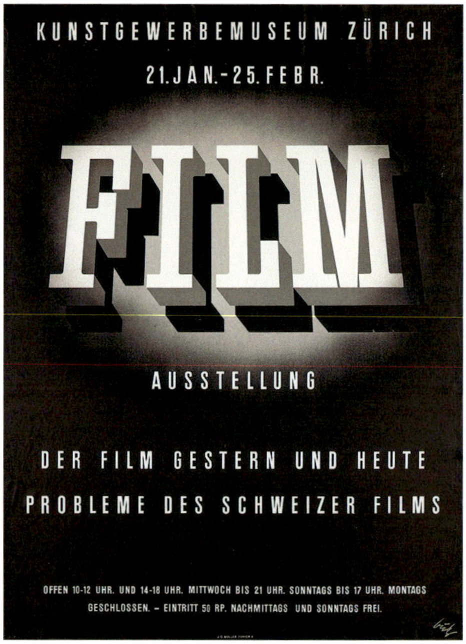

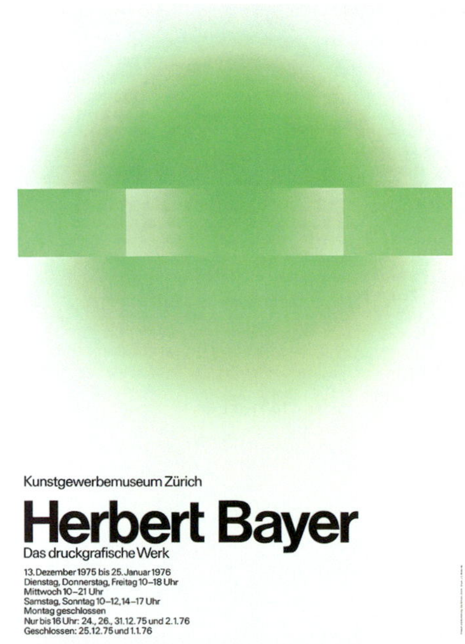

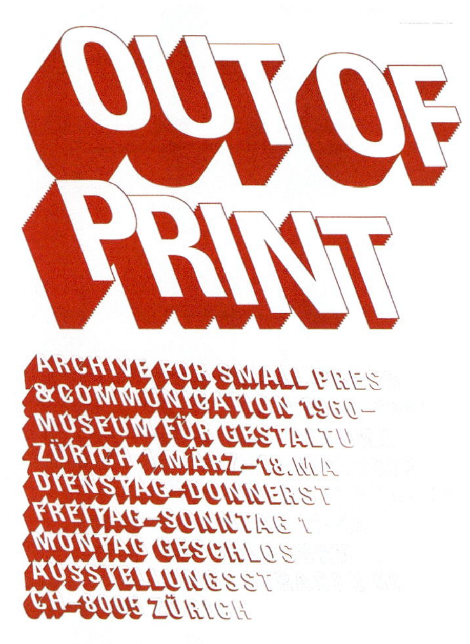

187 **Ralph Schraivogel**
On Time
2007

188 **Elso Schiavo**
Herbert Bayer / Das druckgrafische Werk
1975

189 **Fritz Butz**
Film / Der Film gestern und heute /
Probleme des Schweizer Films, 1945

190 **Ralph Schraivogel**
Out of Print / Archive for Small Press &
Communication 1960–1980, 2003

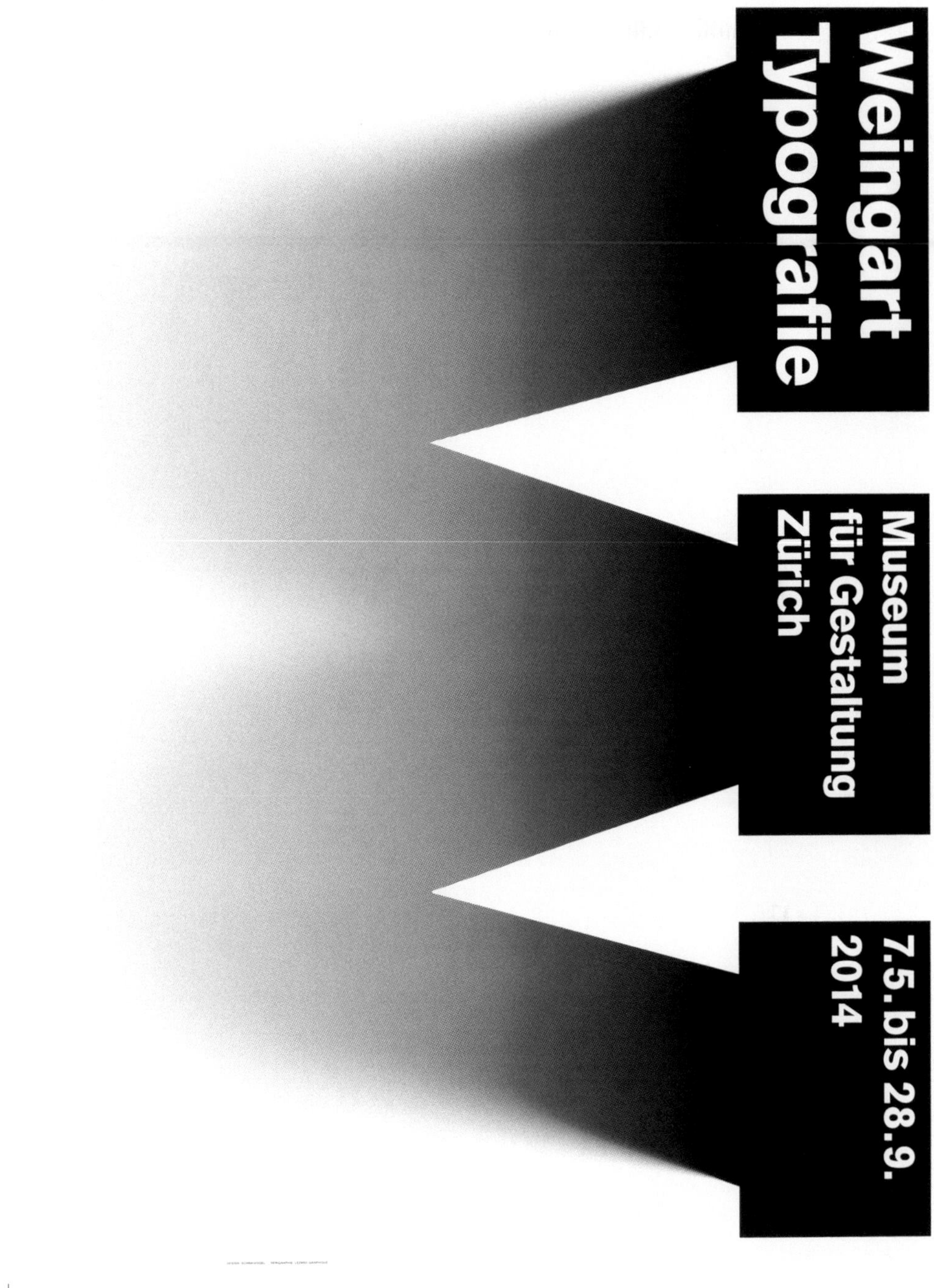

191 **Ralph Schraivogel**
Weingart / Typografie
2014

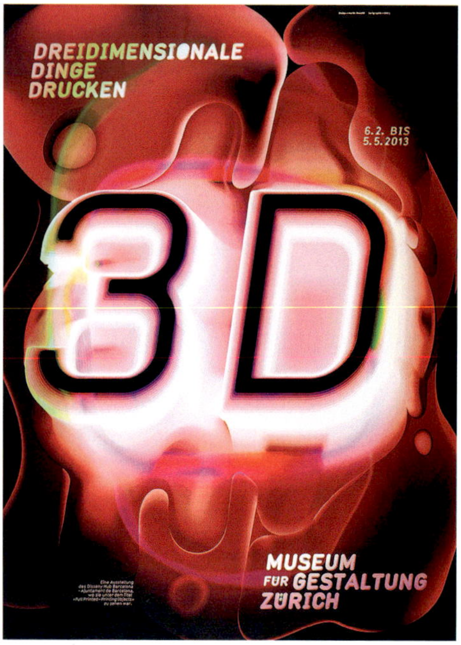

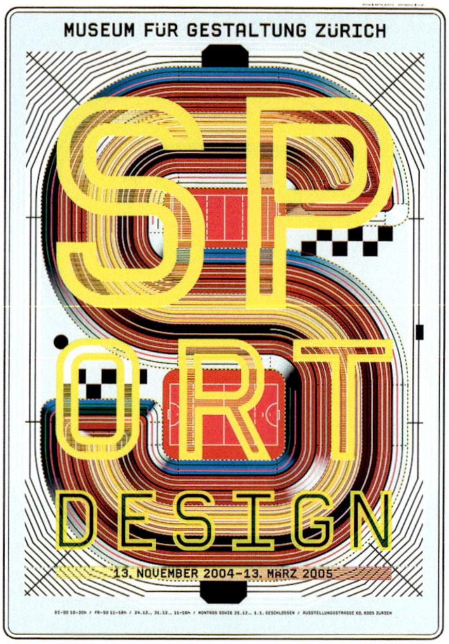

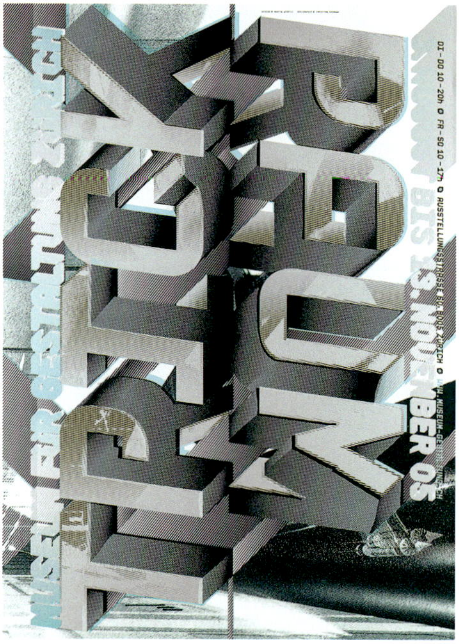

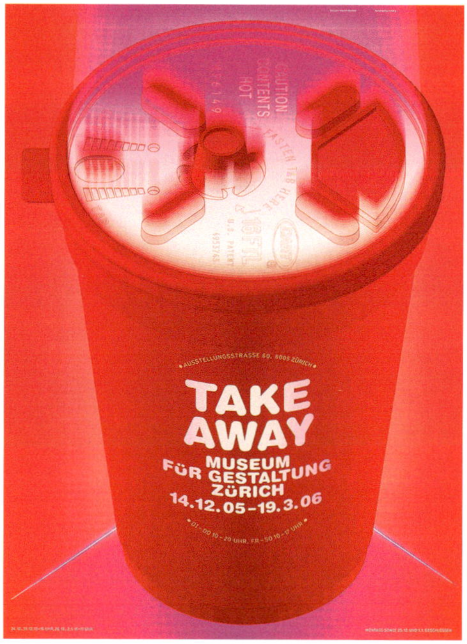

192 **Martin Woodtli**
3D / Dreidimensionale Dinge drucken
2013

193 **Martin Woodtli**
Trickraum
2005

194 **Martin Woodtli**
Sportdesign
2004

195 **Martin Woodtli**
Take Away
2005

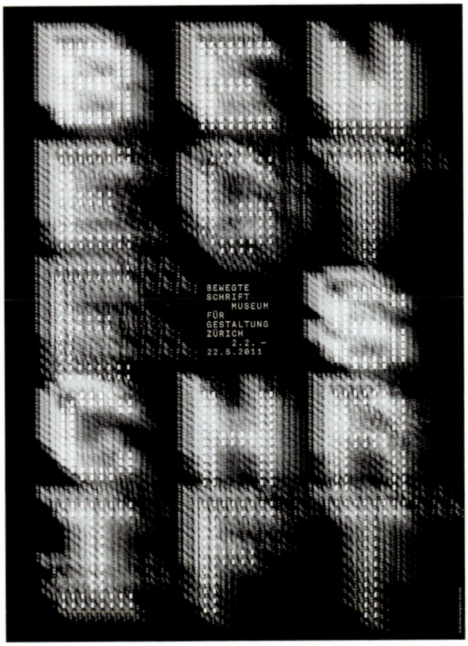

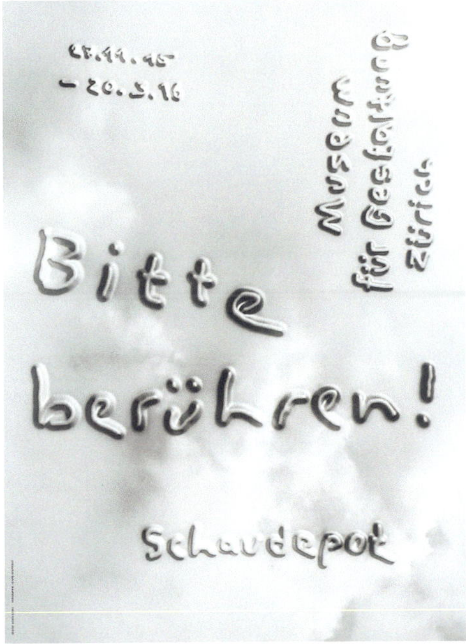

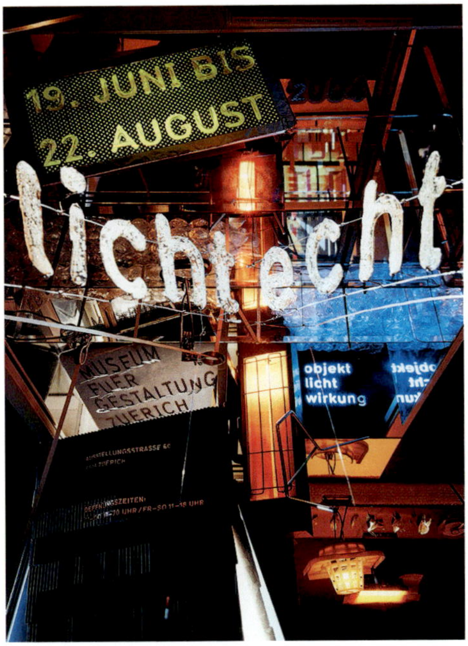

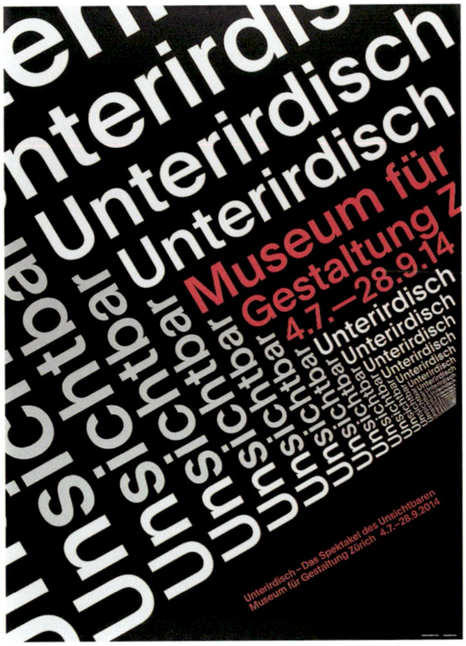

196 **Philippe Apeloig**
Bewegte Schrift
2011

197 **Martin Woodtli**
Lichtecht / Objekt / Licht / Wirkung
2004

198 **Ralph Schraivogel**
Bitte berühren!
2015

199 **Gavillet & Cie / Gilles Gavillet, Vincent Devaud**
Unterirdisch / Das Spektakel des Unsichtbaren
2014

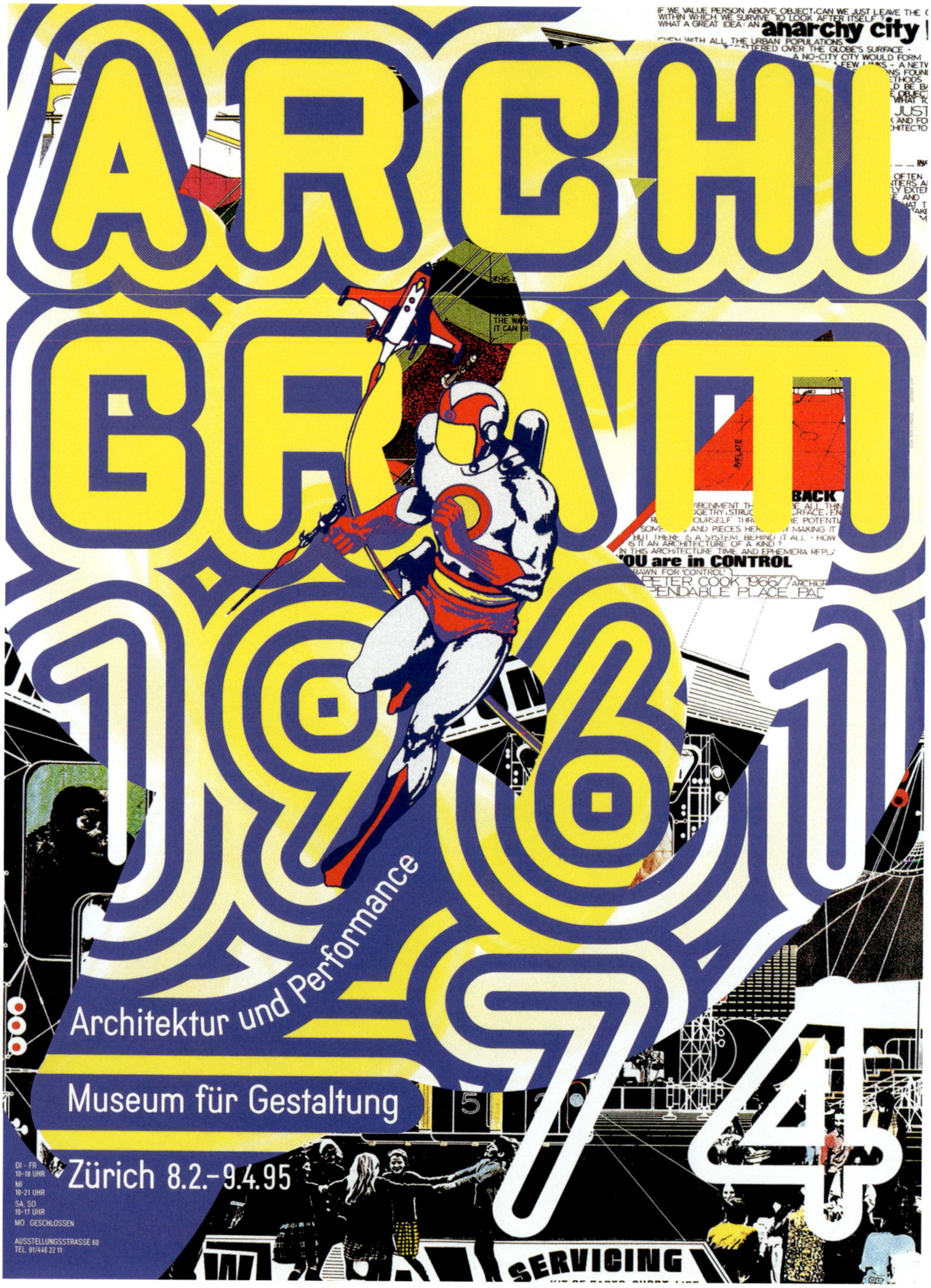

200 **Ralph Schraivogel**
Archigram 1961–74 / Architektur und Performance
1995

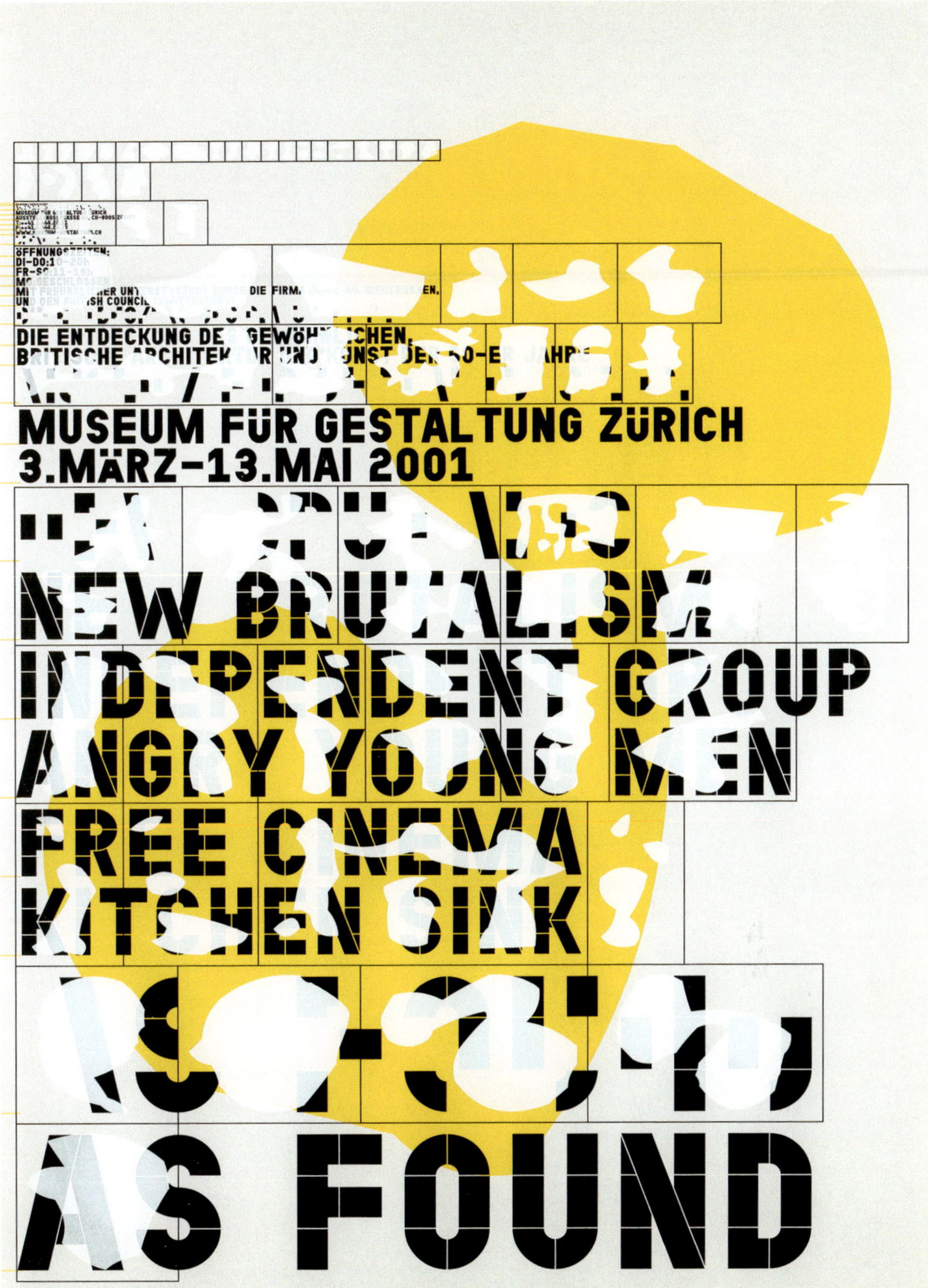

201 **Norm / Dimitri Bruni, Manuel Krebs**
As Found / Die Entdeckung des Gewöhnlichen,
Britische Architektur und Kunst der 50er-Jahre
2001

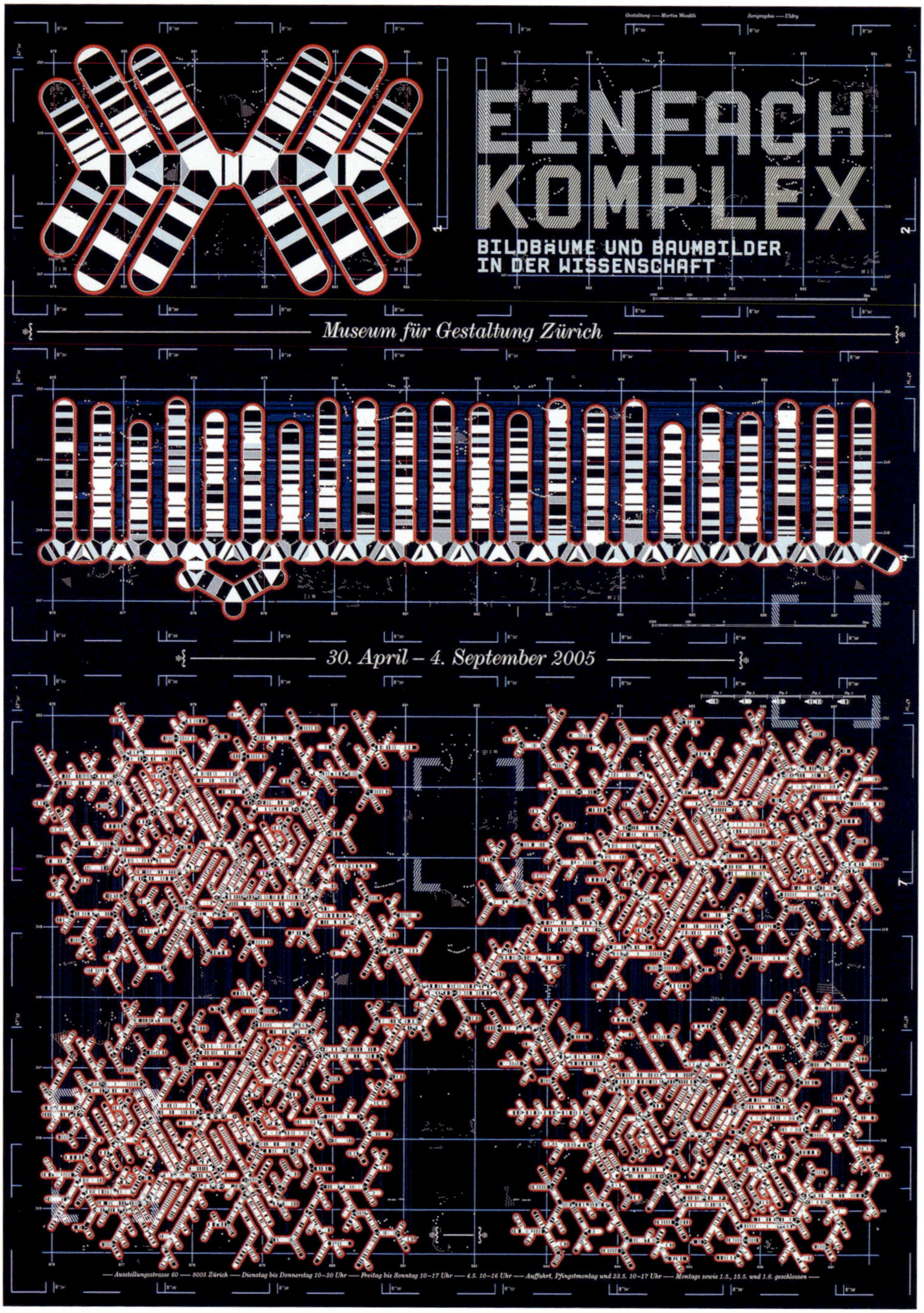

202 **Martin Woodtli**
Einfach Komplex / Bildbäume und Baumbilder
in der Wissenschaft
2005

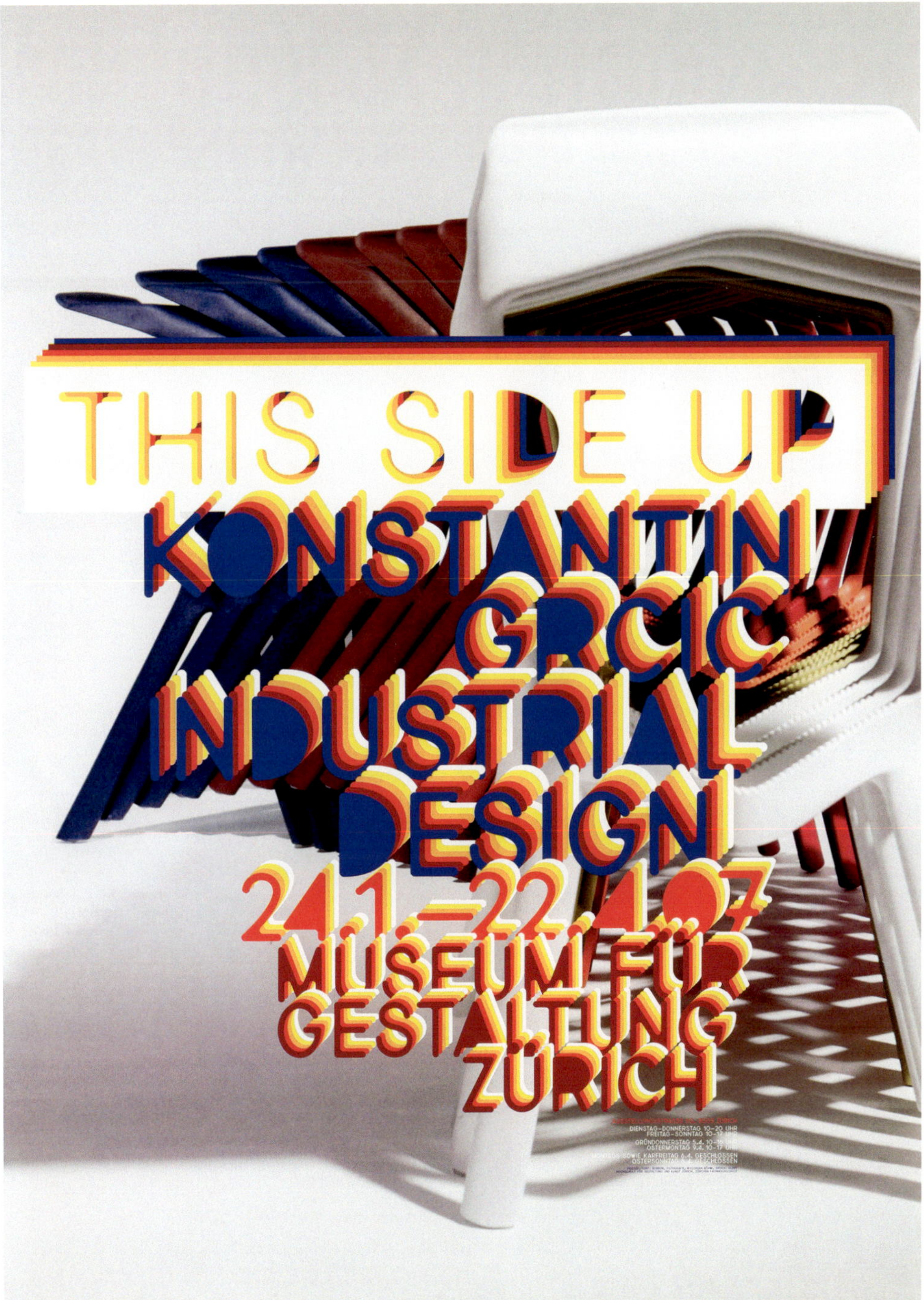

203 **Bonbon / Valeria Bonin, Diego Bontognali**
This Side Up / Konstantin Grcic / Industrial Design
2006

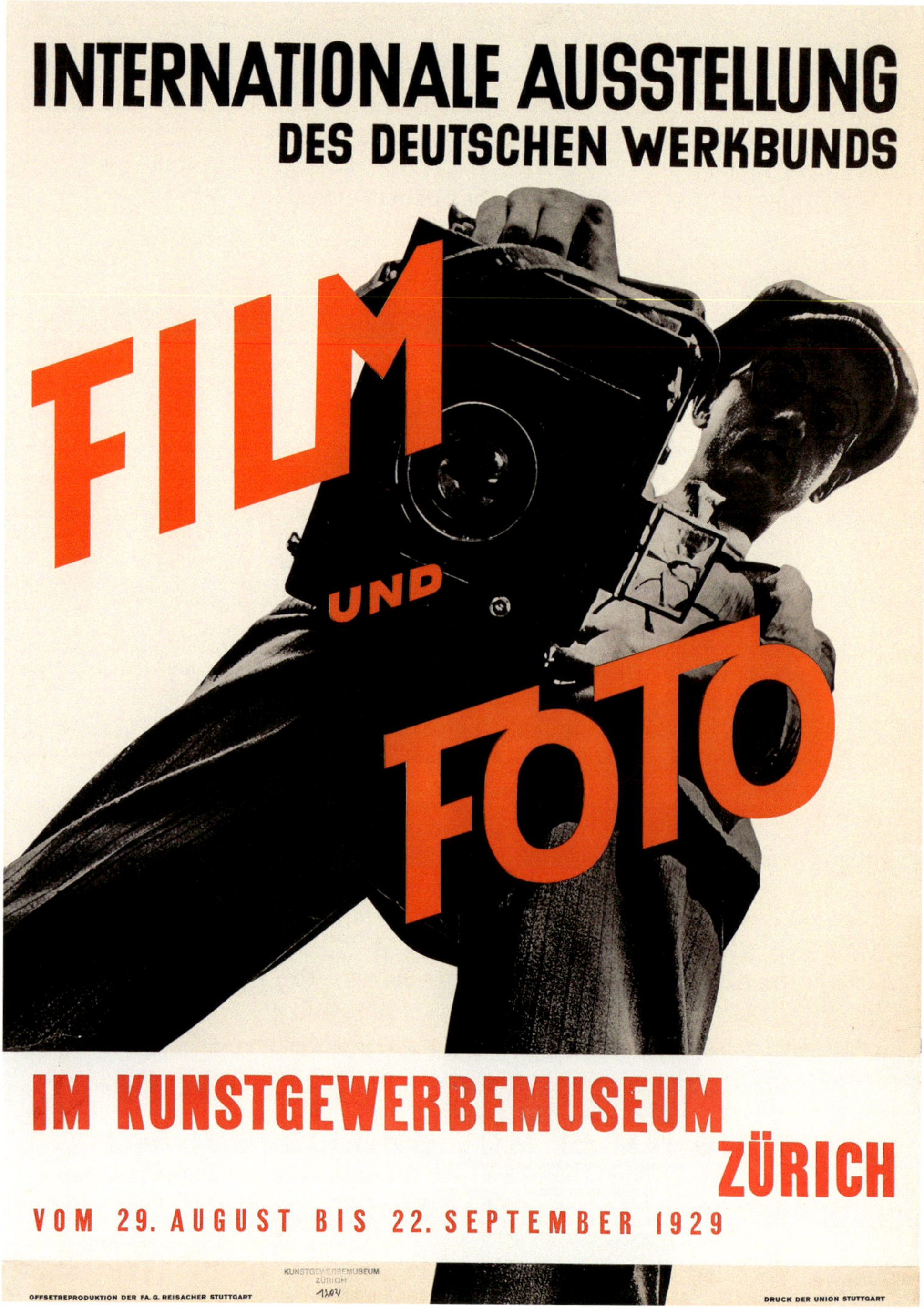

204 **Anonym**
Film und Foto / Internationale Ausstellung
des Deutschen Werkbunds
1929

MUSEUMSPLAKATE – VON IDEALEN UND ANDEREN PARTNERSCHAFTEN

Corinna Rösner

Ein gutes Museumsplakat ist ein starkes visuelles Signal, das die Essenz dessen, was mitgeteilt werden soll, adäquat, einprägsam und Neugier weckend darstellt. Tatsächlich aber ist das selten der Fall. Die Ursache dafür liegt im Zusammenspiel von Auftraggeber, dem Museum, und seinem Gegenüber, dem Grafiker.

Im Idealfall sind sowohl Auftraggeber als auch Entwerfer meinungsstark, selbstbewusst und eigenwillig, zugleich sensibel und kommunikationsfähig, einander vertrauend und respektierend. Daneben sind sie sachkundig und wissbegierig, was die Hintergründe des Auftrags betrifft. Unabdingbar ist das Wissen des Entwerfers und – das ist keineswegs selbstverständlich – des Auftraggebers um die Geschichte und Eigenart des Museums sowie um Idee und Sinn der Ausstellung, das heisst ihre Konzeption. Dass es nicht einfach ist, ein gutes Plakat zu entwickeln, wenn auf der Auftraggeberseite ein mehr oder minder gleichgültiger, fachfremder «Besteller» sitzt, etwa aus dem Direktionssekretariat oder der Presseabteilung, leuchtet ein. Starke Entwerferpersönlichkeiten schaffen es dennoch hin und wieder, auch wenn das Briefing unter diesen Umständen mangelhaft ist.

Umgekehrt kann ein starker Auftraggeber einen schwachen Designer nicht aufwiegen. Immer häufiger geschieht es, dass Entwerfer danach ausgesucht werden, wer das billigste Angebot abgibt. Letztlich bedeutet das aber doch: Die Vorherrschaft betriebswirtschaftlicher Kriterien offenbart einen schwachen Auftraggeber. Und über diesen Fall, dass nämlich auf beiden Seiten ein Minus steht, erübrigt es sich zu reden. Leider handelt es sich hier aber um die Mehrzahl. Plakate sind im Stadtbild meist kein Anreiz zum Hinschauen mehr, keine Augenlust, nicht mehr die viel zitierte «Galerie der Straße», sie sind Teil jener visuellen Umweltverschmutzung, die Alain Marendaz 1988 bitter als «Ikonorrhöe der Werbung, dieser von uns kaum noch bewußt wahrgenommene Bilddurchfall der Kommunikationsindustrie» brandmarkte.[1] Kulturplakate, auch Museumsplakate, tragen dazu in grossem Ausmass bei. Selten durchbricht ein markanter Entwurf das öde Einerlei. Noch seltener eine stimmig konzipierte, über Monate oder Jahre plakatierte Serie, die sich in ihrer Beharrlichkeit in der Erinnerung der Passanten festhaken und Wiedererkennung generieren kann – über den Verblüffungseffekt eines Einzelplakates hinaus. Das Gros der Museumsplakate ist belanglos. Es sind letztlich vertane Chancen von Institutionen der öffentlichen Hand, die privilegiert genug wären, sich der Kulturindustrie zu widersetzen. Denn öffentliche Museen müssen zwar wirtschaftlich arbeiten, aber ihr Auftrag ist kein wirtschaftlicher, sondern in erster Linie ein kultureller. Doch dieses Privileg verdienen sie nur, wenn sie ihre Verantwortung wahrnehmen, zu der neben der Sammlungs- und Ausstellungspolitik nicht zuletzt auch Haltung in gestalterischen Fragen gehört. Bei Museen für angewandte Kunst, Design, Kunsthandwerk oder Kunstgewerbe ist das Bewusstsein dafür teilweise höher.

Wie die gestalterische Verantwortung umgesetzt werden kann, zeigen etwa das Museum für Gestaltung Zürich und Die Neue Sammlung. Durch seine Auswahl immer wechselnder Designer – abgestimmt auf Ausstellungsthema und -konzept – hat das Museum für Gestaltung Zürich über die Jahrzehnte die unterschiedlichsten Tendenzen im Grafikdesign wie ein Oszillograf aufgezeichnet: die Gesamtheit der Ausstellungsplakate als Abbild des Stilpluralismus und möglichst vieler Facetten des gegenwärtigen (Schweizer) Plakatdesigns. Aus jüngerer Zeit sind hier neben Ralph Schraivogel etwa Martin Woodtli, Cornel Windlin, Norm, Gavillet & Rust oder Erich Brechbühl zu erwähnen.

Dagegen verfolgte Die Neue Sammlung seit 1980 die Strategie eines konsistenten visuellen Erscheinungsbildes. Den Hintergrund bildete zunächst der Kampf um einen Neubau, ab 1990 dann der Weg zur Pinakothek der Moderne und ab 2002 schliesslich die übermächtige Marke der Pinakothek der Moderne, unter deren Dach Die Neue Sammlung eines von vier selbstständigen Museen ist. So erhielten ihre Plakate – deren Wiedererkennbarkeit, Ernsthaftigkeit und rasche Verständlichkeit bei allem Eingehen auf das jeweilige Ausstellungskonzept – geradezu existenzielle Bedeutung. Es schien vordringlich, Die Neue Sammlung als eigenständiges Museum in Stellung zu bringen, und zwar jenseits der Fachwelt, gerade um eine interessierte, aber nicht designkompetente Öffentlichkeit anzusprechen.

So wurde das Erscheinungsbild ausgehend von den Plakaten entwickelt, den in der Öffentlichkeit besonders wirksamen Medien, und auf andere Medien wie Einladungskarten und Kataloge übertragen. Bis 2001 waren Mendell & Oberer das zuständige Designstudio. Die Plakate signalisierten unmissverständlich die Identität und Haltung des Museums durch ihre Präsenz im Stadtraum, und zwar – worauf Pierre Mendell stets beharrte – im grossen DIN-A0-Format an den normalen Litfasssäulen und Anschlagflächen. Es gab damals nichts Vergleichbares in München.

Und nachdem ab 1993 auch die Bayerische Staatsoper ihre Plakate von Mendell & Oberer gestalten liess, erfreute sich München tatsächlich jahrelang einer «Galerie der Straße», zu der auch einige andere starke Entwerfer (und Auftraggeberpersönlichkeiten) beitrugen, wie etwa Thomas Mayfried, Gerwin Schmidt, Günter Karl Bose und Mirko Borsche. Letzterer trat 2009 bei der Neuen Sammlung und 2010 bei der Staatsoper quasi die Nachfolge von Pierre Mendell an. Als das grafische Erscheinungsbild des Museums 2015 geändert wurde, ging der Impuls abermals von den Plakaten K–M, einer sommerlichen Imagekampagne, aus. Die Neue Sammlung setzt also auf Kontinuität der Grafikdesigner – von einer Zwischenphase nach der Eröffnung der Pinakothek der Moderne abgesehen, als unter anderen Almir Mavignier, Kazumasa Nagai und Uwe Loesch um Ausstellungsplakate gebeten wurden. Das Problem, über die räumliche Distanz hinweg Ideen austauschen zu müssen, war aber kaum zu überwinden. Hier zeigte sich, wie wichtig ein Entwerfer in Griffweite ist.

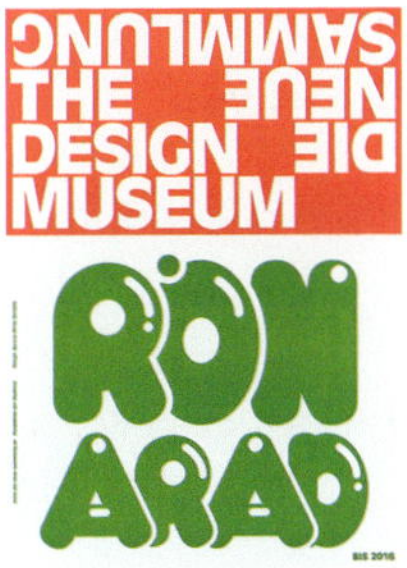

K

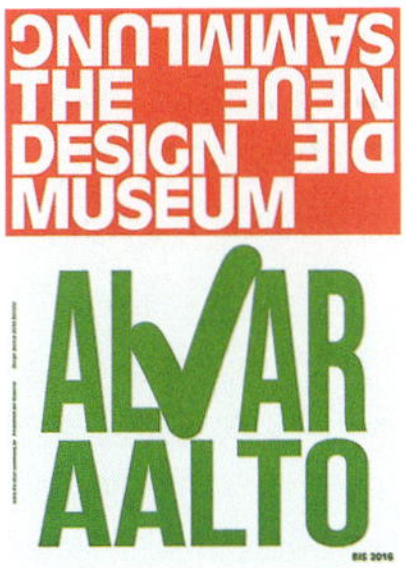

L

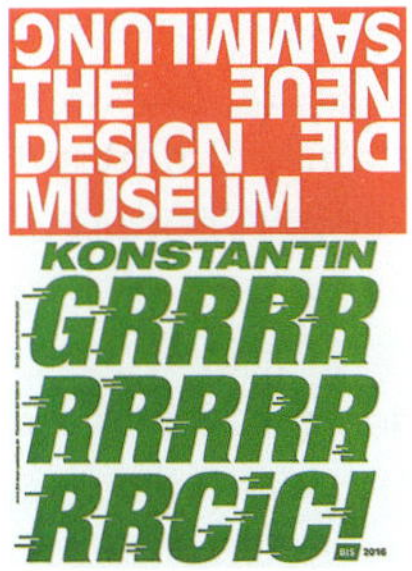

M

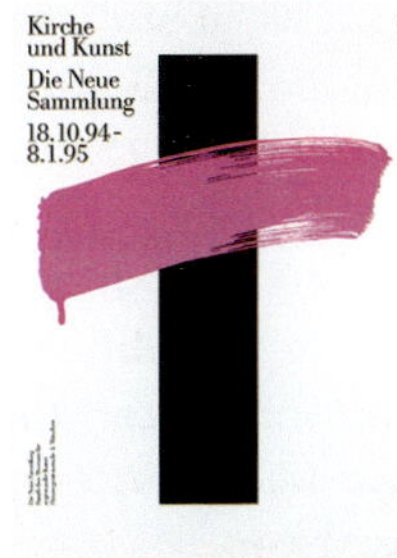

N

Erfolg bei (Grafik-)Designwettbewerben ist nur *ein* Gradmesser für ein erfolgreiches, gutes Museumsplakat. Das wichtigste Kriterium wäre das Aufmerken des vorbeieilenden Passanten. Und: Wird er auch Besucher der Ausstellung? Dank Mendell & Oberer konnte Die Neue Sammlung das unter anderem 1994 bei ihrer von der Presse komplett ignorierten Ausstellung *Kirche und Kunst* N erleben: erstaunlich viele Besucher trotz null Presse infolge eines überwältigend starken Plakates.

«Das Plakat als visueller Skandal» – diese alte Forderung gilt noch immer. Aber nicht um jeden Preis. Denn die Behauptung eines guten Plakates muss in der Ausstellung eingelöst werden, sonst folgt der potenzielle Besucher nie wieder den Werbeversprechen dieses Museums.

Das Münchner und das Zürcher Museum dienen hier als Beispiele für Kulturinstitutionen, die ihre Verantwortung als Auftraggeber und Förderer des Kulturplakates ernst nehmen. Ihre so unterschiedlichen Vorgehensweisen sind beide gleichermassen möglich. Mischformen wären auch vorstellbar, denn es gibt kein Rezept für den einen richtigen Weg. Nur an der genauen Analyse der Bedingungen und Ziele führt kein Weg vorbei, wenn Spitzenplakate entstehen sollen. Vielleicht sollten Museen bei ihrer Grafikerauswahl und Auftragserteilung häufiger jene Sorgfalt walten lassen, die Einsame bei ihrer Suche nach einer – endlich passenden – neuen Liebe via Partnervermittlung im Internet aufwenden. Wahrscheinlich könnte dann der vorliegende Beitrag durch einen anderen ersetzt werden: «Museumsplakate – Von idealen Partnerschaften».

1 Martin Heller und Alain Marendaz (Hg.), *Anschläge. Plakatsprache in Zürich 1978–88,* Ausst.-Kat. Museum für Gestaltung Zürich, Zürich 1988, S. 12.

K Mirko Borsche, Die Neue Sammlung / The Design Museum / Ron Arad, 2015

L Mirko Borsche, Die Neue Sammlung / The Design Museum / Alvar Aalto, 2015

M Mirko Borsche, Die Neue Sammlung / The Design Museum / Konstantin Grcic, 2015

N Mendell & Oberer / Pierre Mendell, Klaus Oberer, Kirche und Kunst / Die Neue Sammlung, 1994

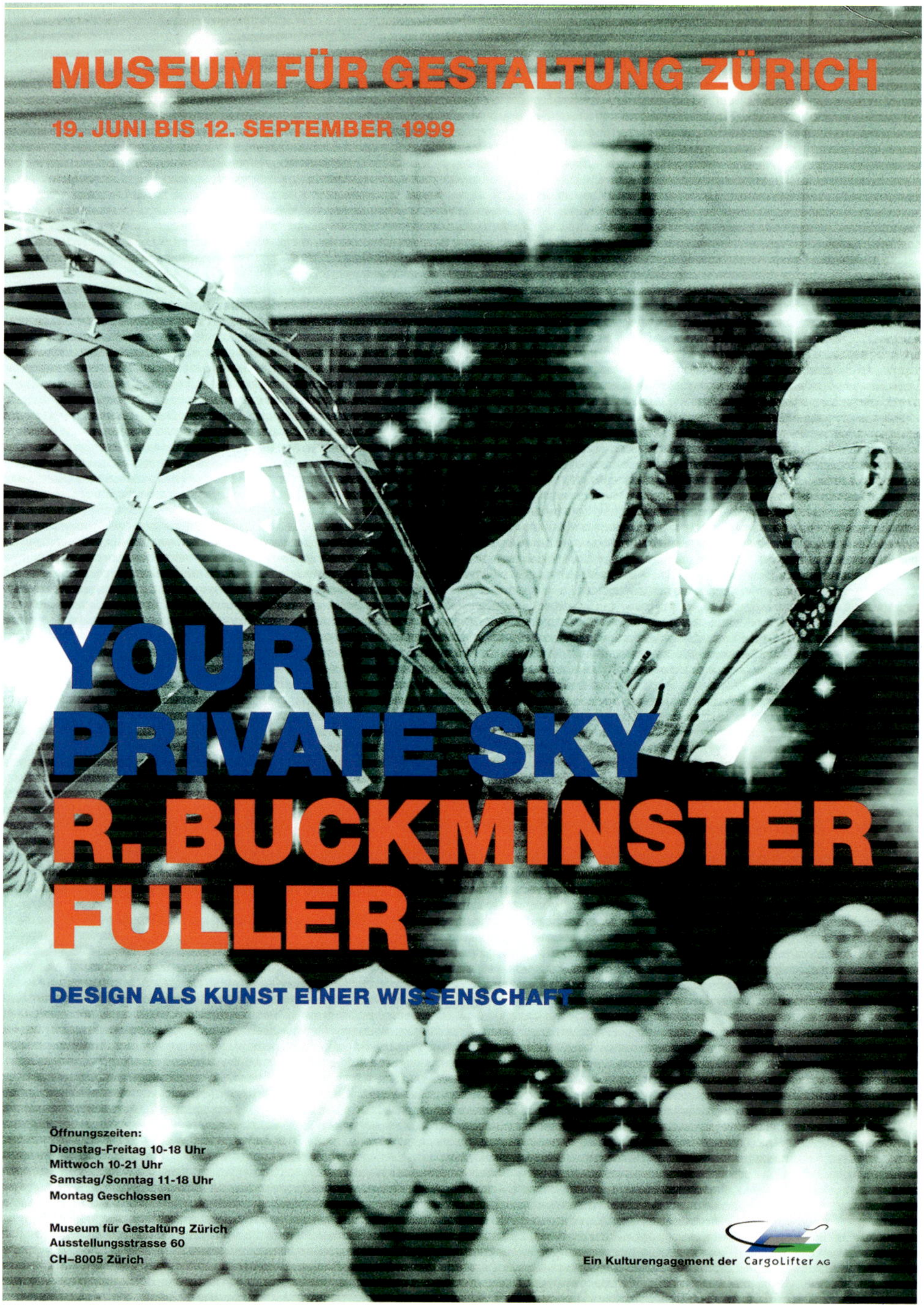

205 **Lars Müller, Christian Guler**
Your Private Sky / R. Buckminster Fuller /
Design als Kunst einer Wissenschaft
1999

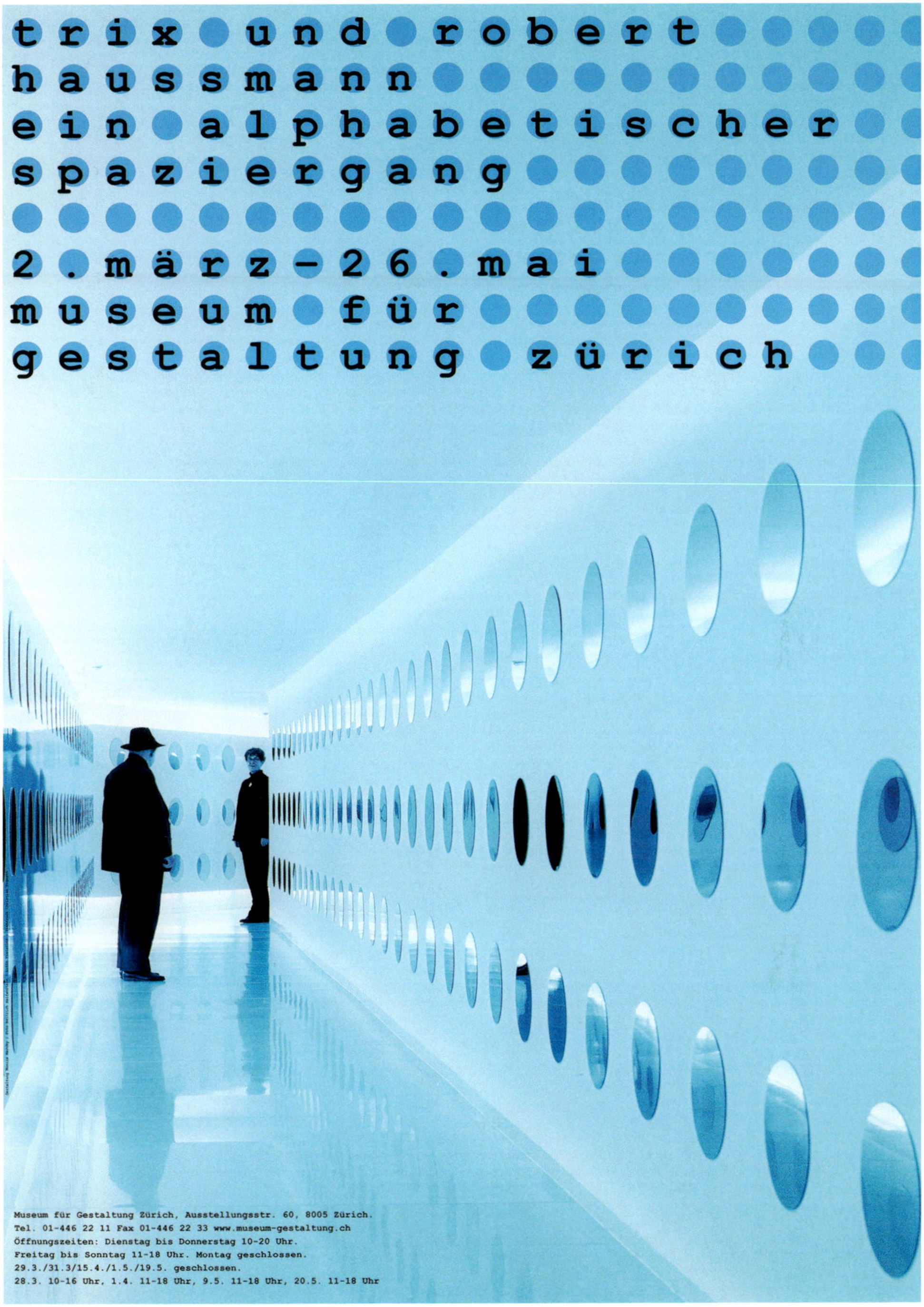

206 **Monica Märchy**
Trix und Robert Haussmann /
Ein alphabetischer Spaziergang
2002

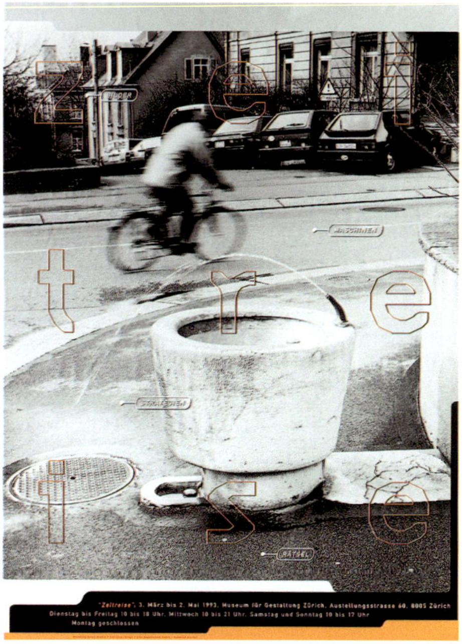

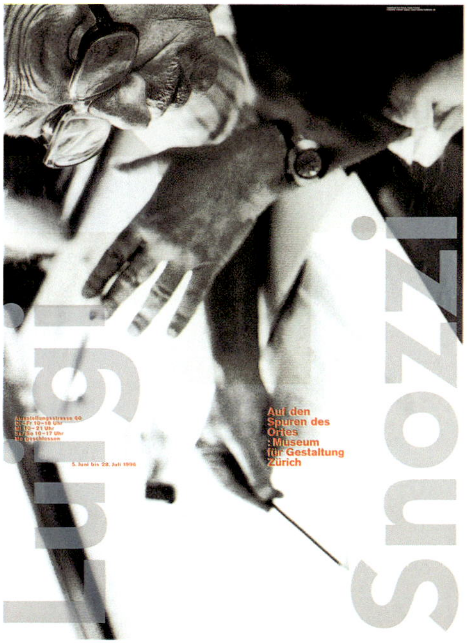

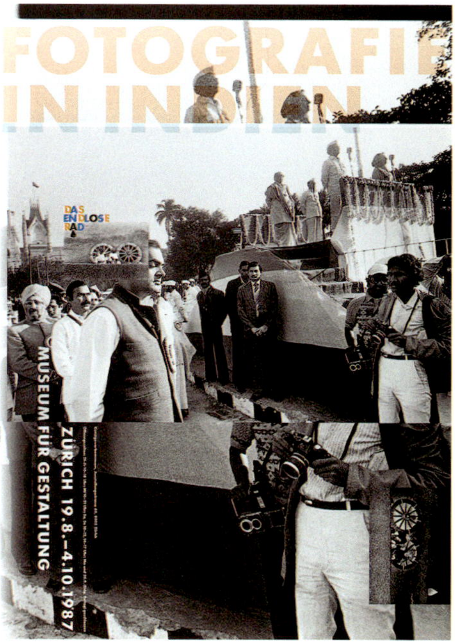

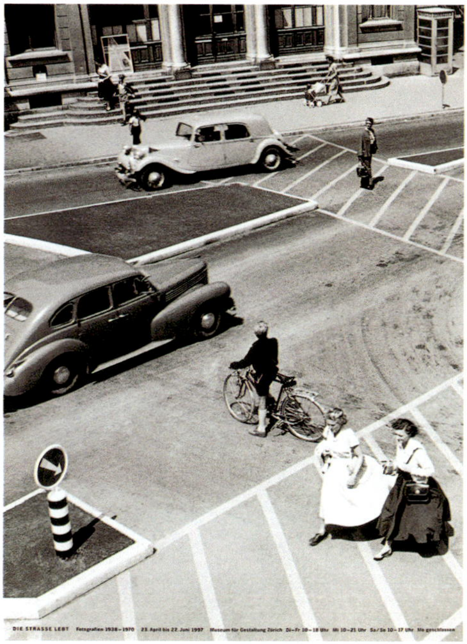

207 **Cornel Windlin**
Zeitreise
1993

208 **Jul Keyser**
Fotografie in Indien / Das endlose Rad
1987

209 **Kurt Eckert, Tobias Markus Strebel**
Luigi Snozzi / Auf den Spuren des Ortes
1995

210 **Robert & Durrer / Jean Robert, Käti Robert-Durrer**
Die Strasse lebt / Fotografien 1938–1970
1997

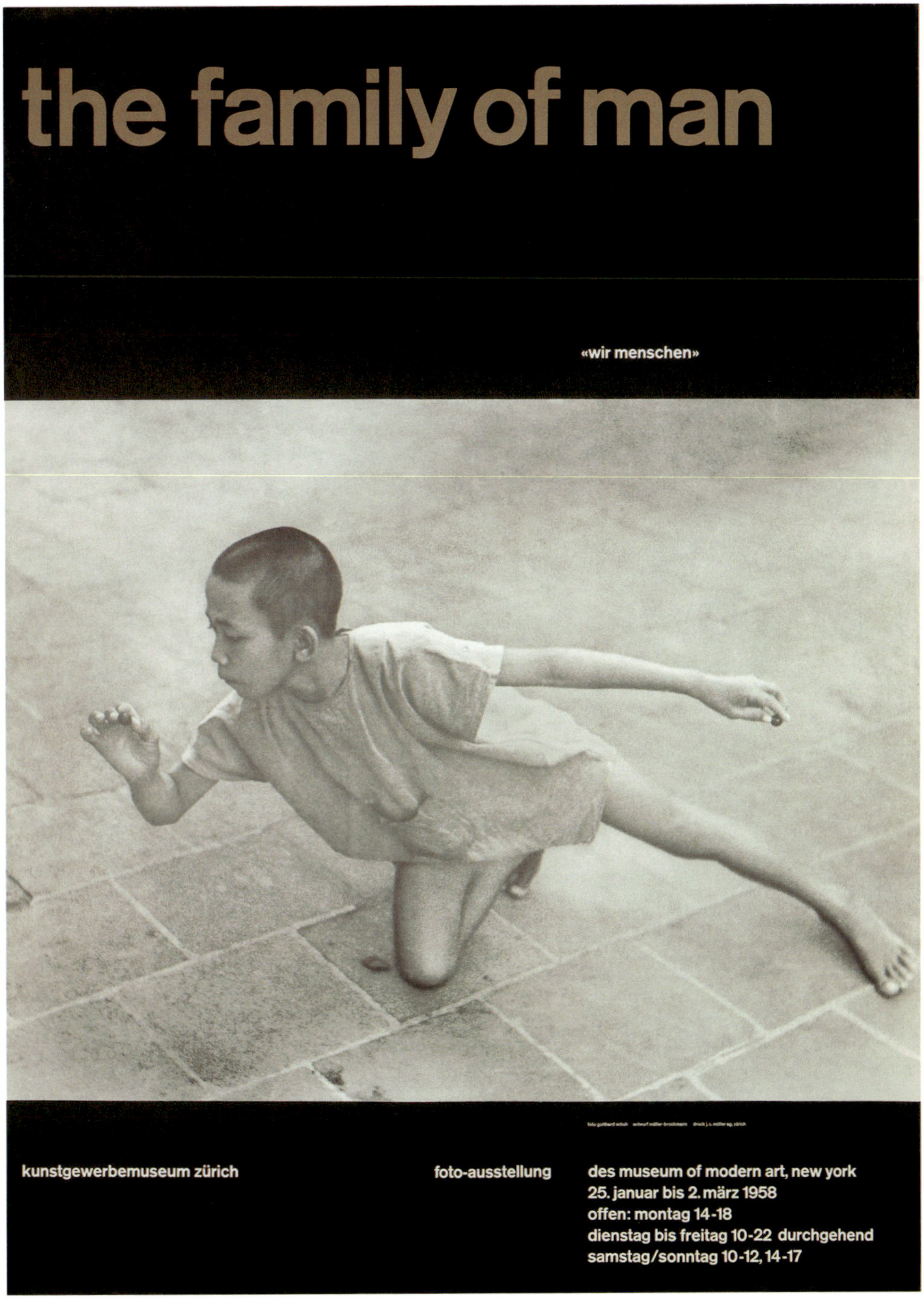

211 **Josef Müller-Brockmann**
The Family of Man / «Wir Menschen»
1958

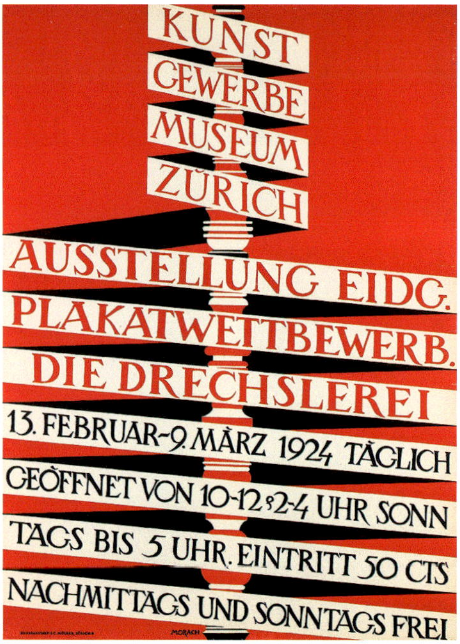

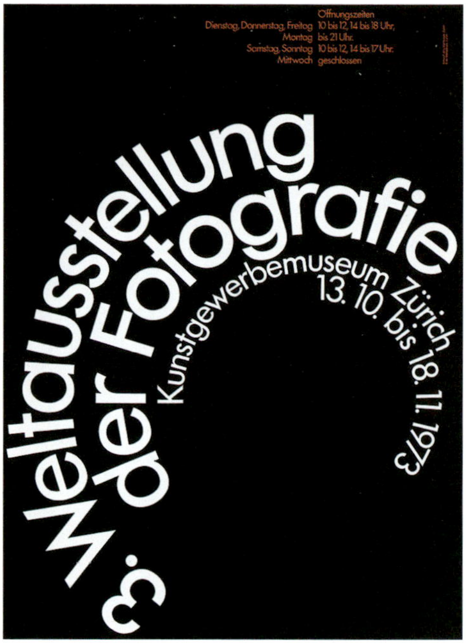

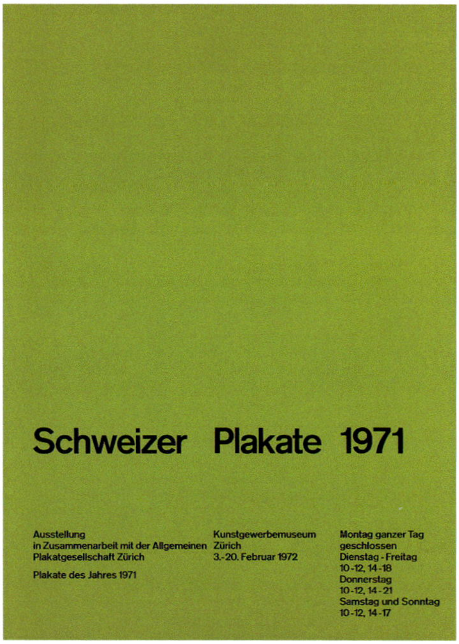

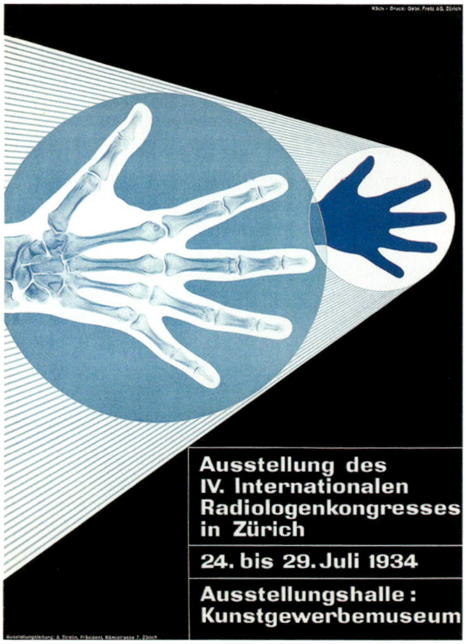

212 **Otto Morach**
Ausstellung Eidg. Plakatwettbewerb. Die Drechslerei
1924

213 **Anonym**
Schweizer Plakate 1971 / Plakate des Jahres 1971
1972

214 **Jörg Hamburger**
3. Weltausstellung der Fotografie
1973

215 **Walter Käch**
Ausstellung des IV. Internationalen
Radiologenkongresses in Zürich, 1934

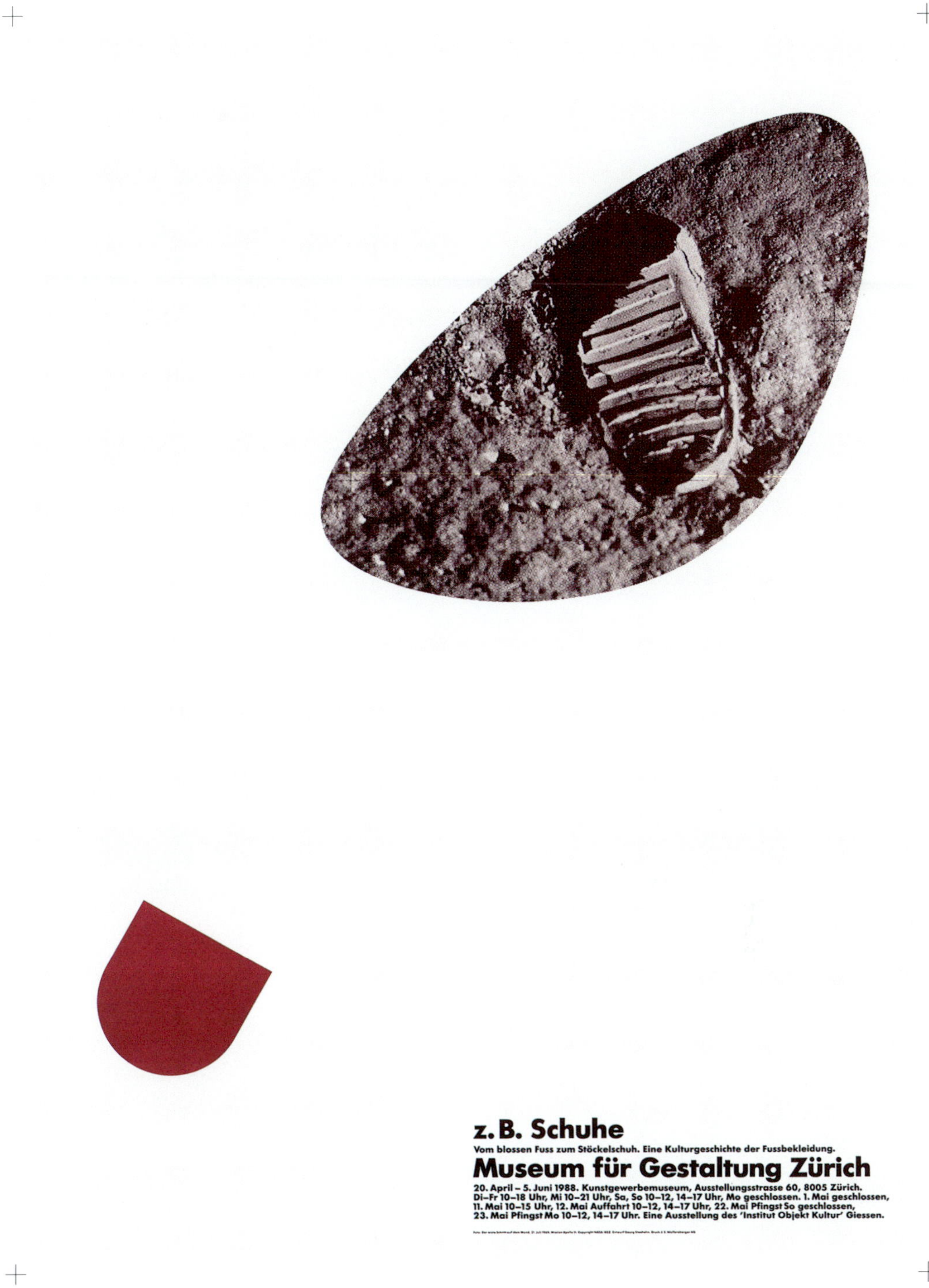

216 **Georg Staehelin**
z. B. Schuhe / Vom blossen Fuss zum Stöckelschuh.
1988

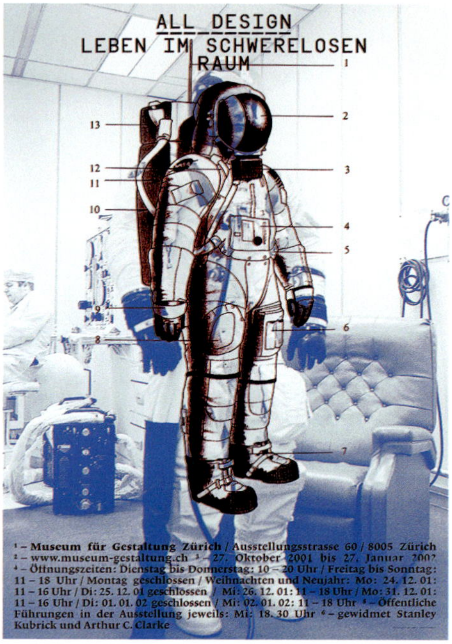

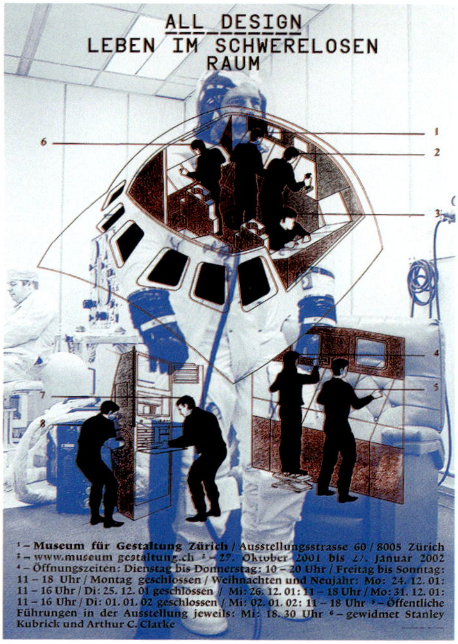

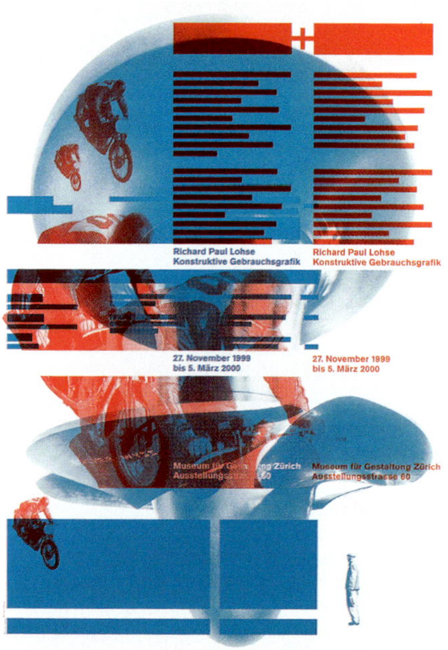

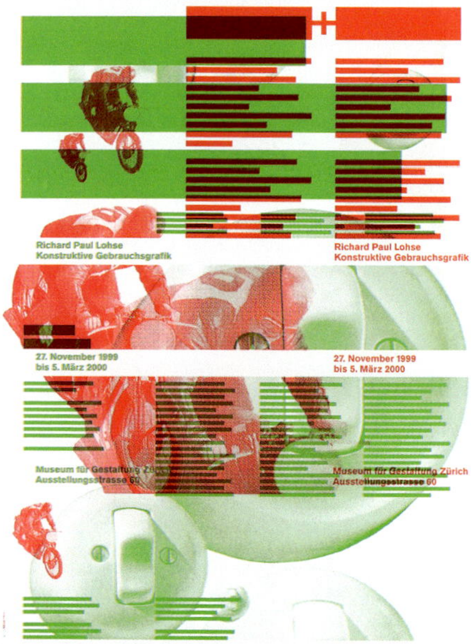

217 **Müller + Hess / Beat Müller, Wendelin Hess, Ludovic Balland**
All Design / Leben im schwerelosen Raum, 2001

218 **Müller + Hess / Beat Müller, Wendelin Hess**
Richard Paul Lohse / Konstruktive Gebrauchsgrafik
1999

219 **Müller + Hess / Beat Müller, Wendelin Hess, Ludovic Balland**
All Design / Leben im schwerelosen Raum, 2001

220 **Müller + Hess / Beat Müller, Wendelin Hess**
Richard Paul Lohse / Konstruktive Gebrauchsgrafik
1999

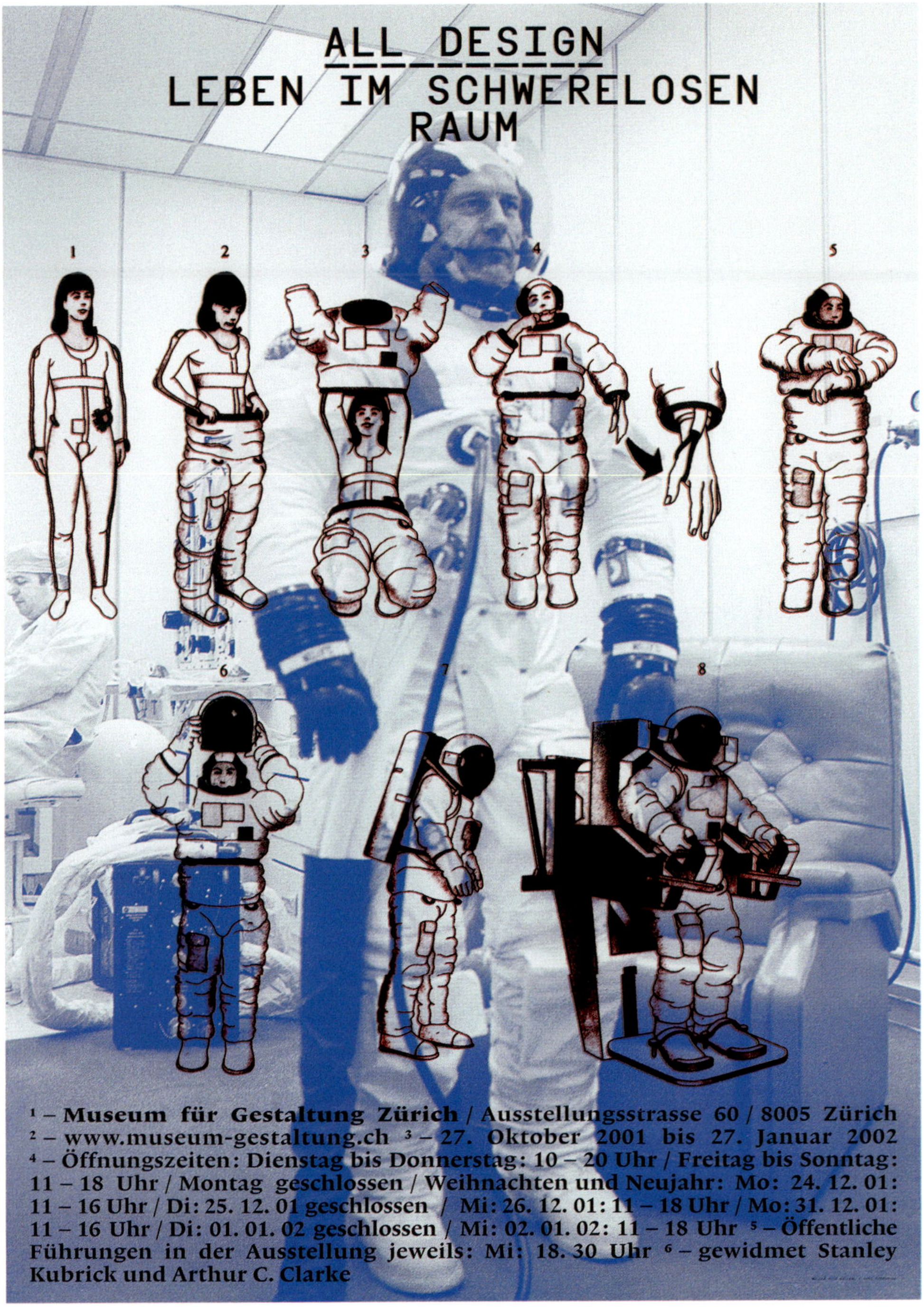

221 **Müller + Hess /**
Beat Müller, Wendelin Hess, Ludovic Balland
All Design / Leben im schwerelosen Raum
2001

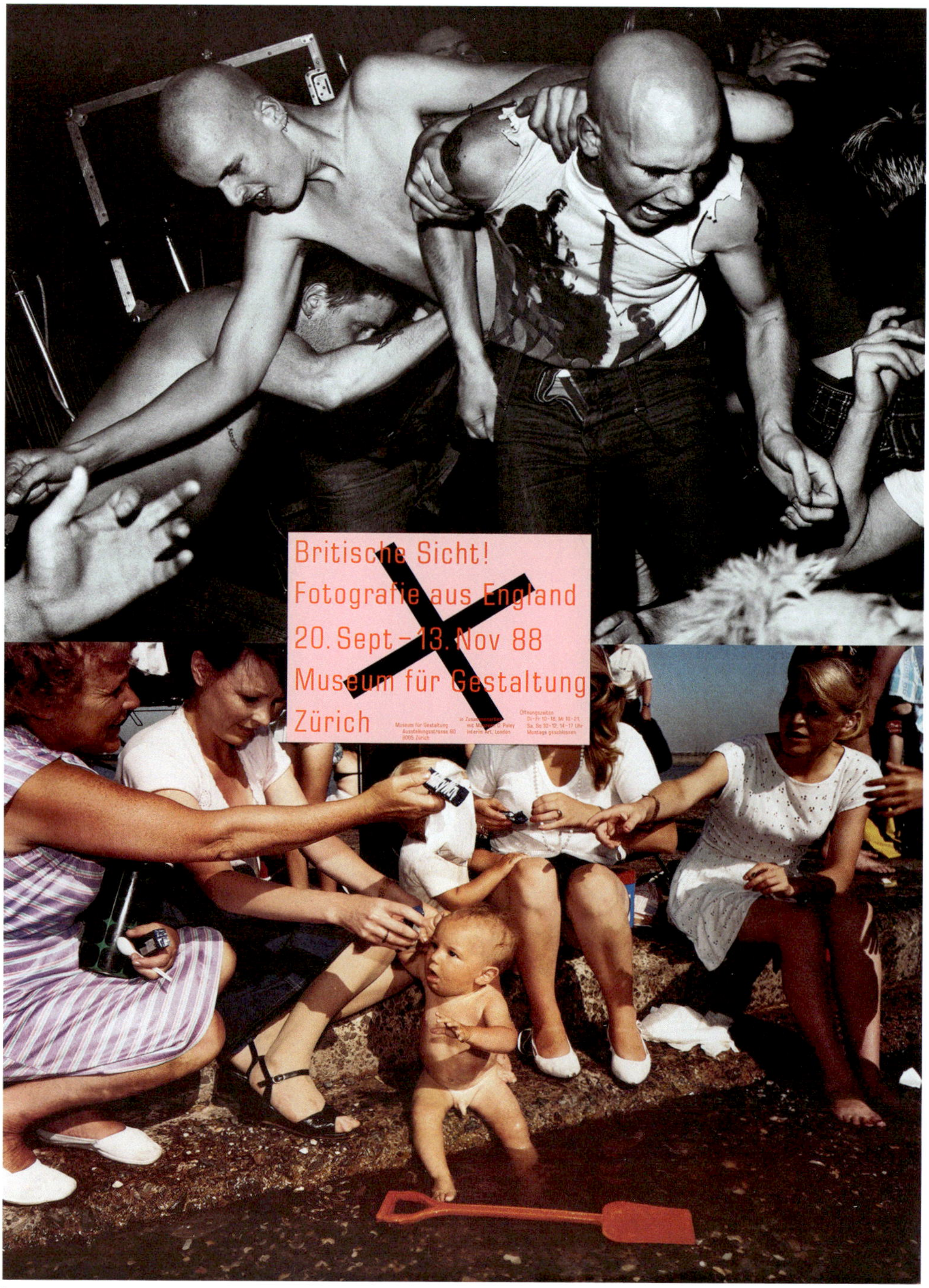

222 **Hans-Rudolf Lutz**
Britische Sicht! Fotografie aus England
1988

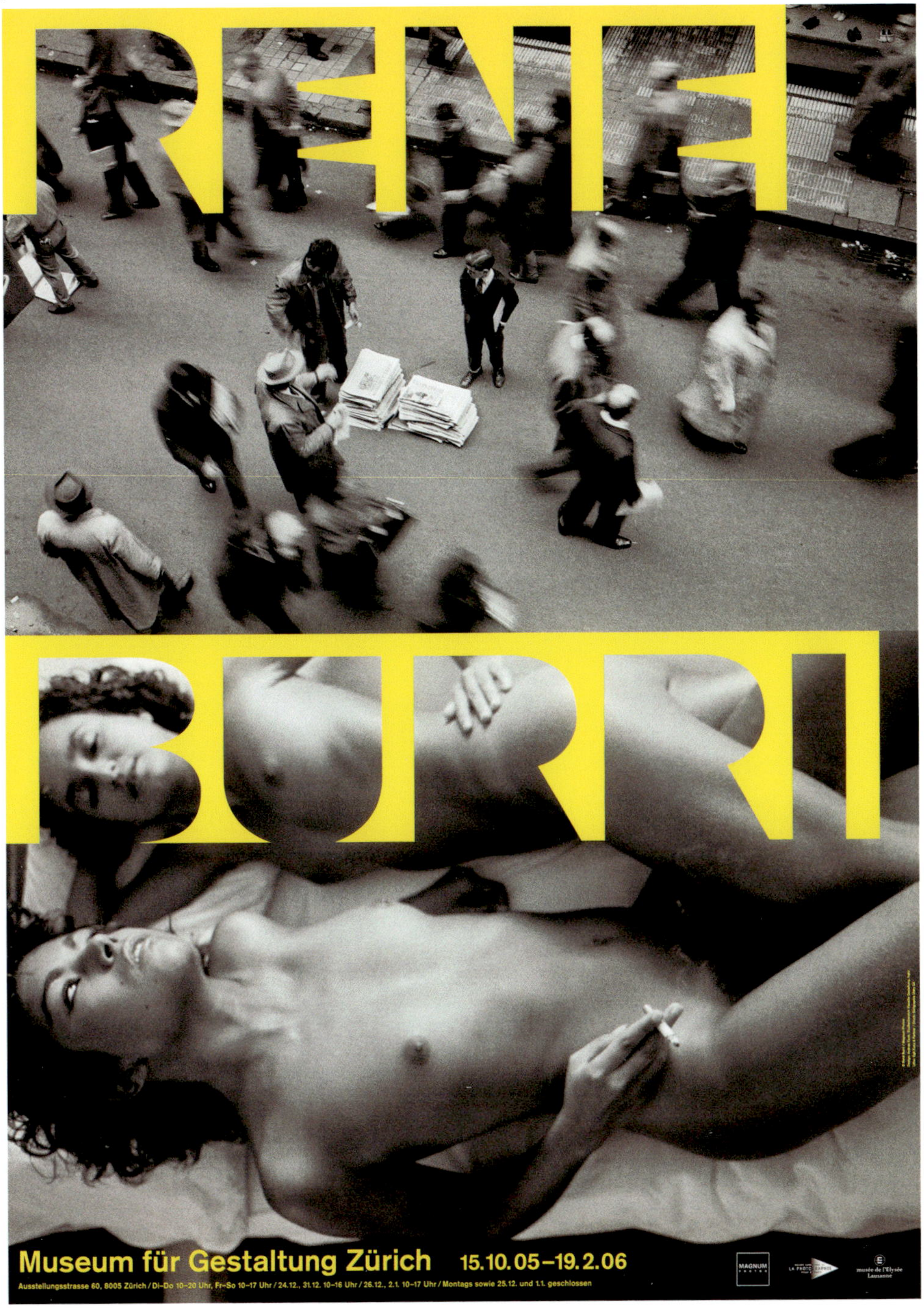

223 **Andrea Koch**
René Burri
2005

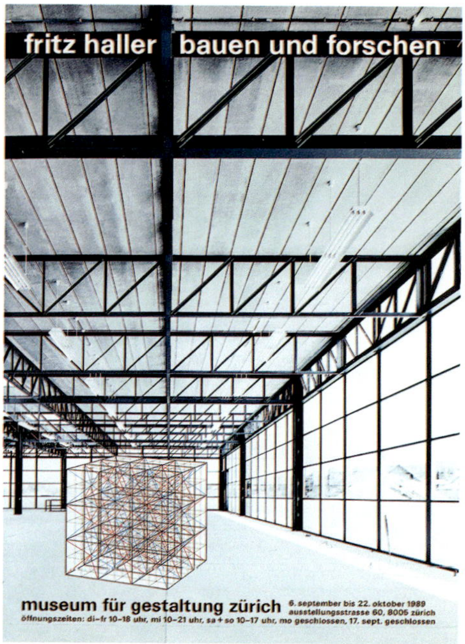

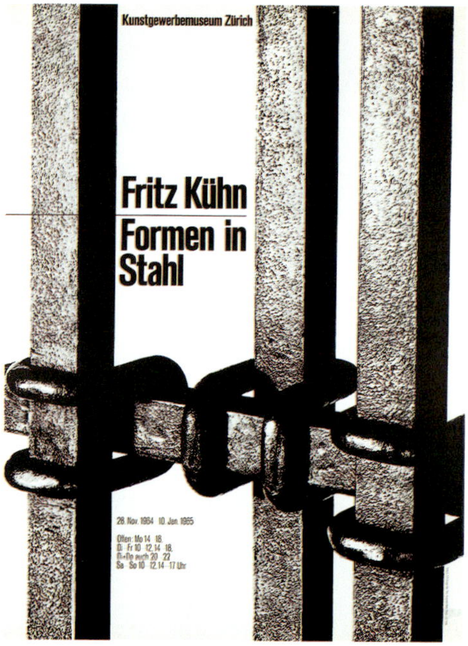

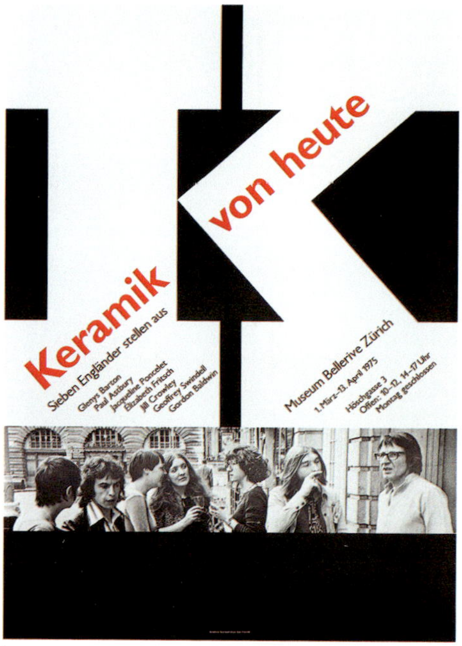

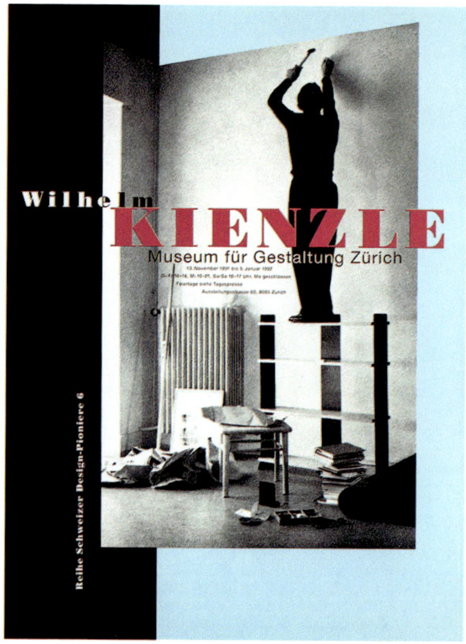

224 **Peter Zimmermann**
Fritz Haller / Bauen und Forschen
1989

225 **René Gauch**
Keramik von heute / Sieben Engländer stellen aus
1975

226 **Hans P. Schaad**
Fritz Kühn / Formen in Stahl
1964

227 **Jürg Brühlmann, Monika Sommerhalder**
Wilhelm Kienzle
1991

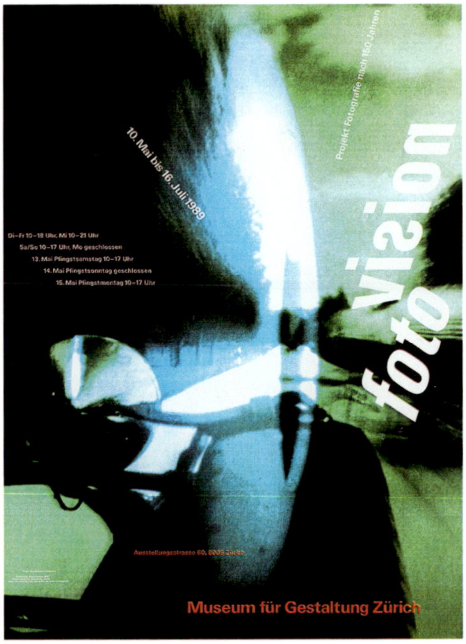

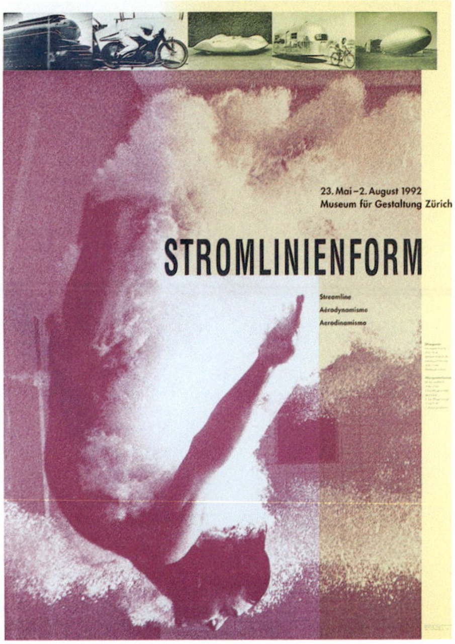

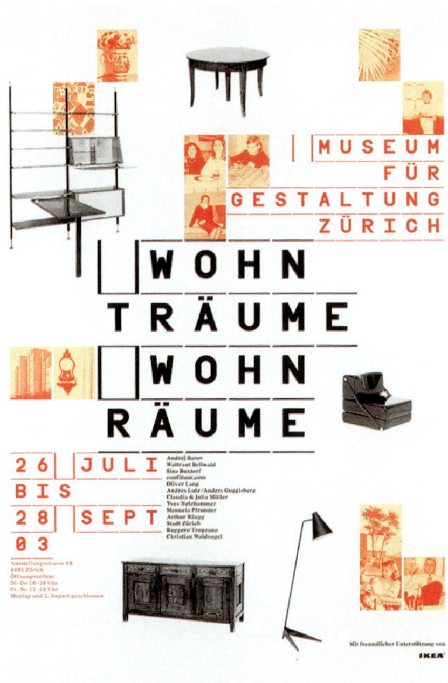

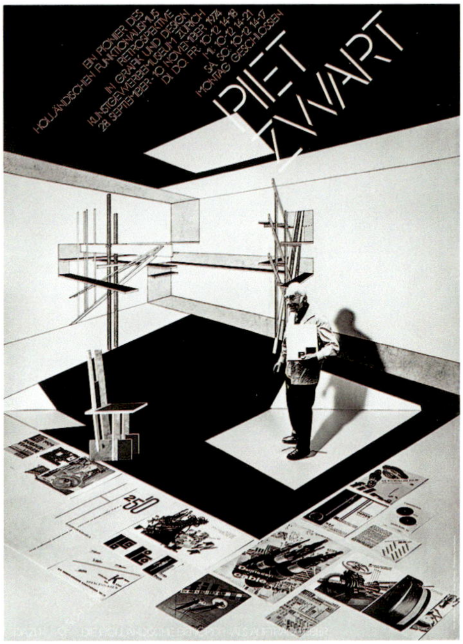

228 **Diego Zweifel**
Foto Vision / Projekt Fotografie nach 150 Jahren
1989

229 **The Remingtons / Ludovic Balland, Jonas Vögeli**
Wohnträume Wohnräume
2003

230 **Lars Müller, Barbara Schrag**
Stromlinienform
1992

231 **Teldesign**
Piet Zwart / Ein Pionier des holländischen
Funktionalismus, 1974

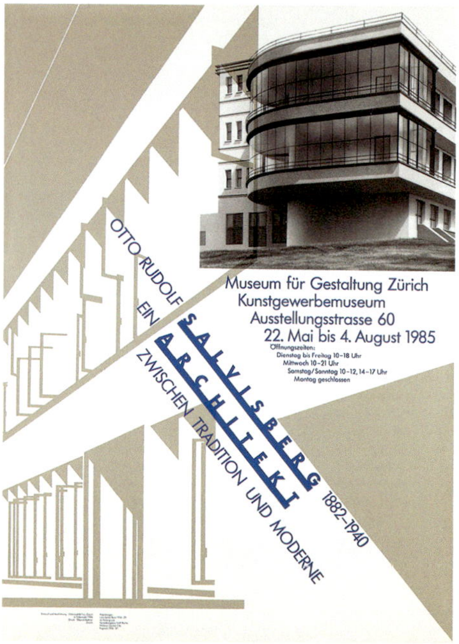

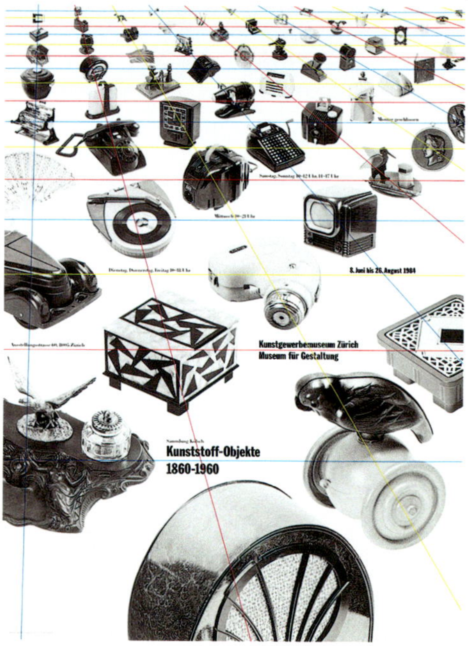

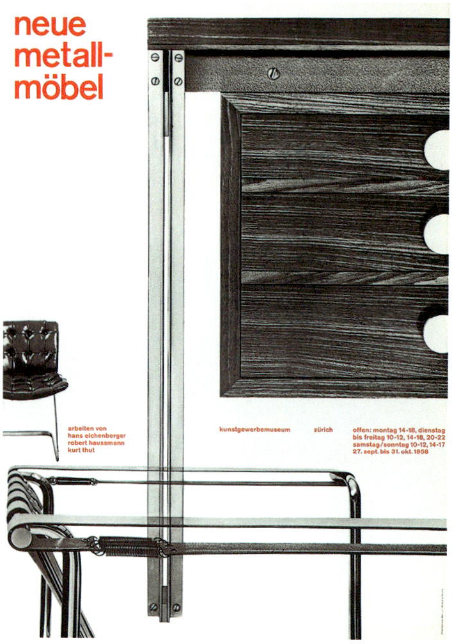

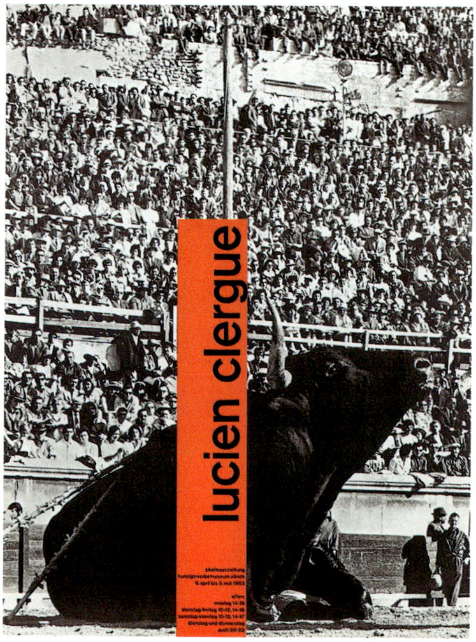

232 **Odermatt & Tissi / Siegfried Odermatt**
Otto Rudolf Salvisberg 1882–1940 / Ein Architekt zwischen Tradition und Moderne, 1985

233 **Alfred Hablützel**
Neue Metall-Möbel / Arbeiten von Hans Eichenberger / Robert Haussmann / Kurt Thut, 1958

234 **Jörg Hamburger, Georg Staehelin**
Kunststoff-Objekte 1860–1960
1984

235 **Serge Stauffer**
Lucien Clergue / Photoausstellung
1963

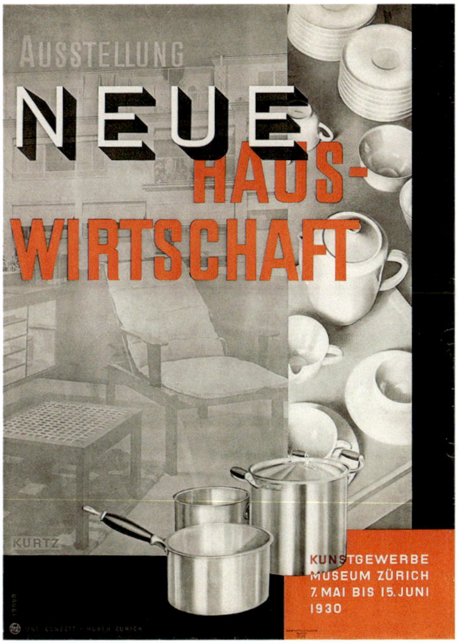

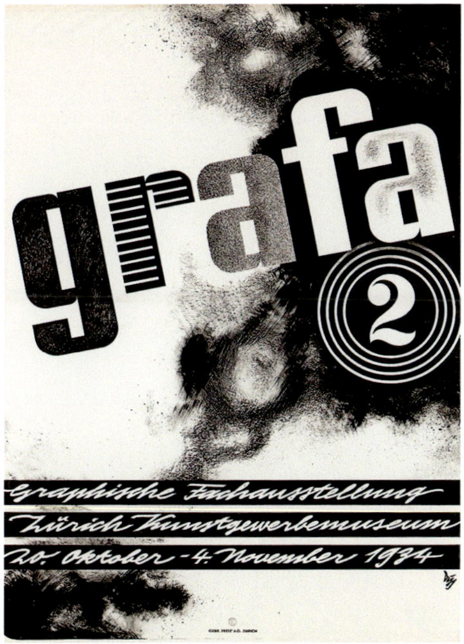

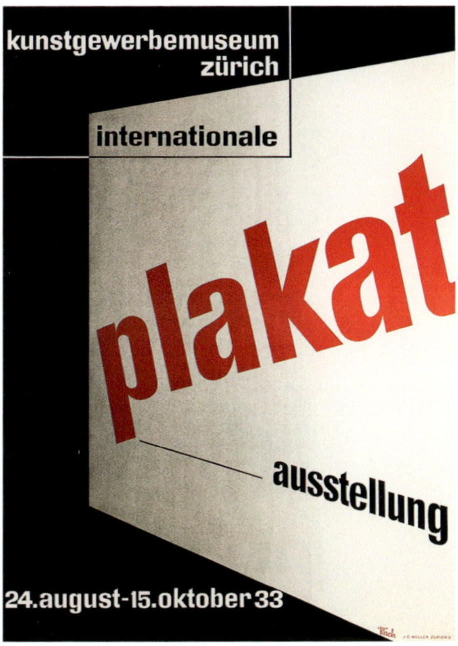

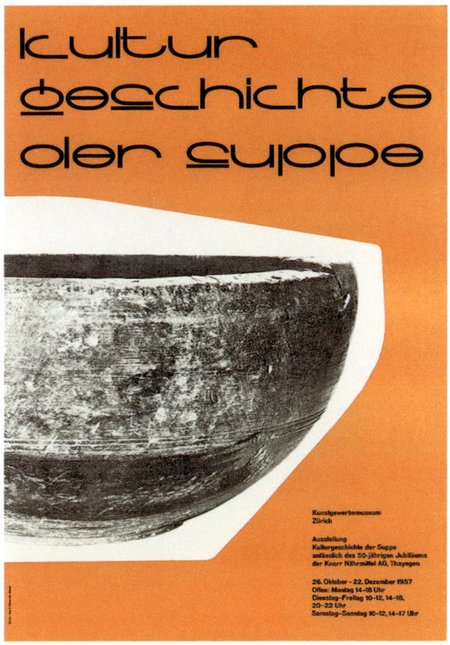

236 **Helmuth Kurtz**
Neue Hauswirtschaft
1930

237 **Walter Käch**
Internationale Plakatausstellung
1933

238 **Alex Walter Diggelmann**
Grafa 2 / Graphische Fachausstellung
1934

239 **Gottlieb Soland**
Kulturgeschichte der Suppe
1957

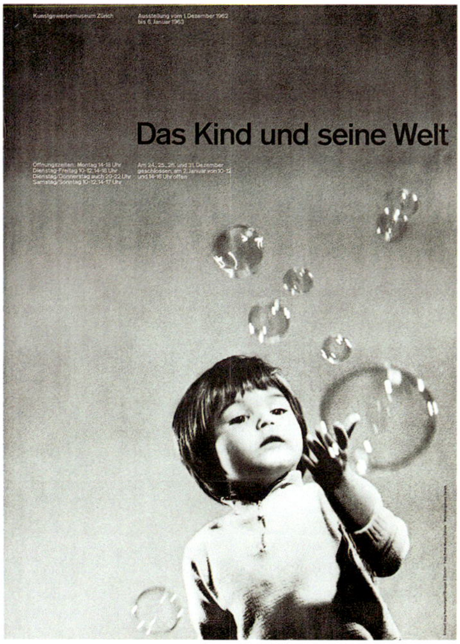

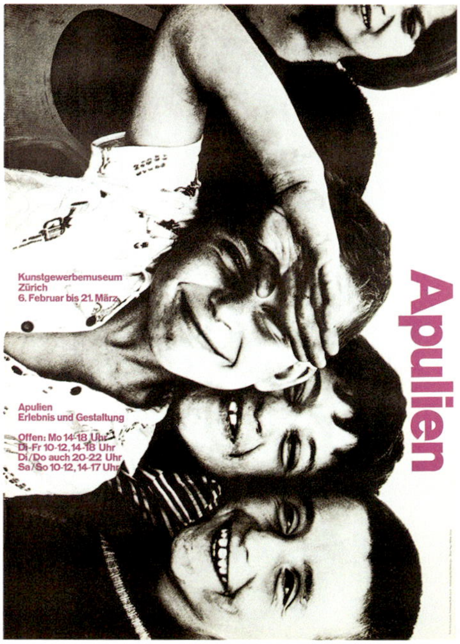

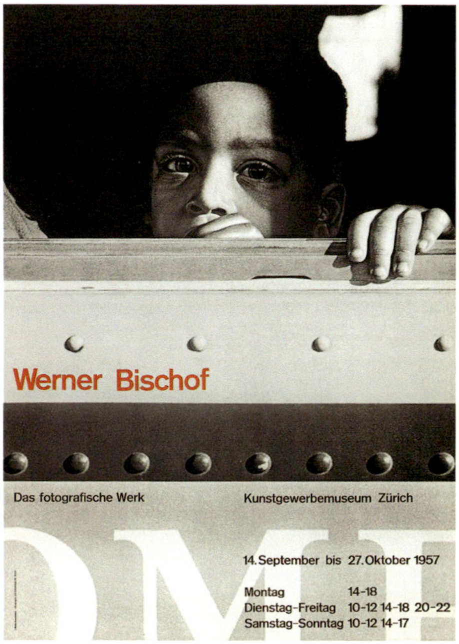

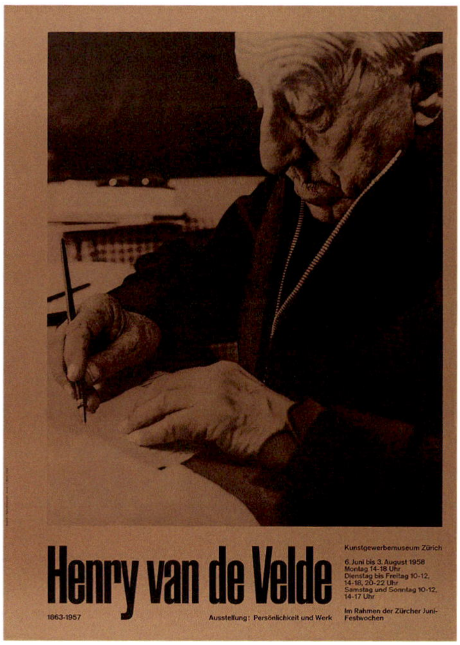

240 **Jörg Hamburger**
Das Kind und seine Welt
1962

241 **Josef Müller-Brockmann**
Werner Bischof / Das fotografische Werk
1957

242 **Jörg Hamburger**
Apulien / Erlebnis und Gestaltung
1965

243 **Josef Müller-Brockmann**
Henry van de Velde
1958

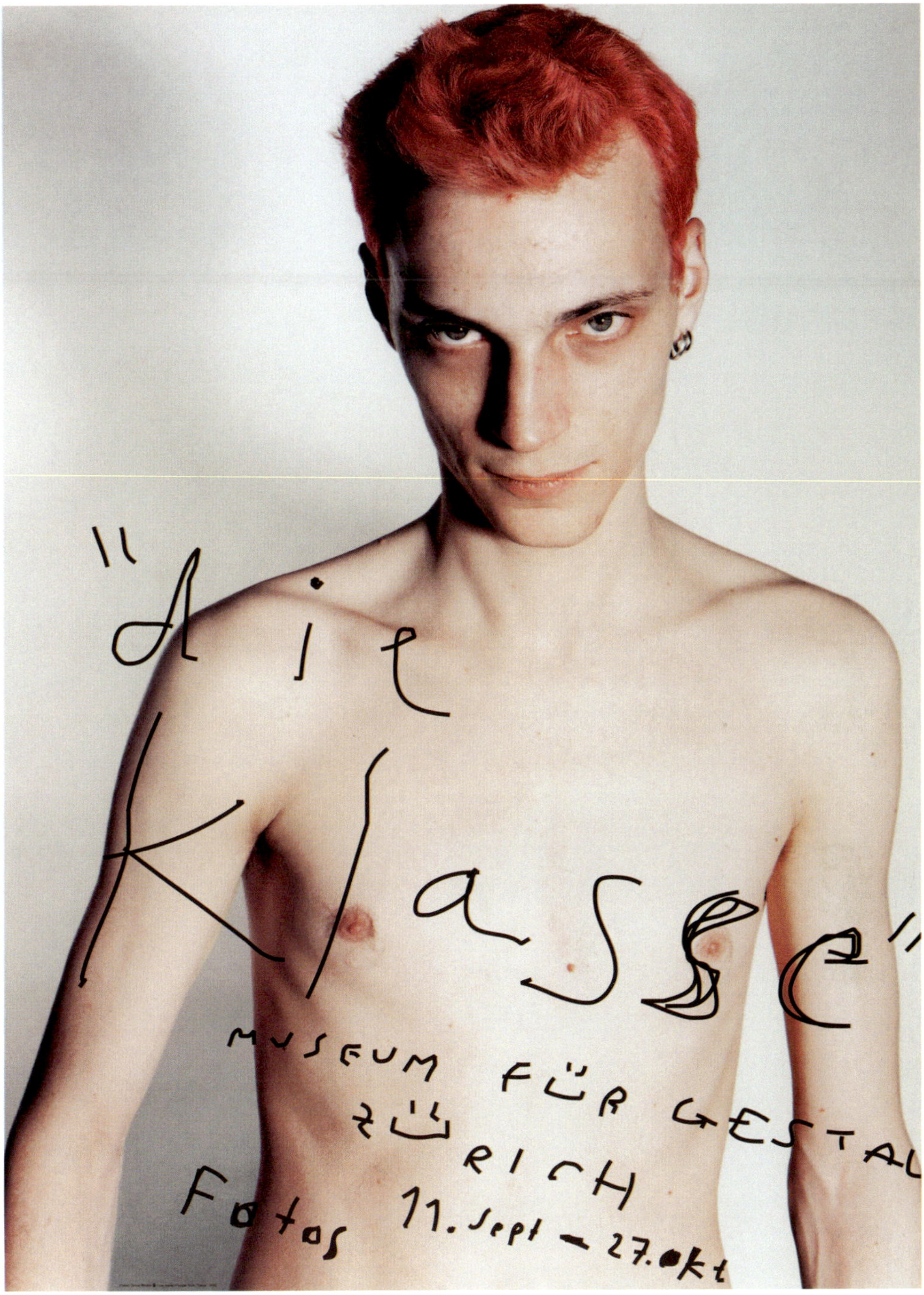

244 **Cornel Windlin**
«Die Klasse» / Fotos
1996

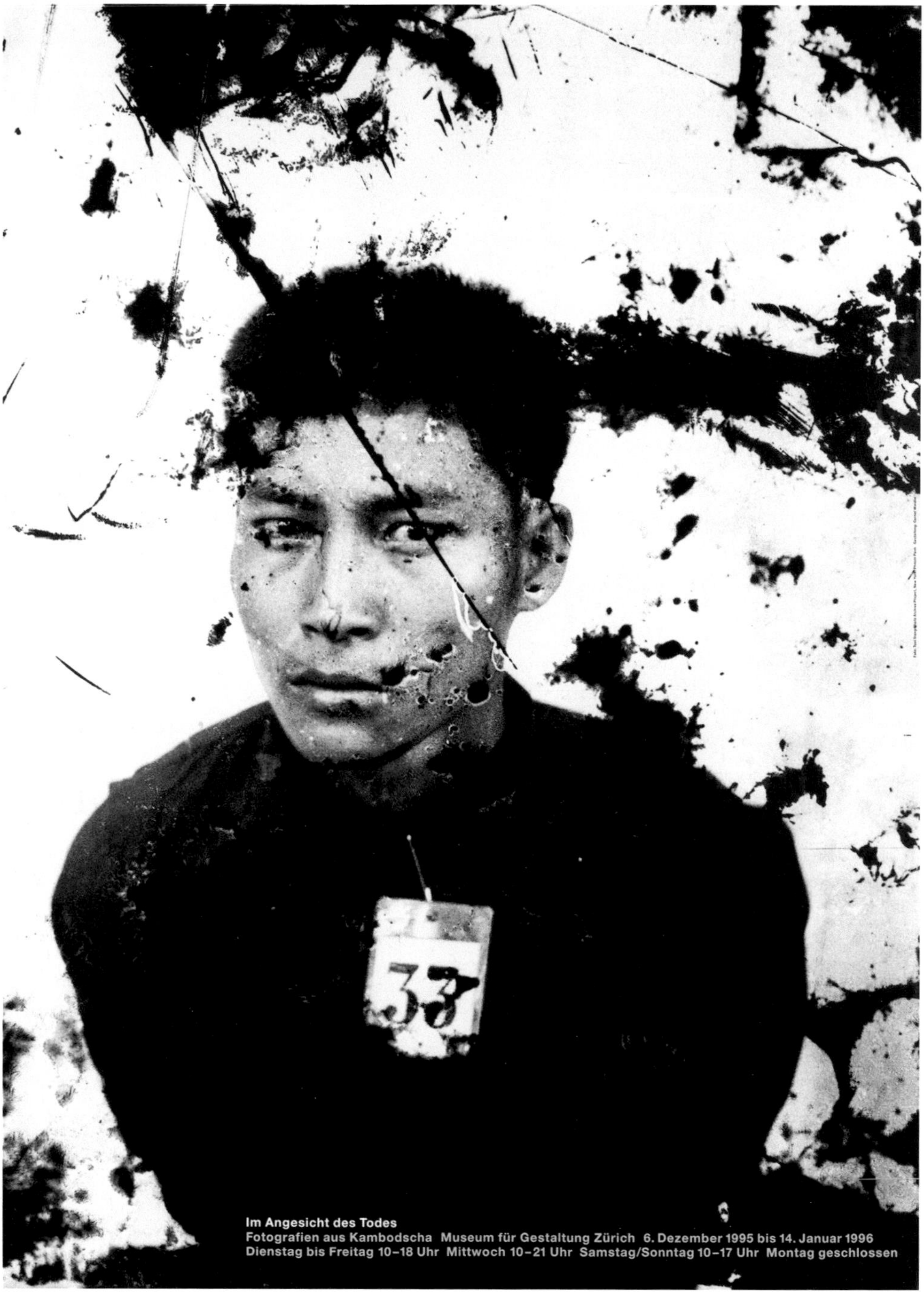

245 **Cornel Windlin**
Im Angesicht des Todes / Fotografien aus Kambodscha
1995

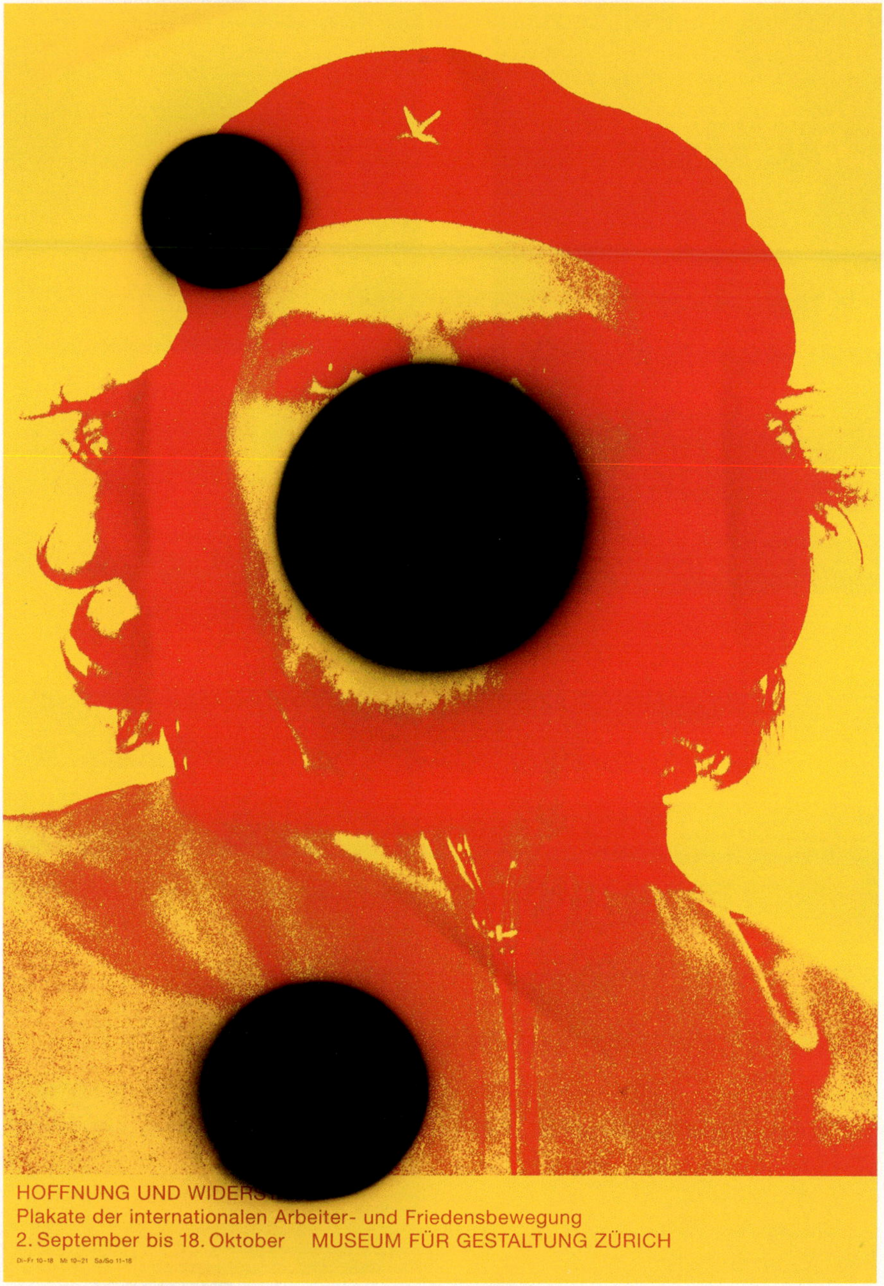

246 **Laurent Benner, Cornel Windlin**
Hoffnung und Widerstand / Plakate der internationalen
Arbeiter- und Friedensbewegung
1998

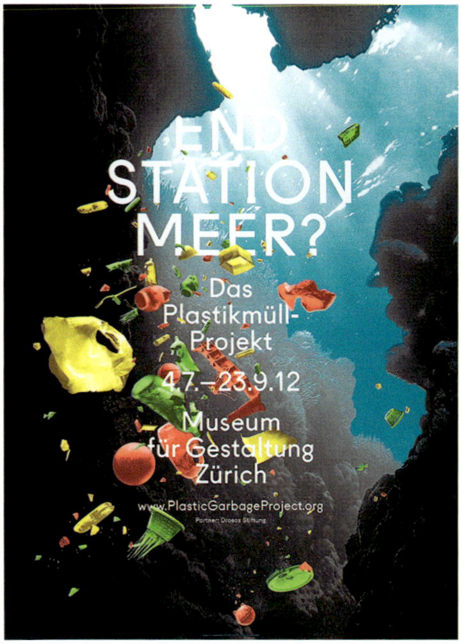

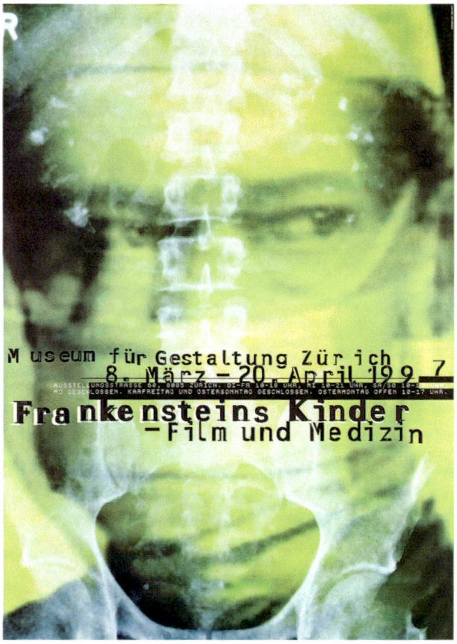

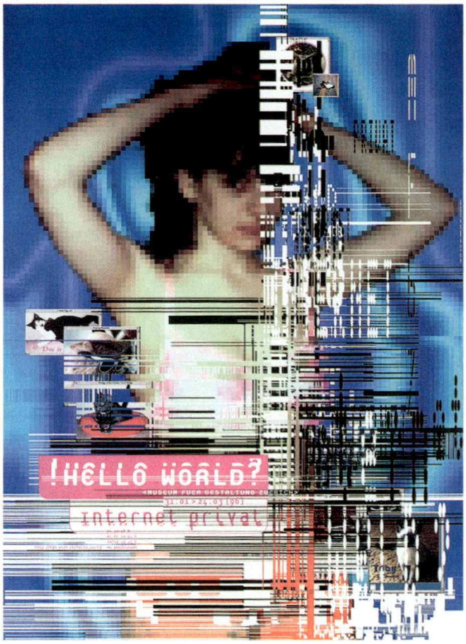

247 **Hi Visuelle Gestaltung / Claudio Barandun, Megi Zumstein**
Endstation Meer? Das Plastikmüll-Projekt, 2012

248 **Velvet Creative Office GmbH / Peter Moser**
Ich & Du / Kommunikation und Neue Medien
1996

249 **Velvet Creative Office GmbH / Peter Moser**
Frankensteins Kinder / Film und Medizin
1997

250 **The Pixel Twins / Stephan Müller, Cornel Windlin**
Hello World? Internet privat
1996

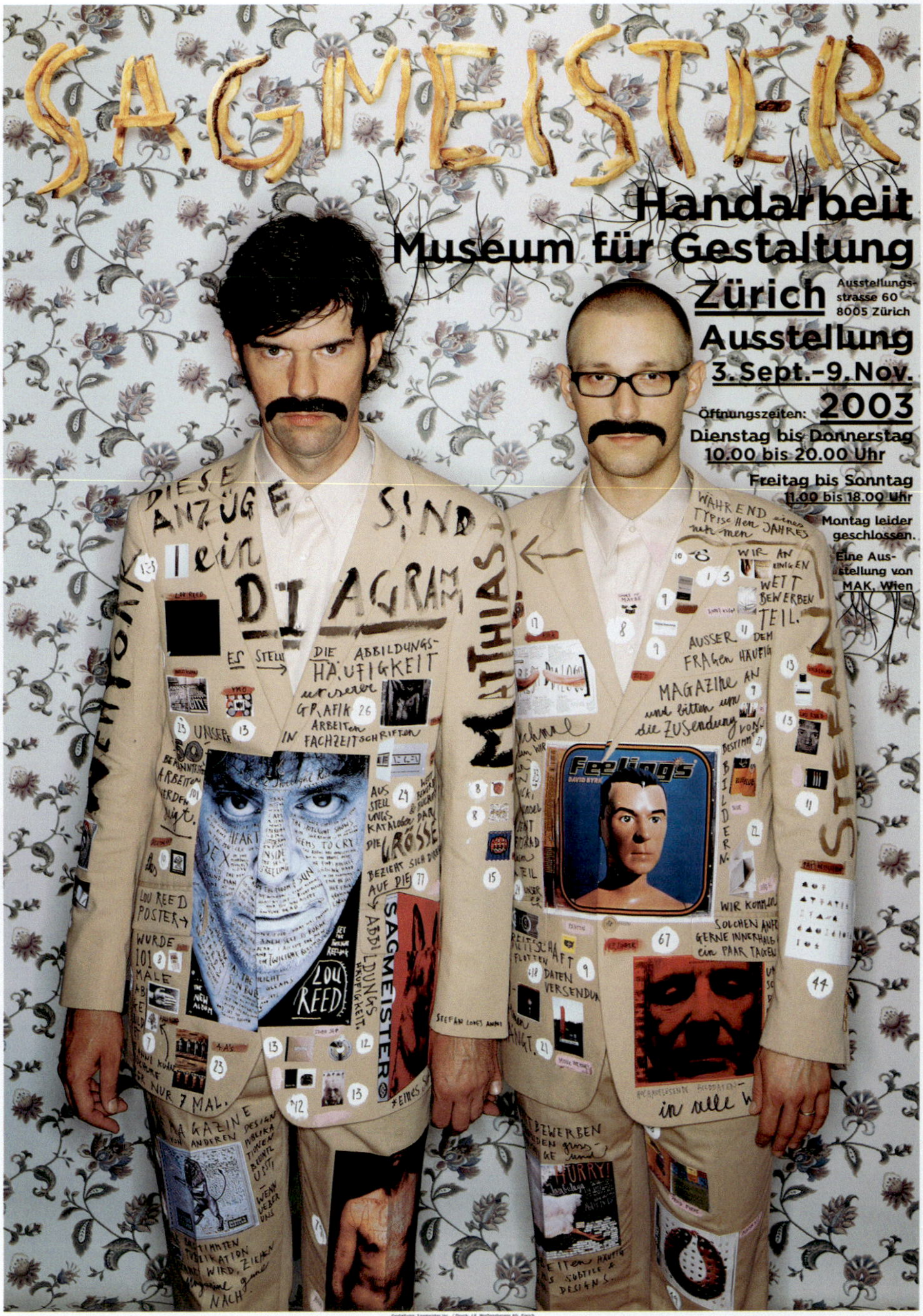

251 **Stefan Sagmeister**
Sagmeister / Handarbeit
2003

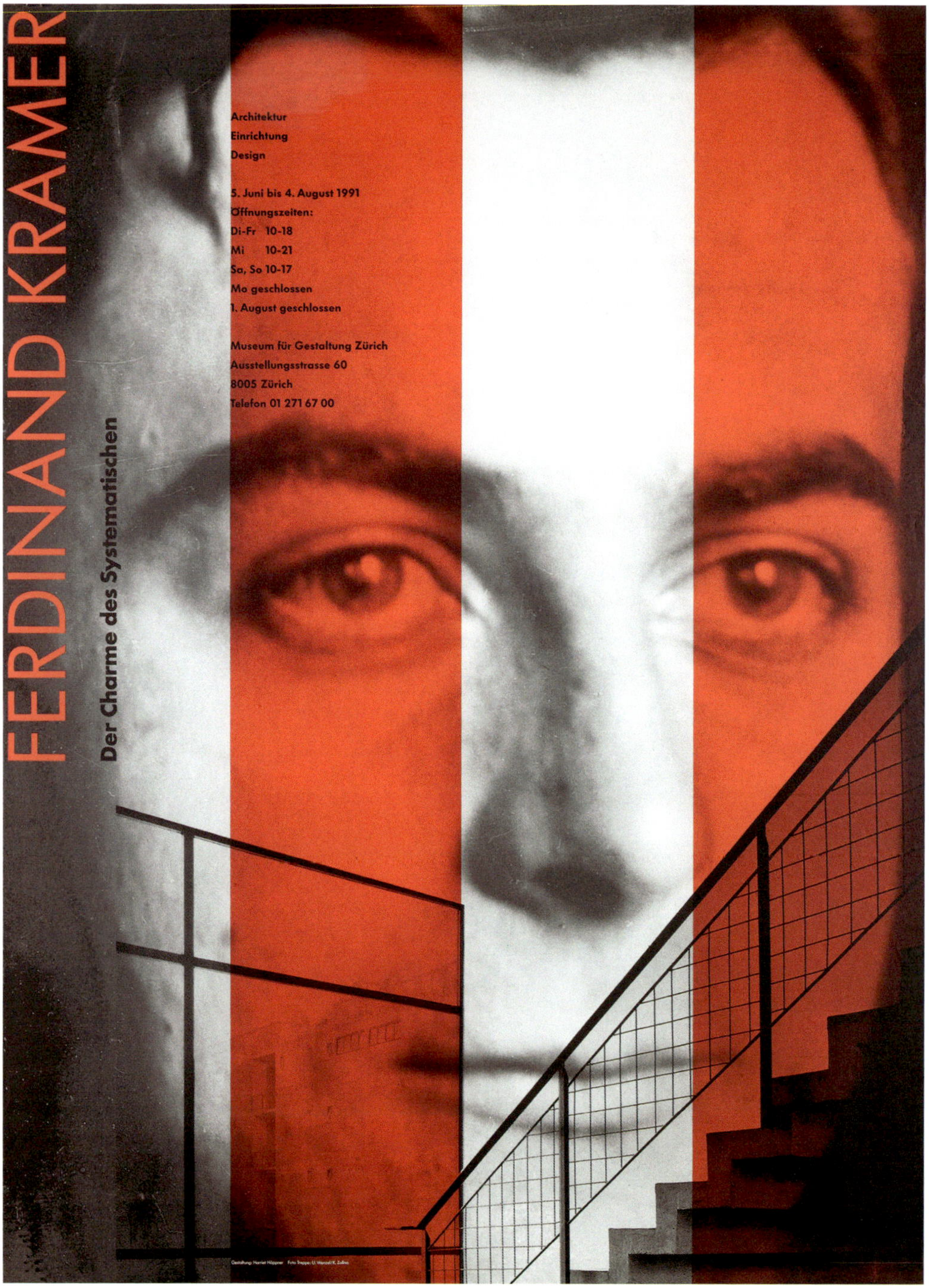

252 **Harriet Höppner**
Ferdinand Kramer / Der Charme des Systematischen
1991

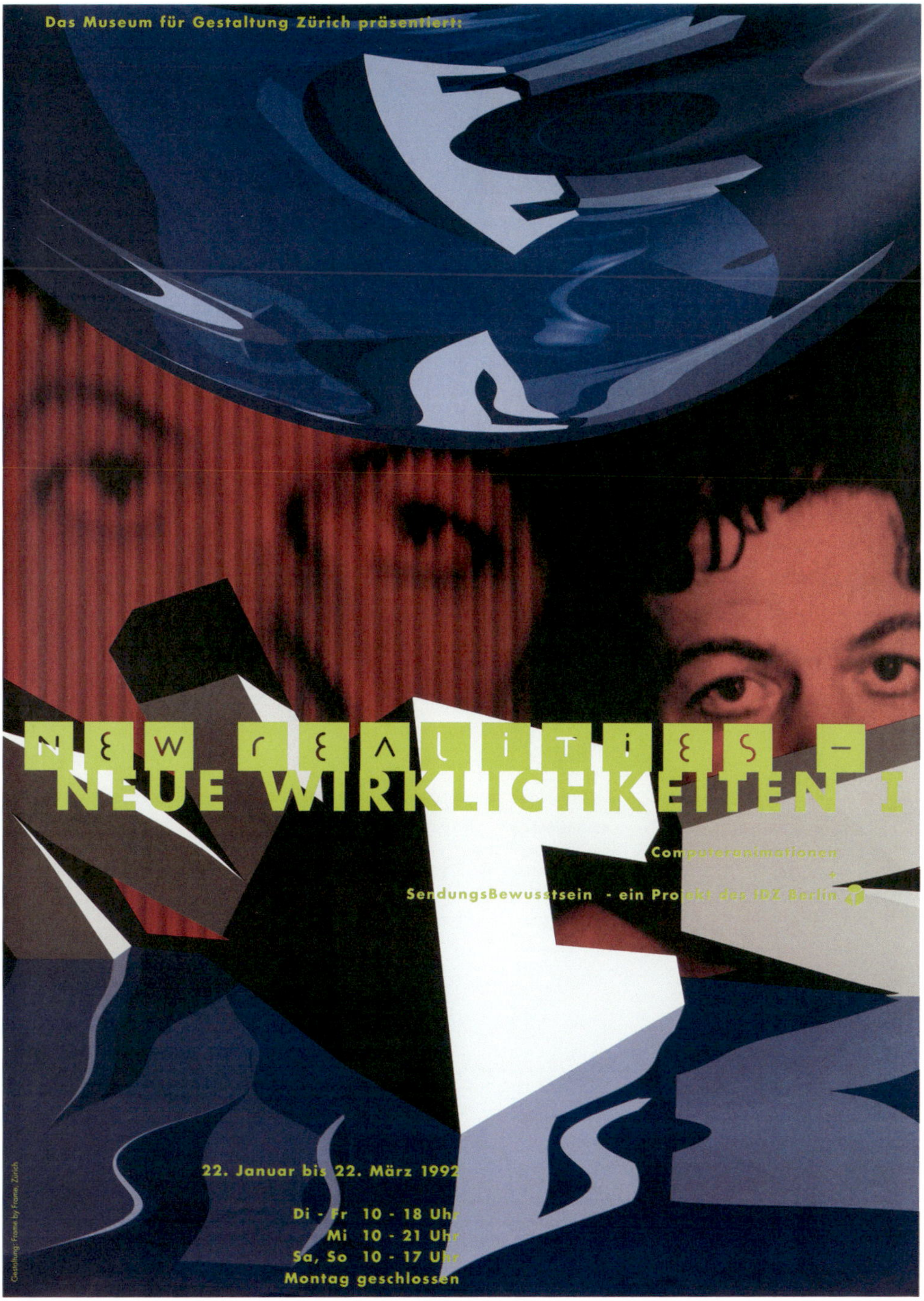

253 **Frame by Frame**
New Realities – Neue Wirklichkeiten I /
Computeranimationen / SendungsBewusstsein
1992

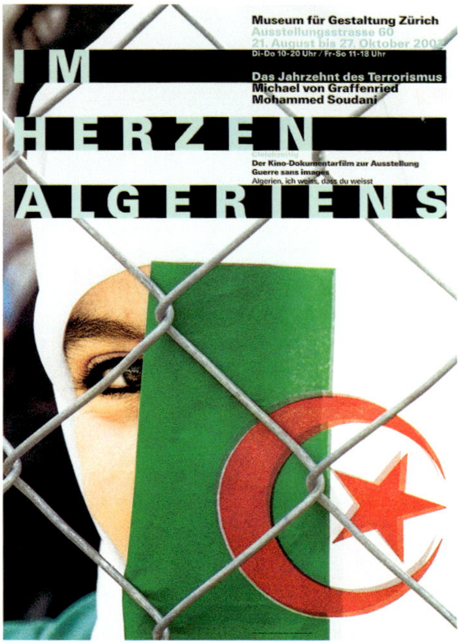

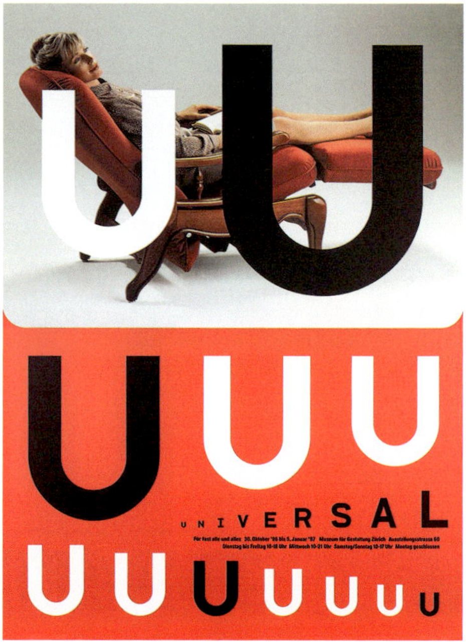

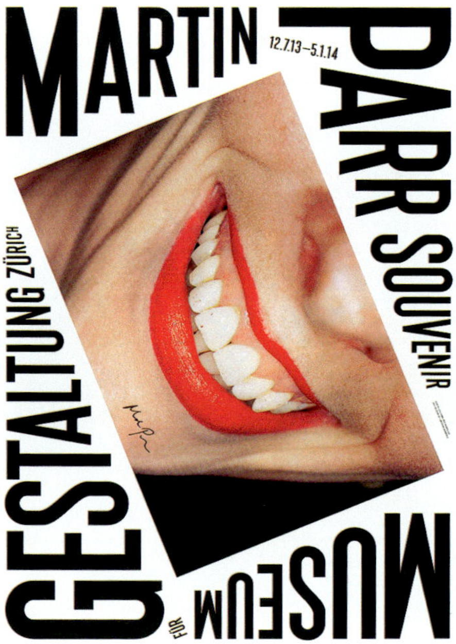

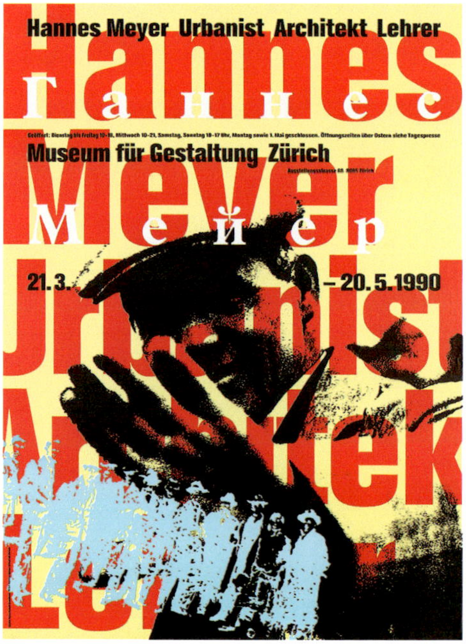

254 **Werner Jeker**
Im Herzen Algeriens / Das Jahrzehnt des Terrorismus / Michael von Graffenried / Mohammed Soudani, 2002

255 **Prill Vieceli Cremers / Tania Prill, Alberto Vieceli, Sebastian Cremers**
Martin Parr / Souvenir, 2013

256 **Cornel Windlin**
Universal / Für fast alle und alles
1996

257 **Hans Rudolf Bosshard**
Hannes Meyer / Urbanist / Architekt / Lehrer
1990

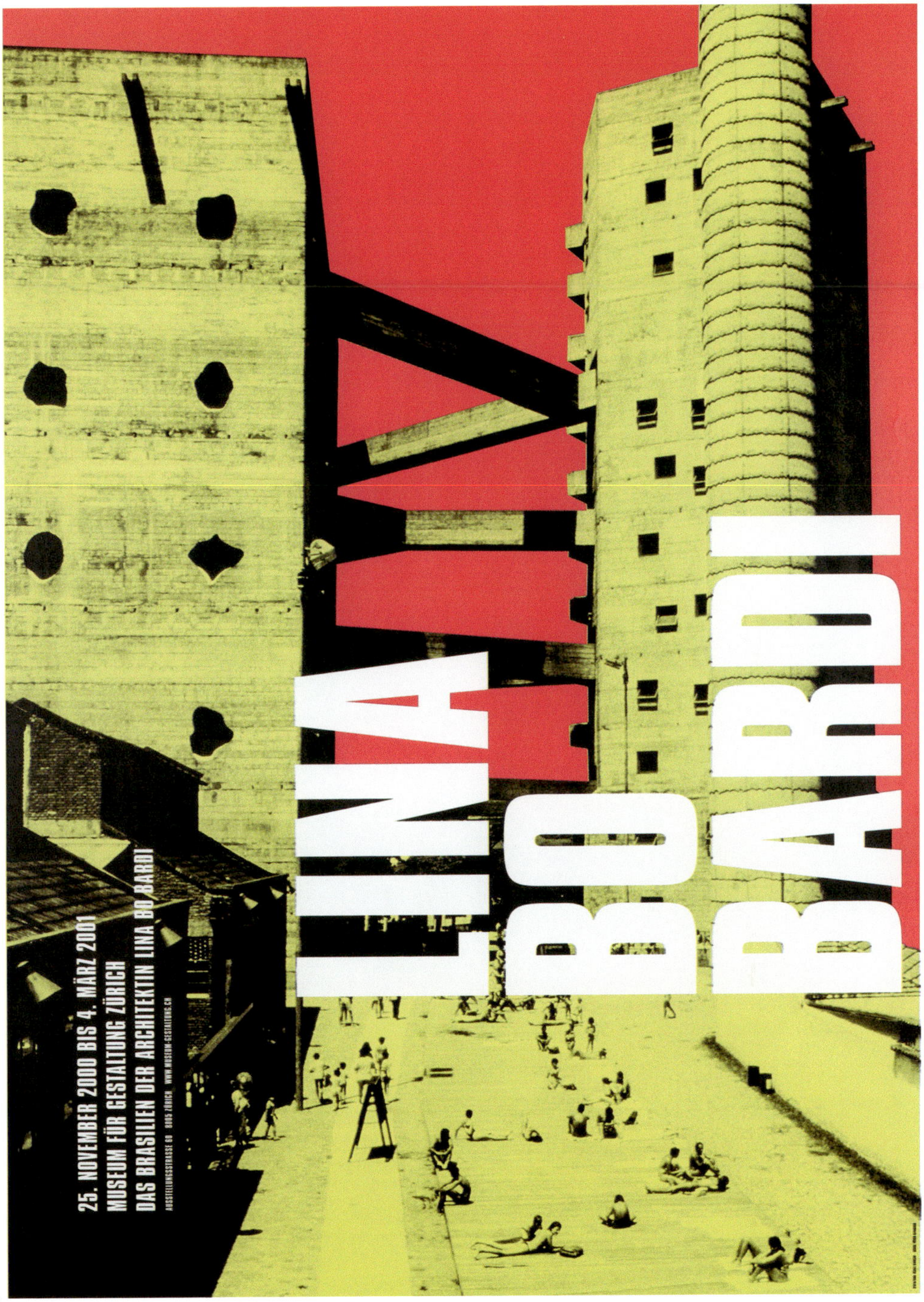

258 **Nicole Barbieri**
Das Brasilien der Architektin Lina Bo Bardi
2000

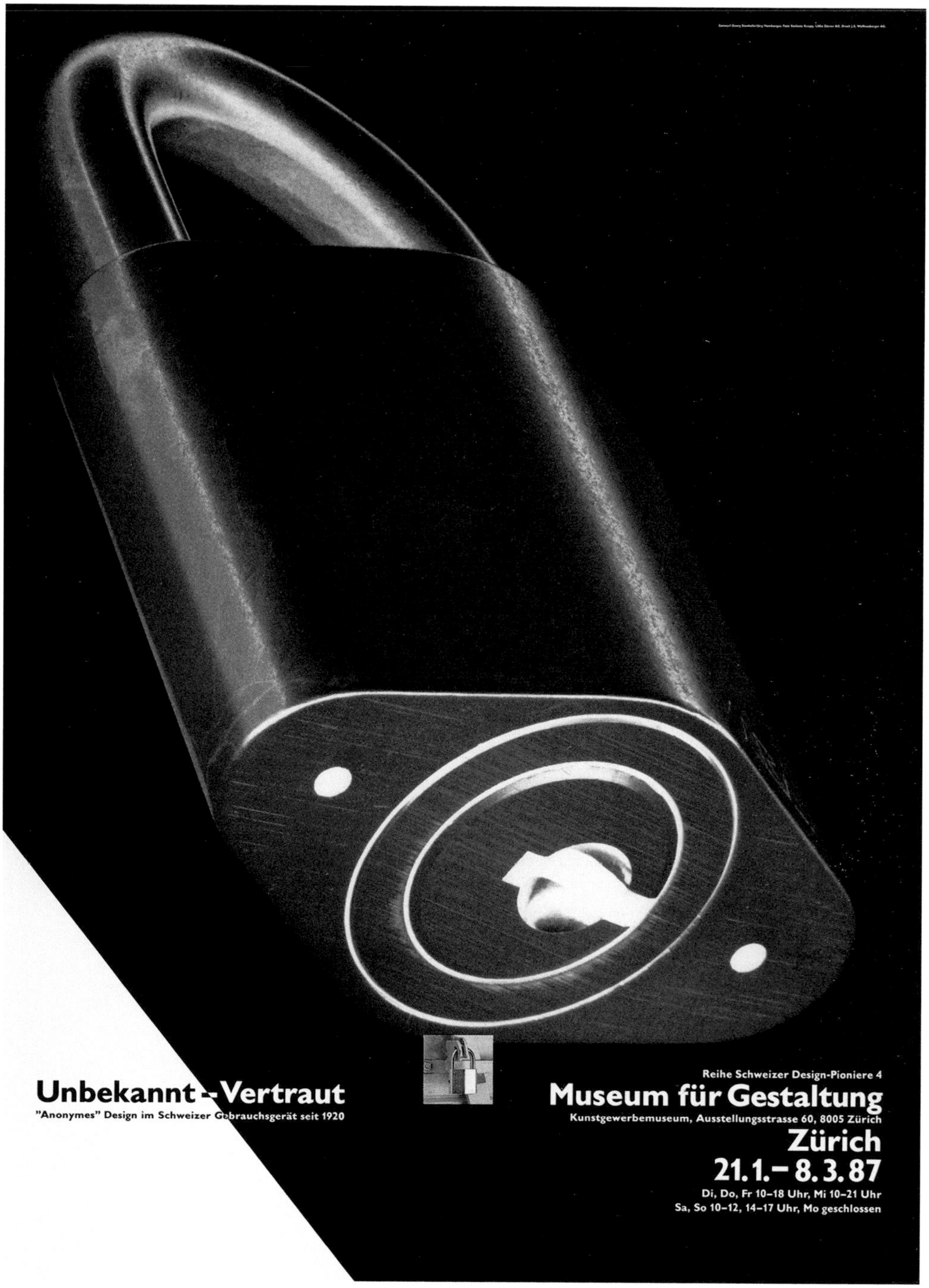

259 **Jörg Hamburger, Georg Staehelin**
Unbekannt – Vertraut / «Anonymes» Design
im Schweizer Gebrauchsgerät seit 1920
1987

MUSEUM POSTERS–PERFECT AND NOT-SO-PERFECT PARTNERSHIPS

Corinna Rösner

A good museum poster transmits a powerful visual message, piquing our curiosity with an apt, striking presentation of the content it conveys. This is, however, a rare achievement due to interactions between clients, i.e. the museums, and their counterparts, the graphic designers.

In an ideal scenario, the client and designer have clear opinions, are self-confident and headstrong, while also being sensitive and skilled communicators, displaying mutual trust and respect. In addition, both parties should be knowledgeable and keen to learn more about the background of each project. The designer and the client need a firm grasp of the museum's history and particularities and the exhibition's ideas and purpose–in other words, its underlying concept. It may not always be self-evident that this is required knowledge for the client. However, it should be clear that it is harder to develop a good poster when the person handling matters on the client's side is an indifferent, non-specialized "purchaser" who is perhaps employed in the director's office or the press department. Despite limited briefings, strong-minded designers nevertheless at times create good work in this kind of constellation.

Conversely, though, a strong client cannot make up for a weak designer. It is increasingly common for price to be the only factor when selecting designers. Ultimately, however, an over-reliance on economic concerns hints at a weak client. There is no need to spell out the consequences of a scenario with shortcomings on both sides, which is unfortunately the most common state of affairs. Generally speaking, the posters encountered in cityscapes no longer grab our attention or offer a feast for the eyes; rather than being part of the oft-cited "gallery of the streets," posters add to the visual environmental pollution that Alain Marendaz bitterly lambasted in 1988 as the "iconorrhea of advertising, this visual diarrhea of the communication industry that scarcely registers consciously with us."[1] Posters in the cultural realm, including museum posters, contribute considerably to this phenomenon. The drab monotony is only rarely broken up by a striking design. It is even rarer to find a coherently designed poster campaign that runs for months and years, becoming memorable, gaining recognition value through this persistent presence, and thus creating a much greater impact than the surprise triggered by an individual poster. Museum posters are on the whole inconsequential. That is a wasted opportunity, for the privileged position of publicly funded institutions gives them scope to defy the cultural industry. While public museums must operate cost-effectively, their remit is primarily cultural, not economic. However, that privilege is merited only if they shoulder the responsibilities it entails. Along with collecting and exhibiting strategies, this also involves a clear stance on design issues. In some cases there is a greater awareness of this responsibility among museums of applied arts, design, crafts, and the decorative arts.

The Museum für Gestaltung Zürich and Die Neue Sammlung (The Design Museum) offer examples of how this design responsibility can be manifested in practice. By selecting a series of designers–attuned to each exhibition theme and concept–the Museum für Gestaltung Zürich has for decades functioned as an oscillograph, recording a huge variety of shifting developments in graphic design. Viewed as an ensemble, its exhibition posters reflect stylistic pluralism, spanning myriad facets of contemporary (Swiss) poster design. Recent examples include work by designers such as Ralph Schraivogel, Martin Woodtli, Cornel Windlin, Norm, Gavillet & Rust, and Erich Brechbühl.

In contrast, since 1980, the Neue Sammlung has adopted a consistent visual identity. That choice was shaped initially by the struggle to obtain a new building for its collections, and from 1990 on, by efforts to establish Munich's modern art gallery, the Pinakothek der Moderne. Since 2002, the Neue Sammlung has been one of four independent museums under the aegis of the powerful Pinakothek der Moderne brand. In this context, its posters have taken on vital significance, specifically in terms of recognition, gravitas, and comprehensibility, irrespective of adaptations for specific exhibitions. The overriding concern has been to position the Neue Sammlung as an independent museum, reaching beyond specialist circles to members of the public interested in design yet with limited expertise in the field.

The museum's visual identity evolved out of the posters, a particularly powerful medium in the public realm, and was subsequently transposed to other media such as invitation cards and catalogs. Until 2001 Mendell & Oberer was the design studio at the helm. The posters' presence in the city conveyed an unmistakable message about the museum's identity and stance, appearing–as Pierre Mendell always insisted–in the large DIN-A0 format on conventional advertising columns and poster panels. At the time there was nothing remotely similar in Munich.

After the Bayerische Staatsoper (Bavarian State Opera) opted in 1993 to commission Mendell & Oberer to design its posters too, Munich enjoyed a "gallery of the streets" for many years, with contributions by outstanding designers (and commissioning clients) such as Thomas Mayfried, Gerwin Schmidt, Günter Karl Bose, and Mirko Borsche. In a sense, Borsche stepped into Pierre Mendell's shoes at the Neue Sammlung in 2009 and at the Bayerische Staatsoper in 2010. In 2015, the impetus to change the museum's graphic presentation again sprang from its posters, taking the form of a summer image campaign K–M. The Neue Sammlung has emphasized continuity in cooperating with graphic designers–with the exception of an intermediate phase just after the Pinakothek der Moderne's inauguration, when Almir Mavignier, Kazumasa Nagai, Uwe Loesch, and others were commissioned to make exhibition posters. Difficulties linked to creative exchanges at a distance proved nearly insurmountable, underscoring the importance of having great designers nearby.

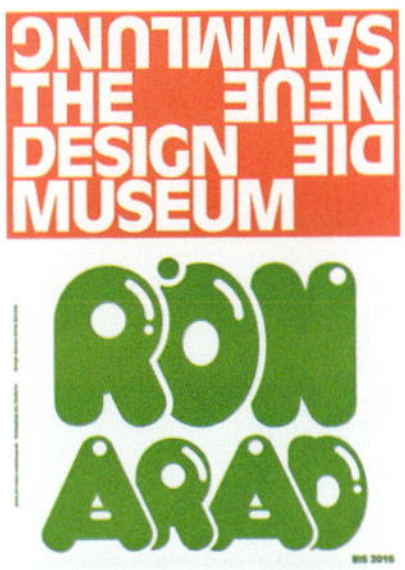

K

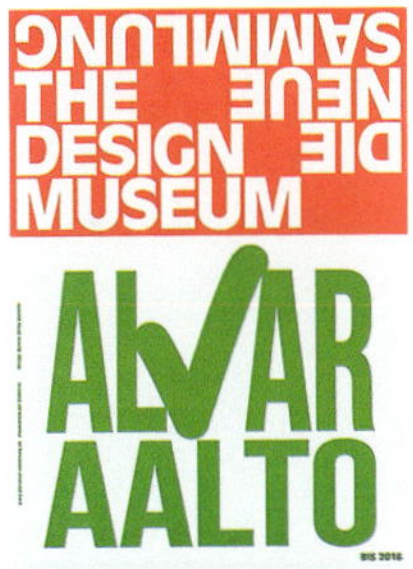

L

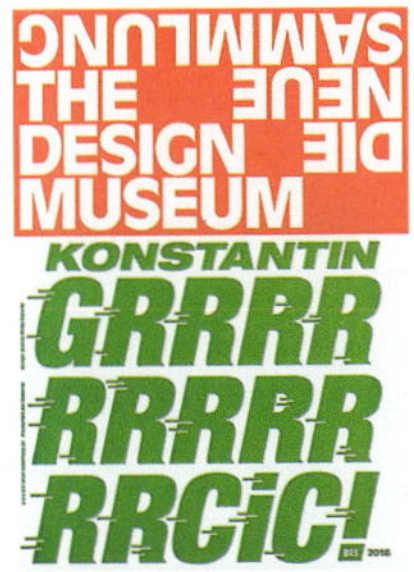

M

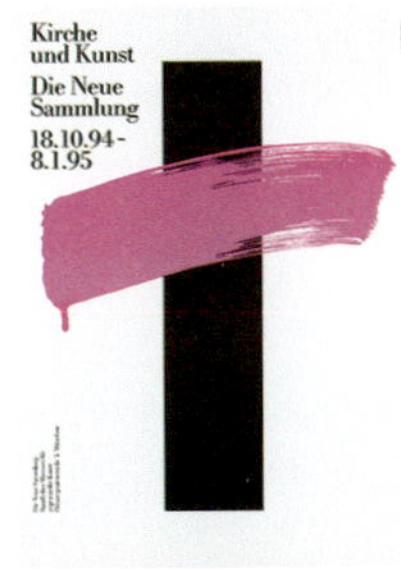

N

Success in (graphic) design competitions is only *one* yardstick for a good and successful museum poster. The most important question is whether a poster catches the attention of people hurrying by–and persuades them to visit the exhibition. Thanks to Mendell & Oberer, the Neue Sammlung experienced this on several occasions, especially with its 1994 exhibition *Kirche und Kunst* (Church and Art) N, which critics completely ignored. Thanks to an impressively powerful poster, it had astonishingly high visitor numbers despite zero press coverage.

"The poster as a visual scandal"–that long-standing tenet still applies, yet not at any price. Exhibitions must live up to the claims made by a good poster or potential visitors will never again trust the museum's advertising promises.

These two museums in Munich and Zurich serve as examples of cultural institutions that are serious about their responsibilities as commissioners and patrons of posters for cultural events. Their very different methodologies represent equally viable options. One could also imagine hybrid strategies, for there is no simple formula for success in this context. In order to create top-notch posters, the one truly indispensable ingredient is a precise analysis of the needs and goals involved. Perhaps museums should take as much care in picking their graphic designers as do lonely hearts when scouring Internet dating sites in search of true love. That would make for a text with a different title: "Museum Posters–Perfect Partnerships."

1 Martin Heller and Alain Marendaz (ed.), *Anschläge: Plakatsprache in Zürich 1978–88,* exhib. cat., Museum für Gestaltung Zürich, Zurich 1988, p. 12.

K Mirko Borsche, Die Neue Sammlung / The Design Museum / Ron Arad, 2015

L Mirko Borsche, Die Neue Sammlung / The Design Museum / Alvar Aalto, 2015

M Mirko Borsche, Die Neue Sammlung / The Design Museum / Konstantin Grcic, 2015

N Mendell & Oberer / Pierre Mendell, Klaus Oberer, Kirche und Kunst / Die Neue Sammlung, 1994

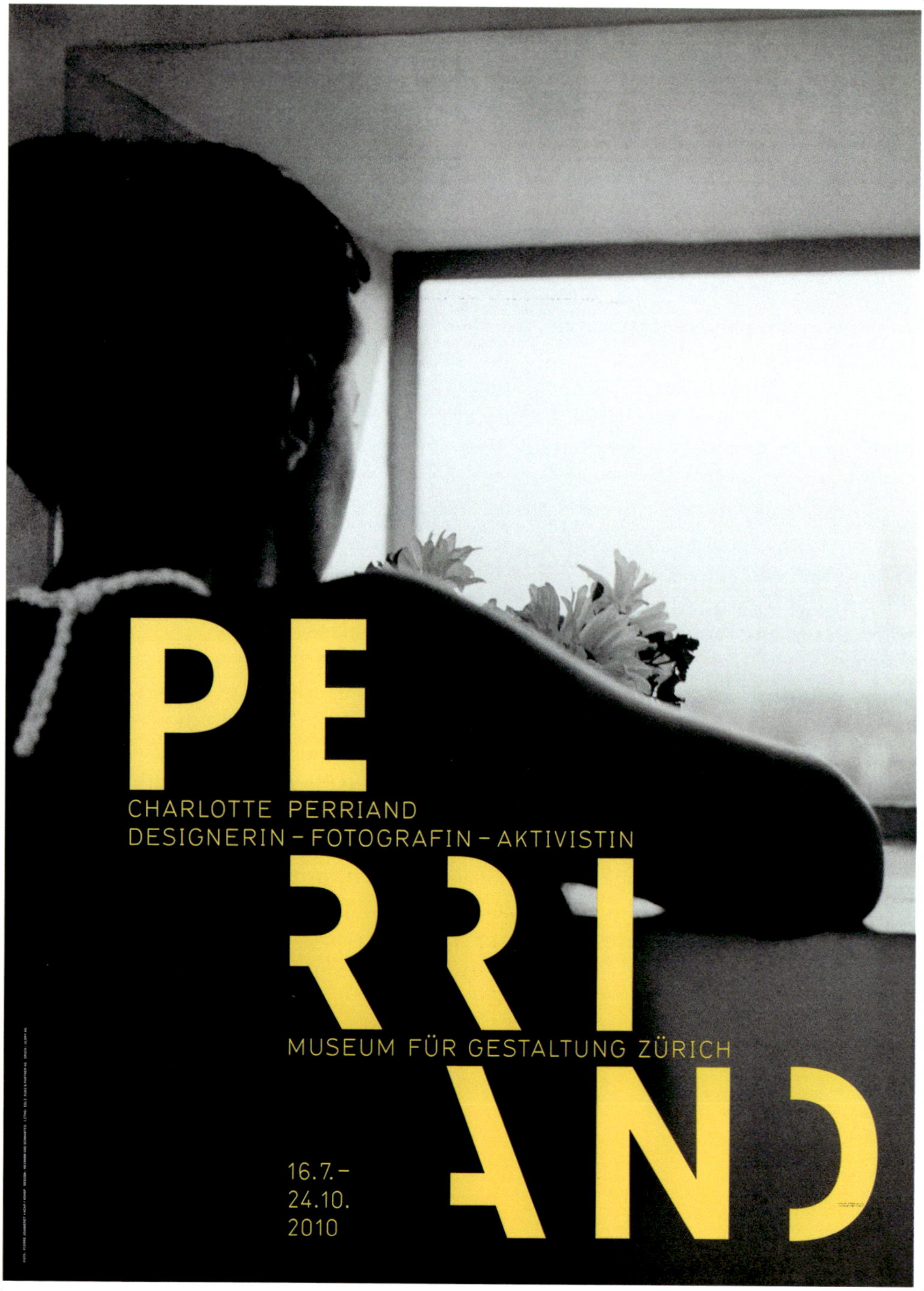

260 **Heimann und Schwantes /**
Michael Heimann, Hendrik Schwantes
Charlotte Perriand / Designerin / Fotografin / Aktivistin
2010

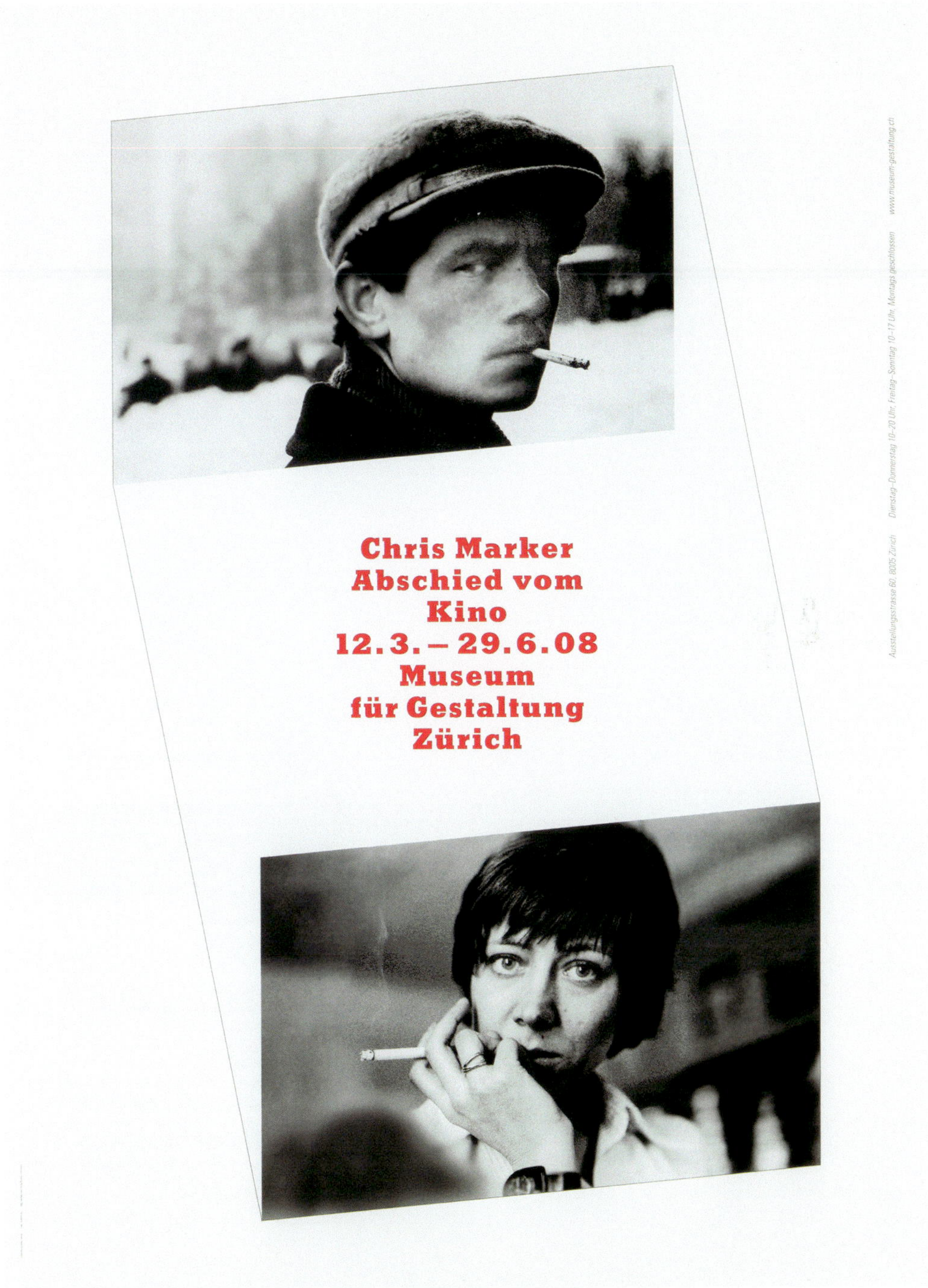

261 **Ralph Schraivogel**
Chris Marker / Abschied vom Kino
2008

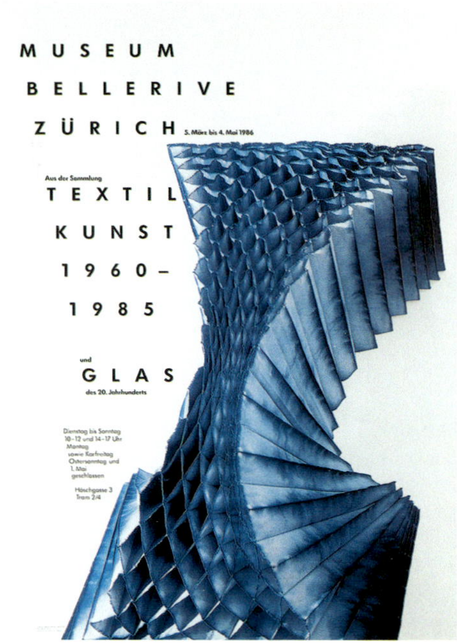

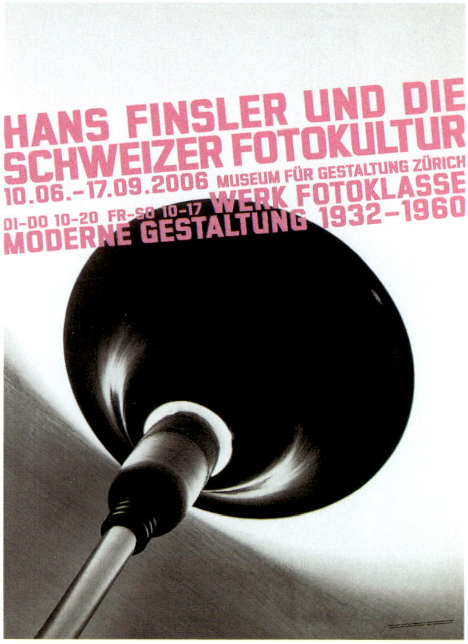

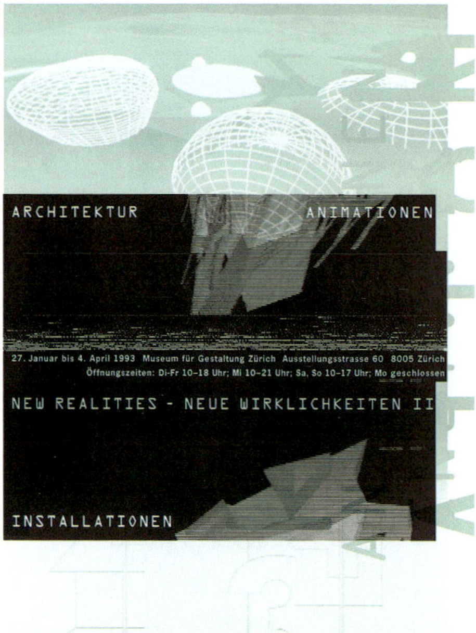

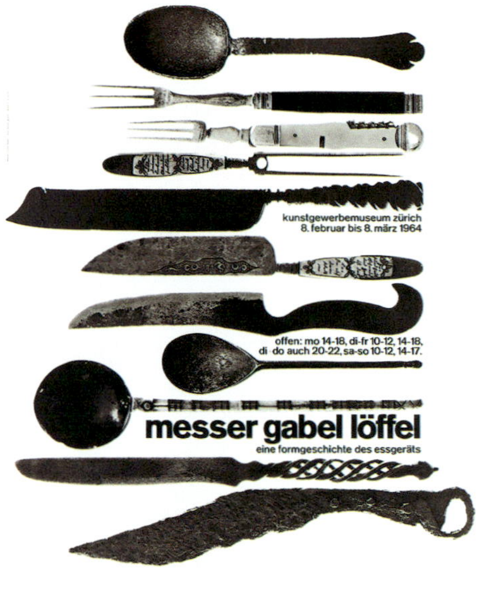

262 **Odermatt & Tissi / Siegfried Odermatt, Rosmarie Tissi**
Textilkunst 1960–1985 / Glas des 20. Jahrhunderts, 1986

263 **Mihaly Varga**
Architektur Animationen /
New Realities – Neue Wirklichkeiten II, 1993

264 **Martin Blättler**
Hans Finsler und die Schweizer Fotokultur
2006

265 **Fridolin Müller**
Messer / Gabel / Löffel /
Eine Formgeschichte des Essgeräts, 1964

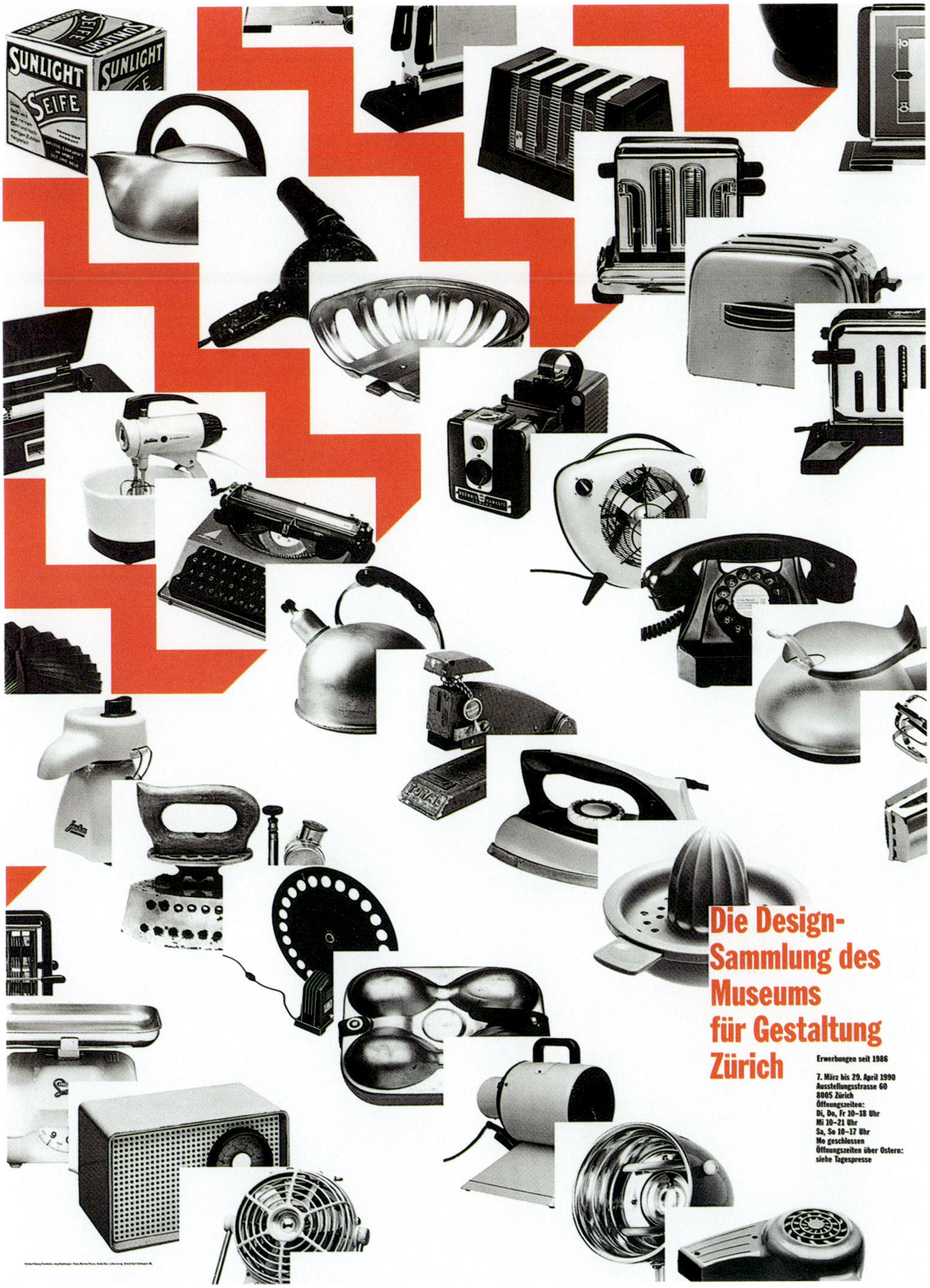

266 **Jörg Hamburger, Georg Staehelin**
Die Design-Sammlung des Museums für Gestaltung Zürich
1990

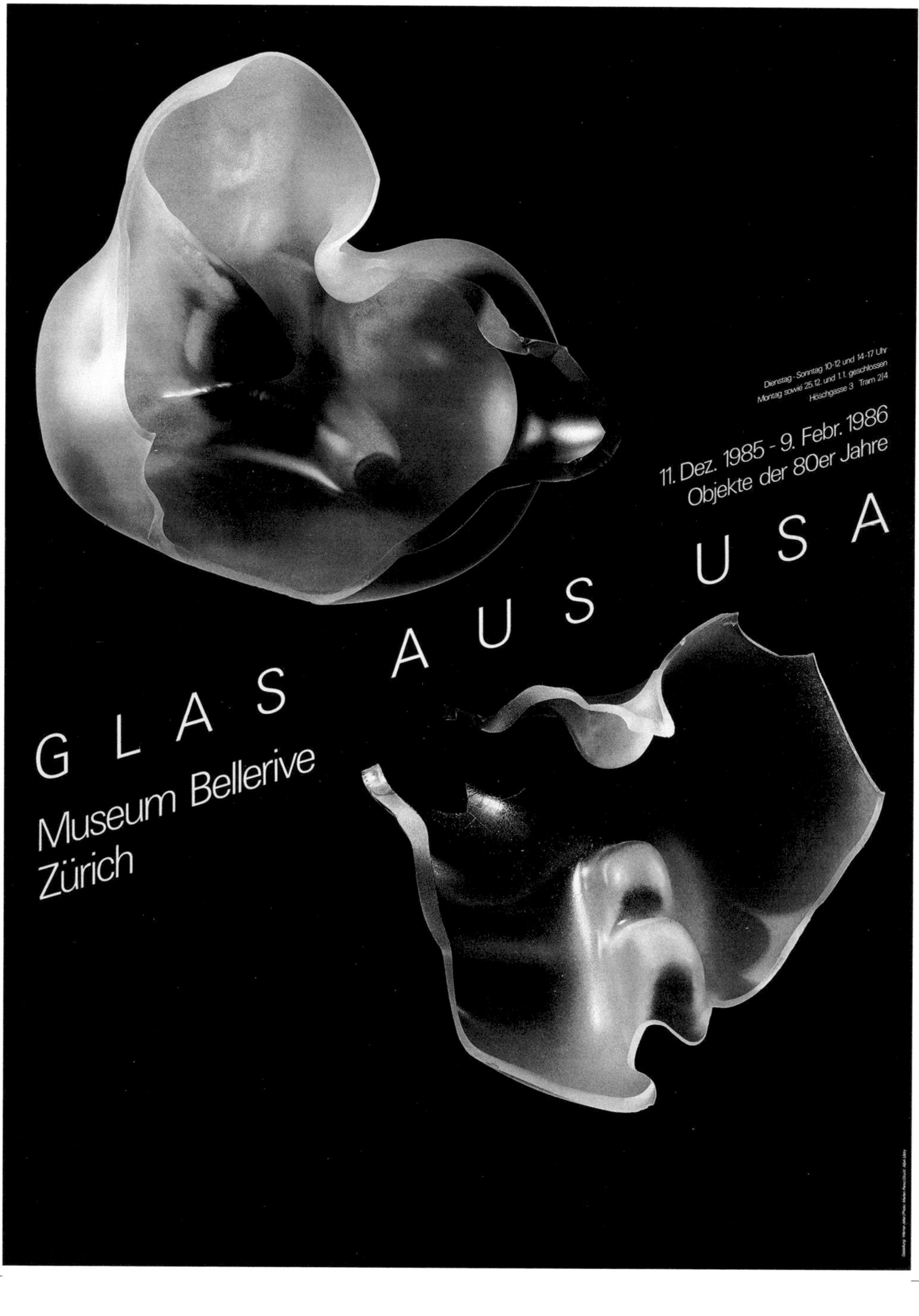

267 **Werner Jeker**
Glas aus USA / Objekte der 80er Jahre
1985

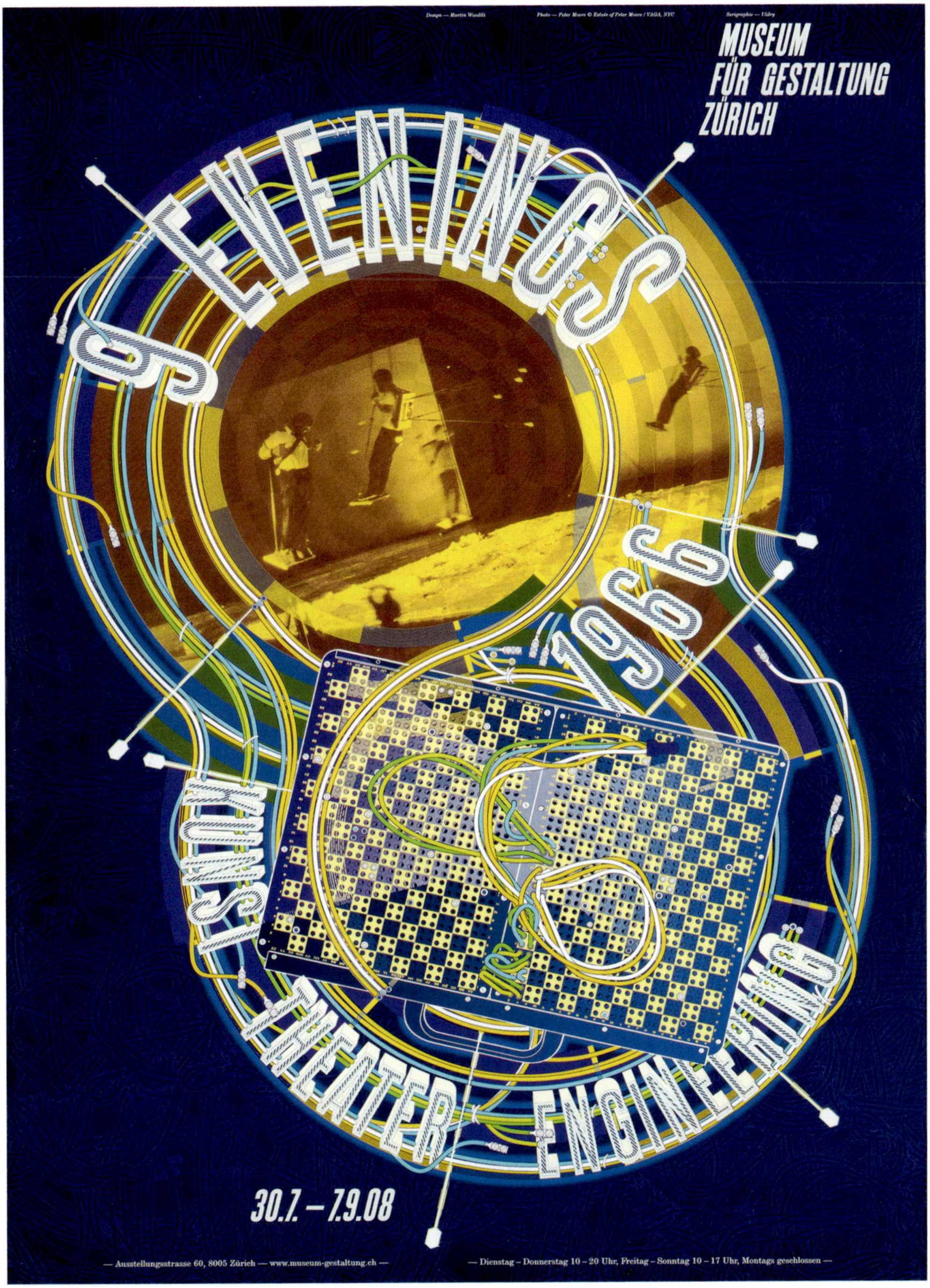

268 **Martin Woodtli**
9 evenings 1966 / Kunst / Theater / Engineering
2008

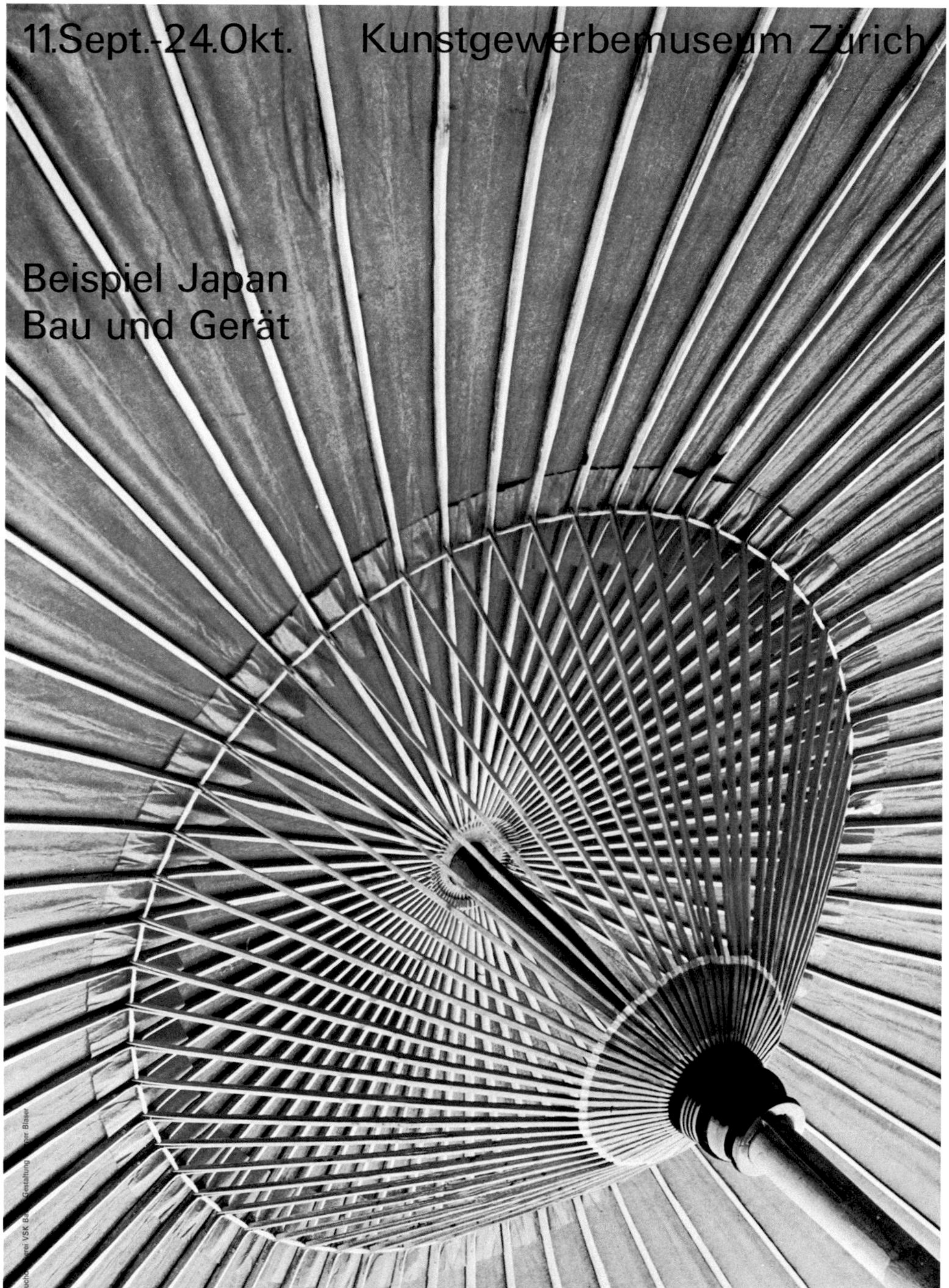

269 **Werner Blaser**
Beispiel Japan / Bau und Gerät
1965

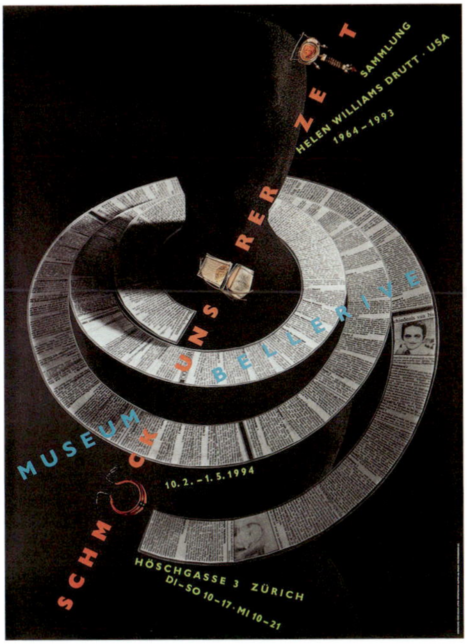

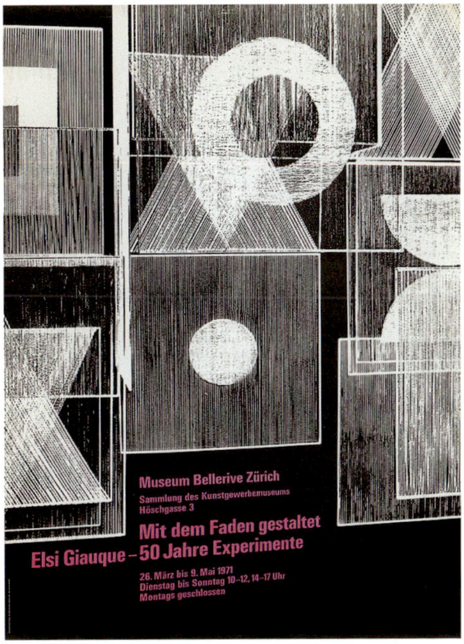

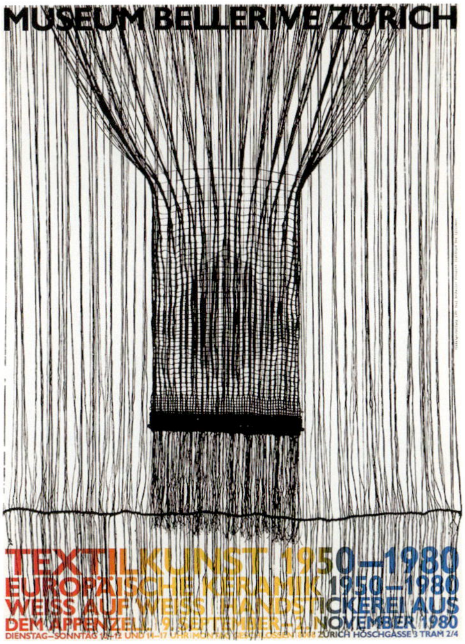

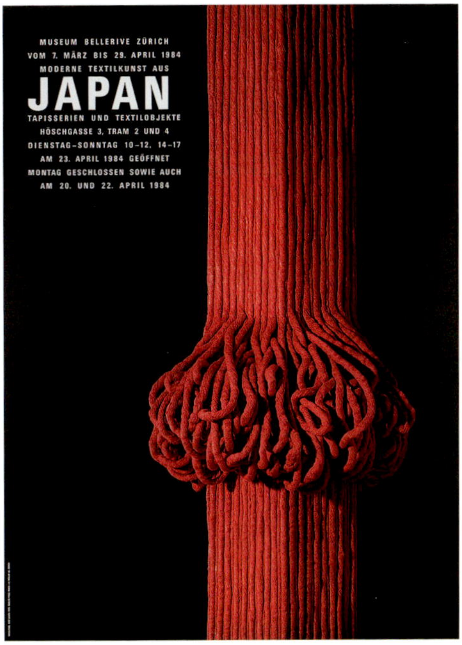

270 **René Gauch**
Schmuck unserer Zeit / Sammlung Helen Williams Drutt
1994

271 **Paul Brühwiler**
Textilkunst 1950–1980 / Europäische Keramik 1950–1980
1980

272 **René Gauch**
Mit dem Faden gestaltet / Elsi Giauque /
50 Jahre Experimente, 1971

273 **René Gauch**
Moderne Textilkunst aus Japan /
Tapisserien und Textilobjekte, 1984

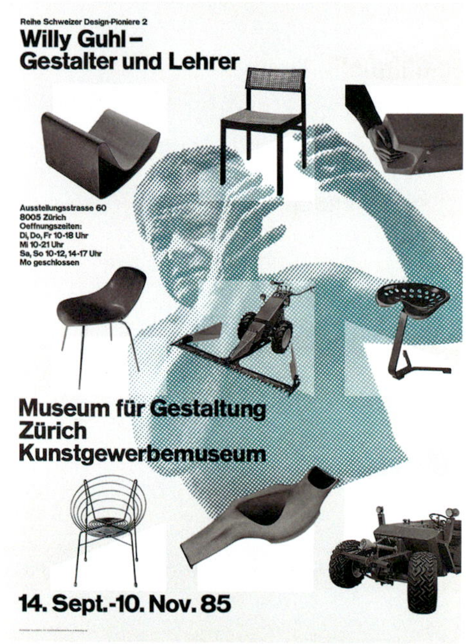

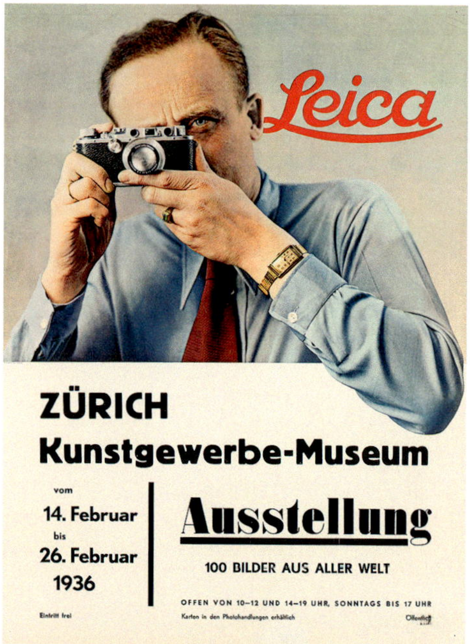

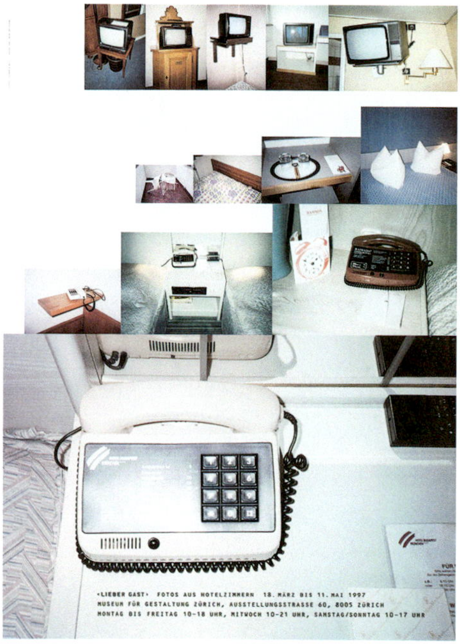

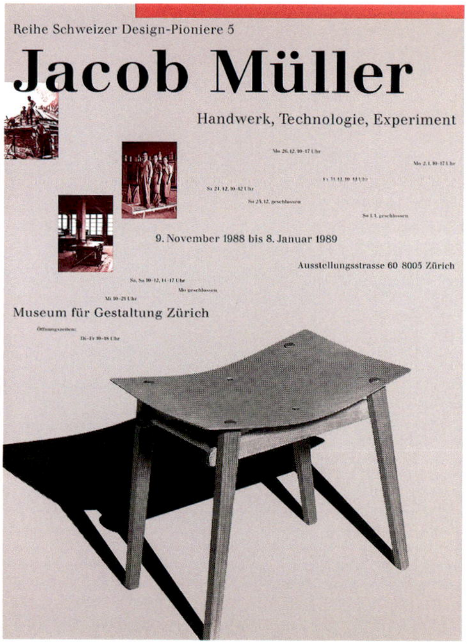

274 **Jörg Hamburger, Georg Staehelin**
Willy Guhl / Gestalter und Lehrer
1985

275 **Cornel Windlin**
«Lieber Gast» / Fotos aus Hotelzimmern
1997

276 **Anonym**
Leica / 100 Bilder aus aller Welt
1936

277 **Jürg Brühlmann, Peter Frey**
Jacob Müller / Handwerk / Technologie / Experiment
1988

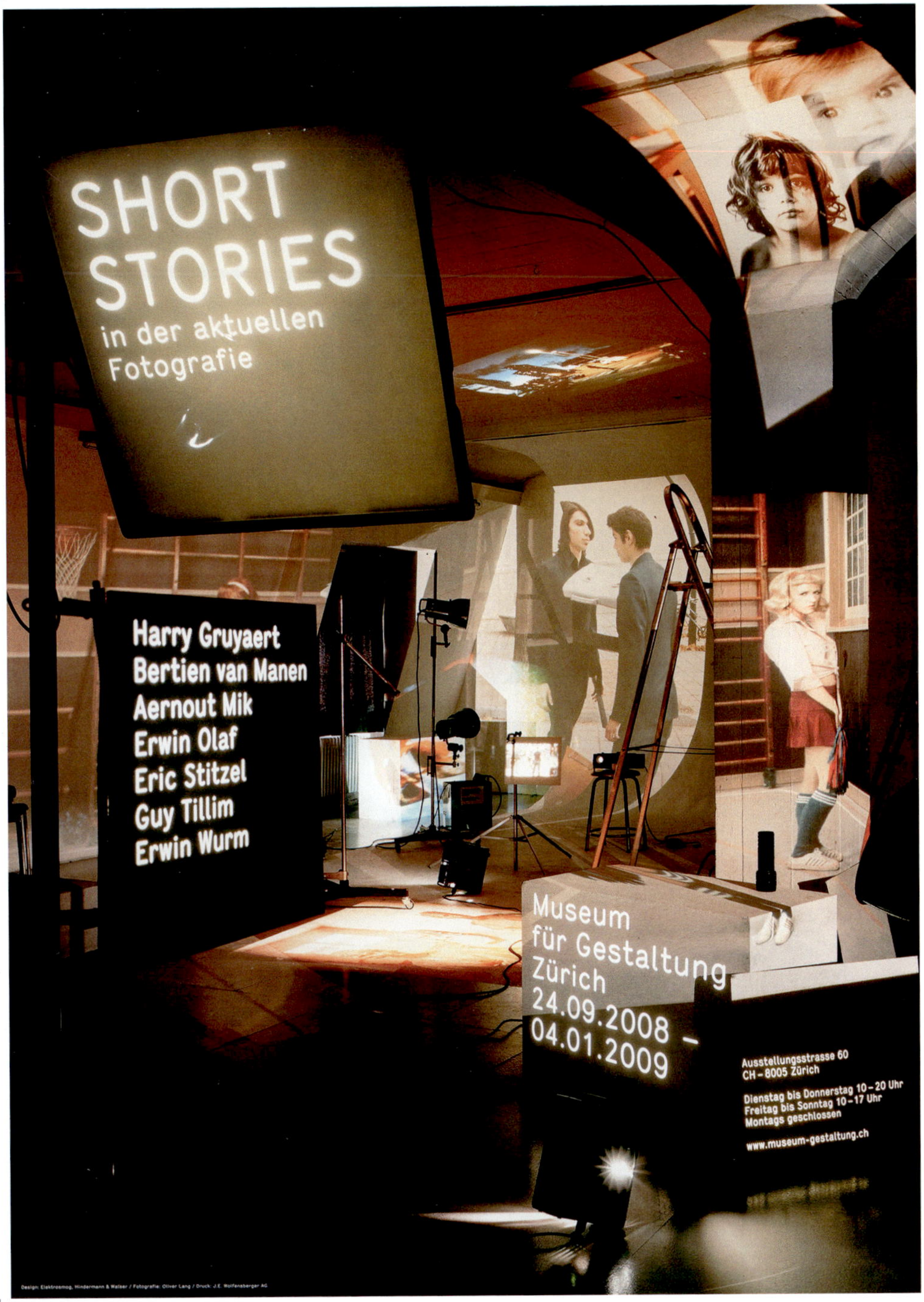

278 **Elektrosmog / Valentin Hindermann, Marco Walser**
Short Stories in der aktuellen Fotografie
2008

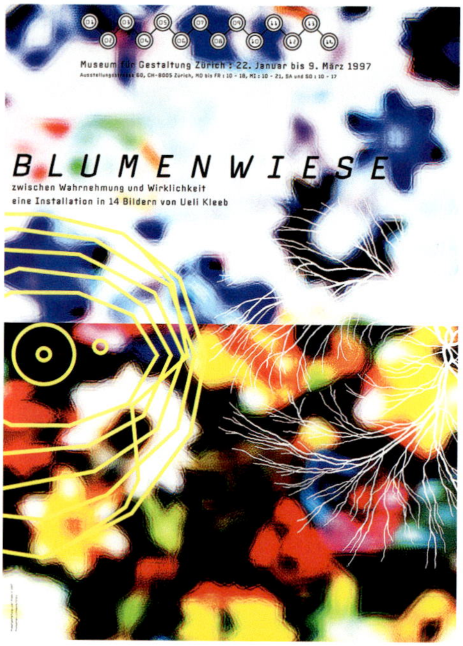

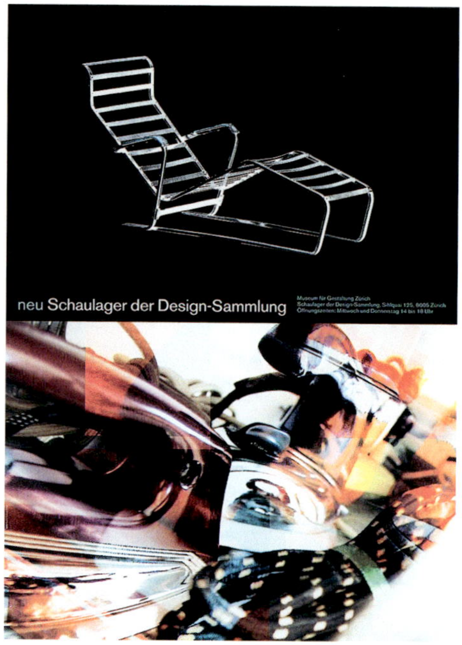

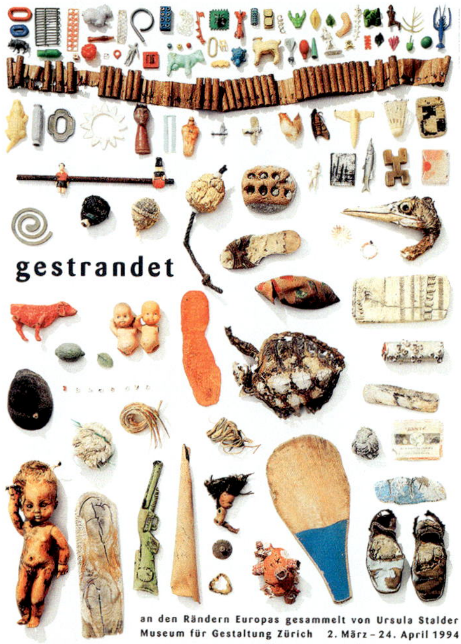

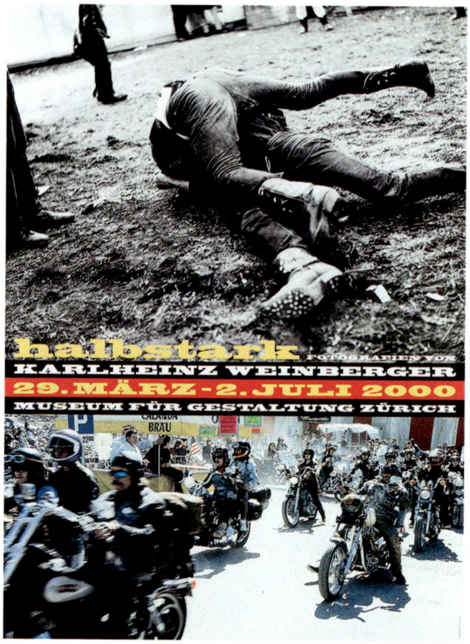

279 **Ueli Kleeb**
Blumenwiese / Zwischen Wahrnehmung und Wirklichkeit / Eine Installation in 14 Bildern von Ueli Kleeb, 1997

280 **Hanna Koller**
Gestrandet / An den Rändern Europas gesammelt von Ursula Stalder, 1994

281 **Jürg Tschalèr**
Neu / Schaulager der Design-Sammlung
1999

282 **Hanna Koller**
Halbstark / Fotografien von Karlheinz Weinberger
2000

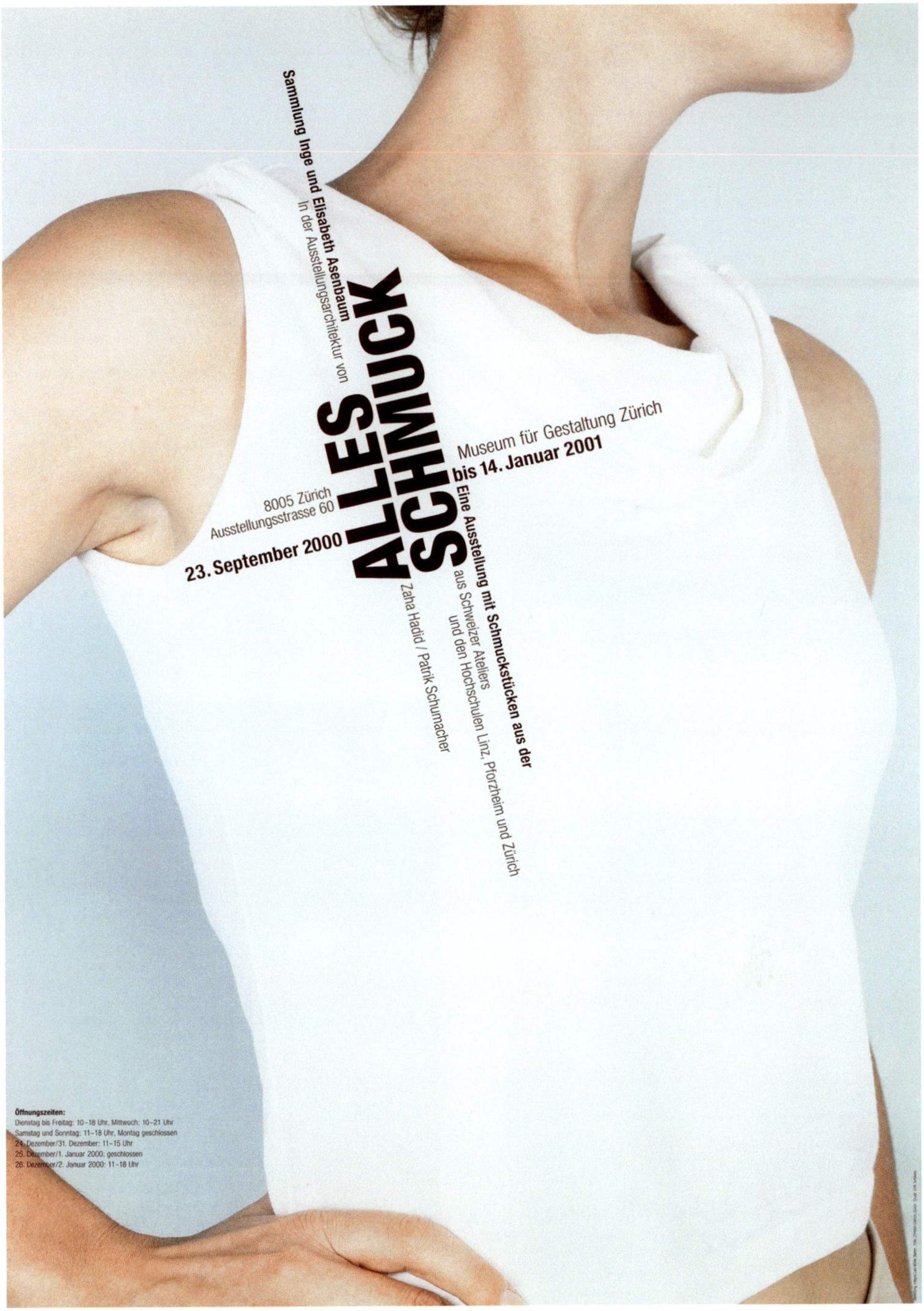

283 **Lars Müller, Christian Dietrich, Jan Haux, Angela Kreitenweis**
Alles Schmuck / Eine Ausstellung mit Schmuckstücken aus der Sammlung Inge und Elisabeth Asenbaum
2000

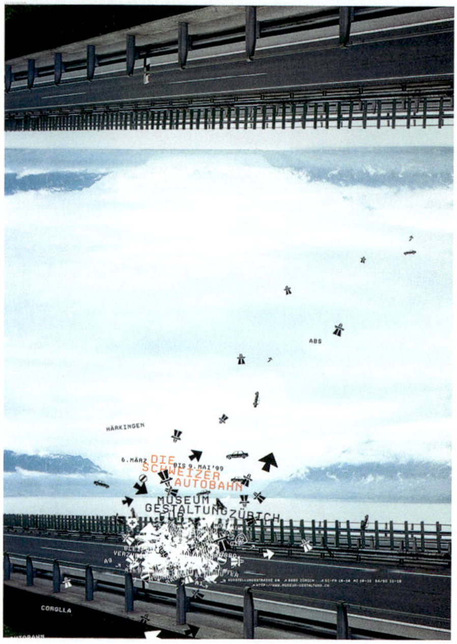

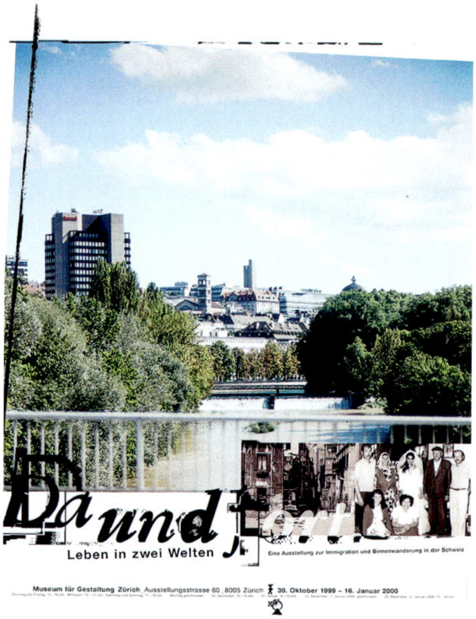

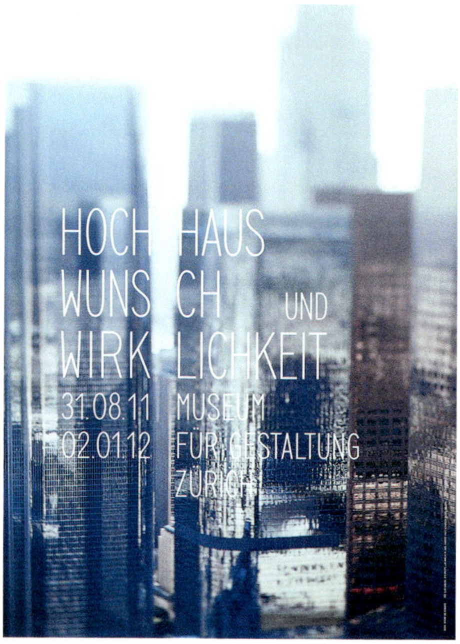

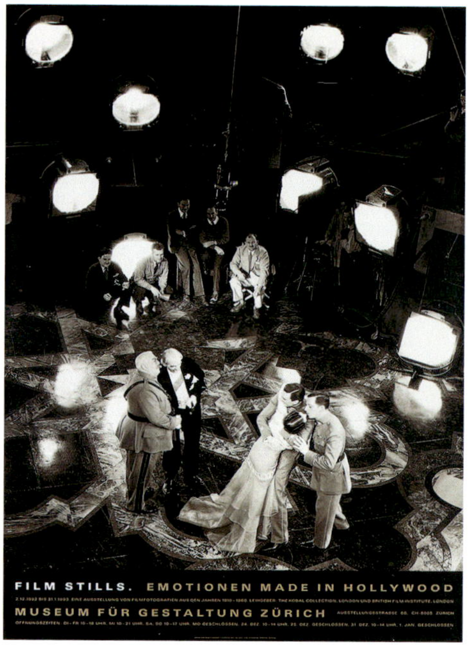

284 **Cornel Windlin**
Die Schweizer Autobahn
1999

285 **Heimann und Schwantes / Michael Heimann, Hendrik Schwantes**
Hochhaus / Wunsch und Wirklichkeit, 2011

286 **Caroline Grimm, Myriam Köstli**
Da und fort / Leben in zwei Welten
1999

287 **Robert & Durrer / Jean Robert, Käti Robert-Durrer**
Film Stills. Emotionen Made in Hollywood
1992

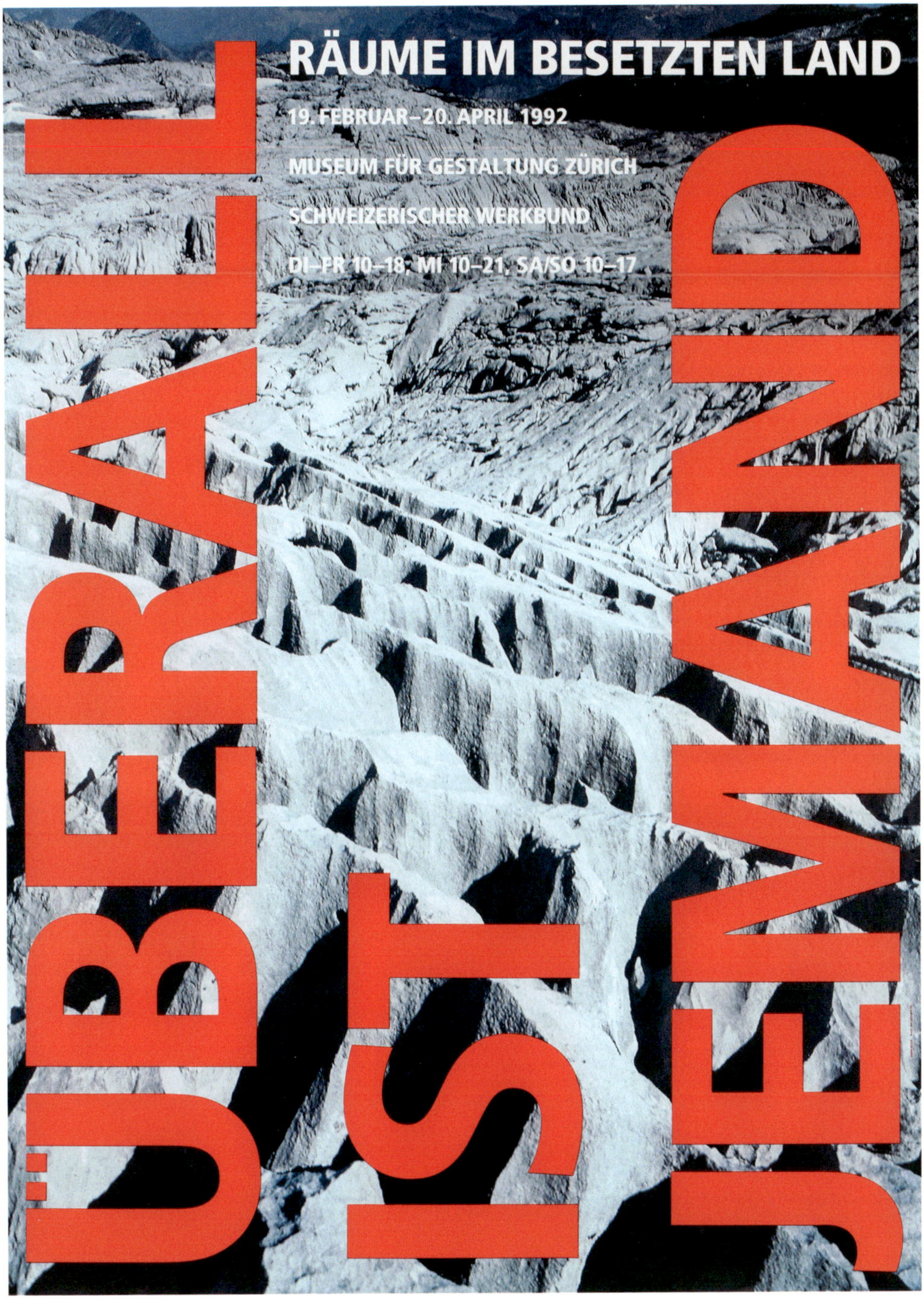

288 **Hanna Koller**
Überall ist jemand / Räume im besetzten Land
1992

Katalog

Alle abgebildeten Plakate stammen aus der Plakatsammlung des Museum für Gestaltung Zürich. Die Rechte (insbesondere Urheberrechte) liegen beim Autor bzw. dem Rechteinhaber.

Die Daten des Katalogs folgen den Rubriken Gestaltung, Plakattext, Erscheinungsjahr, Hinweis auf Serien, Drucktechnik, Format. Dabei gelten insbesondere folgende Regelungen:

Plakattext: Die beste Textwiedergabe bildet die Abbildung des Plakates selbst. Darum wird hier eine vereinfachte Form wiedergegeben, die den Titel der Ausstellung beinhaltet. Das Zeichen / trennt inhaltliche Texteinheiten. Jeweils nachgestellt folgt die englische Übersetzung.

Serie: X / X bezeichnet Plakatserien, d. h. Farb- oder Motivvarianten.

Format: Die Angaben werden in der Abfolge Höhe × Breite und in cm gemacht. Weil die Plakate oft nicht exakt rechtwinklig geschnitten sind, werden die Abmessungen auf halbe Zentimeter aufgerundet.

Die Plakatgeschichte ist ein junges Forschungsgebiet – verlässliche Hinweise sind rar. Jeder Hinweis und jede Ergänzung sind willkommen:
sammlungen@museum-gestaltung.ch

Catalog

All posters reproduced are from the Museum für Gestaltung Zürich's Poster Collection. The copyrights are held by the authors and their legal successors.

The data listed in the catalog is broken down into the following sections: designer, poster title and/or text, year, printing technique, and size. In particular, the following rules have been applied:

Poster text: The poster itself provides the best version of the text, and thus a simplified form is used which includes only the title of the exhibition. A slash mark separates textual units by content. The original language is followed by a translation in English.

Series: X / X denotes poster series, i.e. variations in color or motif.

Size: The dimensions are given in centimeters as height × width. Because posters are often not cut exactly at right angles, the dimensions are rounded off to the half-centimeter.

The history of posters is a recent field of research and reliable information is rare. Any further references and additional material are welcome:
sammlungen@museum-gestaltung.ch

1 Abegg
Gewerbe-Museen / Zürich (Kunstgewerbeschule) / Winterthur (Technikum) / Eintritt in die Sammlungen frei (Museums of Industrial Technology, Arts and Crafts / Zurich (School of Arts and Crafts) / Winterthur (Technikum) / Free Admission to the Collections)
1897 Lithografie – Lithograph
106 × 70 cm

2 El Lissitzky (1890–1941)
USSR / Russische Ausstellung (USSR / Russian Exhibition)
1929 Tiefdruck – Gravure printing
125 × 90,5 cm

3 Max Bill (1908–1994)
Negerkunst / Prähistorische Felsbilder Südafrikas (Negro Art / Pre-historic Rock Art of South Africa)
1931 Hochdruck – Letterpress print
127 × 90 cm

4 Alfred Willimann (1900–1957)
Licht in Heim Büro Werkstatt (Light in Home Office Workshop)
1932 Lithografie – Lithograph
127 × 90 cm

5 Josef Müller-Brockmann (1914–1996)
Der Film (Film)
1960 Offset 127 × 90 cm

6 Wolfgang Weingart (*1941)
Schreibkunst. Schulkunst und Volkskunst in der deutschsprachigen Schweiz 1548 bis 1980 (Penmanship. School Art and Folk Art in German-Speaking Switzerland 1548 to 1980)
1981 Offset 127 × 90 cm

7 Ralph Schraivogel (*1960)
Photo: Peter Lüem (*1958)
Henry van de Velde / Ein europäischer Künstler seiner Zeit (Henry van de Velde / A European Artist of His Time)
1993 Siebdruck – Screenprint
128 × 90,5 cm

8 Martin Woodtli (*1971)
Play
2005 Siebdruck – Screenprint
128 × 89,5 cm

9 Ernst Keller (1891–1968)
Buchgewerbe Ausstellung (Book Trade Exhibition)
1917 Lithografie – Lithograph
122 × 83 cm

10 Ernst Keller (1891–1968)
Wettbewerb / Linoleum-Entwürfe für Giubiasco (Competition / Linoleum Designs for Giubiasco)
1922 Lithografie – Lithograph
130 × 90 cm

11 Berthold von Grünigen
Wettbewerb der Lehrlinge und Lehrtöchter der Stadt Zürich (Competition of Boy and Girl Apprentices of Zurich)
1921 Lithografie – Lithograph
126 × 84 cm

12 Walter Käch (1901–1970)
Das bemalte Möbel (Painted Furniture)
1923 Lithografie – Lithograph
127 × 84 cm

13 Ernst Keller (1891–1968)
Schwedische Ausstellung (Swedish Exhibition)
1922 Lithografie – Lithograph
130 × 92 cm

14 Ernst Keller (1891–1968)
Zürcher Werkkunst einst und jetzt (Zurich Applied Arts Then and Now)
1933 Lithografie – Lithograph
127 × 90 cm

15 Armand Gerber
Armand Gerber / Exposition de dessins de mode (Armand Gerber / Ausstellung von Modezeichnungen – Armand Gerber / Exhibition of Fashion Sketches)
1927 Lithografie – Lithograph
95 × 70,5 cm

16 Ed. Euggensperger
Ausstellung: «Die Sechs» (Exhibition: "The Six")
1915 Lithografie – Lithograph
48,5 × 34,5 cm

17 Wilhelm Gimmi (1886–1965)
Erste Zürcher Raumkunstausstellung (First Zurich Interior Design Exhibition)
1908 Lithografie – Lithograph
122,5 × 77 cm

18 Jules de Praetere (1879–1947)
III. Zürcher Raumkunst Ausstellung (3rd Zurich Interior Design Exhibition)
1911 Lithografie – Lithograph
75 × 110 cm

19 C. Balmer
Raum u. Bild (Space and Image)
1913 Lithografie – Lithograph
67 × 97 cm

20 Rudolf Urech (1888–1951)
Der Schuh (The Shoe)
1915 Lithografie – Lithograph
130 × 84 cm

21 Jozsef Divéky (1887–1951)
Fachausstellung / Die Tapete (Specialized Exhibition / Wallpaper)
1912 Lithografie – Lithograph
102 × 70,5 cm

22 Walter Käch (1901–1970)
Iranische Kunst (Iranian Art)
1936 Lithografie – Lithograph
128 × 90,5 cm

23 Carl Roesch (1884–1979)
Schweizerische Stoffdrucke und javanische Batik (Swiss Printed Fabrics and Javanese Batik)
1919 Lithografie – Lithograph
127 × 90 cm

24 Herbert Matter (1907–1984)
Ausstellung: Das Bad von heute und gestern (Exhibition: Bathrooms of Today and Yesteryear)
1935 Lithografie – Lithograph
127 × 90 cm

25 Paul Kammüller (1885–1946)
Die Schweizerische Glasindustrie (The Swiss Glass Industry)
1916 Lithografie – Lithograph
126 × 85 cm

26 Paul Imhof (1898–1981)
Plakatwettbewerbe (Poster Competitions)
1916 Lithografie – Lithograph
84,5 × 67,5 cm

27 Wilhelm Dietschi (1899–1978)
Schweizerisches Marionettentheater (Swiss Puppet Theater)
1925 Lithografie – Lithograph
70 × 100 cm

28 Carl Roesch (1884–1979)
Theaterkunst Ausstellung (Dramatic Arts Exhibition)
1914 Lithografie – Lithograph
125,5 × 82 cm

29 Rudolf Benz
Marionetten und Schattenspielfiguren / Gastspiel des Marionettentheaters Münchner Künstler (Puppets and Shadow Theater Figures / Guest Performance by the Munich Artists' Puppet Theater)
1920 Lithografie – Lithograph
50,5 × 31 cm

30 Ida Vuilleumier
Zürcher Marionettentheater (Zurich Puppet Theater)
1931 Hochdruck – Letterpress print
128,5 × 90 cm

31 Ernst Keller (1891–1968)
Afrikanische Kunst (African Art)
1945 Lithografie – Lithograph
127 × 90 cm

32 Ernst Keller (1891–1968)
Tabak (Tobacco)
1929 Hochdruck – Letterpress print
127 × 90,5 cm

33 Ernst Keller (1891–1968)
Pferd und Mensch (Horse and Human)
1956 Hochdruck – Letterpress print
127 × 90 cm

34 Josef Müller-Brockmann (1914–1996)
Die gute Form / SWB Ausstellung der Ortsgruppe Zürich des Schweizerischen Werkbundes / Juni-Festwochen Zürich 1950 (Good Design / SWB Exhibition of the Swiss Werkbund's Zurich Group / June Festival Weeks Zurich 1950)
1950 Lithografie – Lithograph
127 × 90 cm

35 Ida Vuilleumier
Werkstattarbeiten und Zeichnungen der Gewerbeschule Zürich (Workshop Pieces and Drawings from the Zurich Technical College)
1931 Hochdruck – Letterpress print
127,5 × 91,5 cm

36 Heinrich Steiner (1906–1983)
Französische Ausstellung (French Exhibition)
1931 Lithografie – Lithograph
125,5 × 90,5 cm

37 Heinrich Kümpel (1910–2006)
Die Aussteuer (The Trousseau)
1939 Lithografie – Lithograph
128 × 90,5 cm

38 Heinrich Steiner (1906–1983)
Ausstellung mit Verkauf / SWB / Sonderausstellung Strasser-Tappolet (Selling Exhibition / SWB / Special Exhibition Strasser-Tappolet)
1929 Lithografie – Lithograph
128,5 × 90 cm

39 Heinrich Kümpel (1910–2006)
Neues Schweizer Kunstgewerbe (New Swiss Decorative Arts)
1944 Lithografie – Lithograph
128 × 90,5 cm

40 Walter Käch (1901–1970)
Die Warenpackung (Product Packaging)
1940 Lithografie – Lithograph
127 × 90 cm

41 Fridolin Müller (1926–2006)
Industrieware von Wilhelm Wagenfeld (Industrial Product Design by Wilhelm Wagenfeld)
1960 Offset 127,5 × 90 cm

42 Sebastian Fehr (*1987)
Jasper Morrison / Thingness
2016 Siebdruck – Screenprint
128 × 91 cm

43 Jörg Hamburger (1935–2014)
Aus der mechanischen Stadt / Aufnahmen von Hans Glauber (From the Mechanical City / Photographs by Hans Glauber)
1965 Offset 128 × 90,5 cm

44 Stefanie Häberli-Bachmann (*1970)
Alfredo Häberli / Design Development Surround Things
2008 Siebdruck – Screenprint
128 × 90,5 cm

45 Ralph Schraivogel (*1960)
Remmidemmi aus Burundi / Drahtspielzeug aus Ostafrika (Fuss and Rumpus from Burundi / Wire Toys from East Africa)
1985 Offset 128 × 90,5 cm

46 Richard Paul Lohse (1902–1988)
100 Jahre Eisenbeton (100 Years of Ferroconcrete)
1950 Lithografie – Lithograph
127 × 90 cm

47 Ralph Schraivogel (*1960)
Hans Hilfiker / Ingenieur und Gestalter (Hans Hilfiker / Engineer and Designer)
1984 Siebdruck – Screenprint
128 × 90,5 cm

48 Emil Ruder (1914–1970)
Die gute Form (Good Design)
1954 Hochdruck – Letterpress print
129 × 91 cm

49 Lars Hellmann (*1969)
Santiago Calatrava / Dynamische Gleichgewichte (Santiago Calatrava / Dynamic Equilibria)
1991 Siebdruck – Screenprint
128 × 90,5 cm

50 Rudolf Bircher (1911–2009)
Sonderausstellung / Schweizer Kunstgewerbe 1914–1939 (Special Exhibition / Swiss Decorative Arts 1914–1939)
1939 Lithografie – Lithograph
128 × 91 cm

51 Werner Bischof (1916–1954)
Die Lithographie in der Schweiz (Swiss Lithography)
1944 Lithografie – Lithograph
127 × 90 cm

52 Ernst Keller (1891–1968)
Ausstellungen Walter Gropius / Rationelle Bebauungsweisen (Walter Gropius Exhibitions / Rational Construction Methods)
1931 Hochdruck – Letterpress print
127 × 90 cm

53 Niklaus Troxler (*1947)
Industriekultur / Peter Behrens und die AEG 1907–1914 (Industrial Culture / Peter Behrens and AEG 1907–1914)
1980 Siebdruck – Screenprint
127 × 90 cm

54 Walter Käch (1901–1970)
Der Bucheinband (Bookbinding)
1926 Lithografie – Lithograph
128 × 90 cm

55 Otl Aicher (1922–1991)
Kritik am Auto / Eine Designanalyse von Otl Aicher (Critiquing the Car / A Design Analysis by Otl Aicher)
1985 Offset 128 × 90,5 cm

56 Pierre Gauchat (1902–1956)
Der Garten (The Garden)
1927 Lithografie – Lithograph
130 × 94 cm

57 Jörg Hamburger (1935–2014)
Modellfall Citroën / Produktgestaltung und Werbung (Citroën Case Study / Product Design and Advertising)
1967 Offset 127 × 90 cm

58 René Gauch (*1936)
Glas aus Wien / J & L Lobmeyr / Vom Biedermeier bis zur Gegenwart (Glass from Vienna / J & L Lobmeyr / From Biedermeier to the Present)
1979 Siebdruck – Screenprint
128 × 90,5 cm

59 Ernst Keller (1891–1968)
Der Brunnen (The Well)
1936 Lithografie – Lithograph
127 × 90 cm

60 René Gauch (*1936)
Gegen den Strich / Kleider von Künstlern (Against the Grain / Clothes by Artists)
1992 Offset 128 × 90,5 cm

61 Walter Binder (1909–1968)
Siedlungsbau in der Schweiz 1938–47 (Swiss Housing Estates 1938–47)
1948 Lithografie – Lithograph
127 × 90 cm

62 Wilhelm Kienzle (1886–1958)
Ausstellung Schweizerischer Spielwaren (Swiss Toys Exhibition)
1915 Lithografie – Lithograph
130 × 85 cm

63 Arnold Brügger (1888–1975)
Die farbige Stadt (The Colorful City)
1927 Lithografie – Lithograph
127,5 × 90 cm

64 Hans Aeschbach (1911–1999)
Das Haus aus unserm Holz
(Houses Made of Our Wood)
1938 Lithografie – Lithograph
127,5 × 90 cm

65 Stefanie Häberli-Bachmann (*1970)
Henry van de Velde / Interieurs
(Henry van de Velde / Interiors)
2014 Siebdruck – Screenprint
128 × 90 cm

66 Monika Gold (*1959)
Standardhäuser / Das Eigene im Allgemeinen (Standard Houses / Our Own in Common)
1998 Siebdruck – Screenprint
128 × 89,5 cm

67 Arthur Bofinger (1909–1977)
Der Stuhl (The Chair)
1935 Lithografie – Lithograph
128,5 × 90,5 cm

68 Carl B. Graf (1926–1968)
Architektur in Finnland
(Architecture in Finland)
1958 Lithografie – Lithograph
128 × 90,5 cm

69 Richard Paul Lohse (1902–1988)
Unsere Wohnung / Wanderausstellung des SWB (Our Apartment / SWB Touring Exhibition)
1943 Lithografie – Lithograph
65 × 90 cm

70 Anonym
Baustoffe / Bauweisen (Construction Materials / Construction Methods)
1920 Hochdruck – Letterpress print
91 × 64 cm

71 Max Bill (1908–1994)
USA baut (The USA Builds)
1945 Offset 127 × 90 cm

72 Fritz Moeschlin (*1922)
Neues Schweizer Kunstgewerbe / Weihnachts-Ausstellung mit Verkauf (New Swiss Decorative Arts / Christmas Selling Exhibition)
1953 Lithografie – Lithograph
95 × 63 cm

73 Hi Visuelle Gestaltung / Claudio Barandun (*1979), Megi Zumstein (*1973), Daniel Peter (*1983)
Formlose Möbel (Formless Furniture)
2009 Siebdruck – Screenprint
128 × 90,5 cm

74 Norm / Dimitri Bruni (*1970), Manuel Krebs (*1970)
100 Jahre Schweizer Design
(100 Years of Swiss Design)
2014 Siebdruck – Screenprint
128 × 90,5 cm

75 Gottfried Honegger (1917–2016)
Grafiker (Graphic Designers)
1955 Hochdruck – Letterpress print
127 × 90 cm

76 Gottfried Honegger (1917–2016)
Teppiche / Honegger-Lavater
(Carpets / Honegger-Lavater)
1953 Lithografie – Lithograph
93,5 × 70,5 cm

77 Aage Justesen (1918–1986)
Dänische Gebrauchsgrafik
(Danish Applied Graphics)
1947 Lithografie – Lithograph
127,5 × 89 cm

78 Müller-Brockmann + Co. / Shizuko Yoshikawa (*1934)
Japanische Plakate heute / 250 Beispiele von 25 Künstlern (Japanese Posters Today / 250 Examples by 25 Artists)
1978 Siebdruck – Screenprint
128 × 90 cm

79 Iza Hren (*1971)
Magie der Dinge / Das Produktplakat (The Magic of Things / Product Posters)
2012 Siebdruck – Screenprint
128,5 × 91 cm

80 Hermann Eidenbenz (1902–1993)
Grafik / Ausstellung des Verbandes Schweizerischer Grafiker (Graphic Design / Association of Swiss Graphic Designers Exhibition)
1943 Lithografie – Lithograph
64 × 90 cm

81 Anders Beckman (1907–1967)
Schwedisches Schaffen heute / Vom Stadtplan zum Essbesteck (Swedish Creativity Today / From City Map to Cutlery)
1949 Lithografie – Lithograph
128 × 90 cm

82 Hans Lang (1899–1975)
Glas (Glass)
1941 Lithografie – Lithograph
127,5 × 90,5 cm

83 François Berthoud (*1961), Patrick Roppel (*1973)
François Berthoud / Die Kunst der Modeillustration (François Berthoud / The Art of Fashion Illustration)
2011 Siebdruck – Screenprint
128 × 90,5 cm

84 Flag / Bastien Aubry (*1974), Dimitri Broquard (*1969)
Verbrechen lohnt sich: Der Kriminalfilm (It Truly Pays: The Crime Film)
2012 1/2 Siebdruck – Screenprint
128 × 90,5 cm

85 Ernst Keller (1891–1968)
Sardinische Teppiche
(Sardinian Carpets)
1938 Lithografie – Lithograph
124 × 90 cm

86 Iza Hren (*1971)
Photo: Franz Xaver Jaggy (*1951), Umberto Romito (*1974)
Der textile Raum (The Textile Room)
2015 Siebdruck – Screenprint
128,5 × 91 cm

87 René Gauch (*1936)
Photo: Marlen Perez-Gruber (*1939)
William Morris / Persönlichkeit und Werk (William Morris / The Man and the Work)
1979 Offset 128 × 90 cm

88 Iza Hren (*1971)
Durch die Blume (Say it with Flowers)
2014 Siebdruck – Screenprint
128 × 90,5 cm

89 Hans Aeschbach (1911–1999)
Aubusson-Teppiche aus fünf Jahrhunderten (Aubusson Carpets from Five Centuries)
1942 Lithografie – Lithograph
128,5 × 90,5 cm

90 Polly Bertram (*1953), Daniel Volkart (*1959)
Reihe Schweizer Plakatgestalter 4 / Otto Baumberger (Swiss Poster Designers Series 4 / Otto Baumberger)
1988 Offset 127 × 90 cm

91 Norm / Dimitri Bruni (*1970), Manuel Krebs (*1970)
100 Jahre Schweizer Grafik
(100 Years of Swiss Graphic Design)
2012 Siebdruck – Screenprint
128,5 × 91 cm

92 Polly Bertram (*1953), Daniel Volkart (*1959)
Schweizerwelt / Plakate aus der Sammlung (Swiss World / Posters from the Collection)
1991 Offset, Siebdruck – Screenprint
128 × 90,5 cm

93 Ruedi Wyss (*1949)
Anschlaege / Plakatsprache in Zürich: 1978–88 (Posted / The Language of Posters in Zurich: 1978–88)
1988 Offset 128 × 90,5 cm

94 Buffet für Gestaltung / Silvio Waser (*1973), Markus Wicki (*1972)
Paradies Schweiz (Paradise Switzerland)
2010 Offset 128 × 90 cm

95 Heinrich Mahler
Die Schweiz als Reiseland (Switzerland as a Tourist Destination)
1942 Lithografie – Lithograph
128 × 90 cm

96 Buffet für Gestaltung / Silvio Waser (*1973), Markus Wicki (*1972)
Macht Ferien! (Take a Holiday!)
2017 Offset 128 × 89,5 cm

97 Jörg Hamburger (1935–2014)
Experiment in Fläche und Raum / Baljeu / Biedermann / Cairoli / Ernest / Gorin / Hill / Martin / van Woerkom (Experimenting with Planes and Space / Baljeu / Biedermann / Cairoli / Ernest / Gorin / Hill / Martin / van Woerkom)
1962 Offset 127 × 90 cm

98 Almir Mavignier (*1925)
Almir Mavignier / Bilder / Plakate / Serigrafien (Almir Mavignier / Paintings / Posters / Serigraphs)
1974 Siebdruck – Screenprint
128 × 90 cm

99 Carlo Vivarelli (1919–1986)
Das neue Schulhaus (The New School Building)
1953 Hochdruck – Letterpress print
127 × 90 cm

100 Peter Andermatt (1938–2005)
Lehrlingswettbewerb Zürich (Apprentices' Competition Zurich)
1961 Hochdruck – Letterpress print
127 × 90 cm

101 Max Bill (1908–1994)
Ausstellung: Der Schuh (Exhibition: The Shoe)
1936 Lithografie – Lithograph
129 × 90,5 cm

102 Ralph Schraivogel (*1960)
Welten bauen / Modelle / Entwerfen / Sammeln / Nachdenken (Building Worlds / Models / Designing / Collecting / Reflecting)
2016 Siebdruck – Screenprint
128 × 90,5 cm

103 Norm / Dimitri Bruni (*1970), Manuel Krebs (*1970), Ludovic Varone (*1977)
Good Design, Good Business / Schweizer Grafik und Werbung für Geigy 1940–1970 (Good Design, Good Business / Swiss Graphic Design and Advertising by Geigy 1940–1970)
2009 Siebdruck – Screenprint
128,5 × 90 cm

104 Ralph Schraivogel (*1960)
Vintage / Design mit bewegter Vergangenheit (Vintage / Design with a History)
2013 Siebdruck – Screenprint
128 × 90,5 cm

105 Max Bill (1908–1994)
Dokumentation über Marcel Duchamp (Documentation on Marcel Duchamp)
1960 Hochdruck, Lithografie – Letterpress print, Lithograph
128 × 90,5 cm

106 Odermatt & Tissi / Rosmarie Tissi (*1937)
Das andere Neue Wohnen / Neue Wohn(bau)formen (The Other New Living / New Living (Building) Forms)
1986 Offset 128 × 90,5 cm

107 Carlo Vivarelli (1919–1986)
Forme nuove in Italia (Neue Formen aus Italien – New Forms from Italy)
1954 Hochdruck – Letterpress print
127 × 90 cm

108 Max Bill (1908–1994)
L'Esprit nouveau / Le Corbusier und die Industrie 1920–1925 (L'Esprit nouveau / Le Corbusier and Industry 1920–1925)
1987 Siebdruck – Screenprint
128 × 90,5 cm

109 Odermatt & Tissi / Siegfried Odermatt (1926–2017)
Jean Prouvé / Architekt und Konstrukteur (Jean Prouvé / Architect and Designer)
1978 Offset 128 × 90,5 cm

110 Ralph Schraivogel (*1960)
Tala Mudra Rasa / Der sprechende Körper (Tala Mudra Rasa / The Speaking Body)
1996 Siebdruck – Screenprint
128 × 90,5 cm

111 Velvet Creative Office GmbH / Peter Moser (*1962)
Tatort / Die Requisiten der Beweisführung (Crime Scene / The Props of Proof)
1998 Offset, Klebeband – Tape
128 × 89,5 cm

112 Trix Wetter (*1947)
Gottfried Semper / Architektur und Wissenschaft (Gottfried Semper / Architecture and Science)
2003 Siebdruck – Screenprint
128,5 × 89,5 cm

113 HinderSchlatterFeuz / Ueli Hinder (*1966), Nik Schlatter (*1972), Stefan Feuz (*1968)
Follow the Signs / Party Flyer
2000 Offset 128 × 89,5 cm

114 Peter Frey (*1959)
Architektur + Kinder (Architecture + Children)
1995 Siebdruck – Screenprint
128 × 90,5 cm

115 Ralph Schraivogel (*1960)
Im Rückenwind / Die StipendiatInnen des Eidgenössischen Stipendiums für angewandte Kunst 1990 (Tailwinds / Federal Applied Art Scholarship)
1991 Siebdruck – Screenprint
128 × 90,5 cm

116 Gilles Gavillet (*1973), Cornel Windlin (*1964)
Fehlermeldung / Eine Installation über den schwierigen Umgang mit Produkten (Error Design / An Installation about the Difficulties of Dealing with Products)
1999 Offset 70 × 50 cm

117 Kunstgewerbeschule Zürich, Fachklasse für Fotografie
Gartenwirtschaften in Zürich / Ein besonderer gesellschaftlicher Freiraum – seine Gefährdung, Erhaltungswürdigkeit und städtische Funktion. (Beer Gardens in Zurich / A Special Area of Freedom – Threats, Conservation Worthiness and Urban Function.)
1974 Offset 127 × 90 cm

118 Martin Woodtli (*1971)
Animierte Wunderwelten (Animated Wonderworlds)
2015 Siebdruck – Screenprint
128 × 90,5 cm

119 Robert & Durrer / Jean Robert (1945–2016), Käti Robert-Durrer (*1948)
Perlen aus der Grafischen Sammlung (Pearls from the Graphic Collection)
1996 Offset 128 × 90,5 cm

120 Ralph Schraivogel (*1960)
Schwarz Weiss / Design der Gegensätze (Black and White / Design of Opposites)
2011 Siebdruck – Screenprint
128,5 × 90,5 cm

121 Chris Hofstetter (*1944)
Objekte aus Papier / Entwurf einer Gestaltungslehre / Arbeiten von Franz Zeier und Ergebnisse aus seinem Unterricht. (Objects in Paper / A Blueprint for Teaching Design / Works by Franz Zeier and Results from His Teaching Practice.)
1974 Offset 127 × 90 cm

122 Hi Visuelle Gestaltung / Claudio Barandun (*1979), Megi Zumstein (*1973), Lina Müller (*1981)
Do It Yourself Design
2015 Siebdruck – Screenprint
128 × 90,5 cm

123 Iza Hren (*1971)
Lasst die Puppen tanzen
(Turn the Puppets Loose)
2017 Siebdruck – Screenprint
128,5 × 91 cm

124 Trix Barmettler (*1972)
Leistungspreis 2003
2003 Siebdruck – Screenprint
128,5 × 89,5 cm

125 Cornel Windlin (*1964)
Daniel Libeskind / Radix Matrix / Architekturen (Daniel Libeskind / Radix Matrix / Architectures)
1994 Siebdruck – Screenprint
128 × 90,5 cm

126 Hi Visuelle Gestaltung / Claudio Barandun (*1979), Megi Zumstein (*1973)
Photo: Franz Xaver Jaggy (*1951), Umberto Romito (*1974)
Make Up / Design der Oberfläche (Make Up / Designing Surfaces)
2010 Siebdruck – Screenprint
128 × 90,5 cm

127 Jacques Borel (*1979)
Freitag / Out of the Bag
2012 Offset 128 × 90,5 cm

128 Marie Lusa (*1976), Claudia Roethlisberger (*1973)
Photo: Körner Union
Juriert – Prämiert / Eidgenössischer Wettbewerb für Design 2006 (Assessed – Awarded / 2006 Swiss Federal Design Competition)
2006 Siebdruck – Screenprint
128 × 89,5 cm

129 Gottlieb Soland (1928–2011)
Grammo-Grafik / Schallplattenhüllen aus Amerika und Europa / Entwürfe junger Schweizer Grafiker (Gramo-Graphic / Record Sleeves from America and Europe / Designs by Young Swiss Graphic Designers)
1957 Hochdruck – Letterpress print
100 × 70 cm

130 Werner Jeker (*1944)
René Burri / Doppelleben (René Burri / A Double Life)
2013 Siebdruck – Screenprint
128,5 × 91 cm

131 Lars Müller (*1955)
Bruno Munari / Far vedere l'aria / Die Luft sichtbar machen (Bruno Munari / Air Made Visible)
1995 Siebdruck; ausgestanzte Löcher – Screenprint; punched holes
128 × 90,5 cm

132 Müller-Brockmann + Co. / Josef Müller-Brockmann (1914–1996)
Akari / Lampen aus Japan / Moderne und traditionelle Lampen (Akari / Lamps from Japan / Modern and Traditional Lamps)
1975 Offset 127 × 90 cm

133 Martin Diethelm (*1943)
Mode 1930–1970 / Haute-Couture-Modelle aus der Museumssammlung (Fashion 1930–1970 / Haute Couture Models from the Museum Collection)
1982 Offset 127 × 90 cm

134 Carl B. Graf (1926–1968)
Esthétique industrielle en France (Industrielle Ästhetik in Frankreich – Industrial Aesthetics in France)
1963 Offset 128 × 90 cm

135 Hans Neuburg (1904–1983)
Paul Schuitema / Ein Pionier der holländischen Avantgarde (Paul Schuitema / A Pioneer of the Dutch Avantgarde)
1967 Hochdruck – Letterpress print
127 × 90 cm

136 Gottlieb Soland (1928–2011)
Herbert Bayer / 33 Jahre seines Schaffens / H. Hajek-Halke Licht-Grafik (experimentelle Fotografie) / Hans Vollenweider und die Johannes-Presse (Herbert Bayer / 33 Years of His Work / H. Hajek-Halke Graphic Design with Light (Experimental Photography) / Hans Vollenweider and the Johannes-Presse)
1957 Hochdruck – Letterpress print
100 × 70 cm

137 Anton Stankowski (1906–1998)
Funktionelle Grafik / Entwicklungsphasen dreier Jahrzehnte dokumentiert am Beispiel der Arbeiten von Anton Stankowski (Functional Graphics / Documenting Three Decades of Developmental Phases Based on the Example of Anton Stankowski's Works)
1973 Siebdruck – Screenprint
127 × 90 cm

138 Gottlieb Soland (1928–2011)
France d'aujourd'hui / Art et technique (Frankreich heute / Kunst und Technik – France Today / Art and Technology)
1957 Hochdruck – Letterpress print
128,5 × 90,5 cm

139 Max Huber (1919–1992)
Industrial Design in Elvetia
1971 Offset 101 × 63 cm

140 Rudolf Bircher (1911–2009)
Juni-Festwochen Zürich 1948 / Ausstellung der finnischen Architekten Aino und Alvar Aalto (June Festival Weeks Zurich 1948 / Exhibition: Finnish Architects Aino and Alvar Aalto)
1948 Lithografie – Lithograph
125,5 × 89 cm

141 Ralph Schraivogel (*1960)
Communicate / Unabhängige britische Grafik seit 1960 (Communicate / Independent British Graphic Design Since 1960)
2006 Siebdruck – Screenprint
128 × 90,5 cm

142 Mary Vieira (1927–2001)
Brasilien baut (Brazil Builds)
1954 Offset 127 × 90 cm

143 Hans Neuburg (1904–1983)
Konstruktive Grafik / Arbeiten von Richard P. Lohse / Hans Neuburg / Carlo L. Vivarelli (Constructive Graphics / Works by Richard P. Lohse / Hans Neuburg / Carlo L. Vivarelli)
1958 Hochdruck – Letterpress print
100 × 70 cm

144 Walter Käch (1901–1970)
Der neue Schulbau (New School Buildings)
1932 Hochdruck – Letterpress print
127 × 90 cm

145 Peter Jenny (*1942)
Richard J. Neutra / Bauten / Projekte / Ideen / Reiseskizzen (Richard J. Neutra / Buildings / Projects / Ideas / Travel Sketches)
1969 Offset 128 × 90 cm

146 Warja Lavater (1913–2007)
Schülerarbeiten der Gewerbeschule Zürich (Works by Zurich Technical College Students)
1934 Lithografie – Lithograph
127 × 90 cm

147 Irma Boom (*1960)
Every Thing Design
2009 Siebdruck – Screenprint
128 × 90 cm

148 Walter Käch (1901–1970)
Form ohne Ornament (Form Without Ornament)
1927 Lithografie – Lithograph
127 × 90 cm

149 Heinrich Steiner (1906–1983)
Photo / Aufnahmen aus Natur und Technik von Renger-Patsch (Photo / Nature and Technology Photography by Renger-Patsch)
1928 Lithografie – Lithograph
68 × 90,5 cm

150 Ernst Keller (1891–1968)
Verkaufsausstellung / Textilien / Holzgeräte / Möbel / Metallgeräte / Keramik und anderes
(Selling Exhibition / Textiles / Wooden Utensils / Furniture / Metal Utensils / Ceramics and Other Work)
1930 Hochdruck – Letterpress print
64 × 90 cm

151 Ursula Knecht (*1959)
Plakatsammlung / Bibliothek / Grafische Sammlung
(Poster Collection / Library / Graphics Collection)
1989 Siebdruck – Screenprint
128 × 90,5 cm

152 Anonym
Bauhaus 1930 / Wanderschau
(Bauhaus 1930 / Touring Exhibition)
1930 Hochdruck – Letterpress print
64 × 90 cm

153 Peter Frey (*1959)
Quatre-vingt-quatre / Musikperformance / Markus Eichenberger / Klarinetten, Saxophone (Quatre-vingt-quatre / Music Performance / Markus Eichenberger / Clarinets, Saxophone)
1984 Offset 59,5 × 42 cm

154 / 155 / 156 Robert & Durrer / Jean Robert (1945–2016), Käti Robert-Durrer (*1948)
Bill-Zürich Reklame / Max Bill: Werbegrafik und Buchgestaltung 1930–1955 (Bill-Zürich Reklame / Max Bill: Commercial Graphics and Book Design 1930–1955)
1998 1/3 2/3 3/3 Siebdruck – Screenprint 127,5 × 89,5 cm

157 Max Bill (1908–1994)
Um 1930 in Zürich / Neues Denken / Neues Wohnen / Neues Bauen
(Around 1930 in Zurich / New Thinking / New Living / New Building)
1977 Siebdruck – Screenprint
127 × 90 cm

158 Julia Born (*1975)
Swiss Style / Internationale Grafik
(Swiss Style / International Graphic Design)
2015 Siebdruck – Screenprint
128 × 90,5 cm

159 Walter Käch (1901–1970)
Die Schrift (Lettering)
1925 Lithografie – Lithograph
127 × 90 cm

160 Hans-Rudolf Lutz (1939–1998)
Um 1968 / Konkrete Utopien in Kunst und Gesellschaft (Around 1968 / Concrete Utopias in Art and Society)
1990 Siebdruck – Screenprint
128 × 90,5 cm

161 Odermatt & Tissi / Siegfried Odermatt (1926–2017)
Meister der Plakatkunst (Masters of Poster Art)
1959 Offset 126,5 × 89,5 cm

162 Lars Müller (*1955), Tessy Ruppert (*1981)
Global Design
2010 Offset 128 × 89,5 cm

163 Peter Zeugin (*1953)
7. Schweizerische Filmwerkschau
(7th Swiss Film Festival)
1978 Offset 43 × 30 cm

164 Fridolin Müller (1926–2006)
H. N. Werkman
1966 Offset 128 × 90,5 cm

165 Helmuth Kurtz (1903–1959)
Welt des Erdöls / Junge Maler sehen eine Industrie (The World of Oil / Young Painters Observe an Industry)
1956 Lithografie – Lithograph
128 × 90,5 cm

166 Fridolin Müller (1926–2006)
Calder / Mobiles Stabiles
1960 Offset 127,5 × 90 cm

167 René Gauch (*1936)
Magie des Papiers (The Magic of Paper)
1969 Siebdruck; ausgestanzte Löcher – Screenprint; punched holes
127 × 90 cm

168 Carl B. Graf (1926–1968)
Der Sturm / Otto Nebel / Bilder / Dokumente / Grafik / Plastik / Zeichnungen / Bilder / Farbige Blätter / Mosaiken (Der Sturm Art School / Otto Nebel / Paintings / Documents / Graphic Design / Sculptures / Drawings / Paintings / Color Works / Mosaics)
1955 Hochdruck – Letterpress print
128 × 90,5 cm

169 / 170 Hans-Rudolf Lutz (1939–1998)
Herzblut / Populäre Gestaltung aus der Schweiz (Heart's Blood / Popular Design from Switzerland)
1987 1/2 2/2 Siebdruck – Screenprint 128 × 90,5 cm

171 Gérard Miedinger (1912–1995)
Balenciaga / Ein Meister der Haute Couture (Balenciaga / A Master of Haute Couture)
1970 Siebdruck – Screenprint
127,5 × 90 cm

172 Ernst Keller (1891–1968)
Werkstattarbeiten 1927
(Workshop Pieces 1927)
1927 Lithografie – Lithograph
127 × 90 cm

173 Theo Ballmer (1902–1965)
Neues Bauen / Wanderausstellung des Deutschen Werkbundes
(New Building / Deutscher Werkbund Touring Exhibition)
1928 Lithografie – Lithograph
128 × 90,5 cm

174 Ernst Keller (1891–1968)
Das neue Heim (The New Home)
1926 Hochdruck – Letterpress print
128 × 90,5 cm

175 Ernst Keller (1891–1968)
Das neue Heim (The New Home)
1928 Hochdruck – Letterpress print
128 × 91 cm

176 Ernst Keller (1891–1968)
Werkstattarbeiten der Gewerbeschule Zürich / Bayerisches Nationalmuseum Abteilung Gewerbekunst Gewerbeschule Zurich (Zurich Technical College Workshop Pieces / Bavarian National Museum Department of Applied Art)
1927 Lithografie – Lithograph
121,5 × 81 cm

177 Ernst Keller (1891–1968)
Das neue Heim / Möbel / Wettbewerb für die Ausstellung Das neue Heim 1928 (The New Home / Furniture / Competition for the The New Home Exhibition 1928)
1928 Lithografie – Lithograph
127 × 90 cm

178 Ernst Mumenthaler (1901–1978)
Norm / Die Norm in Industrie und Gewerbe (Standards / The Standard in Industry and Trade)
1928 Lithografie – Lithograph
126,5 × 90 cm

179 Pierre Gauchat (1902–1956)
Um 1900 / Art Nouveau und Jugendstil / Freie und angewandte Kunst aus Europa und Amerika zur Zeit der Stilwende (Around 1900 / Art Nouveau and Jugendstil / Fine and Applied Arts from Europe and America at the Dawn of Art Nouveau)
1952 Lithografie – Lithograph
127,5 × 91 cm

180 Walter Ballmer (1923–2011)
Stile Olivetti / Geschichte und Formen einer italienischen Industrie (Olivetti Style / History and Forms of an Italian Industry)
1961 Offset 127 × 90 cm

181 Ruedi Becker
Sehen / Grundlehre der Staatlichen Werkkunstschule Saarbrücken (Seeing / Introductory Course at the Saarbrücken School of Arts and Crafts)
1968 Hochdruck – Letterpress print
128 × 90 cm

182 Roli Fischbacher (*1956)
«Mit Pikasso macht man Kasso» / Kunst und Kunstwelt im Comic ("Making Masso with Picasso" / Art and the Art World in Comics)
1990 Siebdruck – Screenprint
128 × 90,5 cm

183 Paul Renner (1878–1956)
Gewerbliche Fachschulen Bayerns (Bavaria's Technical Colleges)
1928 Lithografie – Lithograph
128 × 90 cm

184 Heinrich Kümpel (1910–2006)
Frans Masereel / Graphisches Werk (Frans Masereel / Graphic Artwork)
1933 Lithografie – Lithograph
64 × 45 cm

185 Jörg Hamburger (1935–2014), Georg Staehelin (*1942)
Design / Formgebung für jedermann. Typen und Prototypen (Design / Shaping Form for All. Types and Prototypes)
1983 Offset 127 × 90 cm

186 Roli Fischbacher (*1956)
Kunst & Propaganda (Art & Propaganda)
1989 Siebdruck – Screenprint
128 × 90,5 cm

187 Ralph Schraivogel (*1960)
On Time
2007 Siebdruck – Screenprint
128 × 90,5 cm

188 Elso Schiavo (*1934)
Herbert Bayer / Das druckgrafische Werk (Herbert Bayer / Print Graphics)
1975 Offset 127 × 90 cm

189 Fritz Butz (1909–1989)
Film / Der Film gestern und heute / Probleme des Schweizer Films (Film / Film Yesterday and Today / Problems of Swiss Cinema)
1945 Lithografie – Lithograph
127 × 89,5 cm

190 Ralph Schraivogel (*1960)
Out of Print / Archive for Small Press & Communication 1960–1980
2003 Siebdruck – Screenprint
128 × 90,5 cm

191 Ralph Schraivogel (*1960)
Weingart / Typografie (Weingart / Typography)
2014 Siebdruck – Screenprint
128 × 90,5 cm

192 Martin Woodtli (*1971)
3D / Dreidimensionale Dinge drucken (In 3 Dimensions / Printing Objects)
2013 Siebdruck – Screenprint
128 × 90,5 cm

193 Martin Woodtli (*1971)
Trickraum (Spacetricks)
2005 Siebdruck – Screenprint
128 × 89,5 cm

194 Martin Woodtli (*1971)
Sportdesign (Sport Design)
2004 Siebdruck – Screenprint
128 × 89,5 cm

195 Martin Woodtli (*1971)
Take Away
2005 Siebdruck – Screenprint
128 × 89,5 cm

196 Philippe Apeloig (*1962)
Bewegte Schrift (Type in Motion)
2011 Siebdruck – Screenprint
128 × 90,5 cm

197 Martin Woodtli (*1971)
Photo: Derek Stierli (*1975)
Lichtecht / Objekt / Licht / Wirkung (True Light / Object / Light / Impact)
2004 Siebdruck – Screenprint
128 × 90,5 cm

198 Ralph Schraivogel (*1960)
Bitte berühren! (Please Touch!)
2015 Siebdruck – Screenprint
128 × 90,5 cm

199 Gavillet & Cie / Gilles Gavillet (*1973), Vincent Devaud (*1984)
Unterirdisch / Das Spektakel des Unsichtbaren (Underground / The Spectacle of the Invisible)
2014 Siebdruck – Screenprint
128 × 90,5 cm

200 Ralph Schraivogel (*1960)
Archigram 1961–74 / Architektur und Performance (Archigram 1961–74 / Architecture and Performance)
1995 Siebdruck – Screenprint
128 × 90,5 cm

201 Norm / Dimitri Bruni (*1970), Manuel Krebs (*1970)
As Found / Die Entdeckung des Gewöhnlichen, Britische Architektur und Kunst der 50er-Jahre / New Brutalism / Independent Group / Angry Young Men / Free Cinema / Kitchen Sink (As found / The Discovery of the Ordinary / British Art and Architecture in the 1950s / New Brutalism / Independent Group / Angry Young Men / Free Cinema / Kitchen Sink)
2001 Siebdruck – Screenprint
128 × 90,5 cm

202 Martin Woodtli (*1971)
Einfach Komplex / Bildbäume und Baumbilder in der Wissenschaft (Simply Complex / Picture-Trees and Tree Pictures in Science)
2005 Siebdruck – Screenprint
128 × 90 cm

203 Bonbon / Valeria Bonin (*1978), Diego Bontognali (*1977)
Photo: Florian Böhm (*1969)
This Side Up / Konstantin Grcic / Industrial Design
2006 Siebdruck – Screenprint
128 × 90 cm

204 Anonym
Film und Foto / Internationale Ausstellung des Deutschen Werkbunds (Film and Photo / International Exhibition of the German Association of Craftsmen)
1929 Offset 84 × 58,5 cm

205 Lars Müller (*1955), Christian Guler (*1970)
Your Private Sky / R. Buckminster Fuller / Design als Kunst einer Wissenschaft (Your Private Sky / R. Buckminster Fuller / Design as the Art of a Science)
1999 Siebdruck – Screenprint
128 × 90,5 cm

206 Monica Märchy (*1963)
Photo: Heinrich Helfenstein (*1946)
Trix und Robert Haussmann / Ein alphabetischer Spaziergang (Trix and Robert Haussmann / An Alphabetical Walk)
2002 Siebdruck – Screenprint
128 × 90 cm

207 Cornel Windlin (*1964)
Photo: Istvàn Balogh (*1962)
Zeitreise (Time Travel)
1993 Siebdruck – Screenprint
128 × 90,5 cm

208 Jul Keyser (*1940)
Fotografie in Indien / Das endlose Rad (Photography in India / The Endless Wheel)
1987 Offset 128 × 90,5 cm

209 Kurt Eckert (*1948), Tobias Markus Strebel (*1965)
Photo: Vladimir Spacek (*1945)
Luigi Snozzi / Auf den Spuren des Ortes (Luigi Snozzi / Tracking Down the Place)
1995 Siebdruck – Screenprint
128 × 90,5 cm

210 Robert & Durrer / Jean Robert (1945–2016), Käti Robert-Durrer (*1948)
Die Strasse lebt / Fotografien 1938–1970 (The Street Lives / Photographs 1938–1970)
1997 Siebdruck – Screenprint
128,5 × 91 cm

211 Josef Müller-Brockmann (1914–1996)
The Family of Man / «Wir Menschen» (The Family of Man / "We Humans")
1958 Offset 128 × 90 cm

212 Otto Morach (1887–1973)
Ausstellung Eidg. Plakatwettbewerb. Die Drechslerei (Swiss Poster Award Exhibition. Woodturning)
1924 Lithografie – Lithograph
126 × 89 cm

213 Anonym
Schweizer Plakate 1971 / Plakate des Jahres 1971 (Swiss Posters 1971 / Posters of the Year 1971)
1972 Offset 127 × 90 cm

214 Jörg Hamburger (1935–2014)
3. Weltausstellung der Fotografie (3rd World Photography Exhibition)
1973 Siebdruck – Screenprint
127 × 90 cm

215 Walter Käch (1901–1970)
Ausstellung des IV. Internationalen Radiologenkongresses in Zürich (Exhibition of the 4th International Congress of Radiology in Zurich)
1934 Lithografie – Lithograph
127 × 90 cm

216 Georg Staehelin (*1942)
z. B. Schuhe / Vom blossen Fuss zum Stöckelschuh. Eine Kulturgeschichte der Fussbekleidung (e.g. Shoes / Barefoot to Stiletto. A Cultural History of Footwear)
1988 Offset 127 × 90 cm

217 / 219 / 221 Müller + Hess / Beat Müller (*1965), Wendelin Hess (*1968), Ludovic Balland (*1973)
All Design / Leben im schwerelosen Raum (Space Design / Living Without Gravity)
2001 1/3 2/3 3/3 Siebdruck – Screenprint 128,5 × 90 cm

218 / 220 Müller + Hess / Beat Müller (*1965), Wendelin Hess (*1968)
Richard Paul Lohse / Konstruktive Gebrauchsgrafik (Richard Paul Lohse / Constructive Graphics)
1999 1/3 2/3 Siebdruck – Screenprint
128 × 89,5 cm

222 Hans-Rudolf Lutz (1939–1998)
Britische Sicht! Fotografie aus England (The British View / Photography from England)
1988 Offset 128 × 90,5 cm

223 Andrea Koch (*1982)
René Burri
2005 Siebdruck – Screenprint
128 × 89,5 cm

224 Peter Zimmermann
Fritz Haller / Bauen und Forschen (Fritz Haller / Building and Researching)
1989 Siebdruck – Screenprint
128 × 90,5 cm

225 René Gauch (*1936)
Photo: Marlen Perez-Gruber (*1939)
Keramik von heute / Sieben Engländer stellen aus (Contemporary Ceramics / Seven English Ceramic Artists Show Their Work)
1975 Offset 127,5 × 90,5 cm

226 Hans P. Schaad (1928–2002)
Photo: Annemarie Meier (1943–1968)
Fritz Kühn / Formen in Stahl (Fritz Kühn / Forms in Steel)
1964 Offset 128 × 90,5 cm

227 Jürg Brühlmann (*1956), Monika Sommerhalder (*1956)
Wilhelm Kienzle / Reihe Schweizer Design-Pioniere 6 (Wilhelm Kienzle / Swiss Design Pioneers Series 6)
1991 Siebdruck – Screenprint
128 × 91 cm

228 Diego Zweifel (*1965)
Foto Vision / Projekt Fotografie nach 150 Jahren (Photovision / The Photography Project after 150 Years)
1989 Siebdruck – Screenprint
128 × 90,5 cm

229 The Remingtons / Ludovic Balland (*1973), Jonas Vögeli (*1979)
Wohnträume Wohnräume (Living Dreams Living Rooms)
2003 Siebdruck – Screenprint
128 × 89,5 cm

230 Lars Müller (*1955), Barbara Schrag (*1964)
Stromlinienform / Streamline / Aérodynamisme / Aerodinamismo
1992 Offset 128 × 90,5 cm

231 Teldesign
Photo: Reinier Gerritsen (*1950)
Piet Zwart / Ein Pionier des holländischen Funktionalismus / Retrospektive in Grafik und Design (Piet Zwart / A Pioneer of Dutch Functionalism / Graphic Art and Design Retrospective)
1974 Offset 116 × 83 cm

232 Odermatt & Tissi / Siegfried Odermatt (1926–2017)
Otto Rudolf Salvisberg 1882–1940 / Ein Architekt zwischen Tradition und Moderne (Otto Rudolf Salvisberg 1882–1940 / Architect between Tradition and Modernism)
1985 Siebdruck – Screenprint
127 × 90 cm

233 Alfred Hablützel (*1931)
Neue Metall-Möbel / Arbeiten von Hans Eichenberger / Robert Haussmann / Kurt Thut (New Metal Furniture / Works by Hans Eichenberger / Robert Haussmann / Kurt Thut)
1958 Offset 100 × 70 cm

234 Jörg Hamburger (1935–2014), Georg Staehelin (*1942)
Kunststoff-Objekte 1860–1960 (Objects in Synthetic Materials 1860–1960)
1984 Siebdruck – Screenprint
127 × 90 cm

235 Serge Stauffer (1929–1989)
Lucien Clergue / Photoausstellung (Lucien Clergue / Photo Exhibition)
1963 Offset 124 × 90,5 cm

236 Helmuth Kurtz (1903–1959)
Neue Hauswirtschaft (New Housekeeping)
1930 Tiefdruck, Hochdruck – Gravure printing, Letterpress print
127,5 × 90,5 cm

237 Walter Käch (1901–1970)
Internationale Plakatausstellung (International Poster Exhibition)
1933 Lithografie – Lithograph
127 × 90 cm

238 Alex Walter Diggelmann (1902–1987)
Grafa 2 / Graphische Fachausstellung (Grafa 2 / Printing Trades Exhibition)
1934 Lithografie – Lithograph
128 × 90,5 cm

239 Gottlieb Soland (1928–2011)
Kulturgeschichte der Suppe
(A Cultural History of Soup)
1957 Lithografie – Lithograph
100 × 69,5 cm

240 Jörg Hamburger (1935–2014)
Photo: Fredi M. Murer (*1940)
Das Kind und seine Welt
(The World of the Child)
1962 Offset 128 × 90 cm

241 Josef Müller-Brockmann (1914–1996)
Werner Bischof / Das fotografische Werk (Werner Bischof / Photographic Work)
1957 Offset 127 × 90 cm

242 Jörg Hamburger (1935–2014)
Apulien / Erlebnis und Gestaltung
(Apulia / Experience and Design)
1965 Offset 127 × 90 cm

243 Josef Müller-Brockmann (1914–1996)
Henry van de Velde
1958 Offset 127 × 90 cm

244 Cornel Windlin (*1964)
Photo: Isabel Truniger (*1970)
«Die Klasse» / Fotos ("The Class" / Photos)
1996 Offset 128 × 90,5 cm

245 Cornel Windlin (*1964)
Photo: Tuol Sleng Photo Archive Project, Phnom Penh
Im Angesicht des Todes / Fotografien aus Kambodscha (In the Face of Death / Photographs from Cambodia)
1995 Siebdruck – Screenprint
128 × 90,5 cm

246 Laurent Benner (*1975), Cornel Windlin (*1964)
Hoffnung und Widerstand / Plakate der internationalen Arbeiter- und Friedensbewegung (Hope and Resistance / Posters of the International Labor and Peace Movement)
1998 1/15 Siebdruck; Schablonen-Spray – Screenprint; sprayed template
128 × 89,5 cm

247 Hi Visuelle Gestaltung / Claudio Barandun (*1979), Megi Zumstein (*1973)
Endstation Meer? Das Plastikmüll-Projekt (Out to Sea? The Plastic Garbage Project)
2012 Siebdruck – Screenprint
128 × 90,5 cm

248 Velvet Creative Office GmbH / Peter Moser (*1962)
Ich & Du / Kommunikation und Neue Medien (Me & You / Communication and the New Media)
1996 Offset 128 × 90,5 cm

249 Velvet Creative Office GmbH / Peter Moser (*1962)
Frankensteins Kinder / Film und Medizin (Frankenstein's Children / Film and Medicine)
1997 Offset 128 × 90,5 cm

250 The Pixel Twins / Stephan Müller (*1965), Cornel Windlin (*1964)
Hello World? Internet privat (Hello World? Intimate Internet)
1996 Offset 128 × 90,5 cm

251 Stefan Sagmeister (*1962)
Sagmeister / Handarbeit (Sagmeister / Hand Made)
2003 Offset 128 × 89,5 cm

252 Harriet Höppner (1945–2001)
Ferdinand Kramer / Der Charme des Systematischen (Ferdinand Kramer / The Charm of the Systematic)
1991 Offset 128 × 90,5 cm

253 Frame by Frame
New Realities – Neue Wirklichkeiten I / Computeranimationen / Sendungs-Bewusstsein (New Realities I / Computer Animations / Broadcast Yourself)
1992 Offset 128 × 90,5 cm

254 Werner Jeker (*1944)
Im Herzen Algeriens / Das Jahrzehnt des Terrorismus / Michael von Graffenried / Mohammed Soudani (In the Heart of Algeria / The Decade of Terrorism / Michael von Graffenried / Mohammed Soudani)
2002 Siebdruck – Screenprint
128 × 90,5 cm

255 Prill Vieceli Cremers / Tania Prill (*1969), Alberto Vieceli (*1965), Sebastian Cremers (*1976)
Martin Parr / Souvenir
2013 Siebdruck – Screenprint
128 × 90,5 cm

256 Cornel Windlin (*1964)
Universal / Für fast alle und alles (Universal / For Almost Everyone and Everything)
1996 Offset 128 × 90,5 cm

257 Hans Rudolf Bosshard (*1929)
Hannes Meyer / Urbanist / Architekt / Lehrer (Hannes Meyer / Urbanist / Architect / Teacher)
1990 Offset 128 × 90,5 cm

258 Nicole Barbieri (*1969)
Das Brasilien der Architektin Lina Bo Bardi (The Brazil of Architect Lina Bo Bardi)
2000 Siebdruck – Screenprint
128 × 90,5 cm

259 Jörg Hamburger (1935–2014), Georg Staehelin (*1942)
Photo: Stefanie Knapp
Unbekannt – Vertraut / «Anonymes» Design im Schweizer Gebrauchsgerät seit 1920 / Reihe Schweizer Design-Pioniere 4 (Unknown – Familiar / "Anonymous" Design in Swiss Household Goods since 1920 / Swiss Design Pioneers Series 4)
1987 Offset 128 × 90 cm

260 Heimann und Schwantes / Michael Heimann (*1970), Hendrik Schwantes (*1974)
Charlotte Perriand / Designerin / Fotografin / Aktivistin (Charlotte Perriand / Designer / Photographer / Activist)
2010 Siebdruck – Screenprint
128 × 90,5 cm

261 Ralph Schraivogel (*1960)
Chris Marker / Abschied vom Kino (Chris Marker / A Farewell to Movies)
2008 Siebdruck – Screenprint
128 × 90,5 cm

262 Odermatt & Tissi / Siegfried Odermatt (1926–2017), Rosmarie Tissi (*1937)
Photo: Marlen Perez-Gruber (*1939)
Textilkunst 1960–1985 / Glas des 20. Jahrhunderts (Textile Art 1960–1985 / 20th-Century Glass)
1986 Siebdruck – Screenprint
128 × 90,5 cm

263 Mihaly Varga (*1957)
Architektur Animationen / New Realities – Neue Wirklichkeiten II (Architecture Animations / New Realities II)
1993 Offset 128 × 90,5 cm

264 Martin Blättler (*1971)
Hans Finsler und die Schweizer Fotokultur (Hans Finsler and Swiss Photographic Culture)
2006 Siebdruck – Screenprint
128 × 90,5 cm

265 Fridolin Müller (1926–2006)
Photo: Marlen Perez-Gruber (*1939)
Messer / Gabel / Löffel / Eine Formgeschichte des Essgeräts (Knife / Fork / Spoon / A Design History of Cutlery)
1964 Offset 128 × 90,5 cm

266 Jörg Hamburger (1935–2014), Georg Staehelin (*1942)
Die Design-Sammlung des Museums für Gestaltung Zürich / Erwerbungen seit 1986 (The Design Collection of the Museum für Gestaltung Zürich / Acquisitions since 1986)
1990 Siebdruck – Screenprint
128 × 90,5 cm

267 Werner Jeker (*1944)
Photo: Marlen Perez-Gruber (*1939)
Glas aus USA / Objekte der 80er Jahre (Glass from the USA / Work from the 1980s)
1985 Siebdruck – Screenprint
128 × 90,5 cm

268 Martin Woodtli (*1971)
Photo: Peter Moore
9 Evenings 1966 / Kunst / Theater / Engineering (9 Evenings 1966 / Art / Theater / Engineering)
2008 Siebdruck – Screenprint
128 × 90 cm

269 Werner Blaser (*1924)
Beispiel Japan / Bau und Gerät (The Example of Japan / Construction and Utensils)
1965 Offset 128 × 90,5 cm

270 René Gauch (*1936)
Schmuck unserer Zeit / Sammlung Helen Williams Drutt (Jewelry of Our Time / The Helen Williams Drutt Collection)
1994 Offset 128,5 × 90,5 cm

271 Paul Brühwiler (*1939)
Textilkunst 1950–1980 / Europäische Keramik 1950–1980 / Weiss auf Weiss / Handstickerei aus dem Appenzell (Textile Art 1950–1980 / European Ceramics 1950–1980 / White on White / Hand-Embroidered Work from Appenzell)
1980 Siebdruck – Screenprint
128 × 90,5 cm

272 René Gauch (*1936)
Photo: Marlen Perez-Gruber (*1939)
Mit dem Faden gestaltet / Elsi Giauque / 50 Jahre Experimente (Designed with Thread / Elsi Giauque / 50 Years of Experimentation)
1971 Offset 128,5 × 90 cm

273 René Gauch (*1936)
Photo: Marlen Perez-Gruber (*1939)
Moderne Textilkunst aus Japan / Tapisserien und Textilobjekte (Modern Textile Art from Japan / Tapestries and Textile Objects)
1984 Offset 127 × 90,5 cm

274 Jörg Hamburger (1935–2014), Georg Staehelin (*1942)
Willy Guhl / Gestalter und Lehrer / Reihe Schweizer Design-Pioniere 2 (Willy Guhl / Designer and Teacher / Swiss Design Pioneers Series 2)
1985 Offset 128 × 90,5 cm

275 Cornel Windlin (*1964)
Photo: Volker Albus (*1949)
«Lieber Gast» / Fotos aus Hotelzimmern ("Dear Guest" / Photos from Hotel Rooms)
1997 Offset 70 × 50 cm

276 Anonym
Leica / 100 Bilder aus aller Welt (Leica / 100 Images from Around the World)
1936 Tiefdruck – Gravure printing
84 × 60 cm

277 Jürg Brühlmann (*1956), Peter Frey (*1959)
Jacob Müller / Handwerk / Technologie / Experiment / Reihe Schweizer Design-Pioniere 5 (Jacob Müller / Craft / Technology / Experiment / Swiss Design Pioneers Series 5)
1988 Siebdruck – Screenprint
128 × 90,5 cm

278 Elektrosmog / Valentin Hindermann (*1966), Marco Walser (*1973)
Photo: Oliver Lang (*1966)
Short Stories in der aktuellen Fotografie / Harry Gruyaert / Bertien van Manen / Aernout Mik / Erwin Olaf / Eric Stitzel / Guy Tillim / Erwin Wurm (Short Stories In Contemporary Photography / Harry Gruyaert / Bertien van Manen / Aernout Mik / Erwin Olaf / Eric Stitzel / Guy Tillim / Erwin Wurm)
2008 Offset 128 × 90 cm

279 Ueli Kleeb (*1964)
Blumenwiese / Zwischen Wahrnehmung und Wirklichkeit / Eine Installation in 14 Bildern von Ueli Kleeb (Flowery Meadow / Between Perception and Reality / An Installation in 14 Images by Ueli Kleeb)
1997 Siebdruck – Screenprint
128 × 90,5 cm

280 Hanna Koller (*1966)
Photo: Paul Rigert
Gestrandet / An den Rändern Europas gesammelt von Ursula Stalder (Stranded / On Europe's Peripheries Collected by Ursula Stalder)
1994 Siebdruck – Screenprint
128 × 90,5 cm

281 Jürg Tschalèr
Neu / Schaulager der Design-Sammlung (New / Display Warehouse of the Design Collection)
1999 Siebdruck – Screenprint
128 × 90 cm

282 Hanna Koller (*1966)
Halbstark / Fotografien von Karlheinz Weinberger (Rebels / Photographs by Karlheinz Weinberger)
2000 Offset 128 × 89,5 cm

283 Lars Müller (*1955), Christian Dietrich (*1974), Jan Haux (*1972), Angela Kreitenweis
Alles Schmuck / Eine Ausstellung mit Schmuckstücken aus der Sammlung Inge und Elisabeth Asenbaum / In der Ausstellungsarchitektur von Zaha Hadid / Patrik Schumacher (Jewels All Round / An Exhibition of Jewelry from the Inge and Elisabeth Asenbaum Collection / Exhibition Architecture by Zaha Hadid / Patrik Schumacher)
2000 Offset 128 × 90 cm

284 Cornel Windlin (*1964)
Die Schweizer Autobahn (The Swiss Motorway)
1999 Offset 128 × 89,5 cm

285 Heimann und Schwantes / Michael Heimann (*1970), Hendrik Schwantes (*1974)
Hochhaus / Wunsch und Wirklichkeit (High-Rise / Idea and Reality)
2011 Offset 128 × 90,5 cm

286 Caroline Grimm (*1973), Myriam Köstli (*1973)
Photo: Myriam Köstli (*1973)
Da und fort / Leben in zwei Welten / Eine Ausstellung zur Immigration und Binnenwanderung in der Schweiz (Here and Away / Living in Two Worlds / An Exhibition about Immigration and Internal Migration in Switzerland)
1999 Siebdruck – Screenprint
128 × 89,5 cm

287 Robert & Durrer / Jean Robert (1945–2016), Käti Robert-Durrer (*1948)
Film Stills. Emotionen Made in Hollywood / Eine Ausstellung von Filmfotografien aus den Jahren 1910–1960 (Film Stills. Emotions Made in Hollywood / An Exhibition of Film Stills from 1910–1960)
1992 Siebdruck – Screenprint
128 × 90,5 cm

288 Hanna Koller (*1966)
Photo: Max Schmid (*1945)
Überall ist jemand / Räume im besetzten Land (There's Someone Everywhere / Space in Occupied Territory)
1992 Offset 128 × 90 cm

289 Hans Falk (1918–2002)
Das Plakat / 400 neue Plakate aus 25 Ländern (The Poster / 400 New Posters from 25 Countries)
1953 1/6 Lithografie – Lithograph
128 × 90 cm

290 Gottfried Honegger (1917–2016)
Das Plakat / 400 neue Plakate aus 25 Ländern (The Poster / 400 New Posters from 25 Countries)
1953 2/6 Siebdruck – Screenprint
128 × 90 cm

291 Celestino Piatti (1922–2007)
Das Plakat / 400 neue Plakate aus 25 Ländern (The Poster / 400 New Posters from 25 Countries)
1953 3/6 Lithografie – Lithograph
128 × 90 cm

292 Gérard Miedinger (1912–1995)
Das Plakat / 400 neue Plakate aus 25 Ländern (The Poster / 400 New Posters from 25 Countries)
1953 4/6 Hochdruck – Letterpress print 128 × 90 cm

293 Adolf Flückiger (1917–1998)
Das Plakat / 400 neue Plakate aus 25 Ländern (The Poster / 400 New Posters from 25 Countries)
1953 5/6 Lithografie – Lithograph
128 × 90 cm

294 Josef Müller-Brockmann (1914–1996)
Photo: Serge Libiszewski (*1930)
Das Plakat / 400 neue Plakate aus 25 Ländern (The Poster / 400 New Posters from 25 Countries)
1953 6/6 Tiefdruck – Gravure printing
128 × 90 cm

Bildnachweis / Illustration Credits

A Jules Chéret
Pastilles Poncelet / Contre rhumes / toux / bronchites (Pastillen Poncelet / Gegen Schnupfen / Husten / Bronchitis – Poncelet Pastilles / For Colds / Coughs / Bronchitis)
1896 Lithografie – Lithograph
57 × 39 cm
Photo: Museum für Gestaltung Zürich, Plakatsammlung – Poster Collection, ZHdK

B Alfons Maria Mucha
Salon des Cent / Exposition de l'œuvre de A. Mucha (Salon des Cent / Ausstellung des Werks von A. Mucha – Salon des Cent / Exhibition of A. Mucha's Oeuvre)
1897 Lithografie – Lithograph
66 × 44 cm
Photo: Museum für Gestaltung Zürich, Plakatsammlung – Poster Collection, ZHdK

C Adolfo Hohenstein
Onoranze a Volta nel centenario della pila / Esposizione internazionale di elettricità (Ehrung von Volta anlässlich des Hundertjahrjubiläums der Batterie / Internationale Elektrizitätsausstellung – Tribute to Volta on the Centenary of the Battery / International Electricity Exhibition)
1898 Lithografie – Lithograph
44 × 21 cm
Photo: Museum für Gestaltung Zürich, Plakatsammlung – Poster Collection, ZHdK

D Armand M. Rassenfosse
Salon des Cent / Exposition de Dessins Originaux et d'Estampes (Salon des Cent / Ausstellung von Originalzeichnungen und Drucken – Salon des Cent / Exhibition of Original Drawings and Prints)
1896 Lithografie – Lithograph
55,5 × 78 cm
Photo: Museum für Gestaltung Zürich, Plakatsammlung – Poster Collection, ZHdK

E Ausstellungsansicht *Endstation Meer?* (View of the exhibition *Out to Sea?*), 2012
Museum für Gestaltung Zürich, Ausstellungsstrasse 60
Photo: Christian Brändle, © ZHdK

F Ausstellungsansicht *Form ohne Ornament* (View of the exhibition *Form Without Ornament*), 1927
Kunstgewerbemuseum Zürich im Landesmuseum, Museumsstrasse 2
Photo: Heinrich Wolf-Bender, © Archiv ZHdK

G Ausstellungsansicht *Zürcher Werkkunst* (View of the exhibition *Zurich Applied Arts*), 1933
Eröffnungsausstellung Museum für Gestaltung Zürich, Ausstellungsstrasse 60
Photo: Archiv ZHdK

H Ausstellungsansicht *The Family of Man* (View of the exhibition *The Family of Man*), 1958
Museum für Gestaltung Zürich, Ausstellungsstrasse 60
Photo: Walter Binder, © Archiv ZHdK

I Ausstellungsansicht *Good Design, Good Business* (View of the exhibition *Good Design, Good Business*), 2009
Museum für Gestaltung Zürich, Ausstellungsstrasse 60
Photo: Betty Fleck, © ZHdK

J Ausstellungsansicht *Macht Ferien!* (View of the exhibition *Take a Holiday!*), 2017
Museum für Gestaltung Zürich im Toni-Areal, Pfingstweidstrasse 96
Photo: Betty Fleck, © ZHdK

K Mirko Borsche
Die Neue Sammlung / The Design Museum / Ron Arad
2015 Offset 84 × 60 cm
Photo: Museum für Gestaltung Zürich, Plakatsammlung – Poster Collection, ZHdK

L Mirko Borsche
Die Neue Sammlung / The Design Museum / Alvar Aalto
2015 Offset 84 × 60 cm
Photo: Museum für Gestaltung Zürich, Plakatsammlung – Poster Collection, ZHdK

M Mirko Borsche
Die Neue Sammlung / The Design Museum / Konstantin Grcic
2015 Offset 84 × 60 cm
Photo: Museum für Gestaltung Zürich, Plakatsammlung – Poster Collection, ZHdK

N Mendell & Oberer / Pierre Mendell, Klaus Oberer
Kirche und Kunst / Die Neue Sammlung (Church and Art / The Design Museum)
1994 Offset 119 × 84 cm
Photo: Museum für Gestaltung Zürich, Plakatsammlung – Poster Collection, ZHdK

Ausgewählte Literatur / Selected Bibliography

Bignens, Christoph, *Swiss Style. Die grosse Zeit der Gebrauchsgrafik in der Schweiz 1914–1964,* Zürich 2000.

Brown, Robert K., «Posters at the Turn of the Century», in: Ades, Dawn (ed.), *The 20th-Century Poster. Design of the Avant-Garde,* New York 1984, pp. 15–22.

Bürkle, Johann Christoph, Ruggero Tropeano, *Die Rotach-Häuser. Ein Prototyp des Neuen Bauens in Zürich,* Zürich 1994.

Heller, Martin, Alain Marendaz (eds.), *Anschläge, Plakatsprache in Zürich 1978–88,* exhib. cat., Museum für Gestaltung Zürich, Zürich 1988.

Hiatt, Charles, *Picture Posters. A Short History of the Illustrated Placard, with Many Reproductions of the Most Artistic Examples in All Countries,* London 1896.

Hollis, Richard, *Swiss Graphic Design. The Origins and Growth of an International Style 1920–1965,* London 2006. *Schweizer Grafik. Die Entwicklung eines internationalen Stils 1920–1965,* Basel 2006.

http://publicaffairs.ch/windlin_cornel.html

http://www.museum-gestaltung.ch

Iskin, Ruth E., *The Poster. Art, Advertising, Design, and Collecting, 1860s–1900s,* Dartmouth 2014.

Margadant, Bruno, *Das Schweizer Plakat / The Swiss Poster / L'affiche suisse, 1900–1983,* Basel/Boston/Stuttgart 1983.

Moholy-Nagy, László, *Painting, Photography, Film,* London 1969. – *Malerei, Fotografie, Film,* Mainz/Berlin 1967.

Müller, Lars, *Josef Müller-Brockmann. Ein Pionier der Schweizer Grafik,* Baden 1994 / 2001 – *Josef Müller-Brockmann, Pioneer of Swiss Graphic Design,* Baden 1995.

Museum für Gestaltung Zürich (ed.), *Posters for Exhibitions,* Poster Collection 3, Baden 2001.

Museum für Gestaltung Zürich (ed.), *Ralph Schraivogel,* Poster Collection 9, Baden 2003.

Museum für Gestaltung Zürich (ed.), *Breaking the Rules,* Poster Collection 15, Baden 2007.

Museum für Gestaltung Zürich (ed.), *The Magic of Things,* Poster Collection 24, Zürich 2012.

Museum für Gestaltung Zürich (ed.), *Josef Müller-Brockmann,* Poster Collection 25, Zürich 2014.

Museum für Gestaltung Zürich (ed.), *Hamburger – Staehelin,* Poster Collection 29, Zürich 2017.

Museum für Gestaltung Zürich (ed.), *100 Jahre Schweizer Grafik,* Zürich 2014.

Neuburg, Hans, «Konstruktive Grafik», in: Hans Fischli, Willy Rotzler (eds.), *Konstruktive Grafik,* exhib. cat., Kunstgewerbemuseum Zürich, Zürich 1958, n. p.

Richter, Bettina, «The Simultaneity of the Non-Simultaneous. The Plakatsammlung of the Museum für Gestaltung Zürich as Historiographic Source», in: Lzicar, Robert, Davide Fornari (eds.), *Mapping Graphic Design History in Switzerland,* Zürich 2016.

Rickards, Maurice, *Posters at the Turn of the Century,* London 1968.

Sagot, Edmond, *Catalogue d'affiches illustrées anciennes et modernes,* Paris 1891.

Vetter, Peter, Katharina Leuenberger, Meike Eckstein (eds.), *Kein Stil. Ernst Keller (1891–1968),* Zürich 2017.

Weese, Maria, «Was wir brauchen», in: Kunstgewerbemuseum der Stadt Zürich (ed.), *Wegleitungen des Kunstgewerbemuseums der Stadt Zürich,* no. 68, Zürich 1926, pp. 4–9.

Autoren / Authors

Bettina Richter

Geboren 1964, Kunsthistorikerin. 1996 Dissertation über die Antikriegsgrafiken von Théophile-Alexandre Steinlen. 1997–2006 wissenschaftliche Mitarbeiterin in der Plakatsammlung des Museum für Gestaltung Zürich. Seit 2006 Kuratorin der Plakatsammlung. Nebenbei Tätigkeit als Dozentin an der Zürcher Hochschule der Künste sowie als freischaffende Autorin.

Born in 1964, art historian. 1996 dissertation on the antiwar graphics of Théophile-Alexandre Steinlen. From 1997 to 2006, served as a research associate for the Poster Collection of the Museum für Gestaltung Zürich, since 2006 as its curator. Also lectures at the Zürcher Hochschule der Künste and works as a freelance writer.

Kerry William Purcell

Schriftsteller, Kurator und Theoretiker. Er hat zahlreiche Texte zu Fotografie, Design, Film und visueller Kultur verfasst. Seine vielfältigen Forschungsinteressen reichen vom Werk des französischen Philosophen Alain Badiou bis zur Geschichte des britischen Ringkampfs. Zu seinen Veröffentlichungen zählen unter anderem Essays über den britischen Film, zur Geschichte des Grafikdesigns und der Geschichtsphilosophie. Er hat zudem Monografien zum Werk von Alexey Brodovitch und Josef Müller-Brockmann sowie kleinere Studien über Fotografen wie Weegee verfasst. Purcell unterrichtet Kulturtheorie am Birkbeck College der University of London sowie an der University of Hertfordshire. Er ist Produzent des erratischen Podcasts *The Last Outpost* und lebt mit seiner Frau, vier Kindern, einer Katze und zwei Fischen weit ab vom Schuss in Norfolk, England. In seiner knapp bemessenen Freizeit sorgt er sich um das Schicksal des Fussballclubs seiner Heimatstadt, Grimsby Town F.C.

Writer, curator, and theorist. He has written widely on photography, design, film, and visual culture. His research interests vary widely from the work of French philosopher Alain Badiou to the history of British wrestling. His published work includes essays on British cinema, graphic design history, the philosophy of history, and much more. He has also written monographs on the work of Alexey Brodovitch and Josef Müller-Brockmann, alongside smaller studies of photographers such as Weegee. He teaches cultural theory at Birkbeck, University of London, and the University of Hertfordshire. He produces an erratic podcast called "The Last Outpost" and lives in the middle of nowhere, in Norfolk, England, with his wife, four children, a cat, and two fish. In his spare time he worries about the fortunes of his hometown club Grimsby Town F.C.

Christian Brändle

Geboren 1969, Architekt ETH/SIA, Schule für Gestaltung Basel. Mitarbeiter der Kunsthalle Basel, der Art Basel sowie am Opernhaus Zürich, Oberbauleitung der Architektur Arteplage Murten der Schweizerischen Landesausstellung Expo.02. Seit 2003 Direktor des Museum für Gestaltung Zürich, Ausstellungen und Publikationen unter anderem *Sportdesign, Wohnträume – Wohnräume, René Burri, Kopf an Kopf – Politikerporträts* und *Endstation Meer? Das Plastikmüll-Projekt.* Mitglied mehrerer Jurys und Vereine, darunter Swiss Poster Award (Präsident) und Art Museums of Switzerland (Präsident). Chevalier dans l'Ordre des Arts et des Lettres der Französischen Republik. Lebt und arbeitet in Zürich.

Born in 1969, architect, trained at ETH / SIA (Swiss Federal Institute of Technology / Swiss Society of Engineers and Architects), Schule für Gestaltung Basel (Basel School of Design). Worked at Kunsthalle Basel, Art Basel, and Opernhaus Zürich (Zurich Opera), architectural project management for Arteplage Murten at the Expo.02 Swiss National Exhibition. Director of the Museum für Gestaltung Zürich since 2003; exhibitions and publications including *Sport Design, Living Dreams–Living Rooms, René Burri, Head to Head–Political Portraits* and *Out to Sea? The Plastic Garbage Project.* Member of numerous juries and associations, including the Swiss Poster Award (president) and Art Museums of Switzerland (president). Chevalier dans l'Ordre des Arts et des Lettres of the French Republic. Lives and works in Zurich.

Corinna Rösner

Landeskonservatorin und Stellvertretende Direktorin der Neuen Sammlung in München. Geboren 1955 in München. Studium der Kunstgeschichte, Völkerkunde und Klassischen Archäologie an der Ludwig-Maximilians-Universität München. 1988 Promotion. Seit 1990 Konservatorin an der Neuen Sammlung – Staatliches Museum für angewandte Kunst (heute: The Design Museum) – für die Bereiche Graphic Design, Design und Kunsthandwerk. Mitwirkung an der Konzeption, Planung und Einrichtung der Museumsneubauten der Neuen Sammlung in Nürnberg, Neues Museum für Kunst und Design (Eröffnung 2000), und München, Pinakothek der Moderne (Eröffnung 2002). Ausstellungen und Publikationen zu Graphic Design, Produktgestaltung und transdisziplinären Themen.

Chief curator and deputy director of Die Neue Sammlung (The Design Museum) in Munich. Born in 1955 in Munich. Studied art history, ethnology, and classical archeology at Ludwig-Maximilians-Universität, Munich, and completed a Ph.D. in 1988. Since 1990, curator for graphic design, design, and arts and crafts at the Neue Sammlung–Staatliches Museum für angewandte Kunst (State Museum of Applied Art, now The Design Museum). Involved in concept development, planning, and realization of the new museum buildings for the Neue Sammlung in Nuremberg (the Neues Museum, inaugurated in 2000) and Munich (the Pinakothek der Moderne, inaugurated in 2002). Exhibitions and publications on graphic design, product design, and transdisciplinary topics.

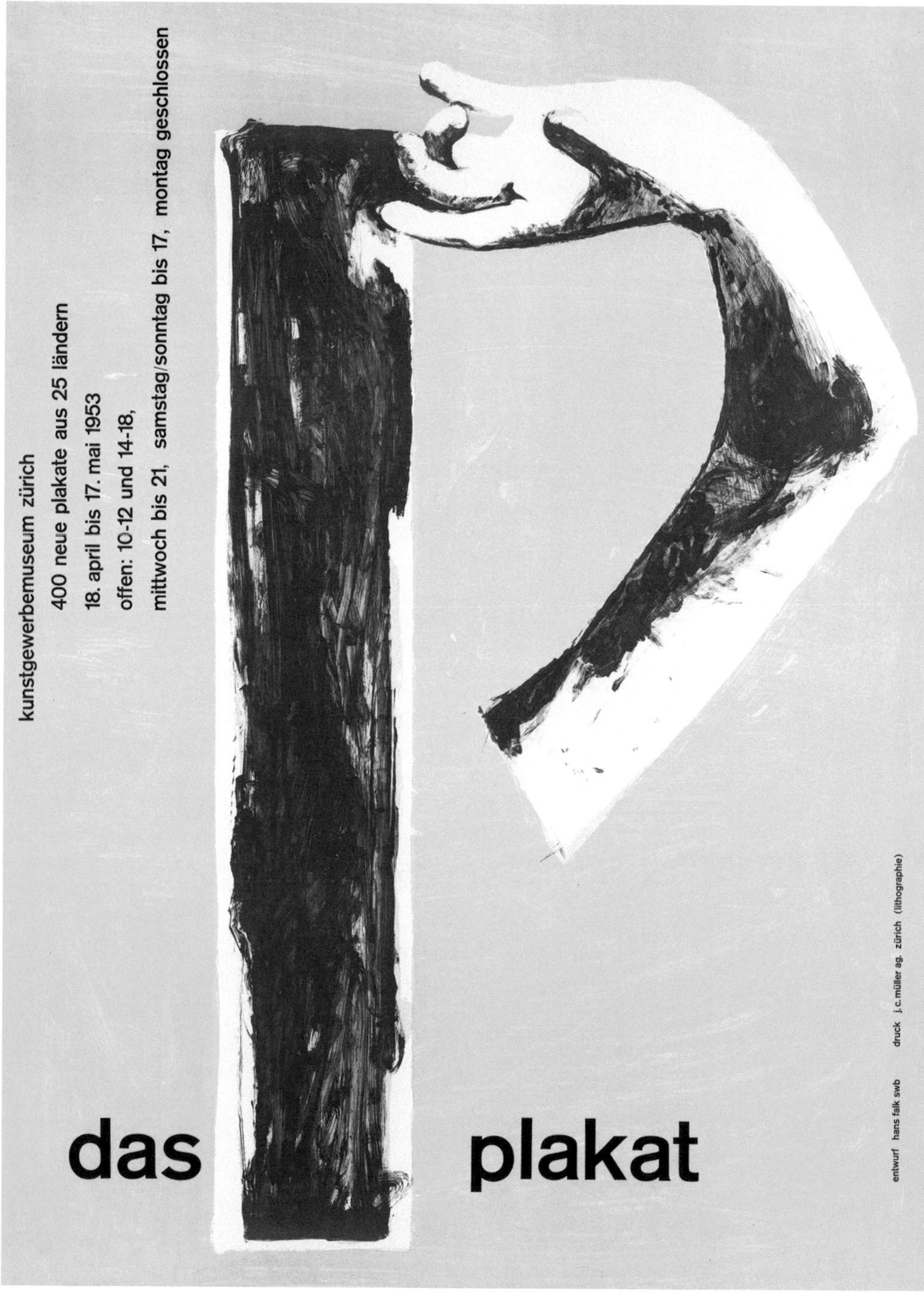

289 **Hans Falk**
Das Plakat / 400 neue Plakate aus 25 Ländern
1953

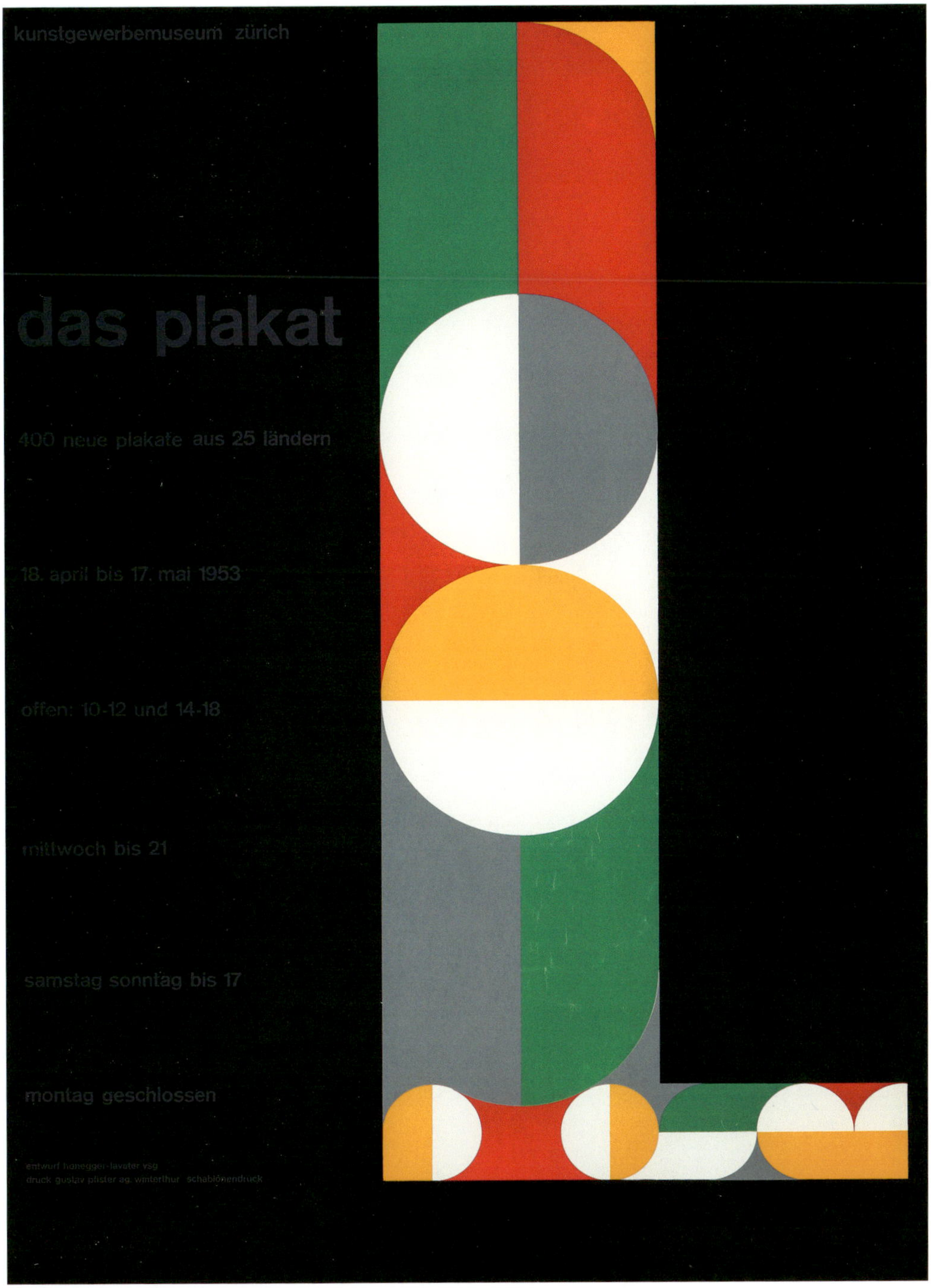

290 **Gottfried Honegger**
Das Plakat / 400 neue Plakate aus 25 Ländern
1953

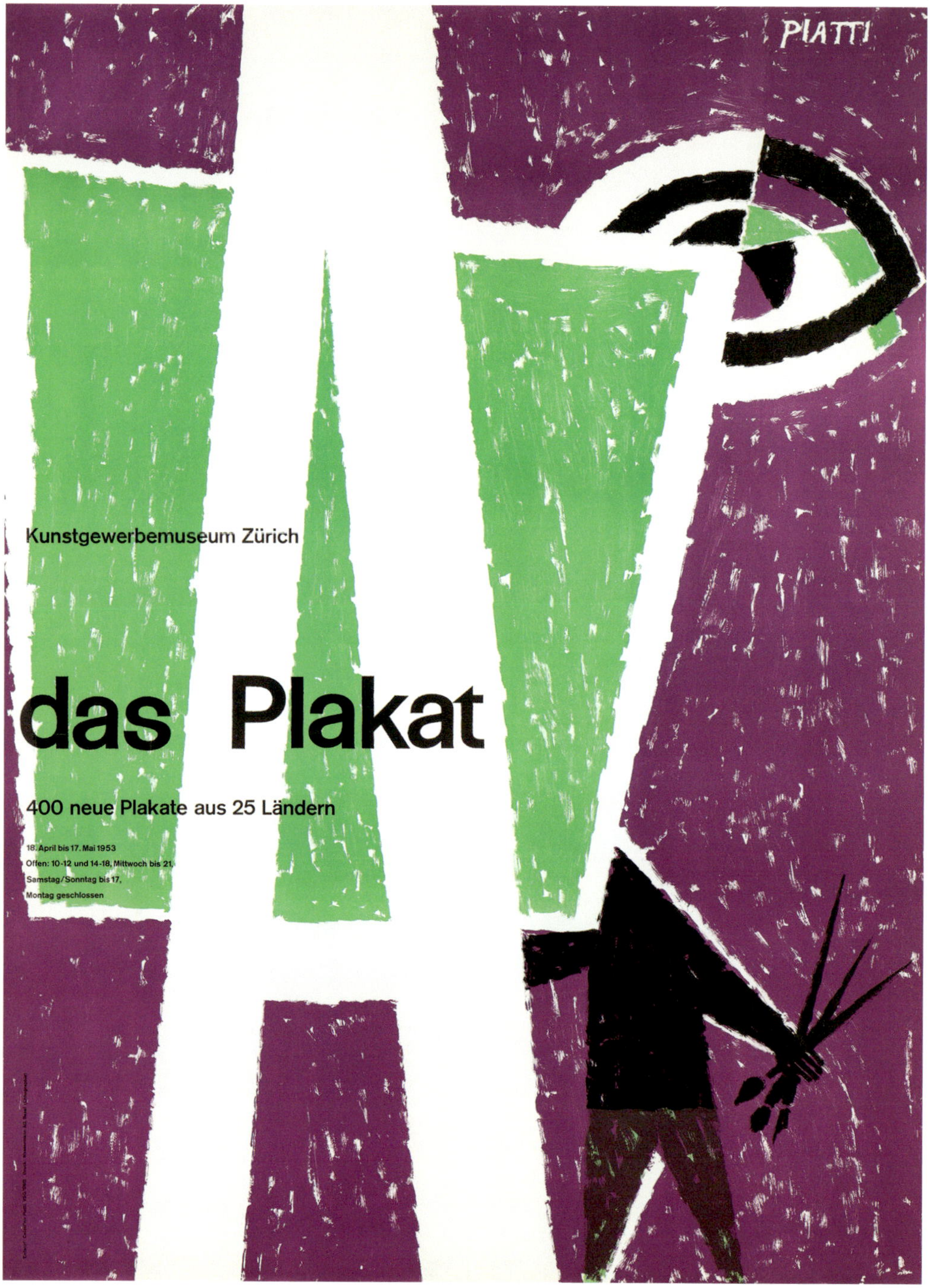

291 **Celestino Piatti**
Das Plakat / 400 neue Plakate aus 25 Ländern
1953

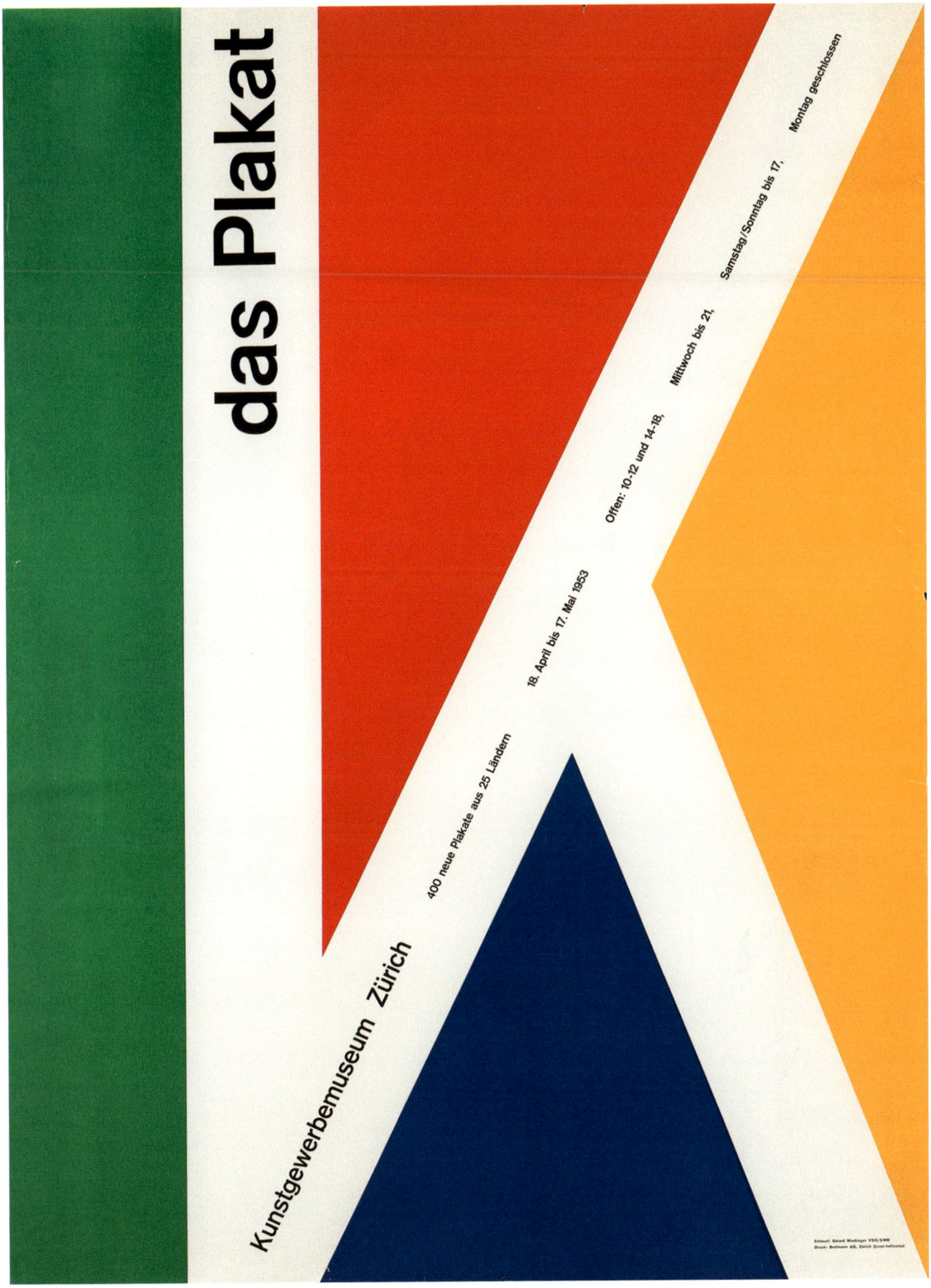

292 **Gérard Miedinger**
Das Plakat / 400 neue Plakate aus 25 Ländern
1953

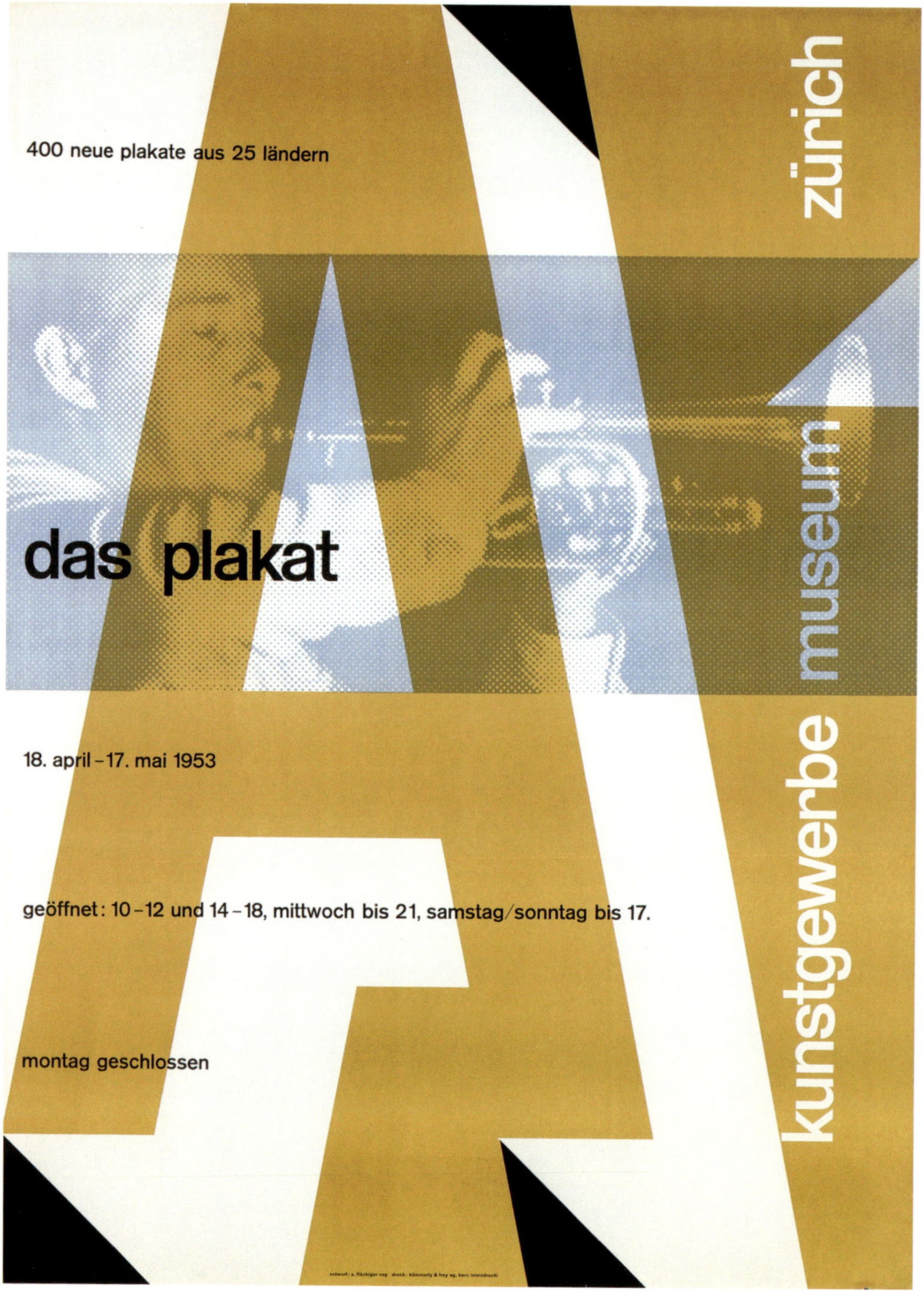

293 **Adolf Flückiger**
Das Plakat / 400 neue Plakate aus 25 Ländern
1953

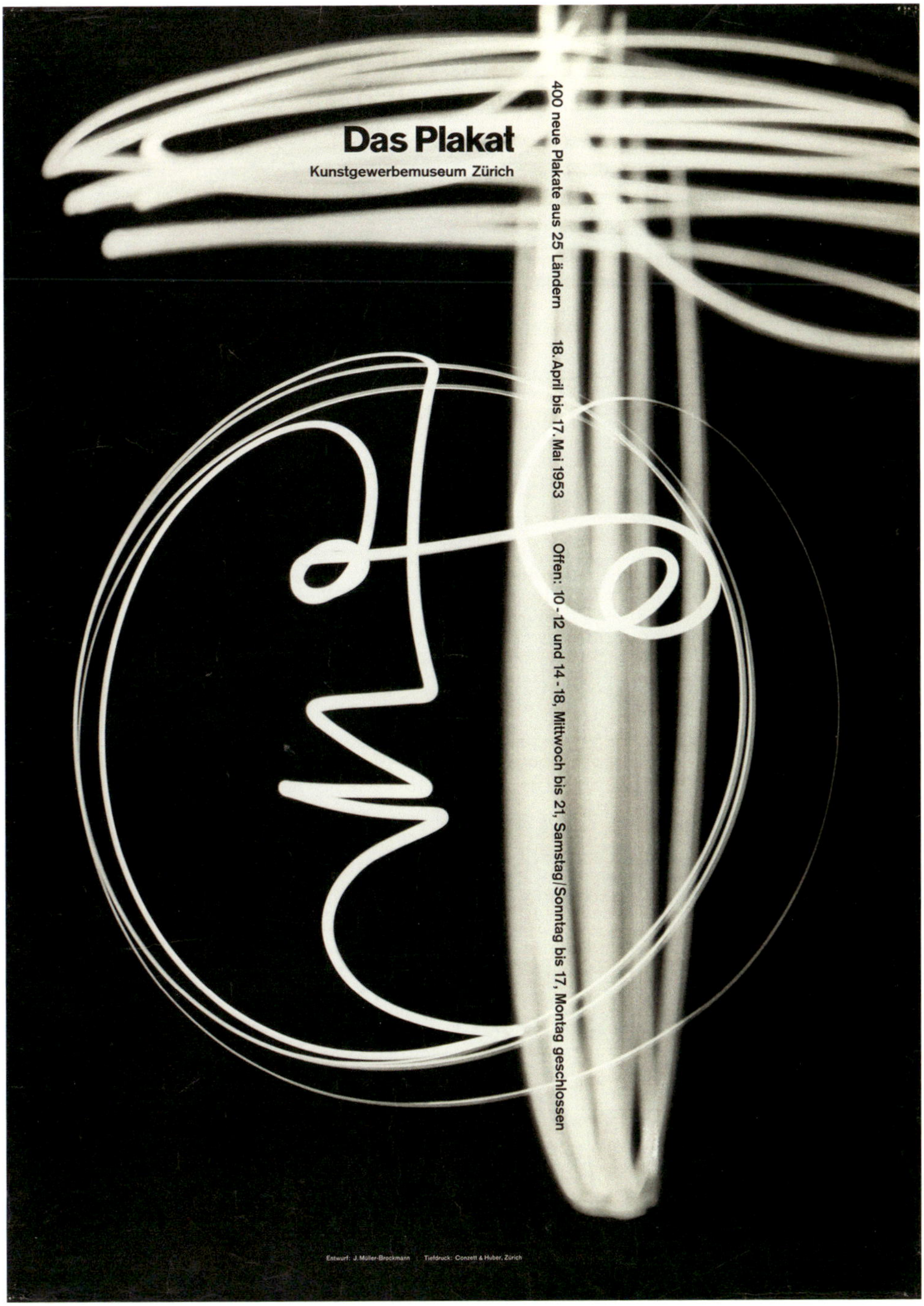

294 **Josef Müller-Brockmann**
Das Plakat / 400 neue Plakate aus 25 Ländern
1953

Dank / Acknowledgements

Unser Dank geht an alle Gestalterinnen und Gestalter, die mit ihren Plakaten im Auftrag des Museum für Gestaltung Zürich entscheidend zum Erfolg der Ausstellungen beitragen. Die Plakate bereichern zudem kontinuierlich die Plakatsammlung des Museums und dokumentieren die Ausstellungstätigkeit seit der Gründung des Hauses.

We would like to thank all the designers whose work on posters commissioned by the Museum für Gestaltung Zürich has made such a vital contribution to the success of the museum's exhibitions. Their poster designs also continue to enhance the museum's Poster Collection, documenting the exhibitions organized since the museum was founded.

Museum für Gestaltung Zürich

Eine Publikation des Museum für Gestaltung Zürich
Christian Brändle, Direktor

A Publication of the Museum für Gestaltung Zürich
Christian Brändle, Director

Self-Promotion
Konzept und Redaktion / Concept and editing:
Bettina Richter, Petra Schmid
Gestaltung / Design: Integral Lars Müller
Übersetzung / Translation: Helen Ferguson (Ger.–Eng.),
Nikolaus G. Schneider (Eng.–Ger.)
Lektorat Deutsch / German copyediting:
Markus Zehentbauer
Lektorat Englisch / English copyediting: Adam Blauhut
Lithografie / Repro: prints professional, Berlin, Germany
Druck, Einband / Printing, binding: Belvédère, Oosterbeek,
the Netherlands

Reihe / Series «Poster Collection»
Herausgegeben von / Edited by
Museum für Gestaltung Zürich, Plakatsammlung
Bettina Richter, Kuratorin der Plakatsammlung /
Curator of the Poster Collection
In Zusammenarbeit mit / In cooperation with
Petra Schmid, Publikationen / Publications
Museum für Gestaltung Zürich

Z hdk
Zürcher Hochschule der Künste
Zurich University of the Arts

Museum für Gestaltung Zürich
Ausstellungsstrasse 60
Postfach
8031 Zürich, Switzerland
www.museum-gestaltung.ch
www.eMuseum.ch

Museum für Gestaltung Zürich
Plakatsammlung / Poster Collection
sammlungen@museum-gestaltung.ch

Lars Müller Publishers
8005 Zürich, Switzerland
www.lars-mueller-publishers.com

ISBN 978-3-03778-558-4
Erste Auflage / First edition

Printed in the Netherlands

Wir danken für Unterstützung / For their support we thank:

APG|SGA

POSTER COLLECTION

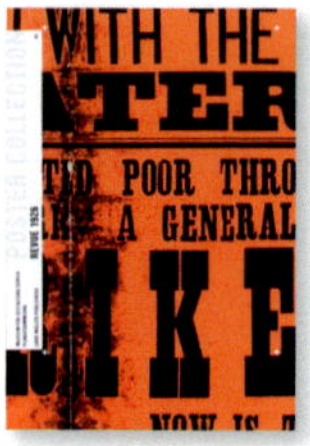

01 **REVUE 1926**

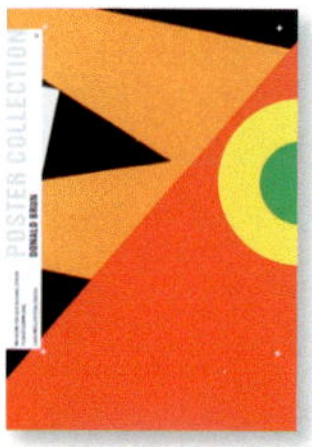

02 **DONALD BRUN**

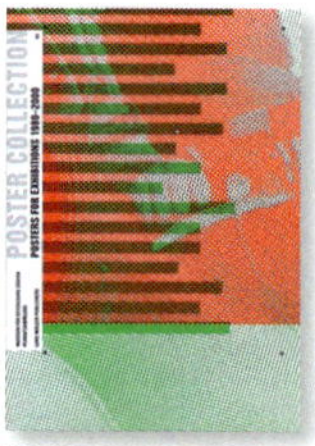

03 **POSTERS FOR EXHIBITIONS 1980–2000**

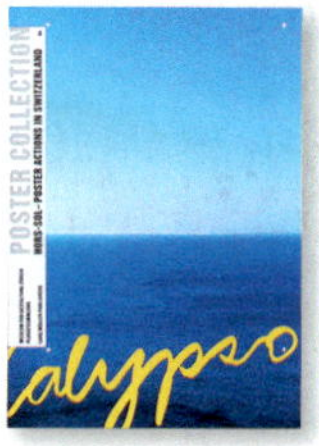

04 **HORS-SOL**

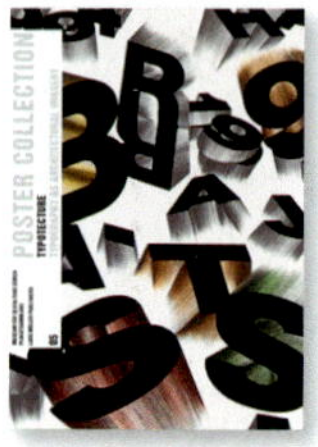

05 **TYPOTECTURE**

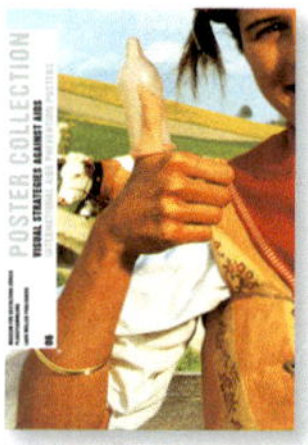

06 **VISUAL STRATEGIES AGAINST AIDS**

07 **ARMIN HOFMANN**

08 **BLACK AND WHITE**

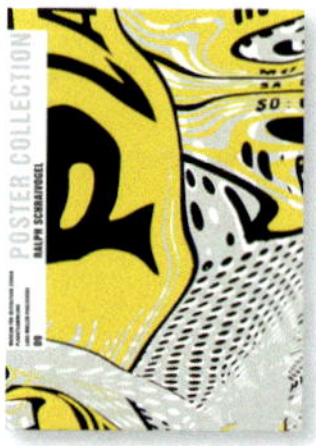

09 **RALPH SCHRAIVOGEL**

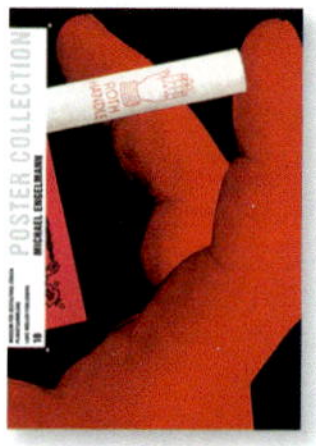

10 **MICHAEL ENGELMANN**

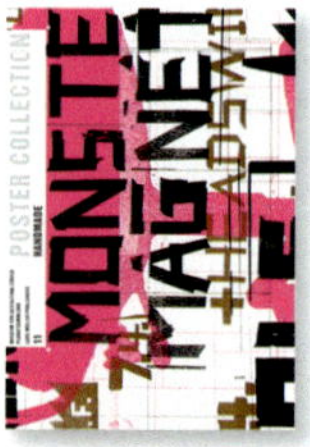

11 **HANDMADE**

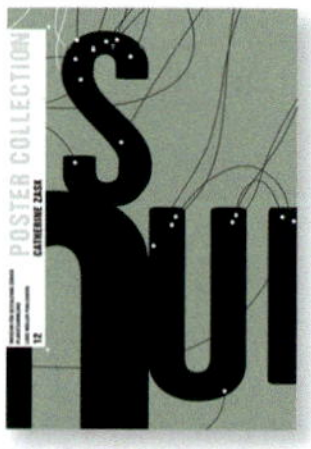

12 **CATHERINE ZASK**

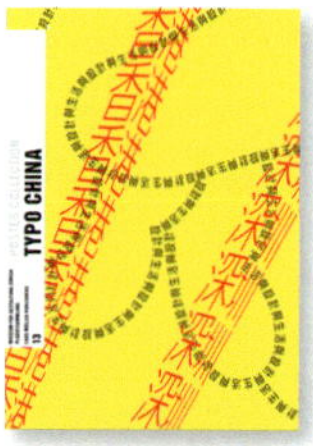

13 **TYPO CHINA**

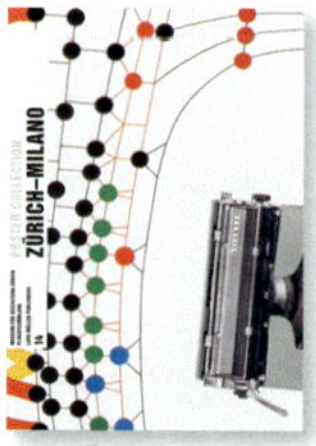

14 **ZÜRICH–MILANO**

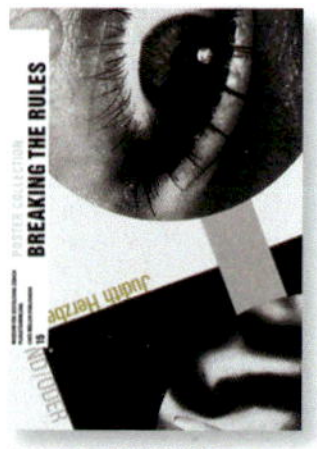

15 **BREAKING THE RULES**

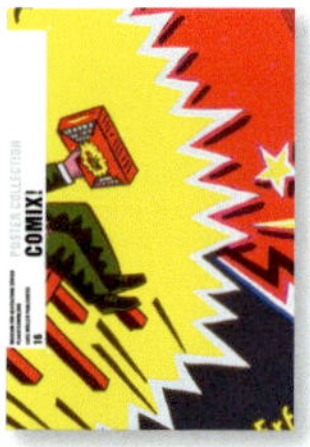

16 **COMIX!**

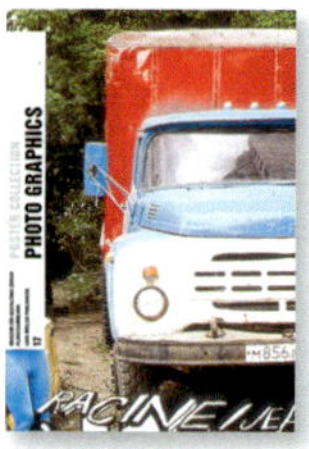

17 **PHOTO GRAPHICS**

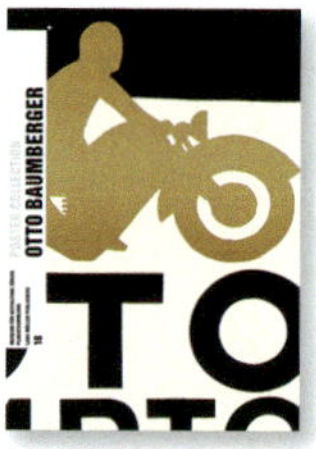

18 **OTTO BAUMBERGER**

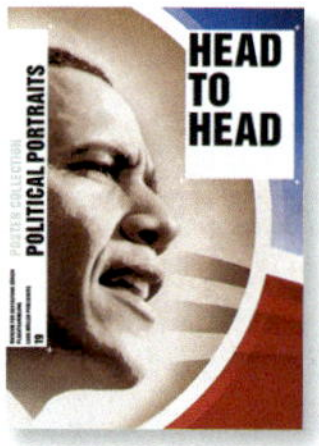

19 **HEAD TO HEAD**

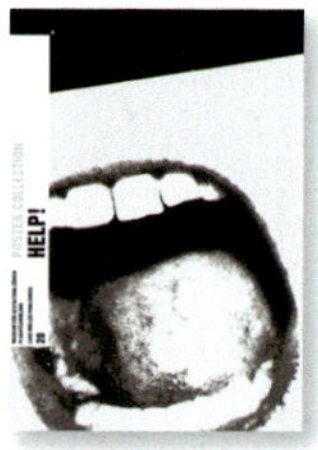

20 **HELP!**

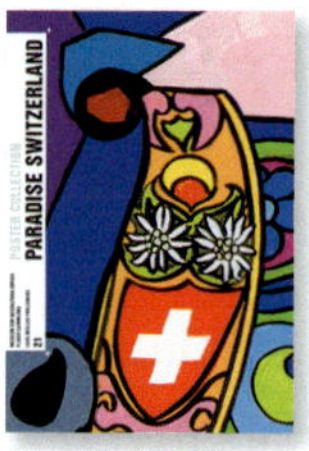

21 **PARADISE SWITZERLAND**

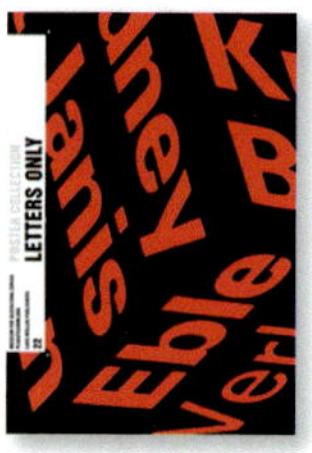

22 **LETTERS ONLY**

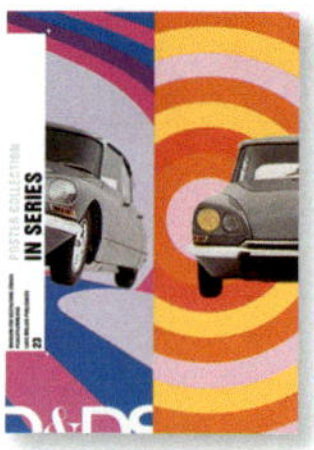

23 **IN SERIES**

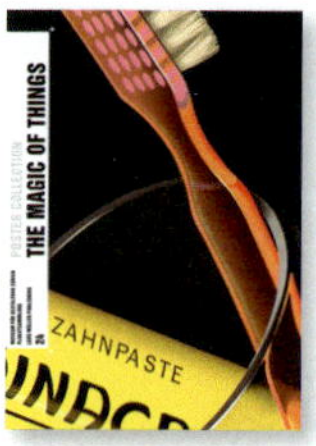

24 **THE MAGIC OF THINGS**

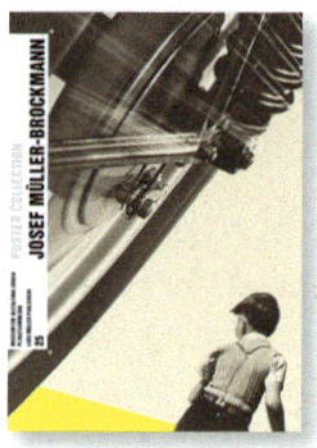

25 **JOSEF MÜLLER-BROCKMANN**

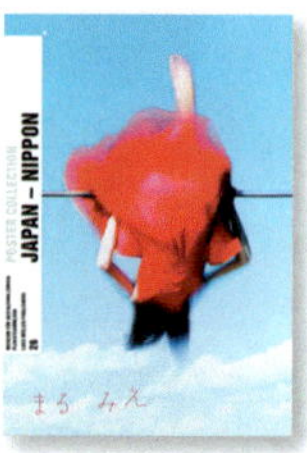

26 **JAPAN–NIPPON**

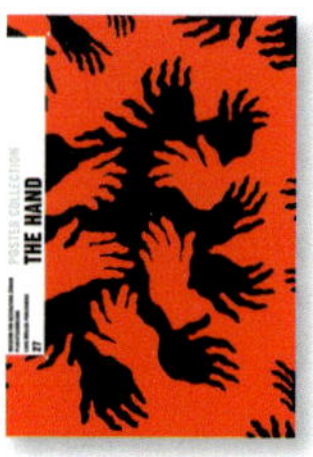

27 **THE HAND**

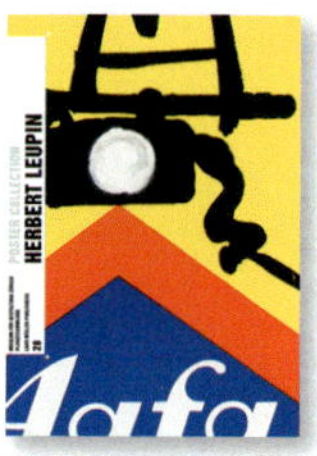

28 **HERBERT LEUPIN**

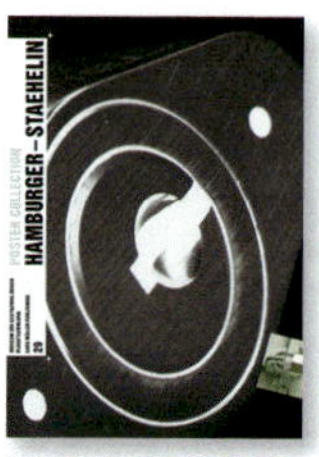

29 **HAMBURGER–STAEHELIN**